산업융합을 위한

서비스 혁신 방법론

권혁인 · 백보현 · 김주호 · 전용수 | 지음

한 경 사

산업융합을 위한 **서비스 혁신 방법론**

저　　자　권혁인 • 백보현 • 김주호 • 전용수
발 행 일　2021년 12월 1일
발 행 처　**한경사**
발 행 인　이계남
등록사항　제10-1951호 2000년 4월 14일
주　　소　서울시 마포구 신수로 59-1 3층
전화번호　02_717_7264~5
팩스번호　02_717_7226
홈페이지　hankyungsa.co.kr
전자우편　hankyungsa@hanmail.net
I S B N　978-89-6844-393-0　(03320)
가　　격　30,000원

이 저서는 2021년 산업통상자원부 및 산업기술평가관리원(KEIT) 연구비 지원에 의한 연구임(20003580)

머리말

인터넷의 출현과 함께 세상 모든 지식의 융합이 걷잡을 수 없는 속도로 빨라졌다. 지식의 융합에 대해 이해가 부족한 주체들은 어려움을 겪기 시작했다. 경쟁력 있던 제조업체들이 굴뚝 기업이라는 명예롭지 못한 평가를 받으면서 순식간에 소리 없이 사라졌다. 지식의 생산을 담당하고 있는 대학들도 점점 더 어려워지고 있고, 학생들은 취업이 안 되기 때문에 고통을 받고 있다. 지방대학들이 통째로 없어져도 속수무책이다. 지식의 홍수 속에서 어디로 가야 할지 모르는 상태가 된 것이다.

그렇다고 모두가 어려운 것은 아니다. 분명히 경쟁력을 유지하면서 세상의 변화를 리드하는 기업, 대학, 교수, 학생들은 있다. 제조업이든, 교육과 같은 서비스든 시대의 요구에 부응하여 끊임없이 변화하는 단체는 생존하고 있다. 어떤 단체가 지식의 융합 차원에서 지속가능한 체제를 구축하여 경쟁력 있는 지식융합의 결과물, 즉 서비스를 생산하기 위해서는 조직이 함께 미래 비젼을 공유해야 한다. 그러기 위해서는 지식을 모으고 이익을 공유하는 비전 설정 과정을 같이해야 한다. 공동의 비젼을 수립하는 것은 보통의 경우 비즈니스모델을 만드는 방법으로 하면 된다. 그러나 ICT, 제조, 서비스 등 전혀 성격이 다른 분야와도 지식을 공유 하면서 시장에서 살아남는 전략까지 수립하는 것은 대부분의 사람들에게 시작도 하기 어려운 과제이다.

이러한 현상을 보면서 나는 산업 간 융합 혹은 지식융합 서비스 혁신을 위한 방법을 학생들과 함께 연구하게 되었다. 그것이 벌써 20년 가까이 되었다. 거대한 지식공동체를 만들어가는 접근법에 대하여 노하우가 조금씩 쌓이다 보니까 수년 전부터는 이해하는 분들이 나타나기 시작하였다. 정부, 국회, 산업계 등에서 특강을 하며 관심을 받았고, 산업부에서 방법론을 구체화할 수 있는 연구 프로젝트를 수주하여 연구 결과를 구체적으로 정리할 수 있었다. 이 책에서 소개하는 에코사이언스(혁신 서비스와 협력생태계 구축을 위한 과학적 접근법)는 그런 과정을 통해 조금씩 축적된 지식들을 통합하여 저술한 것이다.

Part 1에서는 지식 시대에 효과적으로 대처해야 할 필요성을 제기하기 위하여 비즈니스 환경과 산업 패러다임의 변화가 어떤 특징을 가지는지 설명한다. 이어서 산업 변화에 대응할 수 있는 에코사이언스 방법론의 구성과 개념을 설명한다. 에코사이언스의 핵심 키워드인 생태계**Ecosystem**, 플랫폼**Platform**, 서비스**Service**, 전략**Strategy**의 정의와 법칙을 살펴보고, 이들을 통합한 EPSS 프레임워크의 구성요소를 소개한다. Part 2에서는 에코사이언스 방법론의 활용 방법을 익힌다. EPSS를 구성하고 있는 37개 도구의 개념, 기대효과, 절차, 템플릿을 소개하여 누구든지 방법론을 적용할 수 있도록 하였다. Part 3과 Part 4에서는 각각 조명산업과 온라인 커머스에 에코사이언스를 적용한 예시를 수록하였다.

제조업 시대에는 혁신적 기술을 만들면 자본과 결합하여 공장을 만들 수 있었다. 여기까지는 서로가 잘 이해하는 분야 속의 사람들끼리 협업이 필요했다. 그런데 제조 패러다임은 이미 종말이 왔다. 지금부터 우리가 도전해야 하는 것은 고객이 경험하고 싶어 하는, 즉 인간의 내면까지 만족시킬만한 혁신적 서비스의 개발이다. 새로운 가치를 창조하여 활발한 교환이 이루어질 때 우리 사회는 지속할 수 있다. 그래야만 인류가 그동안 구축해온 제조시스템도 활발히 돌아갈 수 있다. 스티브잡스는 스마트폰 서비스를 통해서 그것을 보여주었고, 우리 주변에서는 스타필드가 타운의 형식으로 혁신적 서비스의 형태를 보여주고 있다. 이러한 성공 사례들의 전략은 서로가 자신의 지식 영역 밖의 지식인들과 소통하면서 서비스를 설계하고 수준을 관리하는 것이다. 최고의 고객 경험 가치를 창조하기 위해서는 현존하는 서비스를 넘어서기 위해 수많은 지식을 동원해야 한다. 서비스 혁신을 위해서는 어떻게 해야 하는가? 이 질문에 대해서 이 책이 해결의 시발점을 제공해 줄 것이라고 믿는다.

대표 저자 권혁인
2021년 11월

차례

PART 2 ▌ 에코사이언스 살펴보기 63

PART 3 ▌ 에코사이언스를 활용한 조명 서비스 혁신 231

PART 4 ▌ 에코사이언스를 활용한 온라인 커머스 서비스 혁신 339

산업융합을 위한 서비스 혁신 방법론

PART 1
에코사이언스 이해하기

1. 산업 패러다임의 변화 || 2. 에코사이언스의 개념 || 3. 에코사이언스의 구성

01

산업 패러다임의 변화

제조업은 오랜 시간 세계 경제를 견인해왔다. 그러나 21세기에 들어서면서 제품의 공급 과잉, 부가가치 하락, 수요 증가율 침체 등의 문제가 발생하기 시작하면서 제조업의 위기가 도래하였다. 이것은 제조업의 생산방식에 기인한다. 과거의 제조업은 생산과 분배의 결정에 오랜 시간을 소요하는 Push 방식으로 운영되어왔다. 또한 제조업체들은 수직적 가치사슬과 전통적 경쟁 전략을 기반으로 회사를 운영해왔기 때문에 시장에서 원하는 서비스에 대한 즉각적 대응이 어려웠다. 그 결과, 세계무역기구WTO에 의하면 2019년 세계 상품 교역 증가율은 성장이 멈추다시피 한 1.2%로 나타났다. 심지어 코로나 19로 인해 세계 제조업의 침체는 예상보다 훨씬 심각할 것으로 예측된다. 이러한 제조업의 위기는 국제 경제의 비중을 제조업에서 서비스업으로, 힘의 중심을 공급자에서 소비자로 이전하도록 만들었다. 제조업이 제품 그 자체만으로는 완전한 경쟁우위를 가지기 어려워짐에 따라, 고부가가치 창출과 지속 가능한 발전을 위해 '제조 서비스화manufacturing servitization' 패러다임이 시작된 것이다.

제조 서비스화란 무엇인가? 우리 사회는 전통적인 제조업 관점에 익숙해져 있었기 때문에 제조 서비스화의 개념이 무엇인지에 대한 논의는 계속해서 수정되어왔다. 제조 서비스화의 개념 도입 초기에는 제조업이 중심이었으며 서비스를 보조적 장치로 인식하였다. 즉, 유형적 제품이 산업을 대표하는 핵심자원이었으며, 산업 시대 관점의 경쟁 전략이 그대로 활용되었다.

이후 중기에 접어들면서, ICT 기술이 고도화됨에 따라 제조와 서비스가 개별적으로 확장되어 '제조업의 서비스화' 혹은 '서비스업의 제조화'라는 양분화된 흐름이 나타났다. 제조업의 서비스화의 예로는, 과거 개인이 소유해야만 소비할 수 있었던 자전거, 정수기 등의 제조품에 공유경제 개념이 적용되면서 렌탈 서비스가 도입된 것을 들 수 있다. 또한 항공기 부품 시장은 단순한 판매 모델에서 주기적 유지보수 서비스를 추가하였다. 반면에 서비스의 제조화의 예시로는, 고객이 은행에 방문하여 금융 서비스를 이용하던 시대를 지나 자동현금인출기ATM가 개발되면서 금융 서비스의 자동화가 촉발된 것을 들 수 있다. 또한 전자책 단말기는 종이를 넘어 디지털 기반의 이북e-book 서비스를 가능하게 하였으며, 구글 서비스에 최적화된 기능을 탑재한 넥서스 폰 시리즈도 등장하였다. 이러한 사례들은 제조업의 확장에 기여했으나, 이종 산업 간의 혁신이 아니라 산업 내 혁신에 그쳤다는 한계가 있다.

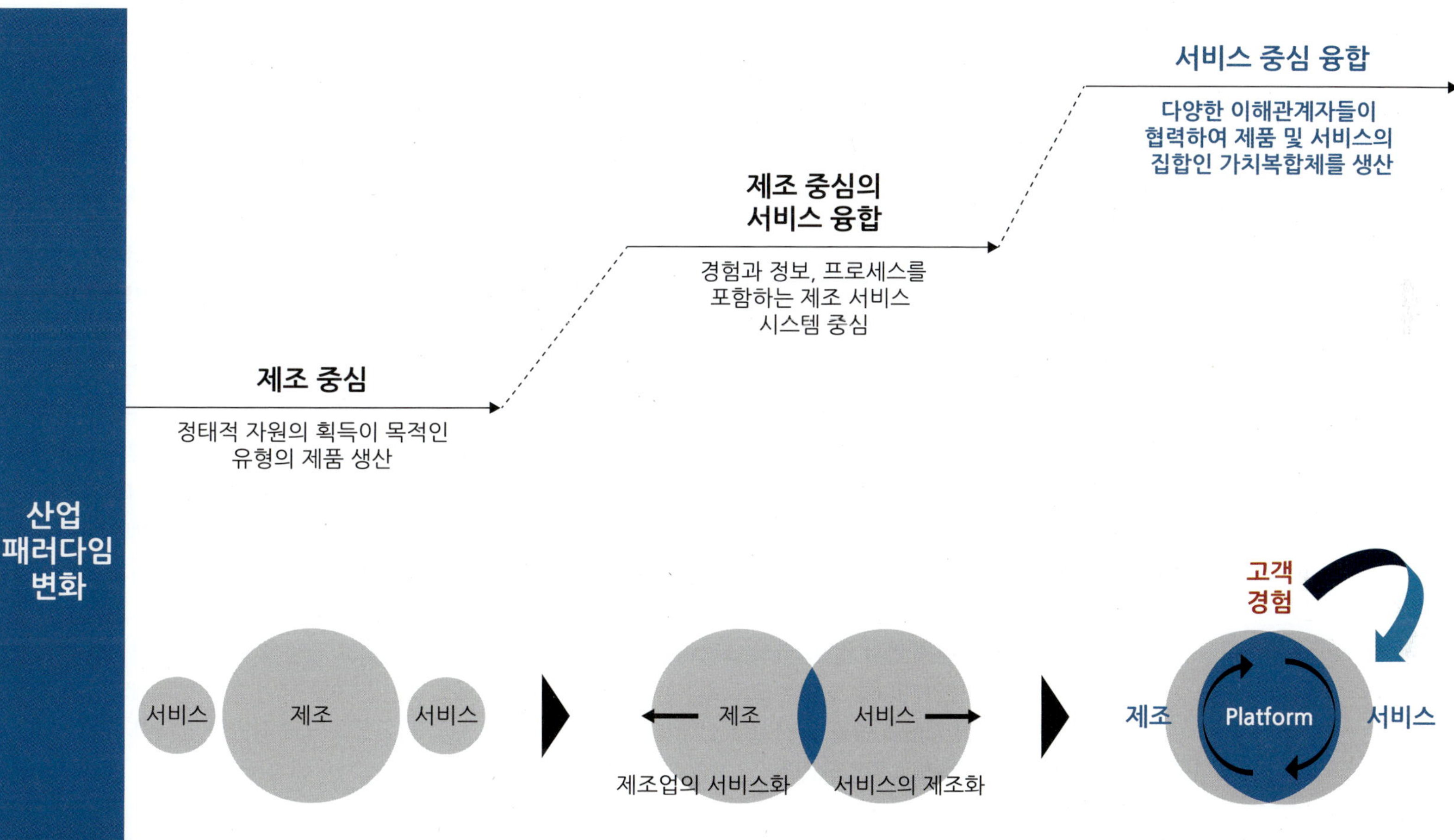

산업 패러다임 변화
제조 중심
정태적 자원의 획득이 목적인 유형의 제품 생산
제조 중심의 서비스 융합
경험과 정보, 프로세스를 포함하는 제조 서비스 시스템 중심
서비스 중심 융합
다양한 이해관계자들이 협력하여 제품 및 서비스의 집합인 가치복합체를 생산
서비스
제조
서비스
제조
서비스
제조업의 서비스화
서비스의 제조화
고객 경험
제조
Platform
서비스
산업시대 관점의 경쟁전략
생태계 관점의 협업체계 구축

그렇다면 오늘날 우리가 지향해야 할 서비스 중심의 제조 서비스화는 무엇인가? 애플의 예시를 통해 이해해보자. 우리나라는 2000년대 초까지 MP3 플레이어 시장을 선점하였다. 그러나 후발주자인 애플은 아이팟으로 우리나라를 가볍게 제압하였다. 우리나라의 MP3 플레이어 시장은 불법복제가 만연한 인터넷 환경에서 급성장했고, 그로 인하여 MP3 플레이어 판매율은 높아졌으나 음반 시장의 붕괴라는 아픔을 겪었다. 그에 반해 애플은 음반 시장의 핵심세력들과 함께 아이팟을 중심으로 새로운 음원 서비스 시장을 열었다. 즉, 우리나라의 MP3가 제조업으로 인식되는 동안, 아이팟은 제품과 서비스의 결합을 통해 성공 가도를 달렸다.

이후 애플은 아이폰과 아이패드라는 제품과 앱스토어를 연결하여 혁신적인 서비스 모델을 창출하였다. 이에 세계적인 스마트폰 제조사인 RIM은 블랙베리를 가지고 애플의 아이폰보다 스마트폰 시대를 먼저 열었음에도 스마트폰 시장에서 밀려났다. RIM 뿐만 아니라 노키아, 모토로라 등 전통적인 휴대폰 강자들이 애플에 힘을 못 쓰고 시장에서 퇴진하거나 그 영향력이 급속도로 감소하였다.

2011년 5월 10일자 포춘지의 'Inside Apple'에 소개된 스티브 잡스가 성공할 수 있었던 요인을 보면 서비스 시대에 우리가 어떻게 해야 하는지를 잘 설명해주고 있다. 스티브 잡스는 디자인, 기술, 서비스, 감성 등 모든 영역의 전문가들이 같이 논의하고 의사 결정할 수 있는 전문가 집단을 확보하고 논의 체계**Top100 Meeting**를 설계하고 실행해 왔다. 또한 플랫폼을 기반으로 다양한 이해관계자가 협업할 수 있도록 하여 산업의 가치를 높여왔다. 이러한 애플을 사례를 통해 살펴볼 때, 시장에서 나타난 분명한 현상은 더 나은 서비스이며, 그것을 창출하기 위해서는 플랫폼 기반의 협력 생태계가 요구됨을 알 수 있다.

더 나아가 오늘날 후기 제조 서비스화 패러다임은 4차 산업혁명의 파괴적 혁신 기술을 기반으로 산업 간의 융합을 촉진하여 서비스 모델을 혁신적으로 재편할 수 있어야 한다는 의견이 제기되고 있다. 4차 산업혁명은 초자동화, 초연결성, 초지능화의 특성을 갖는 사이버 물리 시스템을 기반으로 기존 제품 위주의 생산방식을 빠르게 서비스화하는 것이 용이하다. 새로운 제조 서비스화 패러다임에서는 소비자 경험을 중심으로 다양한 형태의 생태계 협업이 중시되면서 제조업, 서비스업, IT 업계의 경계가 모호해질 것으로 예상된다. 이는 세계 트렌드가 소비자를 중심으로 한 가치 창출로 변모하고 있음을 보여주며, 단순히 제품과 서비스가 융합하는 단계를 넘어 융합 생태계와 플랫폼의 등장으로 산업이 고도화되고 다양한 생태계가 구축되고 있음을 시사한다.

이렇듯 제조 서비스화의 도입이 제조업 활성화를 위한 핵심 열쇠라는 인식이 나타났다. 따라서 각국의 정책 흐름 역시 '서비스에 응용되는 기술개발 전략'에서 '서비스 혁신에 기반한 새로운 비즈니스 모델의 개발 전략'으로 정책을 전환하여 국가경쟁력 강화를 추진 중이다. 미국의 제조업 르네상스 정책, 독일의 Industry 4.0, 일본의 산업 재흥 플랜, 중국의 중

국제조 2025 계획 등에서 볼 수 있듯이 선진 각국은 수년 전부터 지식서비스 기반 제조서비스 융합정책 개발에 연구 역량을 집중하고 있다.

또한 민간 기업의 경우, 지멘스는 제조업 중심의 사업에서 ICT와 센서기술을 이용한 서비스 기반의 제품으로 사업영역을 확장하였다. 또한 제너럴 일렉트릭은 핵심 사업을 가전과 항공기 엔진에서 금융업, 인터넷 첨단사업, 소프트웨어업으로 전환하고, 자사의 제품을 유지 관리할 수 있는 솔루션 패키지를 제공함으로써 제조 서비스화 흐름에 합류하였다. 이외에도 이외에 Neely의 연구에 따르면 전 세계 13,775개의 제조 회사 중 평균 30%가 서비스화를 도입하였으며, 국가별로는 미국이 약 60%, 핀란드가 53%로 높게 나타났다. 이러한 결과를 볼 때, 제조 서비스화가 일회적인 시도가 아님을 알 수 있다.

표 1. 각국의 제조 서비스화를 위한 R&D 추진 현황

구분	미국	독일	일본	중국
아젠다	제조업 르네상스	Industry 4.0	산업 재흥 플랜	중국 제조 2025
플랫폼	클라우드 중심 플랫폼	4차산업혁명 기반 플랫폼	로봇화 중심 플랫폼	설비·단말 중심 플랫폼
추진 주체	• 제조업 혁신 지원센터 및 첨단 제조 파트너십 구축 • GE, Cisco, IBM, Intel, AT &T 등 163개 관련 기업과 단체	• 플랫폼 인더스트리4.0(2013.4. 발족) • Aca Tech, BITKOM, VD MA, ZVEI 등 관련 기업과 산업단체	• 로봇혁명실현회의(2015.1. 발족) • 로봇혁명 이어티브협의회(148개 국내외 관련 기업과 단체)	• 국가제조강국건설전략자문위원회(2015.6. 발족) • 민간기업 등으로 구성된 전문자문위원회 설립 예정
기본 전략	• 공장 및 기계설비 등은 클라우드에서지령으로 처리 • AI 처리와 빅데이터 해석을 중시하는 Cyber에서 Real 전략	• 공장의 고성능 설비와 기기를 연결하여 데이터 공유 • 제조업 강국의 생태계를 살려서 Real에서 Cyber 전략	• 로봇기반 산업생태계 혁신 및 사회적 과제 해결 선도 • 로봇화를 기반으로 IoT/CPS 혁명 주도전략	• 노동 집약형 제조업을 기술집약형 스마트 제조업으로 전환 • 정보기술(IT)을 활용한 생산 스마트화로 제조업 품질을 제고하여 제조 강국 대열 진입

이처럼 산업 패러다임의 변화에 따라 많은 기업에서 제조 서비스화의 필요성을 공감하고 사업에 적용하고 있다. 그러나 제조 서비스화의 도입 방법에 문제가 발생하고 있다. 그 이유는 다음과 같다.

1. 제조 서비스화는 협력 생태계 구조를 보이기 때문에 서비스 혁신을 위해 고려해야 하는 산업 영역이 다양하다. 이때 경쟁 구조에만 익숙했던 기업들은 제조 서비스화 과정에서 어떤 잠재적 가치창출자를 고려해야 하는지 정하지 못할 수 있다.

2. 융합산업 서비스 디자인에 관한 논의는 개념 및 특성에 대해 정의하는 수준에 머물러 있어 실제 현장에서 어떻게 적용해야 하는지 구체적인 방법이 부재한 실정이다. 따라서 제조 서비스화를 추구하고자 할 때 명확한 가이드라인이 부재하여 적용하지 못하는 경우가 발생한다.

3. 제조 서비스화를 지원하는 컨설팅 방법론이 없기 때문에 전통적인 제조업의 혁신에 적합한 방법론을 활용하거나, 단순히 두 영역을 결합하는 '제조의 서비스화', '서비스의 제조화' 등에 적합한 컨설팅 방법을 활용하여 비즈니스 모델을 설계하는 경우가 발생한다.

이렇듯 오늘날 차기 산업 패러다임으로써 제조 서비스화가 강조되고 있음은 자명한 사실이나, 어떻게 기존 비즈니스 모델을 수정하고 전략을 수립해야 하는지는 명확하게 제시된 바가 없다. 정보화 시대에는 정보기술과 현업의 지식을 융합하여 효과적인 정보시스템을 구축하는 '정보화 방법론'이 있었듯이, 전 산업의 서비스화를 위해서는 급속히 팽창하는 전 영역의 지식을 융합하여 새로운 서비스를 창출하는 '서비스화 방법론'이 필요하다.

이에 미래학자 제러미 리프킨**Jeremy Rifkin**은 300년간 이어져 온 자본주의의 쇠태를 지적하며 ICT 융합에 의한 새로운 '공유경제**Sharing Economy**' 모델을 제시하였으며, 세계적 경영전략 전문가인 마이클 포터**Michael E. Porter**는 '공유가치창출**Creating Shared Value**'을 패러다임 변화에 대한 대안으로 제시하고 있다. 그러나 이러한 모델은 산업 간 융합을 유도하고 있는 정부의 대응 전략이 적절한 효과로 이어지지 못하고 있는 실정이다.

결과적으로 이와 같이 서비스화에 대한 개념적 오류와 부적합한 도입 방식으로 제조 서비스화를 시도하는 기업은 증가하고 있으나, 결과물의 질적 가치는 오히려 감소하는 '서비스 역설'이 발생하고 있다. 제조 서비스화의 궁극적인 목적은 학문의 정립뿐만 아니라, 개념의 실행이 기업의 성과와 연결되어야 한다. 즉, 추상적인 개념이 아닌 산업에 즉각적으로 도입될 수 있는 구체성을 가져야 한다. 따라서 융합산업의 서비스 디자인 방법론의 사회적 수요가 더욱 높아지고 있다.

02

에코 사이언스의 개념

산업 간 경계가 허물어진 세상에서 제품과 서비스의 개발부터 판매까지 여러 산업 이해관계자가 함께 생태계를 조성할 수밖에 없다. 시장경쟁에서 성공하기 위해서는 비즈니스 생태계 이해관계자들의 가치를 공유하고, 생태계 협업자들의 균형점을 플랫폼으로 연결하며, 고객에게 지속적으로 품질이 유지되는 서비스를 제공해야 한다. 또한 기업은 혁신적인 관점의 진략을 취해야 하며, 정부는 제도 개선을 통해 산업이 자율적으로 선순환되도록 지원해야 한다. 이처럼 오늘날 산업은 전통적인 제조업 시대보다 고려해야 할 요소가 너무나도 많다. 이에 저자는 융합산업 시대에 실패 없이 혁신적 서비스 혹은 신산업을 설계하기 위해서 어떻게 해야 하는지 해결책을 연구하기 시작하였고, 그 결과 에코사이언스Eco-science 방법론을 만들었다.

에코사이언스 방법론은 산업 간의 융합문제를 해결하기 위하여 4가지 핵심 키워드인 생태계Ecosystem, 플랫폼Platform, 서비스Service, 전략Strategy을 중심으로 지식융합을 산업을 바라보는 과학적 방법론이다. 우리는 이것을 'EPSS 프레임워크'라 명명하였다. 각 키워드의 개념과 성공전략을 살펴보자.

E cosystem 생태계란 서비스 교환 과정에서 상호 가치 창출에 의해 느슨하게 연결된 사회 및 경제적 행위들의 자체 조정 시스템

P latform 플랫폼이란 유형 및 무형 요소로 구성되어 있으며, 행위자와 자원의 상호작용을 용이하게 하는 기술 기반의 모듈식 구조

S ervice 서비스란 자원 통합의 기초가 되고 산업 생태계에서 다른 행위자와 가치를 주고받는 포괄적인 프로세스 및 활동

S trategy 전략이란 융합 생태계의 지속과 개선을 위해 생태계 이해관계자 간의 가치를 창출하는 최선의 방법을 선택하는 전략

Platform

Strategy

2.1 생태계 Ecosystem

21세기에 들어 생태계적 사고가 비즈니스 세계에서 확산되고 있다. ICT의 발달과 산업융합에 따라 기업들의 상호의존도가 높아졌기 때문이다. 오늘날 기업이 시장에서 살아남기 위해서는 무수한 역량이 필요한데, 그것을 모두 갖추기는 어렵다. 이에 기업들은 동종 산업 내 이해관계자뿐만 아니라 다 산업과 협력하며 영향력을 주고받는다. 기업들은 협력을 통해 부족한 역량을 채워 생산성과 효율성을 높이고, 단독으로 창출할 수 있는 것 이상의 가치를 만든다. 이처럼 다양한 형태의 융·복합 신산업이 등장하며 생태계**Ecosystem** 개념이 주목받고 있다.

생태계라는 개념은 생태학에서 시작되었다. 영국의 식물학자 텐슬리**Arthur George Tansley**는 생태계를 생물과 자연환경이 상호 밀접한 관계를 형성하고 있는 시스템이라고 정의하였다. 즉, 일정한 공간에 있는 생물군집과 이를 둘러싼 외부 환경이 상호작용하면서 물질순환과 에너지 흐름이 일어나는 체계가 생태계인 것이다. 그는 생물군집의 내부 관계뿐만 아니라 외부 환경요소와의 상호작용이 중요함을 강조하였다. 이러한 생태학적 시각은 모든 개체가 자신이 속한 환경에서 상호 연관되어있다는 중요한 개념을 설명하고 있다. 이러한 현상은 인간 세계에도 동일하게 적용되기 때문에 다양한 사회과학 분야에서 생태계 개념이 적용되어왔다.

생태계 개념을 비즈니스에 처음 적용한 사람은 제임스 무어**James Moore**이다. 그는 1993년 하버드 비즈니스 리뷰에서 비즈니스 생태계 형성의 필요성을 주장하였다. 그는 비즈니스 생태계를 다양한 기업으로 구성된 경제적 공동체이자 비즈니스 세계의 유기체로 정의하였다. 비즈니스 생태계는 단일 기업을 분석하였던 경영학적 시각에서 벗어나, 기업이 속한 산업의 전체적인 구조와 역학 관계를 분석할 수 있는 거시적 관점을 제공한다.

초기의 비즈니스 생태계 개념은 광범위하고 추상적이어서 관련 연구가 부족하였으나, 협력 생태계 전략의 중요성이 부각 되면서 여러 학자들에 의해 구체성을 갖고 연구되기 시작하였다. 여러 문헌에서는 공통적으로 비즈니스 생태계를 '상호 가치 창출을 위해 느슨하게 연결된 네트워크'로 정의하고 있다. 비즈니스 생태계에 참여하는 이해관계자들은 공생관계를 가지며 생태계의 운명을 공유한다. 따라서 기업들은 자신이 속한 비즈니스 생태계의 가치 창출을 위해 협력해야 한다.

오늘날 시장은 생산자와 소비자의 역할을 나누고, 한 기업이 모든 자원을 보유해야 했던 산업 시대 패러다임에서 벗어났다. 비즈니스 생태계 측면에서는 기업 내**intra-firm**뿐만 아니라 기업 간**inter-firm** 협력이 추진되고 있으며, 심지어 고객까지도 공동가치창출자에 포함된다. 이러한 협력은 전통적인 산업의 경계를 무너뜨리고 과거 경쟁자 혹은 제3자였던 이해관계자와 협력하게 함으로써 새로운 융합 생태계를 만들어낸다.

2.1.1 비즈니스 생태계에서 회사의 역할을 설정하라

장기적으로 자사가 고객에게 제공할 가치는 무엇이며, 비즈니스 생태계에서 어떤 역할을 할 것인지 이해하는 것은 매우 중요하다. 자사의 로드맵을 설계하는 것은 쉽지 않지만, 업계의 장기적인 전망을 토대로 청사진을 그려본 후 자사의 역할을 설정하고 어떤 파트너와 협력할지 고민해야 한다. 만약 회사의 경영 방향이 크게 바뀐다면 임직원들에게 충분히 공유하고 그들을 설득해야 할 것이다. CEO부터 젊은 사원까지 회사의 역할을 이해하고 함께 움직일 수 있도록 노력해야 한다.

제너럴 일렉트릭General Electric Company(GE)

제조업으로 유명했던 GE는 2008년 회사의 장기 비전을 논의하는 자리를 마련했다. 임원들은 산업용 기계들이 인터넷의 영향을 받을 것이라는 점에 모두 동의하였다. 이렇듯 제조업의 변화가 불가피하다는 것을 인지한 GE 사내 임직원과 하청 업체, 심지어는 고객에게까지 산업 전망과 회사의 비전에 대해 공유했다. 나아가 미래 산업에서도 경쟁우위를 확보하기 위해 산업용 기계를 통합 관리할 수 있는 플랫폼이 필요할 것으로 예측하고 소프트웨어 개발에 힘쓰기 시작했다.

이후 GE는 130년의 제조기업 이미지를 벗어던지고 ICT 기업으로 탈바꿈함으로써 제조 서비스화의 성공사례로 발돋움했다. 이러한 성공은 비즈니스 생태계에서 GE의 역할과 전략을 모색하고, 그것을 구성원에 공유하고자 노력했던 임원들의 노력에서 비롯되었다. 이처럼 비즈니스 생태계를 고려하기 위해서는 회사의 역할에 대해 고민하고 구성원과 공유하는 과정이 필수적이다.

그렇다면 회사에서 어떤 혁신 방향을 설정해야 할까? 비즈니스 생태계를 구성하고자 할 때 자사가 그 중심에 있어야 한다는 게 기업들의 소망이다. 그러나 비즈니스 생태계의 리더가 되기 위해서는 타 생태계 단위에서 함부로 모방할 수 없는 차별점이 필요하다. 이를 위해서는 지식재산권 보호, 대규모의 이용자 수, 강력한 파트너십, 브랜딩 전략 등이 요구된다. 만약 자사의 수준이 그렇지 못하다면 꼭 비즈니스 생태계의 키스톤이 되는 것을 목표로 삼지 않아도 된다. 만일 자사가 생태계를 직접 만들 정도의 역량은 부족하지만 지식재산권으로 보호받는 제품이나 서비스, 기술을 보유하고 있다면 그것을 중심으로 핵심적인 보조 역할을 할 수 있다. 만약 내 기업이 보조적 역할을 맡았다면 반드시 한 생태계에만 참여할 필요는 없다. 소규모 기업의 경우 다양한 비즈니스 생태계에 참여하거나, 고객참여형 전략을 활용할 수도 있다.

라이프엑스LIFX

씨넷 TV는 클라우드 펀딩 사이트 킥스타터를 통해 스마트 전구인 라이프엑스를 만들었다. 이 제품은 뛰어난 밝기를 자랑하면서도 소비 전력은 낮고 전구 수명은 매우 길어 효율성이 우수하다. 게다가 스마트폰 전용 앱을 통해서 조명 색깔을 변경할 수 있다는 장점이 있다.

이 조명은 대기업의 제품이 아니지만 차별화된 기술력으로 스마트 홈 생태계에서 주목받고 있다. 스마트홈 업계를 뒤흔들만큼의 자원은 없지만, 다양한 키스톤에게 제품을 공급하는 전략을 취하는 것이다. 라이프엑스는 아마존의 알렉사, 구글 홈, 애플의 홈 키트 등 여러 생태계에 참여함으로써 더 많은 소비자에게 자신의 제품을 알리고 있다.

2.2.2 비즈니스 생태계 협력자의 가치를 향상하기 위해 노력하라

그간 경영학은 자사가 보유하고 통제할 수 있는 자원을 활용하여 경쟁자의 약점을 공격하고 경쟁우위를 차지하는 방향으로 발전해왔다. 이렇듯 파트너를 종속적 관계로만 취급하는 것은 과거의 패러다임이다. 오늘날에는 장기적 생태계의 안정화를 위해 협력자와의 강력한 유대관계를 형성하고 서로 간의 상생을 위해 노력해야 한다. 비즈니스 생태계의 모든 구성원은 상호의존적이다. 따라서 생태계 경쟁에서 성공이란 자사의 혁신뿐만 아니라 협력자의 혁신도 도울 수 있어야만 가능하다. 생태계에 좋은 협력자를 참여하게 하기 위해서는 잠재적 협력 기업에 참여 동기를 부여할 필요가 있다.

또한 새로운 협력업체를 찾는 것만큼이나 기존의 파트너사와 어떤 관계를 맺을 것인지도 중요하다. 혁신적인 아이디어를 찾아 비즈니스 모델을 수정할 때 기존의 파트너 중 누군가는 고립될 수 있다. 이럴 때를 대비하여 자사와 파트너 모두에게 새로운 기회를 창출할 수 있도록 전략을 구상하는 것이 매우 중요하다. 이처럼 기존의 경영전략이 개별 기업의 생존과 역량 강화를 강조했다면, 비즈니스 생태계 전략은 경쟁 논리에서 벗어나 상생하는 지혜를 강조한다.

구글의 네트스Nest

네스트는 구글에서 선보이는 스마트홈 스피커이다. 네스트는 단순한 스피커가 아니라 다양한 온도조절, 보안 및 안전, 카메라, 와이파이 등 다양한 융합 서비스를 선보이며, 이를 지원하기 위한 비즈니스 생태계를 구축하였다. 예를 들어 네스트가 집안의 가스누출 등을 감지하면 LED 제조업체인 라이프엑스LIFX의 조명에 붉은색 빛이 들어오도록 제품을 호환하였다. 혹은 미국의 웨어러블 피트니스 서비스인 핏빗Fitbit과 협력하여 사용자가 잠에서 깨면 네스트가 자동으로 집안의 온도를 높인다. 메르세드 벤츠와의 협력을 통해 차량 내 차주가 집 근처에 다다르면 네비게이션이 네스트에게 연락하여 집 도착 시간에 맞춰 난방을 시작한다.

2.2.3 비즈니스 생태계의 서비스 수준을 관리하라

기존의 기업들도 성과측정지표를 활용하여 자사의 업무실적을 관리하고 있다. 그러나 대부분 이러한 성과측정지표들은 수익, 매출 등에 초점을 맞추고 있는 경우가 많다. 물론 성과 기반의 지표는 이익을 추구하는 기업에게 적합하지만, 비즈니스 생태계 관점에서 혁신하기 위해서는 성과측정지표를 '서비스 수준 유지'에 초점을 맞춰 수정할 필요가 있다.

이러한 서비스 수준 설계는 한 회사에만 적용되는 것이 아니다. 비즈니스 생태계 단위에서 혁신 방향성을 설정하고, 생태계에 참여하는 모든 구성원에게 역할을 부여해야 한다. 만약 내가 비즈니스 생태계의 키스톤이라면 생태계의 유형을 정함으로써 서비스 수준 유지 방식이 달라질 것이다. 대체로 비즈니스 생태계의 개방성이 클수록 함께할 수 있는 협력업체를 얻기 쉽고, 폐쇄성이 클수록 협력업체를 찾기 어렵다. 그러나 반대로 개방성이 클수록 서비스의 질을 관리하기 어렵고, 폐쇄성이 있는 생태계는 철저한 서비스 수준 유지가 가능하다.

개방형 생태계, 우버Uber

개방형 생태계는 일정 수준의 참여 조건을 만족하는 모든 업체가 협력자가 될 수 있다. 따라서 협력자의 수는 가장 많지만 서비스 수준의 관리는 가장 어렵기 때문에 자칫하면 서비스 수준이 낮아질 수 있다. 이에 개방형 생태계 모델들은 고객이 각 협력자를 직접 평가할 수 있는 시스템을 구축하고, 수준이 미달일 때는 자동으로 생태계에서 배제할 수 있도록 규칙을 정하는 것이 일반적이다.

개방형 생태계의 대표적인 예시는 우버이다. 우버는 스마트폰을 기반으로 하는 승차 공유 서비스로 2009년 미국에서 시작되었다. 고용되거나 혹은 등록된 차량의 운전기사와 승객을 모바일 앱을 통해 중개하는 서비스를 제공한다. 기사로 등록되는 것이 어렵지 않으며, 하차 후에 승객이 기사를 평가할 수 있다.

관리형 생태계, 애플Apple의 앱스토어

관리형 생태계는 협력업체에 대한 기준이 명확하고 수도 제한적이다. 초기에 설정한 비전에 따라 협력업체의 제품, 기술, 서비스를 평가하고 엄격히 제단할 수 있기 때문에 서비스 수준 유지가 원활하다.

애플의 앱스토어는 전형적인 관리형 생태계를 구성한다. 애플리케이션의 심사가 까다로워 경쟁사인 구글 플레이 스토어에 비해 등록된 어플의 수가 절반 정도에 그친다. 유료 애플리케이션의 경우 애플의 기본 결제 단위를 활용하여 일괄적으로 구역화된 가격을 책정한다. 애플은 우수한 애플리케이션에 선택과 집중을 하는 대신, 다양한 서비스를 제공하지는 못한다.

폐쇄형 생태계, 필립스Philips

폐쇄형 생태계는 협력자를 찾기는 어려우나, 한 번 관계를 맺으면 파트너십을 지속하기 용이하다. 다만 처음 협력업체를 승인하고 참여시키는 규정이 엄격할 수 있으며, 자사에게 그만한 영향력과 자본이 있어야 가능하다. 비즈니스 생태계 유형 중 서비스 수준 관리가 가장 원활하다.

필립스는 수면, 육아, 공기청정, 구강관리, 뷰티 등 다양한 영역에서 쉽고 효과적으로 소비자의 건강 관리를 돕는 디지털 헬스 솔루션을 공개하였다. 필립스의 생태계는 사전에 계약한 파트너가 포함되어 운영된다. 이처럼 건강 정보를 핵심자원을 삼을 수 있는 사업 영역에서는 폐쇄형 생태계를 통해 보안을 유지하고 소비자의 이탈을 막을 수 있도록 차별화된 서비스를 제공하는 것이 효과적이다.

2.2 플랫폼 Platform

앞서 비즈니스 생태계 확장을 위해 파트너 간의 관계 형성이 중요함을 언급하였는데, 그것을 촉진하는 가장 효과적인 방법이 플랫폼을 활용하는 것이다. 플랫폼이란 무엇인가? 플랫폼의 개념은 관점에 따라 다르게 정의된다. 먼저 기술적 관점에서 플랫폼이란 '행위자와 자원의 상호작용을 용이하게 하는 기술 기반의 모듈식 구조'이다. 플랫폼은 소프트웨어, 하드웨어, 서비스, 아키텍처 등을 의미하는 컴포넌트component와 상호호환보장, 상호정보교환, 권리와 책임 등을 의미하는 룰rule의 합집합으로 이루어져 있다. 반면에 경영학적 관점에서 플랫폼이란 '공동 가치 창출을 위해 비즈니스 생태계 이해관계자가 협업할 수 있는 공간'이다. 플랫폼은 두 종류 이상의 이용자 그룹에게 만남의 장을 제공하는 양면시장 이론에 기인한다. 따라서 플랫폼을 통해 공급자, 지원자, 파트너, 소비자가 모두 연결이 가능하다. 플랫폼은 복수 그룹의 참여를 유도하고, 서로의 요구를 중개함으로써 생태계의 소통 활성화에 기여하며 새로운 가치와 혜택을 제공한다.

비즈니스 생태계 이해관계자들은 플랫폼을 통해 신속한 의사소통과 분산된 지식정보의 공유 및 저장 그리고 활용이 가능하다. 메신저, 메모보고, 영상회의, SNS 등 의사소통 환경 조성으로 언제, 어디서나 업무처리가 가능하며, 업무 관련 지식의 저장, 축적, 공유, 활용 등이 용이하여 체계적인 업무 추진 및 관리가 가능하다. 또한 이해관계자 간의 상호이동에 따른 출장 소요시간 감소와 교통, 숙박에 따른 부대비용 감소 효과도 있어 융합산업의 필수 요소로 부상하고 있다. 특히 4차 산업혁명시대의 파괴적 혁신 기술인 AI, 블록체인, 빅데이터 기술과 융합한 초지능, 초연결 융합 플랫폼은, 단순 정보처리를 돕던 과거의 플랫폼과는 차원이 다른 산업적 파급효과를 가져올 수 있다. 실제로 오늘날 떠올릴 수 있는 세계적 기업 중 ICT 기반의 플랫폼을 활용하지 않는 기업을 찾아보기 어려운 것이 사실이다.

ICT 기술의 발전으로 무수한 사업이 플랫폼을 기반으로 운영되고 있으나, 아직까지 실무에서는 플랫폼을 단순히 기술적 관점으로 접근하는 경우가 대부분이다. 플랫폼의 기능을 도출하기 위해서는 기술적 관점의 접근을 지양해야 한다. 물론 기술개발의 중요성을 간과하는 것은 아니다. 하지만 플랫폼의 핵심은 다양한 이해관계자들이 협업을 할 수 있는 공간을 제공하는 것이므로 이해관계자들의 참여를 유도하고, 활용할 수 있는 서비스를 기획하고 그것을 플랫폼에 적용하기 위해 고민해야 한다. 그러므로 플랫폼을 도식화할 때, 플랫폼의 기능적인 설계만 표현하는 것이 아니라 이해관계자들의 관계까지 고려해야 한다. 플랫폼을 구성하기 위한 요소 기술들은 이미 개발되어있는 경우가 많다. 그러므로 융합적 관점에서 접근하여 플랫폼에서 필요한 다양한 요소 기술을 플랫폼에 탑재시키려는 노력이 필요하다. 새로운 기술을 개발하려는 노력만큼이나 플랫폼의 효율적 운영을 고민하는 것도 중요하다. 즉, 운영 모델 및 운영전략에 대한 고민을 통해 플랫폼을 구성해야 한다.

2.2.1 플랫폼을 사용할 수밖에 없도록 강력한 가치를 담아라

플랫폼은 융합산업에서 만남의 장이다. 더 많은 이해관계자가 플랫폼을 활용할수록 산업 데이터가 쌓이고 시장에서 플랫폼의 영향력이 커진다. 따라서 파트너와 고객이 자사의 플랫폼을 사용할 수밖에 없도록 강력한 가치를 전달해야 한다. 플랫폼의 가치는 새로운 것이어야 하며, 시존 시장에서 사용자가 느꼈던 불편사항을 해소하는 혁신적인 것이어야 한다. 강력한 가치에 매력을 느낀 산업의 이해관계자들이 경쟁사의 플랫폼을 선택하지 않고, 자사의 플랫폼을 선택하도록 강력한 동기를 제공해야 한다.

카카오택시kakaotaxi

몇 년 전만 해도 택시를 타려면 길거리에 한참을 서서 기다리거나, 무수한 콜택시 업체 중 마음에 드는 곳을 골라 근방의 택시 기사가 연결될 때까지 무작정 기다려야 했다. 그런데 메신저 앱인줄만 알았던 카카오에서 플랫폼을 기반으로 택시업계를 혁신하였다. 기존 플랫폼과 다른 점은 택시 기사와 나의 위치를 지도에 표시해준다는 점이었다. 또한 출발지, 도착지, 예상시간, 비용 정보, 탑승 후 승차 정보 자동기록뿐만 아니라 택시 기사님의 평가 점수까지 확인할 수 있었다. 그동안 승객들이 겪고 있던 모든 불편사항을 플랫폼에 담아 이동 서비스 혁신을 이룬 것이다. 물론 택시 기사 혹은 이동 서비스 업체와 논란이 있기는 하지만, 플랫폼을 기반으로 고객을 사로잡은 것은 분명하다.

2.2.2 플랫폼 네트워크 효과를 극대화하라

전통적인 제조업에서 '규모의 경제'는 매우 중요한 키워드였다. 막대한 고정비용과 낮은 한계비용이 구축되면 높은 판매량이 나올수록 소요되는 평균비용이 낮아져 경쟁력을 얻을 수 있었다. 이러한 체제 덕분에 다양한 산업시대의 공룡기업들이 생겨났다. 그러나 플랫폼의 세계에서 핵심자원은 생산자와 수요자 네트워크 규모의 경제이다. 우리는 흔히 이것을 '네트워크 효과'라고 부른다. 플랫폼 업체는 산업의 공급자와 소비자를 만나게 해주는 중간다리 역할을 한다. 플랫폼의 네트워크가 커질수록 공급과 수요의 연결이 원활하기 때문에 더 많은 참여자가 유인되고 더욱 많은 가치가 창출된다. 공급자가 많아지면 판매자가 판매할 대상이 많아지기 때문에 플랫폼의 가치가 높아지고, 반대로 판매자가 많아지면 구매자는 선택지가 많아져서 플랫폼의 가치가 높아진다. 따라서 플랫폼 업체라면 네트워크 효과를 노려야 한다.

단, 네트워크 관리가 뒷받침되지 않으면 부정적인 효과가 나타날 수 있다. 수많은 선택지 속에서 소비자 혼란을 감소시키기 위해 피드백이나 평가를 실시하여 네트워크 안의 순위를 명확히 할 필요가 있다. 플랫폼 업체는 부정적인 네트워크 효과를 주의 깊게 살피고 유사 피해를 막아야 한다. 예를 들면 문제를 일으킨 공급자 혹은 소비자에게 마크를 달거나 아예 추방하는 식이 될 수 있다.

에어비앤비Airbnb

에어비앤비는 2008년에 시작된 세계 최대의 숙박 공유 서비스이다. 낯선 곳에서 숙박할 때 호텔을 빌려야 한다는 편견을 깨고, 누구나 자신의 집 혹은 별장을 일정한 기간동안 임대할 수 있도록 한 것이다. 에어비앤비는 네트워크 효과를 기반으로 규모를 확장한다. 싸이트에 방을 내놓은 공급자가 증가할수록 소비자에게 연결 가능한 숙소의 수가 기하급수적으로 증가한다. 급속도로 증가한 네트워크는 기존 숙박업계를 위협할만큼 단기간에 성장을 불러왔다. 네트워크 효과를 기반으로 숙소의 확보, 유지, 관리에 드는 한계비용을 0원으로 유지하였다는 점에서 네트워크 효과를 극대화한 대표적인 성공 사례로 꼽을 수 있다.

2.2.3 플랫폼 네트워크의 특성을 정확히 이해하라

네트워크 규모를 키우면 플랫폼 불패신화를 쓸 수 있을까? 디디는 압도적인 규모를 자랑하는 중국계 카풀 회사였으나, 우버와 메이퇀 같은 경쟁자와 경쟁하면서 승자독식 체제를 유지하지 못했다. 왜 페이스북이나 에어비앤비는 네트워크 효과를 유지하며 아성을 쌓는데, 이동 서비스의 경우 업체 간의 경쟁이 끊이지 않는 것일까? 그 이유는 네트워크의 특성이 다르기 때문이다.

플랫폼이 로컬 서비스에 집중할수록 네트워크의 클러스터는 파편화되어 지역 간의 니치가 발생한다. 그 빈틈을 타고 들어 경쟁자가 다른 지역을 독식할 수 있는 것이다. 예를 들어 카카오택시를 생각해보면, 서울의 운전자는 서울의 승객에만 관심을 가지고, 전주의 승객은 전주의 승객만 생각한다. 이러한 로컬 네트워크의 특성은 한국을 넘어 다른 국가까지 확대했을 때 더욱 심화된다. 이 때문에 이동서비스의 경우 지역마다 우세한 사업체가 달라질 수 있는 것이다. 반면에, 에어비앤비는 공급자와 소비자가 로컬에서 연결되는 것이 아니다. 고객은 출장 혹은 여행 갈 먼 지역의 공급자와 거래하기 때문에 로컬이 아니라 글로벌 네트워크가 형성되는 것이다.

이렇듯 플랫폼을 기반으로 사업을 하고자 할 때 사업가와 투자자들은 플랫폼에서 발생할 네트워크의 기본적인 특성을 분석하고 네트워크 효과를 강화할 방법을 모색해야 한다. 글로벌 네트워크를 구축할 수 있는지, 그렇지 않다면 어떻게 고객을 유인하고 멀티 호밍을 방지할 것인지 전략을 세워야 한다.

우버Uber

이동 서비스는 아무리 플랫폼 규모가 큰 사업체라도 언제든 경쟁자에게 밀릴 수 있는 로컬 네트워크 특성을 가진다. 이를 위해 이동 서비스 플랫폼 운영자들은 다양한 사업 전략을 모색한다. 우버는 호출을 거부하거나 취소하지 않고 연속으로 사용한 사용자들과 고객의 평점이 좋고 우버를 지속적으로 이용한 운전자에게 보너스를 지급한다. 또한 승객의 하차지점과 가까운 곳에서 새 승객을 태울 수 있도록 하여 운전자의 유휴시간을 줄였다. 뿐만 아니라 카고사와 협력하여 스낵 자판기를 소속 차량에 설치하는 부가 서비스까지 제공하고 있다.

2.3 서비스 Sevice

산업 시대의 시장은 상품 지배 논리 하에 운영되어왔다. 제품을 제조, 유통, 판매하는 것이 무엇보다 중요하게 여겨졌다. 상품 중심의 산업 환경에서 서비스는 단순히 상품을 보조하는 부수적인 수단에 불과하였고 서비스의 가치는 평가절하되었다. 제조업의 발전 포화 상태로 인하여 제품 그 자체만으로는 완전한 경쟁우위를 가지기 어려워짐에 따라, 서비스 중심의 발전이 기업의 수익성 유지와 지속 성장을 위한 핵심 경쟁력의 수단으로 인식되고 있다. 따라서 산업 분야를 막론하고, 제품과 서비스를 독립적으로 바라보는 '상품 지배 논리**good-dominant logic**'에서 '서비스 지배 논리**service-dominant logic**' 관점으로 화두가 전환되었다.

서비스 지배 논리를 처음 제안한 Vargo & Lusch(2004)는 패러다임이 변화하는 이유를 '자원'의 관점으로 설명한다. 과거 상품 지배 논리에 따르면 모든 가치는 물리적 자원에서 비롯되었으며, 모든 산업적 가치는 그것의 교환을 통해 창출된다고 보았다. 즉, 기업의 가치는 제품 그 자체에서 비롯되는 것이다. 이때 서비스는 제품을 보조하는 부가적 활동으로 인식되었으며, 서비스와 제품은 완전히 분리된 개념으로 이해되었다. 그러나 물질적 자원은 고정적이므로 한계에 다다르게 되었으며, 산업의 패러다임이 서비스로 이전되었다. 따라서 제품 위에 무형의 자원인 지식, 기술, 역량 등을 얹어 지속가능한 경쟁우위를 창출함으로써 서비스의 가치를 이끌어내려는 움직임이 시작되었다.

서비스적 관점에서 모든 거래는 서비스를 근간으로 이루어지고, 상품은 가치를 전달하는 매개체에 불과하다. 서비스는 상품의 보조적인 수단이 아니라 그 자체가 가치창출 동인이다. 나아가 가치란 자원의 전달 과정 전반에서 발생하기 때문에, 기업은 성공적인 서비스를 위해 더 많은 고객과 이해관계자가 자사의 비즈니스 모델을 원하도록 서비스를 혁신해야 한다.

구분	상품 지배 논리	서비스 지배 논리
목적	생산성 향상	소비자 가치 향상
교환 단위	제품	서비스
활용 자원	유형의 요소	무형의 요소
고객 관계	수직적	관계적
고객 역할	단순 소비자	공동 가치 창출자

2.3.1 제품이 아니라 서비스를 판매하라

제품을 판매하는 업체들은 대부분 자사를 제조업체라고 인식한다. 이러한 관점에 따라 제품 그 자체를 어떻게 개선할 것인지에만 몰두한다. 그러나 관점을 바꿔 우리 회사가 서비스를 판매한다고 생각해보자. 그렇다면 회사가 혁신해야 할 요소에는 제품뿐만 아니라 소비자에게 전달되고 활용되는 모든 과정이 포함될 것이다. 이 제품으로 소비자에게 어떤 가치를 제공할 것인지 고민하다보면 자연스럽게 서비스 혁신이 이루어진다.

레고LEGO

레고는 플라스틱 블록 장난감으로, 어린이들의 창의력과 상상력 개발을 위해 고안된 블록은 다양한 방법으로 조립할 수 있다. 1998년, MIT의 시모어 페퍼트**Seymour Papert** 교수 연구팀의 컴퓨터와 어린이 학습에 대한 연구 결과로 개발된 레고의 마인드스톰 시스템**Mindstorms Robostics Invention System**은 새로운 기술적 융합을 시도하였다. 즉, 마인드스톰은 환경 센서 등을 통하여, 소비자로 하여금, 기존의 레고 블록의 기술적 융합을 통하여 새롭게 응용할 수 있게 하였다. 과거에는 단순한 유형의 레고 블록을 판매하는 것이었지만, 해당 시스템을 통해 레고 상품을 활용할 수 있는 무형의 소프트웨어를 제공함으로써 새로운 가치를 창출한 것이다. 레고는 제품을 가치창출의 기본 수단으로 보던 전통적인 시각을 벗어던지고 서비스화로 성공사례로 여겨지고 있다.

2.3.2 전문화된 지식을 상품에 내재화하라

과거에는 기술의 발전으로 인해 인간의 단순반복 작업 업무를 기계가 대체하면서 고객의 효율성 및 편리성을 충족시킬 수 있는 서비스가 상품에 내재화되어 거래되어왔다. 하지만 최근 로봇과 인공지능 등의 발전은 기술의 고도화를 이뤄내면서 인간이 독점할 것이라 예상했던 금융, 법률, 의료, 언론분야 등의 전문직 업무로써 제공되는 서비스까지도 상품에 포함시키는 것이 가능해졌다. 더불어 고도화된 기술을 활용해 상용화 단계에 본격적으로 진입한 스마트 팩토리, 자율주행차 등은 파괴적 혁신**Disruptive Innovation**을 뛰어넘는 빅뱅 파괴**Big Bang Disruption** 기술을 통해 기존 산업의 가치사슬과 더불어 사회적 가치 및 인간의 삶의 방식 등을 변화시키고 있다. 따라서 인간의 전문화된 지식이나 스킬을 서비스로서 상품에 내재화해야 한다.

글루코트랙GlucoTrack

당뇨 환자를 대상으로 혈당을 점검하는 일은 의사 및 간호사 등 의료종사자가 제공하는 서비스였다. 하지만 채혈 혈당 측정 기기가 확산되어 집에서 수시로 채혈을 통해 혈당을 측정하는 것이 가능해졌다. 그러나 매번 바늘로 손가락을 찌르며 채혈하는 고통과 번거로움이 큰 문제였다. 이에 전문적인 지식 및 스킬을 상품에 내재화한 글루코트랙의 무채혈 혈당 측정 기기가 등장함에 따라 환자가 병원에 가지 않고 채혈의 고통도 없이 혈당을 측정하는 것이 가능해졌다. 다만 무채혈 혈당 측정 기기는 매우 고가이며 생산하는 업체의 수도 전 세계적으로 적기 때문에 시장 확산이 더딘 상태이다.

이러한 문제를 해결하기 위해 각국에서 연구를 진행하고 무채혈 혈당 측정이 보편화될 수 있도록 노력하고 있다. 한국연구재단에 따르면 성균관대 및 포항공대 교수 연구팀이 땀과 눈물 등의 체약에서 혈당을 검출하는 연구를 진행하고 있다고 밝혔다. 또한 삼성과 애플의 경우 향후 스마트 워치에 혈당을 측정할 수 있는 기술을 탑재할 예정이라는 기사가 빈번히 등장하고 있다. 이처럼 신기술을 기반으로 전문화된 기술을 제품에 내재하여 서비스를 혁신하는 사례가 증가하고 있으며, 이러한 노력이 우리 사회를 혁신하고 있다.

2.3.3 가치 네트워크를 통합하라

가치 네트워크를 재조합한다는 것은 경제 활동 주체의 지식 및 스킬 등을 한꺼번에 묶어내는 혁신 방안을 뜻한다. 서비스 간의 융합을 통해 새로운 가치 및 시장을 창출하는 활동이라고 볼 수 있다. 기존에 흩어져있던 개별의 서비스를 하나의 시스템에 통합하는 것은 서비스 혁신의 대표적인 방법이다.

카카오톡Kakaotalk

카카오톡은 PC에서 모바일로 플랫폼 전환이 이뤄지던 2010년에 모바일 무료 메신저와 다양한 이모티콘을 기반으로 다수의 고객을 확보하였다. 초창기에는 개인 작가와 제휴업체 상품 이모티콘을 판매하는 수익모델로 이윤을 창출하였고, 카카오톡 고객을 대상으로 한 '선물하기', '스타일' 등의 e-커머스 사업 확장을 통해 고객을 유지 및 확장해나갈 수 있었다. 또한 2012년 모바일 게임 시장을 놀라게 한 '애니팡' 게임과의 결합을 통해 더 많은 고객을 확보하고 사업영역을 게임 산업까지 확대하였다. 이후 카카오톡은 카카오택시, 카카오페이, 카카오헤어 등으로 사업영역을 확대하면서 '모바일 생활 플랫폼' 기업으로 성장할 수 있었다.

2.4 전략 Strategy

전략이란 융합 생태계의 지속과 개선을 위해 생태계 이해관계자 간의 가치를 창출하는 최선의 방법을 선택하는 것이다. 경영전략의 핵심 키워드는 사업 확장전략(1950~1960년대), 경쟁우위전략(1970~1980년대), 핵심역량전략(1990~2000년대) 등 기업 내부의 비즈니스 모델 개선과 동종 업체와의 경쟁에 초점이 맞춰 발전해왔다. 대표적으로 마이클 포터의 5 Force Model, Value Chain을 활용하여 자신의 경쟁적 지위를 파악하고 내부적으로 그것을 해결할 솔루션을 찾는 방식이 활용되었다. 그러나 최근에는 그러나 인터넷의 확산과 함께 혁신전략(2000~2010년대) 및 통합전략(2010~2020년대) 등 생태계의 협력에 초점을 맞추는 형태로 전략 이론이 변화하고 있다. 기업 내부 프로젝트를 외부에 공개하고 참여와 공유를 촉진하는 오픈 이노베이션 전략을 기점으로, 공유가치창출 전략, 블루오션 전략 등 무수한 전략들이 쏟아져 나오기 시작했다.

무수한 경영전략의 개념이 등장하는 것은 곧 성공을 보장하는 전략이 없다는 뜻이다. 경영전략의 이론과 실제에 괴리가 발생한 것이다. 그 이유를 떠올려 보자. 첫째, 경영학이 산업 변화를 따르지 않고 여전히 경쟁전략 위주로 교육되고 있다. 둘째, 경영전략의 범위가 방대하여 국가, 산업 환경, 법제도에 따라 다르고, 그것을 해결하는데 혁신적인 인사이트가 필요하다. 셋째, 복잡한 비즈니스 생태계에서 전략을 모색하기 위해서는 생태계 내의 이해관계자와 고객이 처한 상황을 모두 파악해야 하는데, 생태계를 어떻게 바라볼 것인지조차 통용되어 있지 않다.

전략의 이론이 무수히 많은 것과 같이 세상에 존재하는 기업의 수만큼 다양한 비즈니스 전략이 존재하며, 각 기업이 처한 환경과 보유한 역량에 따라 전략은 달라질 것이다. 따라서 모든 기업에게 정답을 찾아주는 전략의 왕도는 없다. 다만, 이 책에서는 전략을 수립하거나 혁신적 서비스를 설계하기 위한 몇가지 전략적 관점을 제시하고자 한다.

2.4.1 비경쟁적 관점을 가져라

수많은 경영학 서적들이 대부분 경쟁자보다 조금 더 저렴한 가격과 조금 더 나은 품질로 제품과 서비스를 제공할 수 있다면 경쟁에 승리할 수 있다고 이야기해왔다. 이는 과거 산업 시대 논리에서는 타당하게 받아들여져 왔으며, 실제로 그러한 환경에서는 절대 우위보다 상대 우위가 부를 축적시켜줄 수 있었다. 하지만 지금의 상황은 어떠한가? 오늘날 기업 간 경쟁 요소의 수는 산업시대와 비교하기 어려울 만큼 다양해졌고, 이는 비단 가시적 요소인 제품의 디자인, 가격, 서비스의 질 등에 국한되지 않는다. 따라서 오늘날 소비자를 설득하기 위해서는 경쟁자가 제공할 수 없는 자사만의 특별한 가치가 무엇인지 고민해야 한다. 즉, 경영자의 시선이 향해야 하는 곳은 경쟁자가 아니라 소비자이며, 자신의 기업이어야 한다는 점에서 우리는 경쟁에서 승리하는 전략으로써 비경쟁적 자세를 강조한다.

여기서 하나 짚고 넘어갈 점은 우리가 이야기하는 비경쟁은 새로운 시장을 탐색하는 블루오션과는 다르다는 것이다. 비경쟁 자세는 기존 시장에서도 가능하며, 이는 정의하는 가치에 따라 현재 위치한 시장이 블루오션으로 변화할 수도, 레드오션에 머물 수도 있다. 하지만 기업의 정체성을 확립하고 그러한 정체성을 제품과 서비스에 내재하여 소비자에게 전달할 수 있다면, 그 때는 블루오션인지 레드오션인지는 더 이상 중요한 문제가 아니다. 기업의 정체성을 공감하고 지지하는 소비자들은 자연스레 제품과 서비스를 소비하며, 그 중 강한 유대감을 느끼는 소비자는 기꺼이 기업의 마케터를 자처하고 지인들에게 그 가치를 전달하고자 힘쓴다.

비경쟁의 강조가 몇 가지 오해를 불러일으킬 수 있다. 그 중 하나는 경쟁자를 분석하거나 그들의 전략에 대응하지 않아도 되냐는 것인데, 이는 비경쟁 자세를 곡해하는 것이다. 우리는 앞서 생태계를 강조한 바 있으며, 이러한 생태계 안에는 경쟁자 또한 포함됨이 마땅하다. 즉, 경쟁자를 파악하는 것은 당연하게도 중요하다. 다만, 비경쟁적 자세를 강조함은 경쟁자의 전략을 분석하고 그들보다 한 걸음 더 앞서기 위한 전략을 수립하는 행동을 지적하는 것이며, 이러한 행위에 매몰될 때 경쟁에서 승리할 수 없음을 의미한다.

TSMC Taiwan Semiconductor Manufacturing Company

반도체 기업에는 개발부터 생산까지 직접 수행하는 IDM**Integrated Device Manufacturer**기업과 반도체 생산 시설만을 가진 파운드리**Foundry**기업, 그리고 설계 능력을 가진 팹리스**Fabless**기업이 있다. 반도체하면 가장 먼저 떠올리는 삼성전자와 인텔은 IDM에 해당하고, 퀄컴, 엔비디아, 애플 등은 팹리스 기업이다. TSMC는 파운드리 시장에서 매출 점유율이 50%를 상회하며 압도적 1위로 자리매김하고 있다. 그 뒤를 잇는 기업이 삼성전자로, 10%대 점유율을 보이고 있다. TSMC가 반도체 위탁생산 시장에서 이러한 압도적 지위를 갖는 것에는 그들의 사훈과 관련이 있다.

“고객과 경쟁하지 않는다.” 이 회사가 말하는 고객과 경쟁하지 않는다의 의미는 고객의 사업 영역을 침범하지 않는다는 의미이다. 반도체 산업의 특성상 IDM기업으로 성공하는 것이 천문학적 비용이 소요된다는 점에서 역량적 한계도 있었지만, 기술 보안에 민감한 반도체 업계 고객의 성향을 파악하고 반도체 위탁생산 외 사업 확장은 일절 금했던 TSMC의 사업 모토는 기업 신뢰의 기반이 되었다.

2.4.2 위기를 기회로 삼아라, 안티프래질

산업 기반이 변화하는 희귀한 상황을 제외하면 압도적 선도 기업을 후발 기업이 넘어서는 것은 불가능에 가깝다. 이미 선도 기업의 기술력, 자본력, 정보력이 후발주자가 넘볼만한 수준이 아닐 확률이 높기 때문이다. 하지만 앞서 이야기했던 산업의 기반이 변화한다던지, 소비자들의 선호가 변화하는 등 드물지만 새로운 기회는 늘 찾아오기 마련이다. 그렇다면 새로운 기회가 찾아왔을 때를 대비해 어떻게 기업의 미래를 예측하고 준비해야 할까?

구체적인 논의를 시작하기에 앞서 안티프래질**Antifragile**의 개념을 알아야 한다. 안티프래질이란 무엇인가? 프래질은 '깨지기 쉬운', '부서지기 쉬운' 등의 의미로 해석되며, 흔히 유리잔, 노트북과 같이 깨지기 쉬운 비행기 수하물에 붙이는 스티커에서 발견할 수 있다. 안티프래질은 프래질**Fragile**의 반대되는 단어이다. 프래질의 반대말은 '단단한', '탄력적인' 등의 단어가 아니라 '충격을 받으면 더 강해지는' 것을 의미한다. 단순히 단단하다는 것은 외부의 충격에 피해를 입지 않는다는 것을 의미하고, 탄력적이라는 것은 외부의 충격을 입었을 때 다시 원래의 상태로 복귀하는 회복력이 좋다는 것을 의미한다. 반면, 안티프래질은 외부의 충격으로부터 일부 피해를 입을 수 있지만 그로 인해 더 강해지거나 상태가 좋아지는 것을 의미한다.

즉 위기가 닥쳤을 때 그것을 기회로 삼아 오히려 성장하는 것을 안티프래질이라고 한다. 위기의 상황에서 안티프래질 정신의 유무에 따라 흥망을 달리했던 삼성과 노키아의 사례를 보자. 당시 휴대폰 시장 점유 1위였던 노키아는 아이폰이라는 외부 충격에 적절한 대응을 하지 못했고, 삼성은 과감한 의사결정을 통해 기업의 비즈니스를 혁신했다. 결국 노키아는 휴대폰 시장에서 도태되었고, 삼성은 현재에도 승승장구하며 사업을 영위하고 있다. 복잡계 시장에서 기업은 다가오는 블랙스완**Black Swan**에 민첩하게 반응할 수 있는 역량을 키워야 한다.

현대자동차그룹Hyundai Motor Group

세계적 규모의 기후변화에 대응하고자 체결된 파리협약에 의해 각 나라들은 탄소 배출량 감축 목표를 설정하고 이에 대한 방안을 제시하고 있다. 탄소 배출에 있어서 적잖은 비중을 차지하는 자동차 산업이 이러한 기조에 자유로울 수는 없다.

많은 자동차 기업들이 친환경적인 자동차를 개발하기 위한 여러 갈래로 나누어지는 길 위에 서있다. 대다수의 기업들은 내연기관의 종말을 선언하며, 빠르게 전기차 시대로의 전환을 준비하고 있다. 현대자동차그룹 또한 그렇다.

현대자동차그룹의 모체라고 할 수 있는 현대자동차는 2021년 초, 디젤엔진 개발 중단과 내연기관 모델 절반의 단종을 선언했다. 현대자동차는 세계적인 자동차 기업들보다 늦은 출발로 말미암아 내연기관 자동차 시장에서 품질의 인정을 받지 못해왔기 때문이다.

현재 전기차 시장은 현재 압도적 1위라고 제시할만한 기업이 존재하지 않는다. 테슬라는 자동차의 완성도 측면에서 부족함을 갖고, 기존 완성차 기업들은 전기의 효율적 사용, 자율주행 등의 주행 보조 기술 등에서 부족한 면을 보이고 있다. 이러한 측면에서 완성차 시장의 1등기업부터 꼴등기업까지 모두 동일한 출발선에 섰다고 볼 수 있다.

기후변화와 이에 대한 환경 규제라는 블랙 스완에 자동차 업계의 대응이 옳다, 그르다를 현재 시점에서 예단할 순 없다. 다만, 이들이 안티프래질한가에 대한 물음에는 그렇다고 이야기할 수 있을 것이다. 그들은 위기를 기회로 인식하고 적절하다고 생각하는 대응을 했기 때문이다.

지금까지 살펴본 생태계, 플랫폼, 서비스, 전략을 중심으로 융합산업의 혁신 서비스를 설계한 뒤에, 이것이 제대로 실현되게 하기 위해서는 세 가지 보조 키워드에 주목해야 한다. 바로 제도Institution, 서비스 전달Service Delivery, 고객Customer이다. 이 세 가지 요소가 뒷받침되었을 때 EPSS 프레임워크가 선순환될 수 있다.

2.5 제도 Institution

혁신을 통한 신사업의 창출에는 대개 반대급부가 뒤따르며, 이러한 현상은 특히 파괴적 혁신에서 도드라지게 나타난다. 기존 산업 종사자들의 반발 또는 정부 규제 장벽 등이 그것인데, 이때는 제도 혁신이 필요하다. 제도 혁신은 새로 등장하는 기술들을 고려하지 못했던 기존 법제도 등을 기술 발전에 발맞춰 적절한 형태로 수정하거나 완화하는 등 신산업 육성 및 기존 산업 보호를 위해 정부가 지원하는 정책적 지원 일체를 의미한다. 이는 크게 두 가지 관점에서 접근해 볼 수 있다.

첫째, 신산업이 기존 시장을 일순간 잠식하거나 파괴하고 새로운 시장을 구축하는 경우이다. 이러한 경우는 기존 산업에서 당연하게 받아들여지던 시장 논리를 바꾸어 새로운 산업으로 변환하는, 즉 파괴적 혁신에 해당한다. 파괴적 혁신이 일어날 경우 기존 산업 종사자들은 능동적이고 유연하게 시장 변화에 대응하지 못할 확률이 높다. 시장 변화에 대응하지 못하는 기존 산업 종사자들은 임금의 삭감 또는 실직의 위기에 처하게 되고, 결국 이들은 시위를 통해 문제해결을 요구한다. 파괴적 혁신의 예시로는 곧 다가올 미래의 현대자동차의 생산 공정을 꼽을 수 있겠다. 미래 자동차로 일컬어지는 수소·전기차의 경우, 전통 자동차에 비해 요구되는 부품이 30% 이상 감소될 전망이며, 엔진과 변속기 등 핵심 부품이 필요치 않게 되어 부품 업계에 충격이 예고되고 있다. 정부는 자동차 산업의 육성과 생산직 근로자 보호를 위해 미래차 부품 사업으로 전환할 수 있는 지원책을 마련하고 있으며, 근로자들을 미래차 생산에 적합한 인력으로 재교육을 지원하는 등의 방안을 모색하고 있다.

둘째, 기존 산업 규제가 장벽으로 작용하여 신기술이 개발되었으나 사업이 불가한 경우이다. 4차 산업혁명 시대가 도래함에 따라 기존 규제 체계 내에서는 신기술과 신산업의 빠른 변화를 좇는 것이 어려운 것이 현실이다. 이러한 규제가 지속될 경우, 글로벌 시장에서의 경쟁력을 소실하게 될 우려가 있어 정부는 빠른 현황 파악을 통해 최적의 정책적 지원 방안을 모색해야 한다. 그렇게 등장한 것이 현재의 규제 샌드박스인데, 신산업과 신기술에 한해서는 '선허용 – 후규제' 방식으로 규제 체계를 전환하여 새로운 제품과 서비스가 생산될 수 있는 기틀을 마련했다. 규제 샌드박스란, 신기술과 신서비스의 원활한 시장진출을 지원하기 위해 혁신성과 안전성을 바탕으로 시장진출의 기회를 주거나, 시간과 장소, 규모 등에 제한을 두고 실증 테스트를 허용하는 일종의 '혁신 실험장'을 의미한다.

산업과 기술의 진화 속도는 걷잡을 수 없이 빨라지고 있으며, 때문에 융합산업에서는 다양한 규제 장벽에 부딪힐 수 있다. 기존 제도를 수정하거나 새로운 제도를 설계하는 것이 쉬운 일은 아니다. 그러나 가능하다면 제도를 혁신하며 융합산업이 활성화될 수 있도록 노력해야 한다.

2.6 서비스 전달 Service Delivery

서비스 품질의 중요성이 날이 갈수록 높아지고 있다. 인터넷 기술 덕분에 오늘날 고객들은 전 세계 곳곳에서 모든 분야의 후기를 살펴보고 기업의 서비스를 비교한다. 산업이 융합되면서 서비스의 차원은 점점 더 복잡해지고 있는 반면에, 기업의 실수 허용 범위는 줄어들고 있는 것이다. 따라서 기업은 과거 제조업 시대에 제품의 품질을 관리하던 차원을 벗어나 새로운 서비스 품질관리를 시도하고 있다.

우리는 서비스 품질관리에 성공한 기업들을 사례분석 하면서 하나의 사실을 포착하였다. 전통적인 품질관리 기법인 금전적 보상, 성공사례 공유, 품질 가이드라인 구체화 등은 더이상 효과를 발휘하지 못하고 있었다. 그러나 성공하는 기업의 경우, 직원들이 자신에게 주어진 품질 가이드라인을 준수할 뿐만 아니라 다른 직원 혹은 팀의 행동을 관찰하고 그들의 품질 유지 현상을 공유하는 문화가 형성되었다는 점이다. 이처럼 기업 내부의 모든 직원들이 서로의 품질을 관리할 때에 서비스 수준 유지가 가능하고 서비스 실패가 발생할 확률이 낮았으며, 혹시 실수가 발생하더라도 훨씬 적은 시간과 자금을 통해 서비스를 회복한다는 점을 파악할 수 있었다.

이러한 현상은 비단 기업 내부에 국한되지 않는다. 앞서 살펴본 바와 같이 융합산업은 다양한 산업 주체가 모여 새로운 서비스를 제공하는 것이므로 하나의 산업 영역에서보다 서비스 실패가 발생할 확률은 더욱 높아진다. 따라서 기업 내부의 성과평가 체제처럼 비즈니스 생태계 이해관계자들의 서비스 수준을 유지하기 위한 품질관리가 반드시 필요하다. 또한 서비스 수준을 마련하여 품질을 관리한다면 자사가 모르던 융합 분야에 대한 지식을 얻을 수 있기 때문에 비즈니스 생태계 서비스 품질 관리는 필수적이다.

이처럼 기업 내부의 품질은 성과지표를 통해서, 비즈니스 생태계 전체의 품질은 서비스 수준 설계를 통해서 이루어질 수 있다. 다만, 이때 주의해야 할 점은 성과지표 혹은 서비스 수준 설계의 항목과 수치에 지나치게 얽매이게 되면 서비스 품질 향상이 아니라 수치를 채우는 데 목적을 두게 될 수 있다. 그 대표적인 예시로 미국 금융기업 웰스파고를 들 수 있다. 웰스파고는 고객과의 장기적 관계 구축이었는데, 그것을 얼마나 달성하였는지 파악하고자 교차판매cross-selling를 성과지표로 삼아 측정하였다. 이것을 달성하기 위해 직원들은 고객의 동의를 받지 않고 350만 개의 예금계좌와 신용카드를 개설하였고, 그 내막이 밝혀지면서 웰스파고는 큰 타격을 맞았다.

이러한 문제는 비단 웰스파고만의 문제가 아니다. 서비스 품질을 관리하기 위해 성과지표 충족에 목숨을 거는 기업들이 많다. 성과지표 혹은 서비스 수준을 설계하는 이유는 서비스 품질을 관리하기 위해서인데 목적과 수단이 뒤바뀐 것이다. 따라서 서비스 품질을 고도화하기 위해서 기업 내외의 이해관계자들 간에 품질 유지 조건을 논의하는 것은 매우 중요하지만, 지표에 집중하여 서비스 품질을 놓치면 안 된다는 점을 유념해야 한다. 그러기 위해서는 성과지표와 인센티브 간의 연결 고리를 느슨하게 유지하고, 한두 개의 핵심 성과지표가 아니라 다수의 지표를 이용하는 등의 전략이 필요하다.

2.7 고객 Customer

미국의 저명한 미래학자 앨빈 토플러는 1970년에 본인의 저서 '미래의 충격 **Future Shock**'에서 "미래엔 생산과 소비 간 경계가 허물어져 고객이 생산 과정에 적극적으로 참여하게 될 것"이라고 언급했다. 이러한 현상을 구체적으로 기술하며 1980년에 출간한 '제3의 물결**The Third Wave**'에서는 생산자**Producer**와 고객**Customer**을 합성한 '프로슈머**Prosumer**'라는 신조어를 탄생시켰다. 그의 예상과 같이 기업 활동에서의 고객 영향력은 과거보다 더욱 주요하게 다루어져야 할 요소가 되었다.

전통적인 경영학에서 기업은 고객에게 판매할만한 상품 또는 서비스를 만들기 위해, 기업의 자원을 가장 효율적으로 활용하여 고객의 욕구를 충족시키고자 노력하는 주체다. 따라서 기업은 민첩하고 세밀하게 고객의 욕구를 분석하고 그를 생산 과정에 반영시키는 것이 효율적인 가치 사슬 운영을 위한 미덕이라 여겼다. 즉, 고객은 기업의 제품 또는 서비스를 일방적으로 소비하는 수동적인 대상으로 인식되어 온 것이다.

하지만 고객의 욕구를 빠르게 파악하고자 하는 기업의 노력은 ICT 기술과 생산 기술의 발전으로 인해 고객의 욕구에 따라 새로운 상품이 결정되는 속도에까지 이르렀다. 고객의 욕구와 기업의 대응의 순서가 역전되는 현상은 새로운 비즈니스 환경을 만들었다. 미처 기업 내부의 자원으로는 해결되지 않았던 기업의 프로세스가 고객의 의견으로 해결되었고, 이는 다른 고객의 유입을 창출했다. 고객과 기업의 상호작용이 서비스의 핵심 자원으로 활용되는 고객의 생산자화가 나타난 것이다.

비즈니스 생태계 차원에서 고객이 점하는 영향력과 활용의 방식은 나날이 성장하고 있다. 개인에게 다양한 생산 수단이 제공되면서 창조적으로 발굴된 노하우를 기업이 활용하는 사례가 나타나고 있으며, 모바일의 보편화로 연결망의 중심에 선 고객은 매체에 등장하는 연예인보다 더 큰 파급 효과를 갖게 되어 '크리에이터'라는 새로운 계급으로 분류되기도 한다. 이러한 현상을 통해 전통적인 경영학에서 주장한 상품 중심의 논리는 서비스 지배 논리를 거쳐 고객 지배 논리로 발전되고 있다. 이는 고객이 선호하는 서비스를 만들기 위한 기업의 노력이 아닌 고객이 서비스를 통해 하는 행동과 목적에 초점을 맞춘다. 이러한 변화는 사소하지만 매우 중요하다. 고객에 기반한 접근은 기업으로 하여금 심층적인 고객의 경험과 활동에 집중하여 서비스와 관련된 고객의 삶을 향상시키기 때문이다.

더 이상 고객은 기업의 가치 사슬의 끝에서 상품과 서비스를 소비만 하는 주체가 아니다. 따라서, 비즈니스 생태계에서 기업 간 협력을 통해 공유가치**Creating Shared Value(CSV)**를 창출함에 있어 고객을 하나의 생산자로서 인지하고 그들이 효율적으로 가치창출 프로세스에 참여할 수 있도록 체계를 마련하고 플랫폼을 구축해야 한다. 이를 통해 고객이 적극적인 공동가치창출자로 역할을 할 때 비로소 고객 중심의 지속가능한 산업 융합 서비스 개발을 달성할 수 있다.

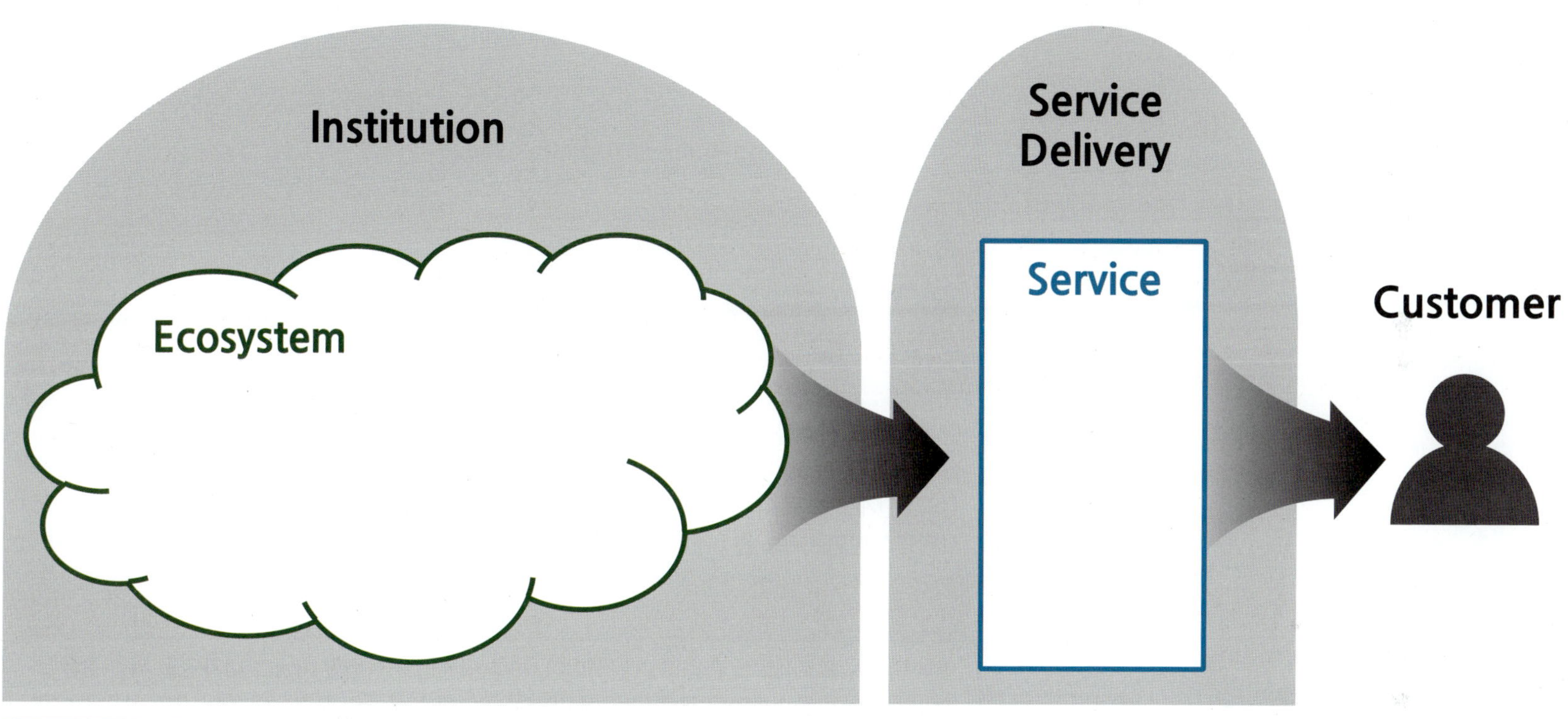
Institution
Service Delivery
Ecosystem
Service
Customer
Platform
Strategy

03

EPSS 프레임워크

에코사이언스는 생태계Ecosystem, 플랫폼Platform, 서비스Service, 전략Strategy을 통합적 관점에서 고려한 지식융합 서비스 디자인 방법론이다. 에코사이언스 방법론은 Phase(단계) ⊃ Activity(세부 단계) ⊃ Task(도구)로 구성되어 있다.

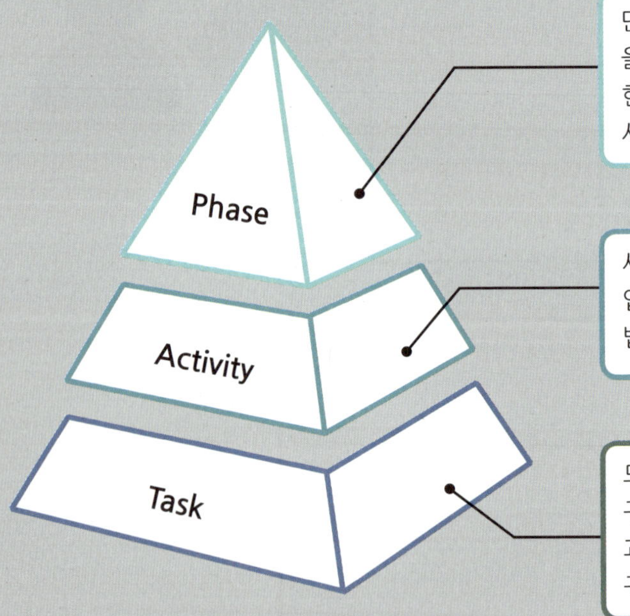

단계는 중요 산출물들의 최종 결과를 관리하는 단위로, 생태계(E), 플랫폼(P), 서비스(S), 전략(S)을 대표한다. Phase는 서비스 도출, 융합생태계 정의, 비즈니스 모델 전략, 플랫폼 구축, 서비스 구현의 5단계 순으로 이루어져 있다. 각 단계의 하위 단에는 약 4~5개의 Activity가 존재한다. 에코사이언스 방법론에는 총 5개의 단계가 존재한다.

세부 단계는 프로젝트를 관리하는 단위이다. 세부 단계는 지식융합 서비스 디자인을 위한 작은 과업이며, 이것을 완수하기 위해 하위 단에 다양한 경영학 도구들이 포함되어 있다. 에코사이언스 방법론에는 18개의 세부 단계가 존재한다.

도구는 프로젝트를 수행하고 산출물을 생성하는 기본 단위이다. 도구는 다양한 경영학 기법으로 구성되어 있으며, 프로젝트 특성에 따라 선택적으로 활용이 가능하다. 방법론의 도구를 작성하는 과정을 통해 비즈니스 모델을 구체적으로 설계할 수 있다. 에코사이언스 방법론에는 총 37개의 도구가 존재한다.

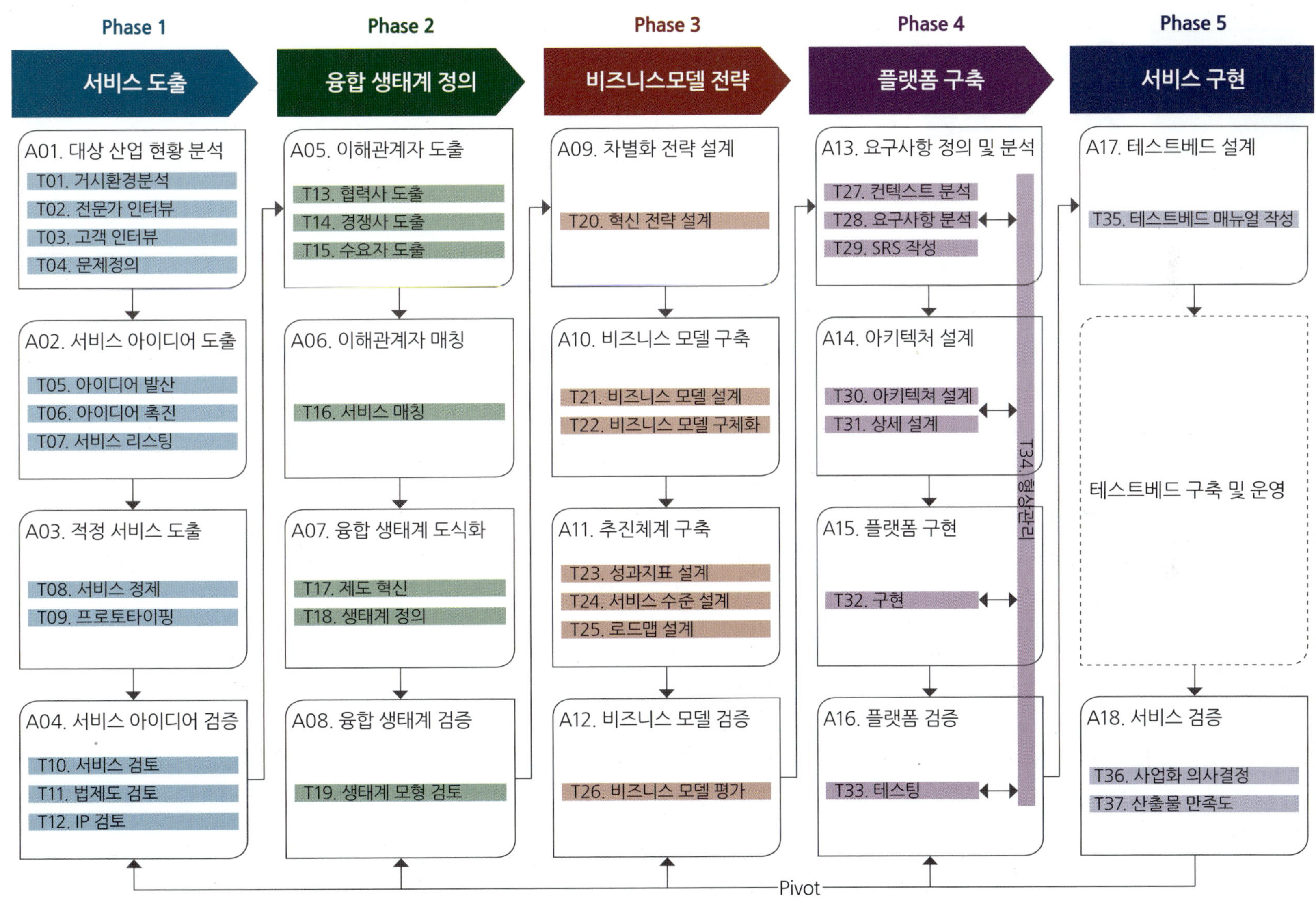
Phase 1
서비스 도출
A01. 대상 산업 현황 분석
T01. 거시환경분석
T02. 전문가 인터뷰
T03. 고객 인터뷰
T04. 문제정의
A02. 서비스 아이디어 도출
T05. 아이디어 발산
T06. 아이디어 촉진
T07. 서비스 리스팅
A03. 적정 서비스 도출
T08. 서비스 정제
T09. 프로토타이핑
A04. 서비스 아이디어 검증
T10. 서비스 검토
T11. 법제도 검토
T12. IP 검토
Phase 2
융합 생태계 정의
A05. 이해관계자 도출
T13. 협력사 도출
T14. 경쟁사 도출
T15. 수요자 도출
A06. 이해관계자 매칭
T16. 서비스 매칭
A07. 융합 생태계 도식화
T17. 제도 혁신
T18. 생태계 정의
A08. 융합 생태계 검증
T19. 생태계 모형 검토
Phase 3
비즈니스모델 전략
A09. 차별화 전략 설계
T20. 혁신 전략 설계
A10. 비즈니스 모델 구축
T21. 비즈니스 모델 설계
T22. 비즈니스 모델 구체화
A11. 추진체계 구축
T23. 성과지표 설계
T24. 서비스 수준 설계
T25. 로드맵 설계
A12. 비즈니스 모델 검증
T26. 비즈니스 모델 평가
Phase 4
플랫폼 구축
A13. 요구사항 정의 및 분석
T27. 컨텍스트 분석
T28. 요구사항 분석
T29. SRS 작성
A14. 아키텍처 설계
T30. 아키텍처 설계
T31. 상세 설계
A15. 플랫폼 구현
T32. 구현
A16. 플랫폼 검증
T33. 테스팅
T34. 형상관리
Phase 5
서비스 구현
A17. 테스트베드 설계
T35. 테스트베드 매뉴얼 작성
테스트베드 구축 및 운영
A18. 서비스 검증
T36. 사업화 의사결정
T37. 산출물 만족도
Pivot

Phase 1 Service 서비스 도출

개념과 목적

'Phase 1: 서비스 도출' 단계는 신산업 분석 및 서비스 도출을 위한 에코사이언스 방법론의 첫 번째 단계이면서, EPSS Ecosystem – Platform – Service – Strategy의 S Sevice에 속한다. 이 단계에서는 산업과 고객을 고려한 내·외부 산업 현황 분석을 통해 도출된 문제를 정의하고, 다양한 방법론의 도구를 활용하여 아이디어를 도출한 뒤 서비스를 정제 및 검증한다. 이 단계는 사업성이 타당하고 현재 적용 가능한 수준의 적정 서비스를 도출하는 데 목적이 있다.

구성

'Phase 1: 서비스 도출' 단계는 'Activity 01. 대상 산업 현황 분석' → 'Activity 02. 서비스 아이디어 도출' → 'Activity 03. 적정 서비스 도출' → 'Activity 04. 서비스 아이디어 검증' 순으로 구성 있으며, 12개의 도구가 포함되어 있다.

서비스 도출 단계에서는 다음 질문에 대한 답을 얻어야 한다.

- 대상 산업의 현황과 문제점은 무엇인가?
- 대상 산업의 문제점을 해결하기 위한 아이디어는 어떤 것이 있는가?
- 서비스 아이디어를 어떻게 구체화할 수 있는가?
- 서비스 아이디어를 가장 효과적으로 표현하는 방법은 무엇인가?
- 도출한 적정 서비스는 고객의 니즈를 충족하는가?
- 도출한 적정 서비스는 실제 산업에서 실현 가능한가?

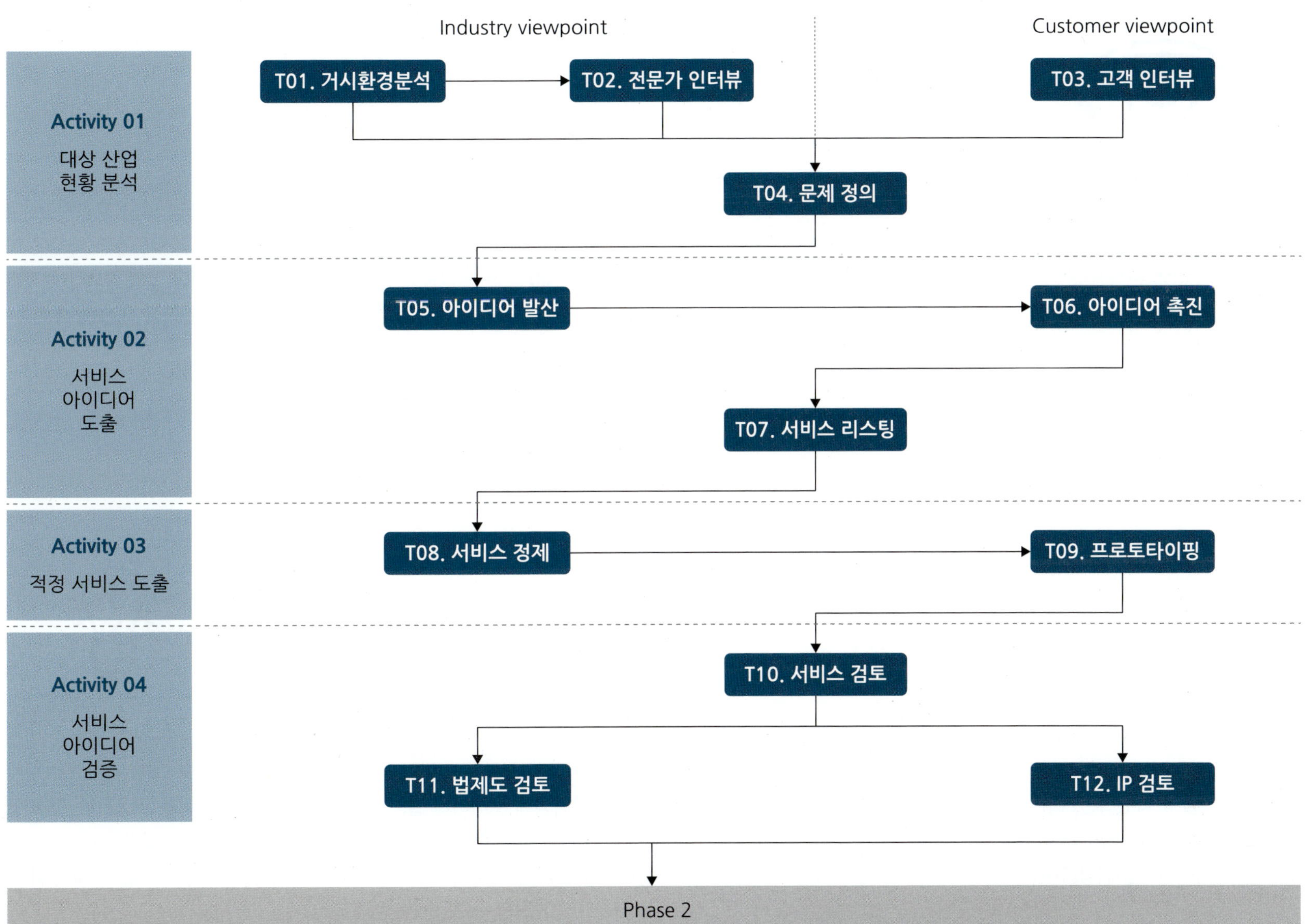

Industry viewpoint
Customer viewpoint
Activity 01
대상 산업
현황 분석
T01. 거시환경분석
T02. 전문가 인터뷰
T03. 고객 인터뷰
T04. 문제 정의
Activity 02
서비스
아이디어
도출
T05. 아이디어 발산
T06. 아이디어 촉진
T07. 서비스 리스팅
Activity 03
적정 서비스 도출
T08. 서비스 정제
T09. 프로토타이핑
Activity 04
서비스
아이디어
검증
T10. 서비스 검토
T11. 법제도 검토
T12. IP 검토
Phase 2

Activity 01

대상 산업 현황 분석

대상 산업의 현황과 문제점은 무엇인가?

'대상 산업 현황 분석'은 'Phase 1: 서비스 도출'의 첫 번째 세부 단계이다. 이 세부 단계는 산업 관점**industry viewpoint**과 고객 관점**customer viewpoint**로 구분된다. 먼저 산업 관점에서는 보고서, 뉴스 등을 기반으로 융합할 산업의 전반적인 시장 현황을 분석하고, 전문가 인터뷰를 통해 산업의 인사이트를 도출한다. 다음으로 고객 관점을 이해하기 위해 고객 인터뷰를 실시하여 현재 산업에서 고객이 느끼는 편안함**GainPoint**과 불편함**PainPoint**을 파악한다. 그것을 토대로 현재 산업의 문제점이 무엇이며 어떻게 해결할 수 있을지 논의한다.

본 단계에서는 산업에서 고객이 겪고 있는 현상, 문제점 등을 공감하고, 정확히 어떤 부분이 시사점이고 한계점인지 파악할 수 있어야 한다. 새로운 패러다임의 서비스는 인간중심적**Human-centric**이어야 한다. 전문가와 고객과의 면대면 만남은 책상 앞에서는 얻을 수 없는 다양한 통찰력을 제공할 것이다.

Activity 02

서비스 아이디어 도출

대상 산업의 문제점을 해결하기 위한 아이디어는 어떤 것이 있을까?

'서비스 아이디어 도출'은 "'Phase 1: 서비스 도출"의 두 번째 세부 단계이다. 이 세부 단계는 Phase 1의 핵심 단계라고 볼 수 있다. 앞선 단계에서 대상 산업의 문제점을 파악했다면, 이번 단계에서는 그것을 해결할 수 있는 다양한 서비스 아이디어를 도출하는 아이디에이션**ideation** 과정을 거친다. 마지막으로 도출한 아이디어를 취합하여 서비스를 리스트를 작성한다.

본 단계에서 중요한 부분은 수집한 정보들을 기반으로 통찰력 있는 서비스 아이디어를 도출하는 것이다. 따라서 이 단계를 진행할 때에는 서비스의 사업성, 타당성에 얽매이지 말고 최대한 다양한 아이디어를 도출하는 것에 집중해야 한다. 다듬어지지 않은 아이디어는 때로 창의적인 도약을 이끌어내기 때문이다. 처음부터 완벽한 아이디어를 찾으려고하지 말고, 많은 아이디어 중에서 가장 적절한 아이디어를 골라 발전시켜야 한다.

Activity 03

적정 서비스 도출

서비스 아이디어를 어떻게 구체화할 수 있을까??

'적정 서비스 도출'은 'Phase 1: 서비스 도출'의 세 번째 세부 단계이다. 이 세부 단계는 다양하게 도출한 서비스 아이디어의 타당성을 검증하고, 하나의 적정 서비스를 도출하는 단계이다. 도출한 서비스의 중요도와 시급성 정도에 따라 2X2 매트릭스를 작성하고 가장 먼저 도입해야 할 서비스를 선정한다. 또한 선정한 서비스를 페이퍼 프로토타입으로 제작하여 세부적으로 구체화하는 과정을 거친다.

본 단계에서는 내부적으로 가장 적합하다고 판단되는 서비스를 선정하는 것이 중요하다. 일단 서비스가 선정되었다면 아이디어를 프로토타이핑하는데, 처음부터 완벽하게 다듬어진 프로토타입을 제작하느라 많은 시간을 들이기보다는 완성되는 즉시 내부적으로 공유하여 빠르게 수정을 반복하는 것이 효과적이다. 빠르게 프로토타입을 수정하다 보면 적정 서비스 모델이 구체화될 것이다.

Activity 04

서비스 아이디어 검증

도출한 적정 서비스는 고객의 니즈를 충족하고, 실현 가능한가?

'서비스 아이디어 검증'은 'Phase 1: 서비스 도출'의 마지막 단계로, 도출된 적정 서비스에 대해 최종적으로 시장성과 법률적 검토를 실시하는 단계이다. 첫째, 시장성 검증을 위해서는 전문가와 예상 고객을 대상으로 사용 의사 설문을 실시한다. 둘째, 법률적 검토를 위해서는 법제도 및 지식재산권(IP) 검증을 실시한다. 법률적 검토는 전문성을 요구하기 때문에 가능하다면 전문 업체에 의뢰하는 것을 추천한다. 일반적인 프로젝트에서는 전문가와 예상 고객을 대상으로 하는 피드백 단계에 초점을 맞추기를 추천한다.

본 단계는 'Phase 2: 융합 생태계 정의'로 넘어가기 전, 적정 서비스에 대한 의사결정이 이루어지는 단계이다. 따라서 잘못된 피드백으로 피보팅하지 않도록 전문가와 소비자에게 정직한 피드백을 유도하는 것이 매우 중요하다. 피드백은 서비스를 개선할 수 있는 도구이기 때문에 긍정적인 면보다 부정적인 피드백 위주로 문서를 정리하고, 적정 서비스를 더 발전시키는 기회로 삼아야 한다.

Phase 2 Ecosystem 융합 생태계 정의

개념과 목적

'Phase 2: 융합 생태계 정의' 단계는 적정 서비스를 운영하는 미래 융합 생태계를 도식화하는 에코사이언스 방법론의 두 번째 단계이면서, EPSS Ecosystem – Platform – Service – Strategy의 E Ecosystem에 속한다. 이 단계에서는 이해관계자 분석을 통해 산업 내·외부의 사업 주체(협력자와 경쟁자)와 서비스 대상 고객군(수요자)을 도출 및 분석하고, 생태계 차원에서 구축해야 할 전략을 도출한다.

구성

'Phase 2: 융합 생태계 정의' 단계는 'Activity 05. 이해관계자 도출' → 'Activity 06. 이해관계자 매칭' → 'Activity 07. 융합 생태계 도식화' → 'Activity 08. 융합 생태계 검증' 순으로 구성되어 있으며, 7개의 도구가 포함되어 있다.

융합 생태계 정의 단계에서는 다음 질문에 대한 답을 얻어야 한다.

- 적정 서비스를 운영하기 위해 누구와 협력해야 하는가?
- 적정 서비스가 경쟁자의 운영 모델과의 차별점은 무엇인가?
- 적정 서비스의 예상 고객과 그들의 니즈는 무엇인가?
- 모든 이해관계자는 융합 생태계에서 어떤 역할을 하는가?
- 융합 생태계가 선순환하기 위해서 제도적으로 혁신해야 할 것이 있는가?

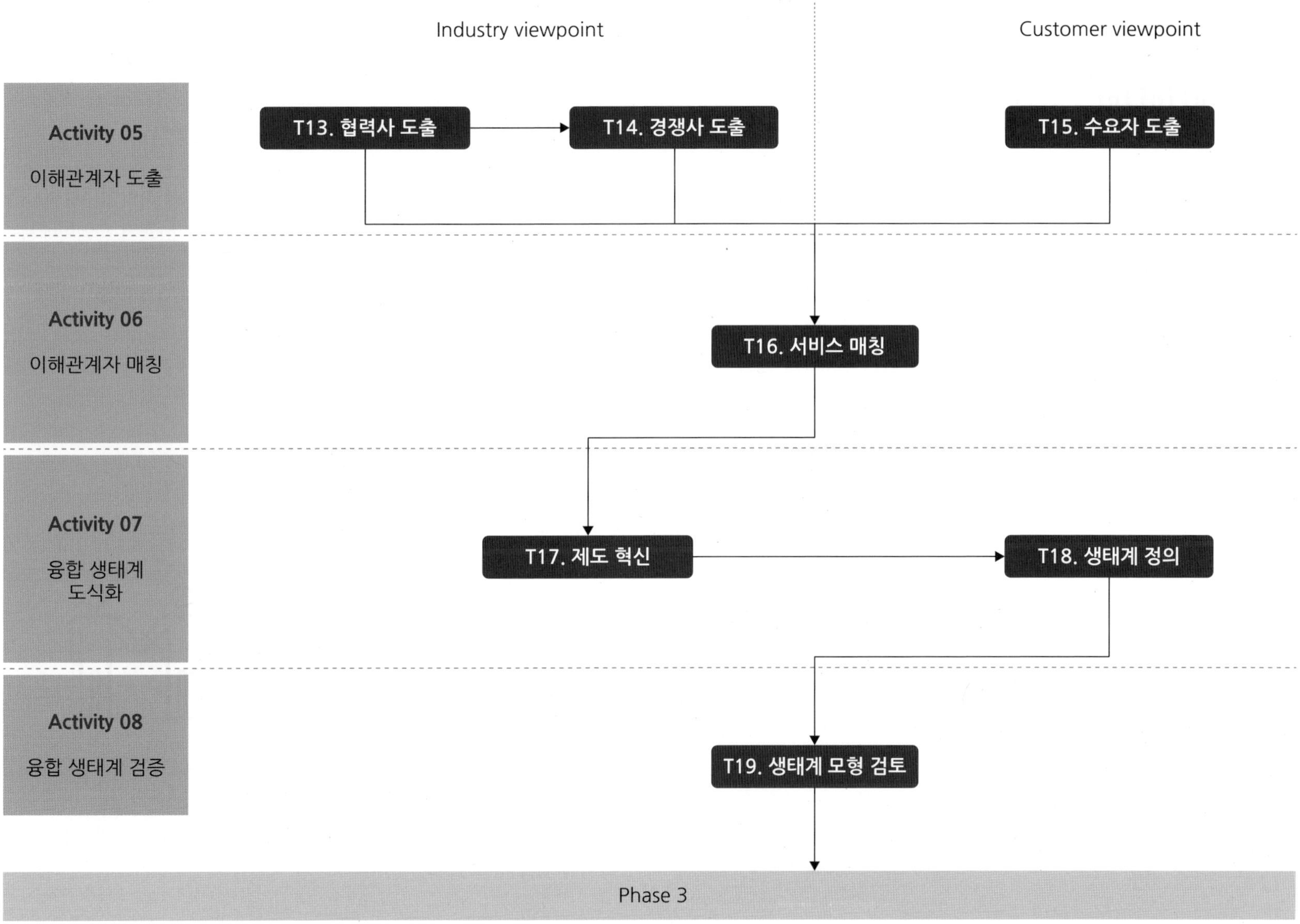

Industry viewpoint
Customer viewpoint
Activity 05
이해관계자 도출
T13. 협력사 도출
T14. 경쟁사 도출
T15. 수요자 도출
Activity 06
이해관계자 매칭
T16. 서비스 매칭
Activity 07
융합 생태계 도식화
T17. 제도 혁신
T18. 생태계 정의
Activity 08
융합 생태계 검증
T19. 생태계 모형 검토
Phase 3

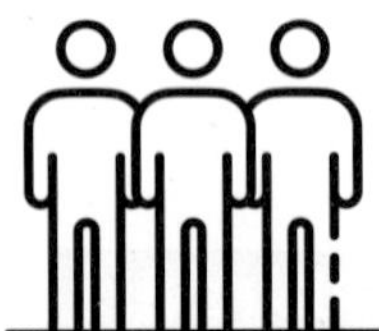

Activity 05
이해관계자 도출
융합 생태계에서 함께 할 협력자, 경쟁자, 수요자는 누구인가?

'이해관계자 도출'은 'Phase 2: 융합 생태계 정의'의 첫 번째 세부 단계이다. 이 세부 단계는 산업 관점industry viewpoint과 고객 관점customer viewpoint로 구분된다. 먼저 산업 관점에서는 적정 서비스 운영을 위해 필요한 협력자와 주요 경쟁사를 파악한다. 협력사는 수평적 관점에서 자사가 가지지 못한 자원을 보유했는지를 기준으로 선정하며, 경쟁사는 고객, 문제, 서비스를 기준으로 도출하여 분석한다. 다음으로 협력사나 경쟁사 분석만큼, 혹은 그 이상으로 수요자 분석이 중요함을 잊지 말아야 한다. 예상 고객을 유형화하고, 그들이 적정 서비스를 소비한다면 어떤 반응을 보일지 예측해 본다.

본 단계에서는 적정 서비스를 운영에 영향을 미칠 주체를 파악함으로써 미래의 융합 생태계에 필요한 이해관계자를 도출할 수 있다. 과거 경영학에서는 단일 기업을 중심으로 사업 모델과 전략을 구성했지만 오늘날에는 산업 생태계 내의 다양한 유기체를 모두 파악해야 한다는 점을 항상 기억해야 한다.

Activity 06
이해관계자 매칭
이해관계자들은 적정 서비스에서 어떤 역할을 하는가?

'이해관계자 매칭'은 'Phase 2: 융합 생태계 정의'의 두 번째 세부 단계이다. 이 세부 단계에서는 Phase 1에서 도출한 적정 서비스와 이해관계자의 연계성과 역할을 검토한다. 특히 협력자와 비즈니스 주체자 간의 협력 유형과 상호작용을 집중적으로 파악한다. 적절한 비즈니스 파트너를 선정하는 것은 혁신적인 서비스를 효율적이고 효과적으로 제공하는 중요한 전략이다.

'이해관계자 도출' 세부 단계에서 분석했던 협력자 혹은 수요자라 할지라도 서비스 매칭 과정에서 불필요하다고 판단된다면 제외해도 괜찮다. 이 단계는 일부 협력자가 프로젝트 팀에서 배제되고, 또 새로운 사람을 참여하도록 유도하기에 적합한 단계이다.

Activity 07
융합 생태계 도식화
적정 서비스가 도입된 미래 융합 생태계는 어떠한가?

'융합산업 생태계 도식화'는 'Phase 2: 융합 생태계 정의'의 세 번째 세부 단계이다. 이 세부 단계에서는 현재 산업 생태계As-Is와 적정 서비스가 도입되었을 때의 미래 생태계To-Be를 도식화하여 융합 생태계를 정의하는 것에 목적이 있다. 먼저 서비스 모델을 운영하는데 제도적 한계가 있다면 제도 개선안을 마련하여 이해관계자들의 동의를 얻는다. 만약 현행 제도에 문제가 없다면 융합산업 내 이해관계자들의 역할을 가시적으로 표현하여 가치창출 과정을 도식화함으로써 비즈니스 생태계를 거시적 관점에서 조망한다.

본 단계에서는 융합 생태계를 도식화함으로써 산업 이해관계자와 소비자와 함께 공동의 가치를 창출할 수 있는 방안을 모색할 수 있다. 단, 도식화한 As-Is와 To-Be 생태계 간의 차이가 명확히 드러나는 것이 중요하다. 만약 두 생태계 간에 차별점이 없다면 산업을 혁신할 서비스라고 할 수 없을 것이므로 Phase 1으로 피봇하는 것을 고려해야 한다.

Activity 08
융합 생태계 검증
융합 생태계에서 수정해야 할 사항은 없는가?

'융합 생태계 검증'은 'Phase 2: 융합 생태계 정의'의 네 번째 단계이다. 이 세부 단계에서는 앞서 도출한 As-Is와 To-Be 생태계의 현실성, 구체성을 검증하는 단계이다. 대상 산업의 산·학·연 전문가를 대상으로 생태계 이해관계자가 모두 포함되었는지, 개별 주체들의 유인 요소가 적절하게 설계되었는지에 관한 타당성을 확보한다. 만약 도식화한 생태계에 문제가 있을 경우 전문가 답변을 토대로 수정 및 보완하여 최종 융합산업 생태계를 도식화한다.

본 단계에서 융합 생태계 검증 방법은 상황에 따라 FGI, 심층인터뷰, 세미나, 서면 설문 등 다양하다. 단, 이때 중요한 것은 전문가에게 비즈니스 생태계 모델에 대한 개념을 충분히 전달하여 구체적인 검토와 답변이 가능하도록 하는 것이다. 전문가들이 산업의 전문성을 바탕으로 거시적 관점에서 생태계를 검토할 수 있도록 지원이 필요하다.

Phase 3 Strategy
비즈니스 모델 전략

개념과 목적

'Phase 3: 비즈니스 모델 전략' 단계는 비즈니스 모델을 구체화하고 과금체계를 설계하는 에코사이언스 방법론의 세 번째 단계이면서, EPSS Ecosystem – Platform – Service – Strategy의 S Strategy에 속한다. 이 단계에서는 앞서 도출한 서비스와 내·외부의 이해관계자 분석을 바탕으로 지속가능한 비즈니스 모델을 제시하고, 경쟁우위가 가능한 사업화 전략을 도출한다.

구성

'Phase 3: 비즈니스 모델 전략' 단계는 'Activity 09. 혁신 전략 설계' → 'Activity 10. 비즈니스 모델 구축' → 'Activity 11. 추진 체계 구축' → 'Activity 12. 비즈니스 모델 검증' 순으로 구성되어 있으며, 7개의 도구가 포함되어 있다.

비즈니스 모델 전략 단계에서는 다음 질문에 대한 답을 얻어야 한다.

- 비즈니스 모델을 성공으로 이끌 혁신전략은 무엇인가?
- 설계한 비즈니스 모델은 산업의 가치를 높일 수 있는가?
- 협력 생태계를 유지하기 위해서 지켜야 할 약속은 무엇일까?
- 비즈니스 모델의 사업성과 타당성이 확보되었는가?

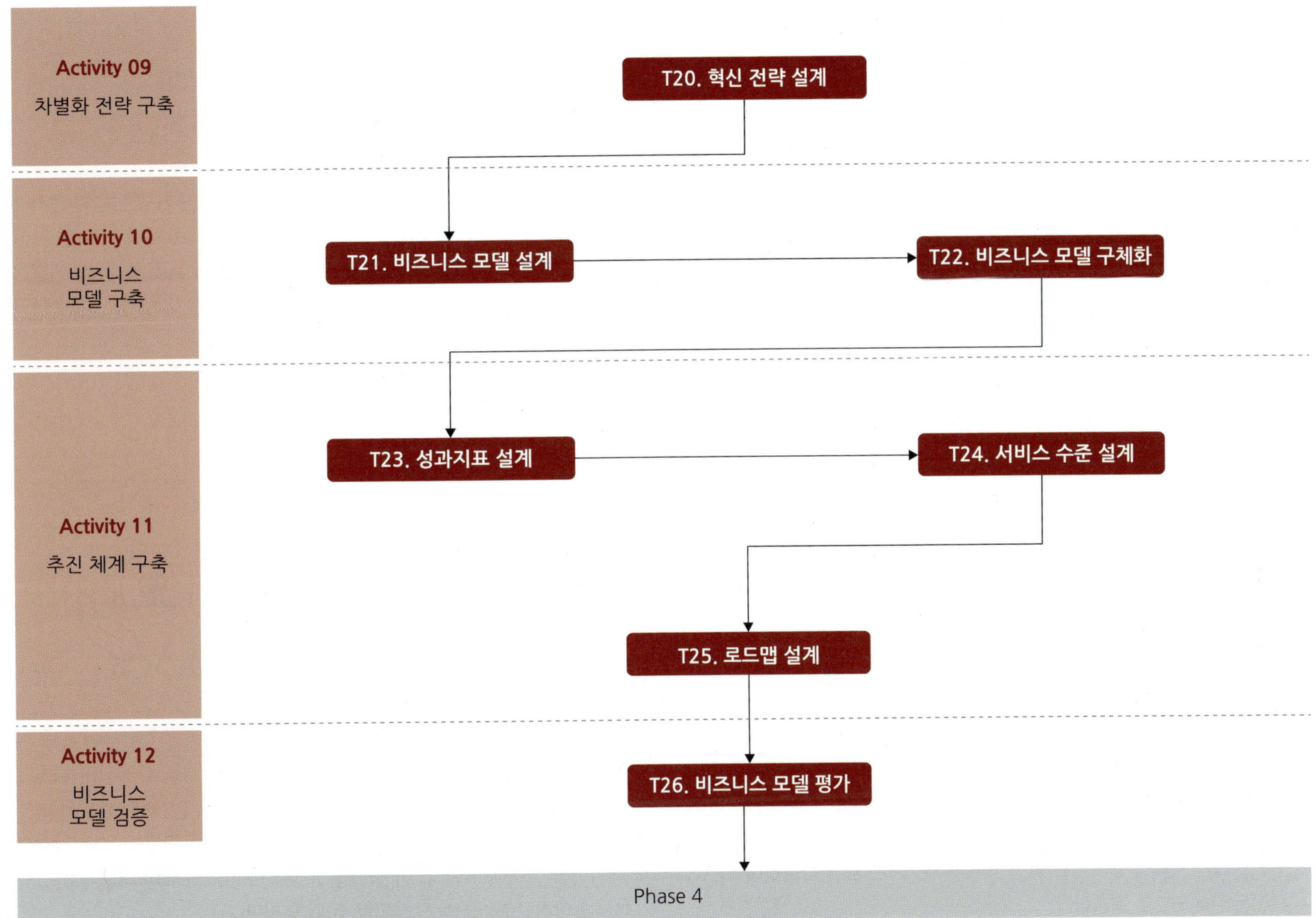
Activity 09
차별화 전략 구축
T20. 혁신 전략 설계
Activity 10
비즈니스
모델 구축
T21. 비즈니스 모델 설계
T22. 비즈니스 모델 구체화
Activity 11
추진 체계 구축
T23. 성과지표 설계
T24. 서비스 수준 설계
T25. 로드맵 설계
Activity 12
비즈니스
모델 검증
T26. 비즈니스 모델 평가
Phase 4

Activity 09

차별화 전략 구축

비즈니스 모델을 성공으로 이끌 혁신전략은 무엇인가?

‘차별화 전략 구축’은 ‘Phase 3: 비즈니스 모델 전략’의 첫 번째 세부 단계이다. 이 세부 단계는 Phase 1에서 도출한 적정 서비스와 Phase 2에서 수집한 산업 이해관계자의 니즈를 기반으로 혁신전략을 구상한다. 먼저 비즈니스 모델의 개념과 10가지 핵심 요소를 이해하고, 비즈니스 모델을 성공할 수 있는 전략을 구상한다.

기존 시장의 문제점을 파악하고 개선하여 신시장을 창출하고 산업의 패러다임을 바꾸는 것을 파괴적 혁신**disruptive innovation**이라고 한다. 이러한 혁신은 우연히 이루어지는 것이 아니라 논리적 근거에 기반한 고민을 통해 개발된다. 따라서 이번 세부 단계에서는 혁신의 10가지 관점을 이해하고, 대상 산업에 어떻게 적용할 수 있을지 고민해야 한다.

Activity 10

비즈니스 모델 구축

설계한 비즈니스 모델은 산업의 가치를 높일 수 있는가?

‘비즈니스 모델 구축’은 ‘Phase 3: 비즈니스 모델 전략’의 두 번째 세부 단계이다. 이 세부 단계에서는 실제 운영 가능한 수준의 구체적인 비즈니스 모델을 설계한다. 비즈니스 모델 캔버스의 9 Building Blocks**9BB**를 활용하여 사업 요소를 정리하고, 각각의 유기적 관계를 파악하여 모델을 구체화한다. 나아가 비즈니스 모델의 서비스와 자금 흐름을 순차적으로 시각화하여 비즈니스 모델을 구체적으로 정리한다.

본 단계에서는 ‘비즈니스 모델의 핵심 가치는 무엇인가?’라는 질문에 대해 프로젝트 참여자가 공통된 이해를 갖는 것이 중요하다. 모든 구성원이 비즈니스 모델을 동일하게 이해할 때 활발한 논의가 가능하다. 단, 비전 수준의 비즈니스 모델 가치가 아니라, 그 가치가 고객에게 전달되는 경로와 수익 창출까지 세밀하게 설계해야 한다. 이 과정을 통해 비즈니스 모델이 어떻게 산업의 가치를 포착하고 혁신하는지 설명할 수 있을 것이다.

Activity 11

추진 체계 구축

비즈니스 모델의 성공을 위해 지켜야 할 약속은 무엇인가?

'추진 체계 구축'은 'Phase 3: 비즈니스 모델 전략'의 세 번째 세부 단계이다. 이 세부 단계에서는 비즈니스 모델이 지속가능하기 위해서 어떤 방향으로 나아가야 할지 정의한다. 먼저, 기업 내부적으로는 조직의 미션과 비전에 따라 구성원의 기여도를 평가하는 성과지표를 설계하고, 산업 내 이해관계자 간에는 서비스 품질 유지를 위한 서비스 수준을 설계한다. 이를 바탕으로 단기, 중기, 장기적 관점의 비즈니스 모델 로드맵 설계가 가능하다.

오늘날 융합 생태계에서는 기업 내**intrafirm**뿐만 아니라 기업 간**interfirm** 협력이 추진되고 있다. 이해관계자가 비즈니스 모델에 참여하도록 촉진하기 위한 구조적 유연성을 갖추고, 한 번 진입한 이해관계자가 생태계를 이탈하지 않도록 구조적 무결성을 설계하는 과정이 필수적이다. 따라서 이 세부 단계에서는 협력 생태계의 질적, 양적 향상을 위한 발전전략을 고민해야 한다.

Activity 12

비즈니스 모델 검증

비즈니스 모델의 사업성과 타당성이 확보되었는가?

'비즈니스 모델 검증'은 'Phase 3: 비즈니스 모델 전략'의 네 번째 세부 단계이다. 이 세부 단계에서는 비즈니스 모델의 성공확률을 제고하기 위해 사업의 매력성, 적합성을 평가하고 성공 가능성을 추정한다. 본 단계는 최종 비즈니스 모델에 대한 의사결정이 이루어지는 단계이다. 따라서 최대한 객관적 시선으로 비즈니스 모델을 검증하는 것이 중요하다. 따라서 평가 지표가 명확한 사업 타당성 평가방법인 BMO**Bruce Merrifield-Ohe**을 적용하여 평가를 진행하고, 전문가 선정 시 현업종사자, 컨설팅, 기술 분야 등 전문가 집단을 명확히 해야 한다. 또한 BMO 평가 항목(설문지) 작성 시, 해당 산업 분야에 따라 동향 보고서를 참조 후 평가 기준을 설정할 필요가 있다.

본 단계에서는 전문가에게 정직한 피드백을 유도하는 것이 중요하다. 피드백 중에서 긍정적인 면뿐만 아니라 부정적인 피드백 위주로 문서를 정리하고, 비즈니스 모델과 전략, 과금체계를 수정해야 한다.

Phase 4 Platform 플랫폼 구축

개념과 목적

'Phase 4: 플랫폼 구축' 단계는 에코사이언스 방법론의 네 번째 단계이며, ESPP **Ecosystem – Platform – Service – Strategy**의 P **Platform**에 속한다. 이 단계에서는 비즈니스 모델 및 사업화 전략에 따른 소프트웨어 플랫폼 구축 과정을 설명한다. 앞서 도출한 서비스와 사업화 전략과 관련 이해관계자의 요구사항을 소프트웨어 제품으로 구현하여 플랫폼을 구축하기 위한 단계이다.

구성

'Phase 4: 플랫폼 구축' 단계는 'Activity 13. 요구사항 정의 및 분석' → 'Activity 14. 아키텍처 설계' → 'Activity 15. 플랫폼 구현' → 'Activity 16. 플랫폼 검증' 순으로 구성되어 있으며, 8개의 도구가 포함되어 있다.

플랫폼 구축 단계에서는 다음 질문에 대한 답을 얻어야 한다.

- 이해관계자 및 사용자가 제품에 기대하는 요구사항은 무엇인가?
- 소프트웨어의 제품 구성요소를 효과적으로 구성할 수 있는 아키텍처는 무엇인가?
- 소프트웨어 설계를 적절하게 구현하는 방법은 무엇인가?
- 완성된 제품은 요구사항을 충분히 만족하는가?
- 완성된 제품은 사용 시 수정 및 관리는 적절하게 수행할 수 있는가?

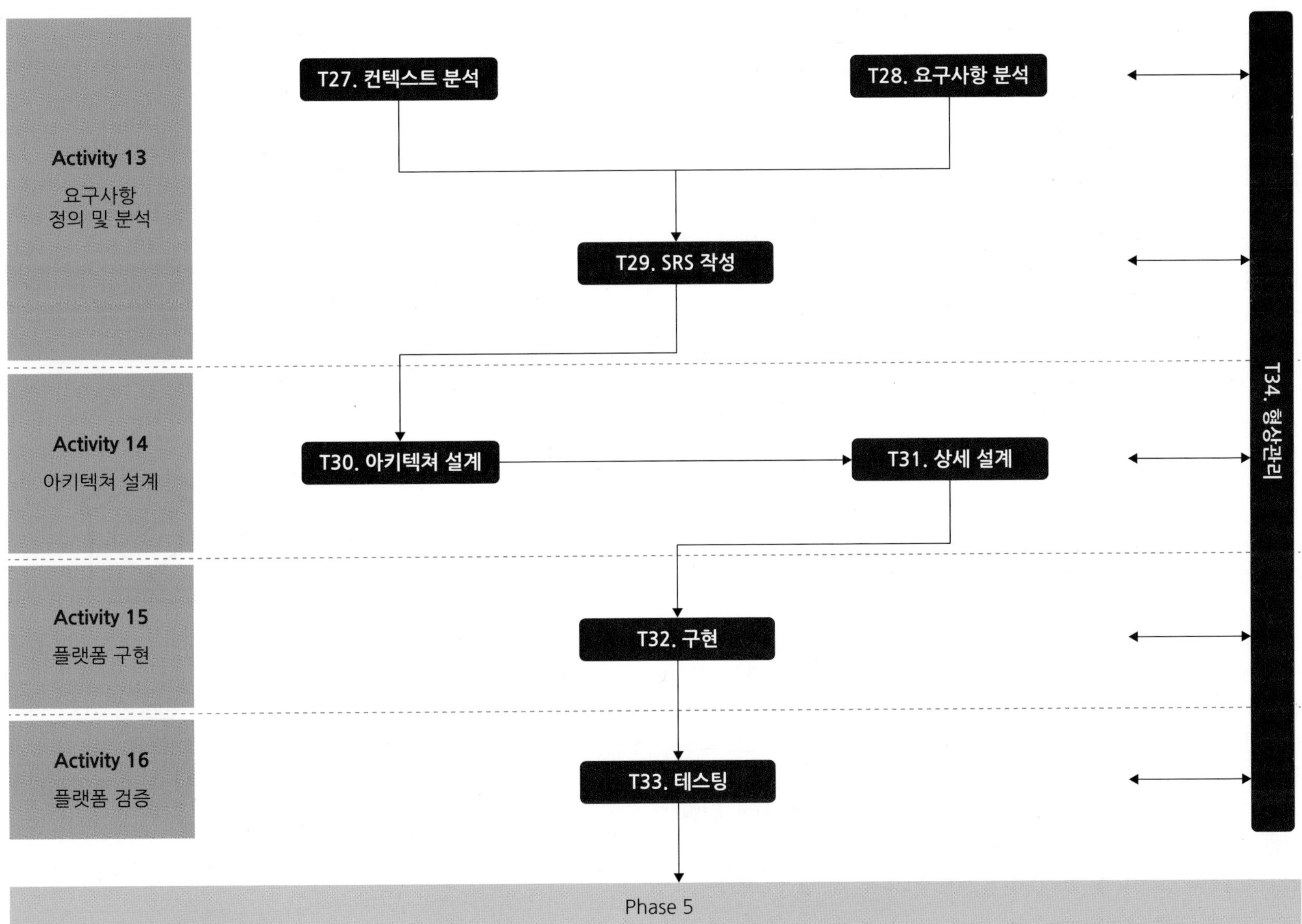
Activity 13
요구사항
정의 및 분석
T27. 컨텍스트 분석
T28. 요구사항 분석
T29. SRS 작성
Activity 14
아키텍쳐 설계
T30. 아키텍쳐 설계
T31. 상세 설계
Activity 15
플랫폼 구현
T32. 구현
Activity 16
플랫폼 검증
T33. 테스팅
T34. 형상관리
Phase 5

Activity 13
요구사항 정의 및 분석

이해관계자 및 사용자가 제품에 기대하는 요구사항은 무엇인가?

'요구사항 정의 및 분석'은 'Phase 4: 플랫폼 구축'의 첫 번째 세부 단계이다. 이 세부 단계는 서비스 운영에 있어 필요한 소프트웨어 제품을 설계하는 첫 번째 단계이기도 하다. 해당 단계에서 컨텍스트 분석 및 모델링을 통해 설계 제품의 시스템 경계를 정의하여 개발에 있어 고려해야 할 사항을 명확히 할 수 있고, 제품에 관련된 이해관계자를 정의하고 이들의 요구사항을 명확히 하고 이를 명세서로 작성하는 과정을 포함한다.

본 단계에서는 제품에 직·간접적으로 영향을 주거나 받는 이해관계자들과 이들의 요구사항을 명확히 정의 및 분석한다. 정리한 요구사항은 소프트웨어 요구사항 명세서에 작성하여 제품 설계에 직접 반영한다. 제품이 이해관계자의 요구사항에 맞지 않는다면 제품은 무의미해지므로 제품 설계에 있어 요구사항을 수립하는 것은 가장 중요한 과정 중 하나라고 할 수 있다.

Activity 14
아키텍처 설계

소프트웨어의 제품 구성요소를 효과적으로 구성할 수 있는 아키텍처는 무엇인가?

'아키텍처 설계'는 'Phase 4: 플랫폼 구축'의 두 번째 세부 단계이다. 이 세부 단계에서는 소프트웨어 시스템의 기본 구조를 설계하는 '아키텍처 설계'와 인터페이스, 데이터베이스, 클래스 등 세부사항을 설계하는 '상세 설계'로 구분된다. 아키텍처 설계에서 시스템 구조는 소프트웨어의 요소와 요소 간의 관계를 나타낸다. 소프트웨어 아키텍처는 제품을 구현하기 전 건물의 청사진과 같은 역할을 한다. 설계는 제품을 통해 달성하려는 목표, 요구사항과 제약사항 충족에 관한 결정사항을 정하는 것을 뜻한다. 아키텍처 설계 및 상세 설계 과정에서도 마찬가지로 위 사항들을 제일 우선으로 고려하여 진행한다.

본 단계에서는 ADD **Attribute Driven Design** 3.0 아키텍처 설계 방법을 활용하여 제품의 아키텍처를 구성한다. ADD 아키텍처 설계는 소프트웨어 아키텍처 설계를 차례대로 수립하기 위한 시스템적인 방법론이며 십 수년간 여러 수정을 통해 소프트웨어 아키텍처 설계에 있어 검증된 방식으로써 자리 잡았다.

Activity 15
플랫폼 구현
소프트웨어 설계를 적절하게 구현하는 방법은 무엇인가?

'플랫폼 구현'은 'Phase 3: 플랫폼 구축'의 세 번째 세부 단계이다. 이 세부 단계는 앞서 정리한 요구사항과 소프트웨어 아키텍처 설계 및 상세 설계에 따라서 직접 제품을 구현하는 작업을 수행한다. 즉, 설계의 결과를 사용자가 직접 사용할 수 있는 형태로 변환하는 과정이며 코딩 또는 프로그래밍 언어 구현이라고도 할 수 있다.

본 단계에서 소프트웨어 구현을 위한 코딩을 시작한다. 코딩을 시작하기 전에 소프트웨어의 성능에 직접 영향을 줄 수 있는 프로그래밍 언어를 선택하고 또한 비기능적 요구사항에 맞추어 시스템이 구동될 환경 등 여러 가지를 고려하여 구현한다. 구현 과정에서 실제 코딩하는 작업이 어느 정도 완료되면 디버깅을 시작하는데, 이는 코딩 중에 발생 가능한 오류나 버그 등을 찾고 수정하는 과정이며 이는 구현 작업에 있어서 소프트웨어 완성을 위해 필수적이다.

Activity 16
플랫폼 검증
시스템이 제대로 작동하며 결함은 없는가?

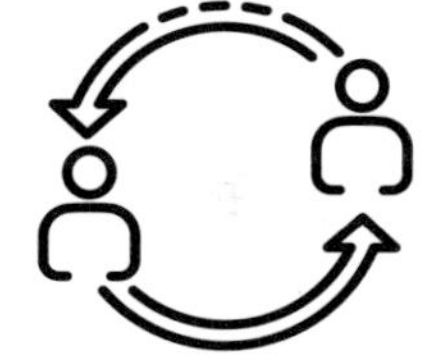

'플랫폼 검증'은 'Phase 4: 플랫폼 구축'의 네 번째 세부 단계이다. 이 세부 단계에서는 제품이 이해관계자의 요구사항을 만족하는지, 실제 작동이 어떤 식으로 이루어지는지 여러 테스트 방법을 동원하여 제품을 검사하는 단계이다. 제품이 요구사항 설계와 다르게 동작하는 것을 결함으로 보고 해당 문제를 발견하여 수정할 수 있어야 한다.

본 단계의 목적은 개발중인 혹은 개발이 완료된 소프트웨어 제품의 품질을 보증하는 것이다. 보통 제품 개발 프로젝트 진행 단계중 마지막 단계에서 테스팅을 수행하는 경우가 많은데, 테스팅은 제품 개발 중간에 수행함으로써 개발 초기부터 결함을 줄일 수 있다. 또한 개발팀은 개발에 이어서 테스팅 프로세스를 계획, 개선, 수행하는 작업까지 할 수 없으므로 별개의 전문적인 테스팅 조직이 필요하다. 이러한 테스팅 팀에의해 제품의 결함을 조금 더 다양한 각도에서 객관적으로 발견하고 보다 완성된 제품을 만드는 데 도움을 줄 수 있다.

Phase 5 Service 서비스 구현

개념과 목적

'Phase 5: 서비스 구현' 단계는 테스트 베드 운영을 통해 개발한 비즈니스 모델과 플랫폼을 구현하고 검증하는 에코사이언스 방법론의 다섯 번째 단계이면서, EPSS **Ecosystem – Platform – Service – Strategy**의 서비스**Service**에 속한다. 이 단계에서는 테스트베드를 운영하여 그 결과를 토대로 사업화 가능성을 판단하는 단계이다. 마지막으로 에코사이언스 방법론을 기반으로 한 프로젝트 산출물의 경제적 파급효과를 분석하고, 구성원의 만족도를 조사함으로써 융합산업 비즈니스 모델 개발을 마무리한다.

구성

'Phase 5: 서비스 구현' 단계는 'Activity 17. 테스트베드 설계' → 'Activity 18. 서비스 검증' 순으로 구성되어 있으며, 3개의 도구가 포함되어 있다.

서비스 도출 단계에서는 다음 질문에 대한 답을 얻어야 한다.

- 효과적인 서비스 구현을 위해서 테스트베드를 어떻게 구축 및 운영할 것인가?
- 융합산업 비즈니스 모델의 경제적 파급효과는 어떠한가?
- 융합산업 비즈니스 모델에 대한 구성원의 만족도는 어떠한가?

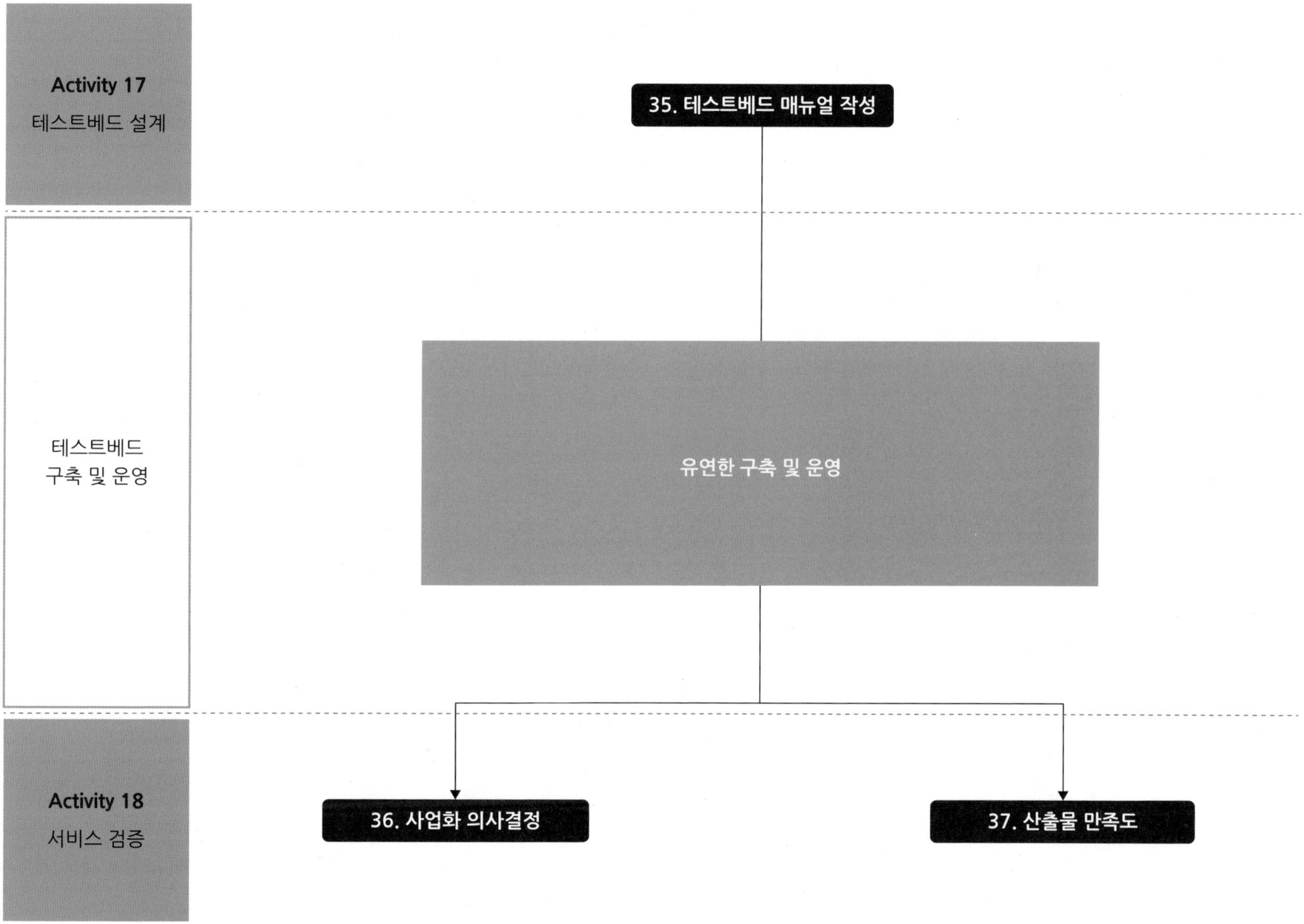

Activity 17
테스트베드 설계

35. 테스트베드 매뉴얼 작성

테스트베드
구축 및 운영

유연한 구축 및 운영

Activity 18
서비스 검증

36. 사업화 의사결정

37. 산출물 만족도

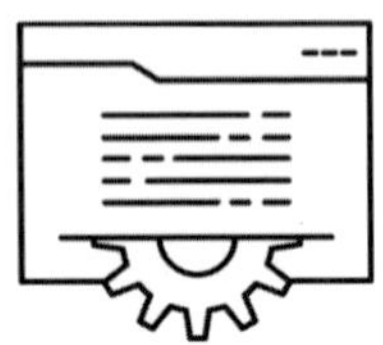

Activity 17

테스트베드 설계

효과적인 서비스 구현을 위해 테스트베드를 어떻게 구축 및 운영할 것인가?

'테스트베드 설계'은 'Phase 5: 서비스 구현'의 첫 번째 세부 단계이다. 이를 위해 공급자, 소비자를 고려한 테스트베드 운영 프로세스를 도출해야 하며, 테스트베드 사용자 선발 기준을 제시해야 한다. 테스트베드 매뉴얼에는 운영 목표, 요소 기술, 하위 서비스, 운영 지역, 운영 스케줄, 예산 등의 정보가 수록되어야 한다. 본 세부 단계는 효과적으로 테스트베드 운영을 위한 가이드 라인을 제시하는 것에 목적이 있다.

테스트베드 매뉴얼은 현실적으로 운영 가능한 수준에서 작성되어야 하며, 위급 상황에 대비한 시나리오까지 준비해야 한다. 예를 들어, 물리적 장소에서 시현해야 하는 경우에는 오프라인 장소를 대여하여 세미나, 공청회 등을 진행할 수 있다. 혹은 소프트웨어 테스트베드를 구축하여 온라인 상에서 진행할 수 있다. 테스트베드를 운영한 이후에는 문제점을 파악하고 개선 방안을 도출하여 비즈니스 모델을 개선해야 한다.

Activity 18

서비스 검증

융합산업 비즈니스 모델의 사업화를 진행할 것인가?

프로젝트에 대한 구성원의 만족도는 어떠한가?

'서비스 검증'은 'Phase 5: 서비스 구현'의 두 번째 세부 단계이다. 이 세부 단계에서는 에코사이언스 방법론을 기반으로 도출한 산출물에 대해 종합적인 평가를 실시한다. 평가의 객관성을 위해 경제적 평가와 경영적 평가를 혼합하여 진행한다. 경제적 파급효과 측정을 위해 산업 연관 분석을 실시하여 국내 혹은 국내 연관된 융합산업에 비즈니스 모델이 미칠 영향력을 가늠한다. 또한 산출물에 대해 프로젝트 구성원의 의견을 수렴하며 자체적으로 진행사항을 진단하고, 개선사항이 있을 시 앞선 단계로 피봇한다. 이 단계를 마치면 에코사이언스 방법론 적용이 완료된다.

지금까지 살펴본 바와 같이 에코사이언스는 5개의 단계, 18개의 세부단계, 37개의 도구로 이루어진 방법론이다. 현실성 있는 융합산업의 혁신 서비스를 설계하기 위해서는 모든 단계를 거치는 것을 권장한다. 그러나 모든 절차를 완수하기에는 인력이나 시간이 부족할 수 있고, 플랫폼이나 서비스 등이 이미 운영되고 있는 상태에서 일부만 수정하고자 하는 경우도 있을 것이다. 이런 경우에는 불필요한 프로세스를 생략하고 반드시 필요한 작업만 수행함으로써 시간과 비용을 절약할 수 있다. 즉, 에코사이언스 방법론의 Phase-Activity-Task는 권고사항이며, 사용자의 여건에 따라 선택적으로 활용 가능하다. 프로젝트 팀의 시간적, 경제적, 인적 자원이 가능한 범위 내에서 아래와 같은 트랙을 선택하여 적용할 수 있다.

이 책의 Part3과 Part4에서는 조명산업과 유통산업에 에코사이언스 방법론을 적용한 예시가 수록되어 있다. 그 중에서 Part3 '에코사이언스를 활용한 조명 서비스 혁신'은 Phase1~5까지 모든 Task를 거친 스탠다드 트랙의 예시이며, Part4 '에코사이언스를 활용한 온라인 커머스 서비스 혁신'은 플랫폼 설계와 서비스 구현을 제외한 Phase1~3까지 적용한 패스트 트랙의 예시이다.

	스탠다드 트랙	패스트 트랙	중도진입 트랙
유형	시간적 경제적 여유가 충분하고 **모든 과정을 체크하고자 하는 경우**	기존에 구축된 플랫폼을 활용하면서 **서비스 모델만 개선하고자 하는 경우**	이미 사업 추진 중, 혹은 직전에 **일부분만 개선하고자 하는 경우**

수행 단계

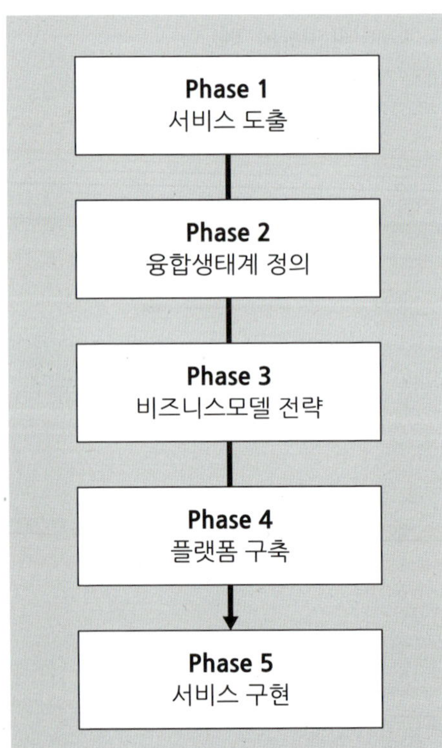

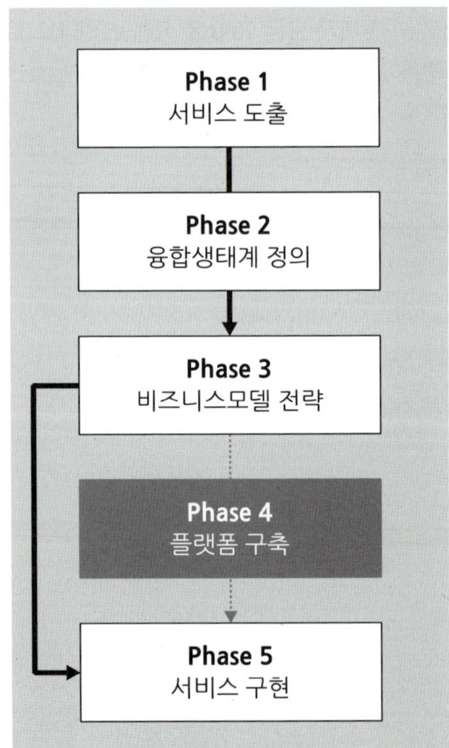

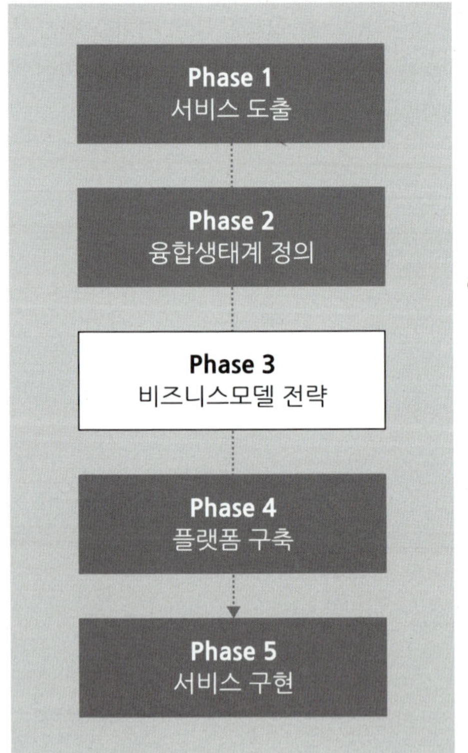

• • •

산업융합을 위한 서비스 혁신 방법론

PART 2
에코사이언스 살펴보기

1. Phase 1: 서비스 도출 || 2. Phase 2: 융합 생태계 정의 || 3. Phase 3: 비즈니스 모델 전략
4. Phase 4: 플랫폼 구축 || 5. Phase 5: 서비스 구현

Phase1
서비스 도출

Phase 1 서비스 도출 〉 Activity 01 대상 산업 현황 분석

Task 01 거시환경분석 Political, Economic, Social and Technological analysis

개념

거시환경분석은 특정 산업의 거시적 환경을 분석하기 위한 전략관리 도구이다. 일반적으로 정치적**Political**, 경제적**Economic**, 사회적**Social**, 기술적**Technological** 요소를 분석하며, 각 단어의 앞 글자를 따서 PEST 분석이라고 부르기도 한다. 필요에 따라 법적**Legal**, 환경적**Environmental** 요소를 고려하는 경우도 있다.

거시환경분석은 시장 흐름에 대비할 수 있는 유용한 분석 도구로 널리 활용되고 있다. 각 요소에 대한 이해를 통해 신시장 진입의 가능성과 대상 산업의 성장에 영향을 미치는 요인을 식별할 수 있다. 또한 특정 비즈니스 전략의 효과성 또는 성공 가능성을 가늠해볼 수 있다.

기대효과

기업에 영향을 미치는 외부요인을 식별하여 시사점을 도출할 수 있다.

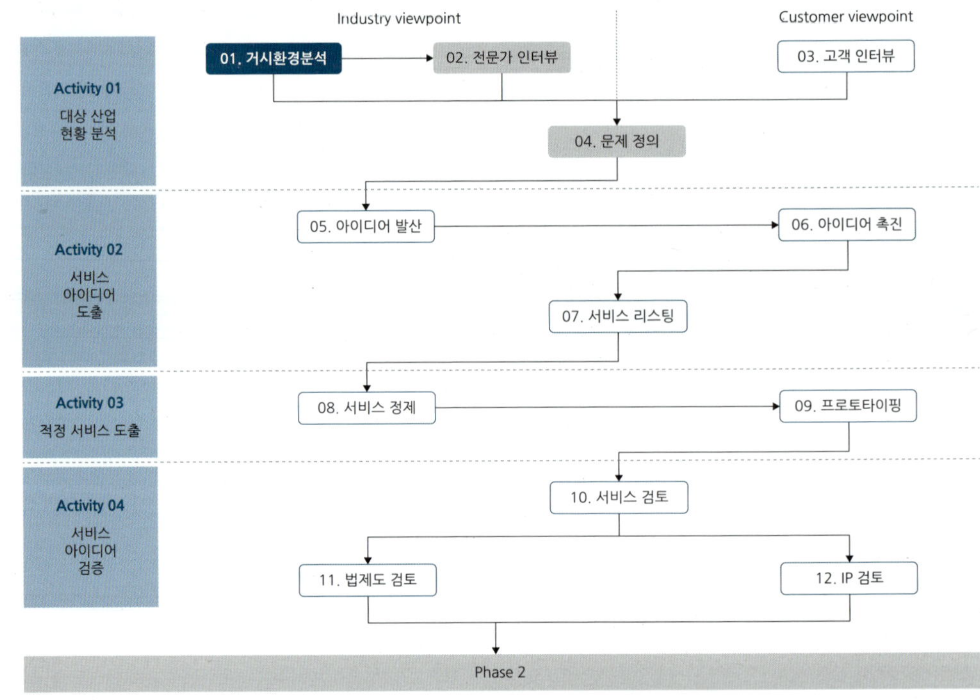

STEP 1
자료 수집

대상 산업의 국내외 정치, 경제, 사회, 기술적 트렌드를 파악할 수 있는 자료를 수집한다. 자료 유형은 문헌, 뉴스, 논문 등으로 다양하다.

STEP 2
자료 작성

정치, 경제, 사회, 기술적 요소에 맞게 핵심적인 산업 트렌드 내용을 정리한다.

- 정치: 정치적 요인으로는 글로벌 무역 협정 및 규제, 정부 정책 및 규제 등이 있다. 구체적으로는 정부 지원 정책, 세금, 노동법, 무역 제재, 환경법, 관세, 정치 권력 구조 등을 포함한다.
- 경제: 경제적 요인으로는 시장 규모 및 점유율, 재정 정책, 불황, 금리, 환율, 인건비, 소비자 지출 등이 있다.
- 사회: 사회적 요인으로는 인구 통계, 라이프 스타일, 교육 수준, 지역 문화 등과 대상 산업과 관련한 국가 및 지역의 문화적 규범 및 기대치 등이 있다.
- 기술: 기술적 요인으로는 기술 변화 속도, 사이버 보완, 자동화, AI, 소셜 네트워크 및 기타 기술의 발전 등이 있다. 또한 제품 및 서비스의 혁신, 소비자 및 회사에 미치는 기술적 영향, 기술 변화 및 진보에 따른 영향도 포함한다.

STEP 3
시사점 도출

자료별 각 항목에 대한 핵심 키워드를 도출하여 해당 자료가 시사하는 바를 파악한다. 시사점은 3~5개 정도로 도출하여 간략하게 작성한다.

구분	내용	시사점
정치 (Political)		
경제 (Economic)		
사회 (Social)		
기술 (Technological)		

Phase 1 서비스 도출 〉 Activity 01 대상 산업 현황 분석

Task 02 전문가 인터뷰 Expert Interview

개념

전문가 인터뷰는 대상 산업관련 산업계, 학계, 연구계 전문가를 대상으로 인터뷰를 진행하여 질의응답을 주고받은 후 의견을 수렴하는 기법이다. 전문가는 대상 산업에 대해 간과할 수 있는 부분을 짚어줄 수 있으며, 관련 배경이나 맥락에 대한 주요한 인사이트를 제공할 수 있다. 구체적으로 인터뷰를 통해 대상 산업의 현황 및 전망, 경쟁력 및 기술력 차원의 견해를 제시하거나, 정부 또는 산업체 등과 같은 조직의 관점에서 주목해야 할 지점을 파악할 수 있도록 도움을 준다.

기대효과

전문가에게 직접 의견을 수렴함으로써, 기존 산업의 문제점을 정의하거나 산업 방향성에 대한 인사이트를 도출할 수 있다.

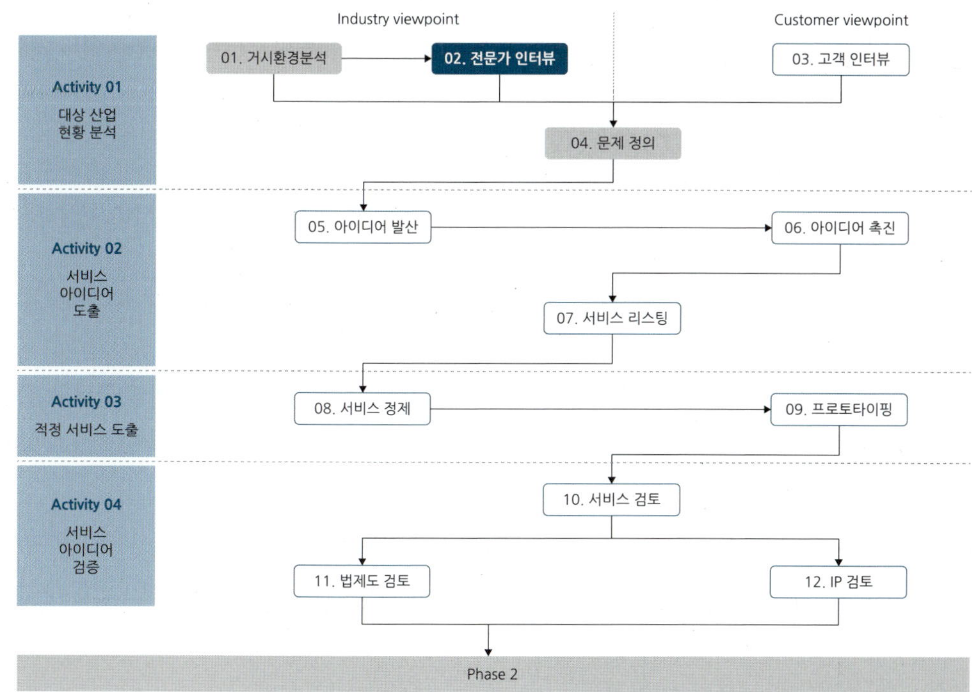

STEP 1 사전 준비

전문가 리스팅

관련 분야의 전문가 리스트를 작성한다. 대상 산업에 대해 포괄적으로 논의할 수 있도록 해당 산업의 다양한 분야에 속한 전문가를 고려한다. 또한 산업계·학계·연구 분야의 전문가를 유사한 비율로 구성하기를 권장한다. 리스팅한 전문가에게 연락을 시도하고 인터뷰 일정을 잡는다.

STEP 2 인터뷰 준비

진행방식 선정

해당 주제에 대해 심도 있는 의견을 나누기 위해서 1:1 심층 인터뷰**In-depth Interview**를 진행한다. 심층 인터뷰는 모든 전문가가 같은 시간 및 장소에 모이기 어렵거나, 집단으로 토론하는 경우 발생할 수 있는 문제로부터 자유로울 수 있다는 장점이 있다.

인터뷰어 역할 분담

인터뷰어 수에 따라 인터뷰어, 기록담당, 촬영담당 등으로 역할을 명확하게 구분한다. 단, 인터뷰어는 최대 3명으로 구성하되 이를 초과하지 않을 것을 권장한다. 각자 인터뷰 현장에서 해야 할 일의 프로세스를 서류화하거나 토의를 통해 검토한다.

질문 구성

인터뷰에 활용할 질문을 구상한다.

- 질문할 영역을 범주화하고, 각 영역별로 세부 질문을 구성한다.
- 팀원들과 질문 구성에 대한 의견을 공유한다.

인터뷰지 작성

- 인터뷰명, 전문가의 성명, 전문 분야, 직업 및 지위를 작성한다.
- 인터뷰 담당자의 이름/역할, 인터뷰를 진행한 일정과 장소를 작성한다.
- 앞서 도출한 질문 리스트를 작성한다. 이때 상황에 따라 완전 개방형 질문지와 반 구조화 질문지 형식을 선택하여 준비한다.
    - ▸ 완전 개방형 질문지 작성: 제약이 없는 상태에서 자유로운 정보를 수렴할 수 있으나, 진행자의 연륜이나 정보원의 경험에 따라 정보의 질이 달라질 수 있다.
    - ▸ 반 구조화 질문지 작성: 설문내용을 구조화하여 사전에 제공하되, 문항에 포함되어 있지 않은 내용도 함께 질문하여 유동적으로 인터뷰 운영이 가능하다.
- 섭외한 전문가에게 사전에 인터뷰지와 일정을 공유하고 답변을 미리 준비할 수 있도록 지원한다.

STEP 3 인터뷰 진행

인터뷰 시작

전문가에게 양해를 구하고 인터뷰 내용을 처음부터 끝까지 녹음한다.

인터뷰 진행

전문가가 해당 분야의 경험에 대해 스토리 형식으로 이야기하도록 유도하여 필터링 및 왜곡될 가능성을 낮춘다. 더불어 인터뷰이의 말과 행동에 반응하며 라포를 형성한다. 인터뷰 과정에서 주요 연구 문제에 대해 다양한 차원으로 유도 질문, 간접 질문, 해석 질문을 실시한다.

STEP 4 데이터화

전사

인터뷰 대상자가 응답한 내용을 유추 혹은 해석하지 않고, 있는 그대로 전사하여 텍스트를 구축한다.

분석

전문가 인터뷰 내용을 심층 분석하여 요약하고 시사점을 도출한다. 인터뷰 내용은 양적 연구처럼 유의 확률이 도출되지 않으므로 키워드의 반복성에 초점을 맞추어 정리한다.

<table>
<tr><td>인터뷰 명</td><td colspan="4"></td></tr>
<tr><td rowspan="2">전문가</td><td>성명</td><td colspan="3"></td></tr>
<tr><td>분야</td><td></td><td>직업 / 직위</td><td></td></tr>
<tr><td>담당자</td><td>이름 / 역할</td><td></td><td>이름 / 역할</td><td></td></tr>
<tr><td>인터뷰 정보</td><td>일정</td><td></td><td>장소</td><td></td></tr>
<tr><td colspan="2">질문 리스트</td><td colspan="3">내용</td></tr>
<tr><td colspan="2">Q1</td><td colspan="3">A1</td></tr>
<tr><td colspan="2">Q2</td><td colspan="3">A2</td></tr>
<tr><td colspan="2">Q3</td><td colspan="3">A3</td></tr>
<tr><td colspan="2">시사점</td><td colspan="3"></td></tr>
</table>

Phase 1 서비스 도출 〉 Activity 01 대상 산업 현황 분석

Task 03 고객 인터뷰 Customer Interview

개념

고객 인터뷰는 산업 소비자를 대상으로 대면 혹은 서면을 통해 의견을 수렴하는 기법이다. 기존 산업에서 고객의 요구사항을 도출하기 위한 목적으로 진행한다.

고객 인터뷰는 대상 산업의 고객이 가치 있게 여기는 바를 신속하게 파악하고자 할 때 효과적인 방안이 될 것이다. 바람직한 고객 인터뷰는 인터뷰이의 목소리를 듣고 다양한 의견을 얻을 수 있으며 흥미로운 관점을 포착할 수 있다. 이를 위해 인터뷰할 고객 그룹을 전략적으로 구성하기 위한 노력을 병행하여야 한다.

기대효과

사용자 혹은 이해관계자에게 직접 의견을 수렴함으로써, 실질적인 요구사항을 도출할 수 있다.

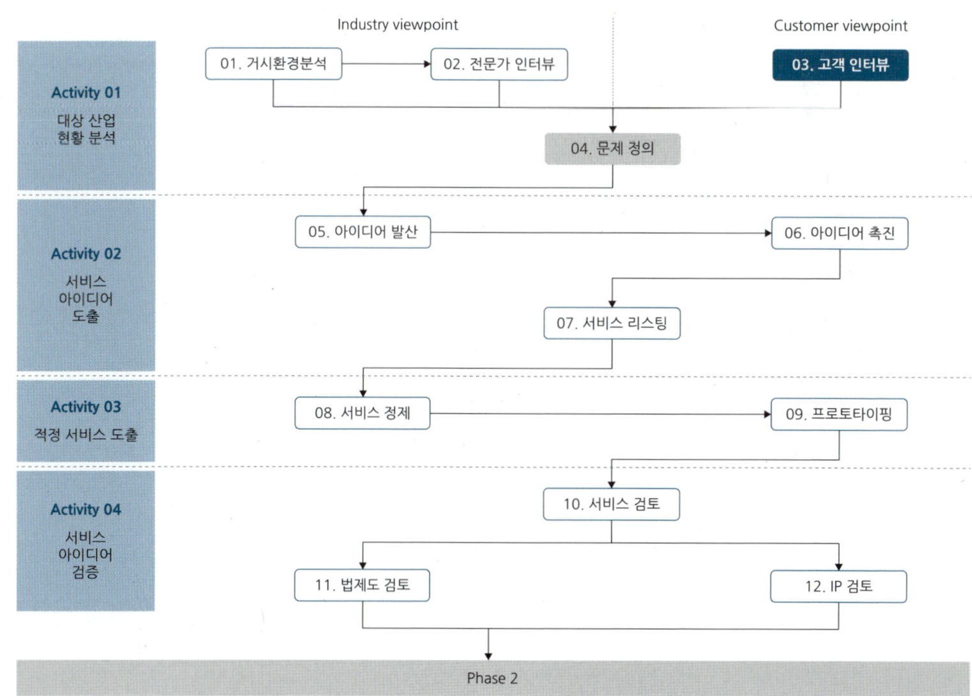

STEP 1
사전 준비

인터뷰 준비
인터뷰를 통해 파악하고자 하는 바를 명확히 인식하기 위해 고객 인터뷰의 목적을 설정한다. 명확한 목적 설정을 위해 앞서 수집해둔 대상 산업과 관련된 문헌, 뉴스, 논문 자료 등을 참고하고 필요할 시 추가로 자료를 찾는다.

인터뷰이 유형 검토
고객 유형화 단계에서 도출된 대상자 집단의 유형이 적합한지 재검토한다. 연령, 성별, 인종, 계층, 사회적 위치, 인원수 등을 고려하여 유형별로 균등하게 필요 인터뷰이를 선정한다.

인터뷰이 표본 추출방법 결정
모집단을 정의하고, 조사대상자들의 표본 프레임 유무에 따라 표본추출방법을 논의한다. 이후, 인터뷰이에게 연락을 취한다.

STEP 2
인터뷰 준비

진행방식 선정
여러 사람을 모아 의견을 수렴하고 다양한 아이디어를 얻기 위해 그룹 인터뷰를 진행 방식으로 선정한다. 그러나 일정이나 상황에 따라 1:1 심층인터뷰 혹은 서면 인터뷰로 변경할 수 있다.

인터뷰어 유형 검토
인터뷰 주제에 따라 인터뷰어의 사회적 역할을 검토한다. 주제에 따라 인터뷰어의 연령, 성별, 인원수를 고려한다. 단, 인터뷰어의 수가 3명을 초과하는 것은 인터뷰이를 압도하거나 공간을 혼잡하게 할 수 있으므로 주의를 요한다.

인터뷰어 역할 분담
인터뷰어 숫자에 따라 인터뷰어, 기록담당, 촬영담당 등으로 역할을 명확히 구분한다. 각자 인터뷰 현장에서 해야 할 일의 프로세스를 서류화하거나 토의를 통해 검토한다.

질문 구성
인터뷰에 활용할 질문을 구상한다.

- 질문할 영역을 범주화하고, 각 영역별로 세부 질문을 구성한다.
- 팀원들과 질문 구성에 대한 의견을 공유한다.

STEP 2
인터뷰 준비

인터뷰지 작성

- 인터뷰명, 일정, 장소, 담당자의 이름/역할, 인터뷰이의 성명, 나이, 직업, 관심분야 등을 작성한다.
- 앞서 도출한 질문을 작성한다. 이때 질문의 유형은 열린 질문 → 깊은 질문 순으로 구상한다.

STEP 3
인터뷰

인터뷰 시작

인터뷰이에게 양해를 구하고 인터뷰 내용을 처음부터 끝까지 녹음한다.

인터뷰 진행

인터뷰어와 인터뷰이 간에 라포를 형성하기 위해 노력한다. 인터뷰 과정에서 지나친 학술적 언어 사용은 피하고 연구 대상자가 자발적으로 자신의 경험과 감정을 말할 수 있도록 동기를 부여한다. 주요 연구 문제에 대해 직접적인 질문은 하지 않고 다양한 차원으로 유도 질문, 간접 질문, 해석 질문을 실시한다.

STEP 4
데이터화

전사

인터뷰이가 응답한 인터뷰 내용을 유추 혹은 해석하지 않고 있는 그대로 전사하여 텍스트를 구축한다. 인터뷰이의 인원수만큼 전사한 인터뷰 결과지가 나와야 한다.

분석

데이터의 현상, 개념, 범주 등을 비교하여 이론적 표본 추출 및 자료수집 상 포화상태를 판단하는 반복적 비교분석법을 활용하여 반복적으로 도출되는 단어를 분류하고 이를 시사점으로 연결한다.

해석

인터뷰 결과를 토대로 인터뷰이가 산업 현장에서 느끼는 편안함GainPoint과 불편함PainPoint을 작성한다. 모든 인터뷰이의 결과를 통합하여 고객인터뷰 결과를 최종 정리한다.

<table>
<tr><td>인터뷰 명</td><td colspan="4"></td></tr>
<tr><td rowspan="2">인터뷰 방식</td><td>진행방식</td><td></td><td>기록방식</td><td></td></tr>
<tr><td>인터뷰 시간</td><td></td><td>인터뷰 장소</td><td></td></tr>
<tr><td>담당자</td><td>이름 / 역할</td><td></td><td>이름 / 역할</td><td></td></tr>
<tr><td rowspan="2">대상</td><td>성명</td><td></td><td>나이</td><td></td></tr>
<tr><td>관심 분야</td><td></td><td>직업</td><td></td></tr>
<tr><td>내용</td><td colspan="4"></td></tr>
<tr><td>GainPoint</td><td colspan="4"></td></tr>
<tr><td>PainPoint</td><td colspan="4"></td></tr>
</table>

Phase 1 서비스 도출 〉 Activity 01 대상 산업 현황 분석

Task 04 문제 정의 Problem Definition

개념

문제 정의는 앞서 수행한 거시환경분석 및 전문가 인터뷰와 고객 인터뷰를 통해 나타난 산업, 고객 관점에서의 문제점을 도출해내는 절차이다. 선행 단계가 탄탄하게 뒷받침이 되어 있어야 해당 절차를 원활하게 수행할 수 있을 것이다. 더불어 문제 정의를 통해 도출해낸 서비스 아이디어는 본 프레임워크의 최종 목표인 서비스모델을 제시하기 위한 토대 역할을 하기 때문에 중요한 절차라고 볼 수 있다.

기대효과

현황 분석을 통해 도출한 인사이트에서 문제점을 정의하고, 해당 문제점에서 근본 원인을 찾아냄으로써 서비스 아이디어를 도출할 수 있다.

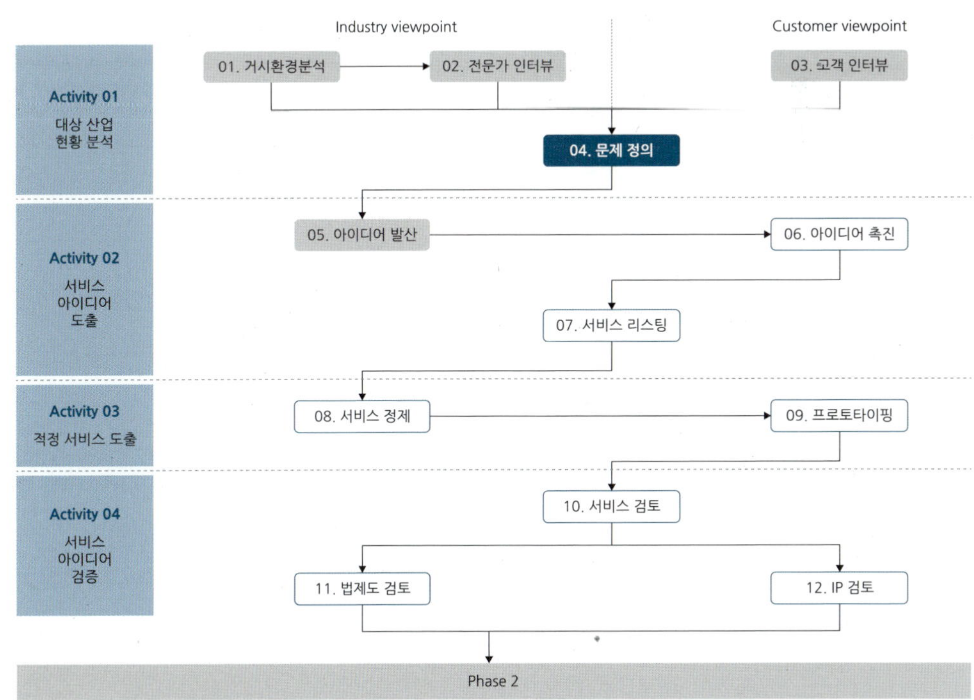

STEP 1
문제 정의

문제점 도출

앞선 Task의 산출물을 취합하여 대상 산업의 문제 현안을 도출한다.

- 'Task 01. 거시환경분석' 및 'Task 02. 전문가 인터뷰'에서 주로 등장하는 산업의 문제점을 도출한다.
- 'Task 03. 고객 인터뷰'를 통해 얻어낸 결과를 바탕으로 고객이 느끼는 문제점을 도출한다.
- 산업 관점에서의 문제점과 고객 관점에서의 문제점을 비교하여 공통점 및 차이점을 도출한다.

문제 정의

도출한 문제점을 종합하여 한 문장으로 문제를 정의한다.

STEP 2
로직트리 작성

질문화

작성한 문제를 질문 형태로 변환한다.

예시) 문제: 조명산업의 부가가치를 높일 수 있는 스마트 조명 시스템의 시장 확산이 더디다.
→ 질문화: 왜 스마트 조명 확산이 더딘가?

로직트리 작성

중복과 누락을 방지하는 미시**Mutually Exclusive and Collectively Exhaustive(MECE)**적 사고에 근거해 복잡한 문제를 구조화하는 로직 트리**Logic Tree** 기법을 일부 차용하여 작성한다. 이때 템플릿은 왼쪽부터 오른쪽으로 채워나간다.

- 템플릿의 좌측에 질문화한 문제 정의를 기입한다.
- 거시적 관점의 원인에서부터 미시적인 원인까지 연결 지어 도출한다.

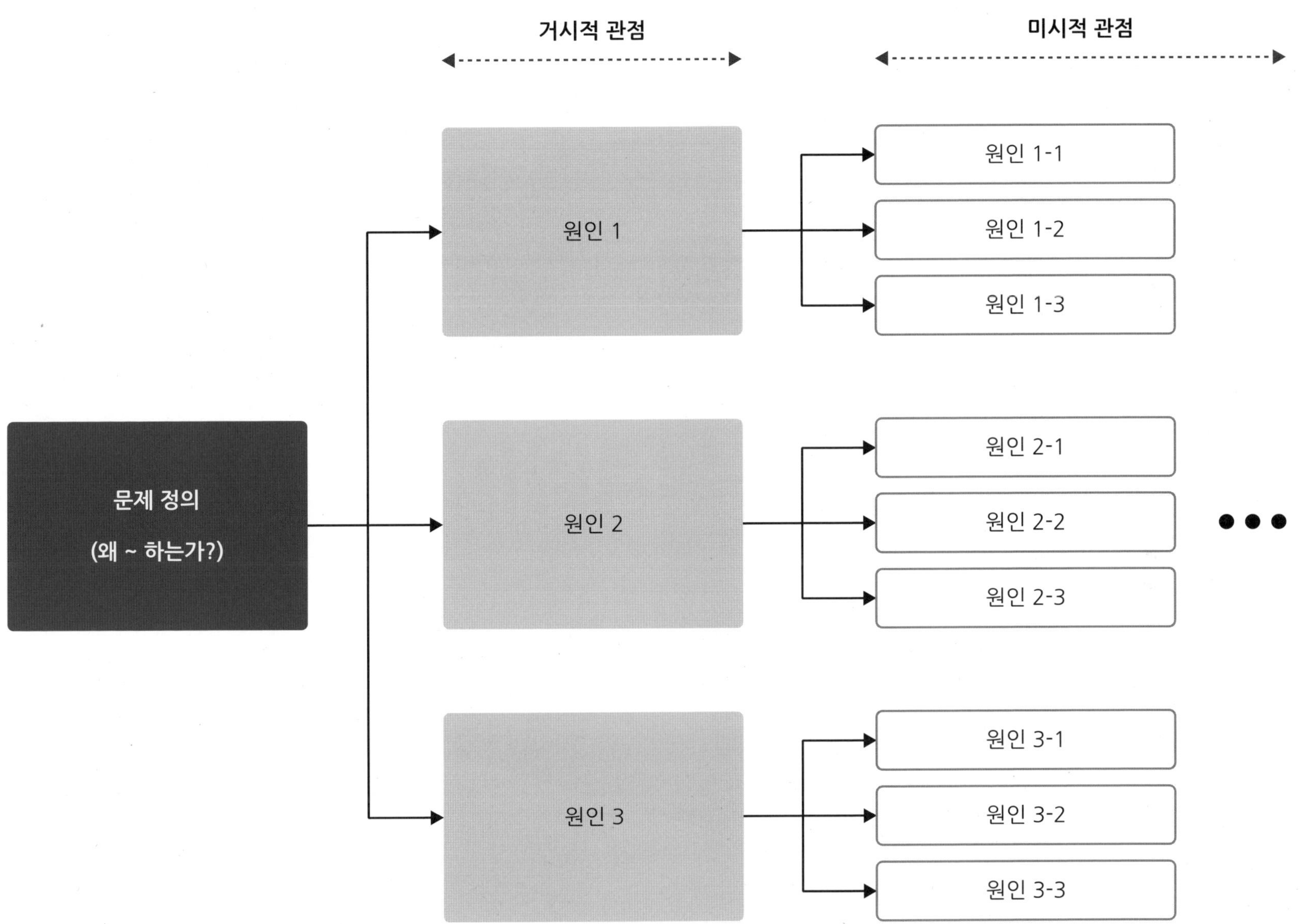
거시적 관점
미시적 관점
문제 정의
(왜 ~ 하는가?)
원인 1
원인 2
원인 3
원인 1-1
원인 1-2
원인 1-3
원인 2-1
원인 2-2
원인 2-3
원인 3-1
원인 3-2
원인 3-3

Phase 1 서비스 도출 〉 Activity 02 서비스 아이디어 도출

Task 05 아이디어 발산 Idea Diffusion

개념

아이디어 발산은 앞선 단계에서 정의한 문제점과 질문을 해결할 수 있는 다양한 서비스 아이디어를 도출하는 과정이다. 이 단계에서는 가능한 실현 가능성이나 타당성 등을 고려하지 않고 최대한 다양한 서비스 아이디어를 도출하는 데에 집중한다.

구글 스프린트에서 강조하는 언플러깅 규칙이나, 어떻게 하면 ~할 수 있을까How might we(HMW)? 질문, 마인드 맵 등을 활용하여 최대한 많은 아이디어를 도출하는 것에 목적이 있다. 최대한 많은 아이디어를 도출하기 위해 이 단계에서는 팀원의 아이디어에 부정적인 의견을 제기하는 행동을 하지 않는 것을 권장한다.

기대효과

문제점을 해결하기 위한 다양하고 많은 아이디어를 도출할 수 있으며, 내부 투표를 통해 약식으로 아이디어 정제를 수행한다.

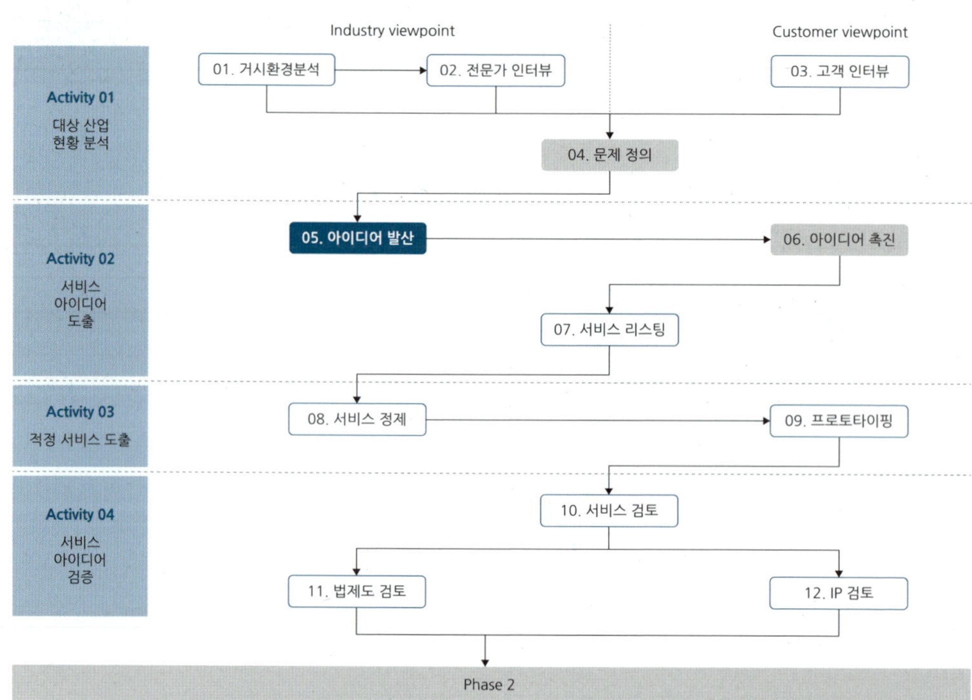

STEP 1
질문 상기하기

아이디어 발산 과정에서 앞서 정의한 문제와 질문을 확인하고, 이를 수시로 확인하며 발산하는 과정에서 점검 리스트로 활용한다.

STEP 2
발산 준비

준비물 준비

아이디어 발산을 위해 아래와 같은 준비물을 준비한다.

- 넓은 화이트보드(여의치 않을 경우, 전지를 벽에 붙이는 것으로 대신할 수 있음)
- 검은색, 빨간색, 파란색 보드마카 인당 각 1개
- 포스트잇 묶음, 1x1(cm) 원형 색깔 점 스티커 인당 1장

장소 준비

발산을 위해서는 몇 시간 가량 프로젝트 팀이 사용할 수 있는 회의실이 필요하며, 화이트보드가 없을 경우 넓은 전지를 여러 장 이어 붙여서 활용할 수 있다.

일정 비우기

아이디어 발산 과정은 한 자리에서 한 번에 진행해야 하므로, 과정을 시작하기 전에 충분한 시간을 확보해야 하며, 대략 2~3시간 정도면 충분하다.

STEP 3
언플러깅 규칙

모든 팀원들이 아이디어를 발산하는 것에 오롯이 집중하기 위해 회의 시간 동안 전자기기 사용을 금지한다.

- 휴대전화, 태블릿, 노트북, 웨어러블 디바이스, 기타 통신 기기 등

STEP 4
역할 분배

팀원 간 역할을 분배한다. 역할은 퍼실리테이터와 기록자가 있으며, 그 외 팀원은 자유로운 분위기 속에서 아이디어를 제시하는 참가자 역할을 수행한다. 이러한 역할은 'Task 05. 아이디어 발산' 과정부터 'Task 06. 아이디어 촉진' 과정까지 유지한다.

STEP 4
역할 분배

퍼실리테이터 선정

프로젝트 팀원 중 발산과 촉진 과정을 유연하게 리드할 수 있는 촉진자를 1명 선정한다. 퍼실리테이터는 다음과 같은 역할을 수행한다.

- 팀 토론에서 자연스럽고 부드러운 분위기를 조성한다. 팀원들의 아이디어를 비판하거나 무시하지 않는다.
- 아이디어가 고갈되거나 새로운 아이디어가 나오지 않을 때에는 적절한 질문을 하거나 잠시 휴식을 갖는다.

기록자 선정

프로젝트 팀원 중 팀원을 대표해 브레인스토밍을 기록할 기록자를 1명 선정한다.

STEP 5
아이디어 내기

아이디어 발산 과정은 자유롭게 진행하되, 서로의 아이디어를 비판하지 않는다. 아이디어를 논의하는 순서는 다음과 같다.

- 모든 팀원들이 문제 정의에서 도출한 문제점을 해결할 수 있는 아이디어를 생각한 뒤 포스트잇에 적는다.
- 퍼실리테이터가 정하는 순서대로 모든 참여자는 자신이 고안한 아이디어를 소개한다. 이 과정에서 타인의 아이디어에 대한 비판은 하지 않는다. 비판은 다양한 아이디어를 이끌어내는 데에 방해가 된다.
- 모든 아이디어의 소개를 들은 뒤 포스트잇을 화이트 보드에 붙인다. 이후 각자 가지고 있는 스티커를 마음에 드는 아이디어의 포스트잇에 붙인다. 모든 아이디어가 마음에 든다면 모든 아이디어에 붙여도 좋다.
- 퍼실리테이터는 이후 과정을 효율적으로 진행하기 위해 아이디어 채택의 최소 수준을 결정한다. 예를 들어, 스티커를 3개 이상 받은 아이디어만 이후 과정을 수행한다는 등의 결정이다. 이 단계에서 너무 많은 아이디어가 채택될 경우, 이후 단계에 많은 시간을 할애해야 할 수 있으므로 퍼실리테이터의 역할이 중요하다. 다만, 아이디어를 고안한 참가자들 중 자신의 아이디어가 누락되는 것에 얼마든지 의견을 제시할 수 있다.

STEP 6
아이디어 정리

기록자는 채택된 아이디어를 중심으로 제공된 템플릿에 서비스명과 서비스 내용을 작성한다. 서비스 내용은 간결하게 작성하되, 해당 서비스의 핵심 가치를 담아야 한다.

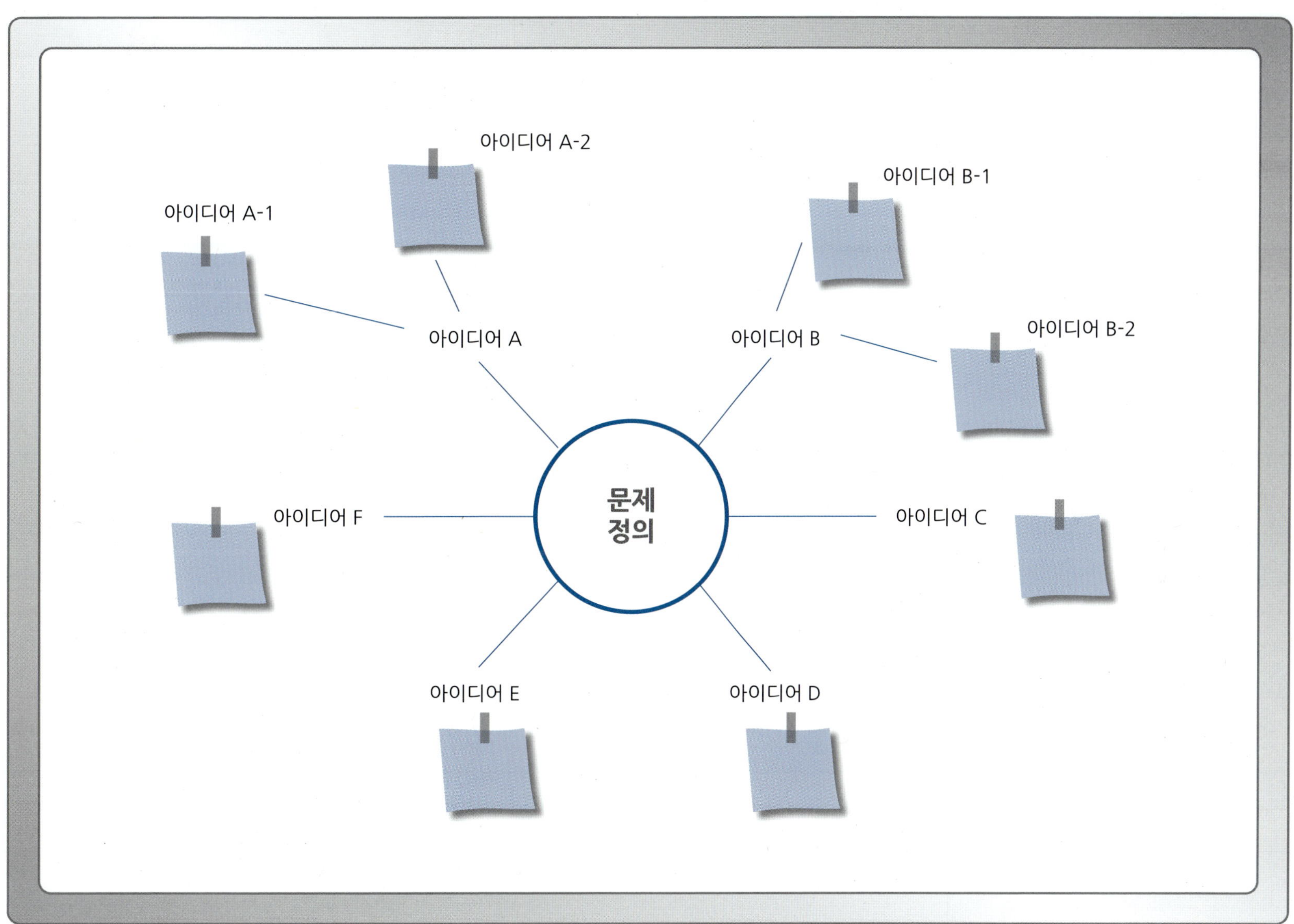
아이디어 A-2
아이디어 A-1
아이디어 B-1
아이디어 A
아이디어 B
아이디어 B-2
문제
정의
아이디어 F
아이디어 C
아이디어 E
아이디어 D

	서비스 명	서비스 내용
01		
02		
03		
04		
05		
06		
07		
08		
09		
10		
⋮		

Phase 1 서비스 도출 〉 Activity 02 서비스 아이디어 도출

Task 06 아이디어 촉진 Idea Promote

개념

이 과정은 드 보노가 제시한 여섯 색깔 사고모자**six thinking hats**를 기반으로 수행된다. 여섯 색깔 사고모자는 참가자가 한 번에 하나의 관점에서만 생각만 함으로써 감정과 개인적 성향에 의해 발생할 수 있는 편향을 억제하고, 다양한 측면에서 폭넓은 사고를 빠르게 이끌어내는 데 도움이 되는 방법이다.

하나의 색깔 모자를 부여받은 참가자는 모자의 색깔에 해당하는 사고 유형의 시각으로 주어진 문제를 바라보면서 의견을 제시하고, 다음 색깔 모자로 넘어가는 형태로 회의가 진행된다. 아이디어의 휘발을 억제하기 위해서 가능하면 앞선 'Task 05. 아이디어 발산' 과정과 연이어 진행하는 것을 추천한다.

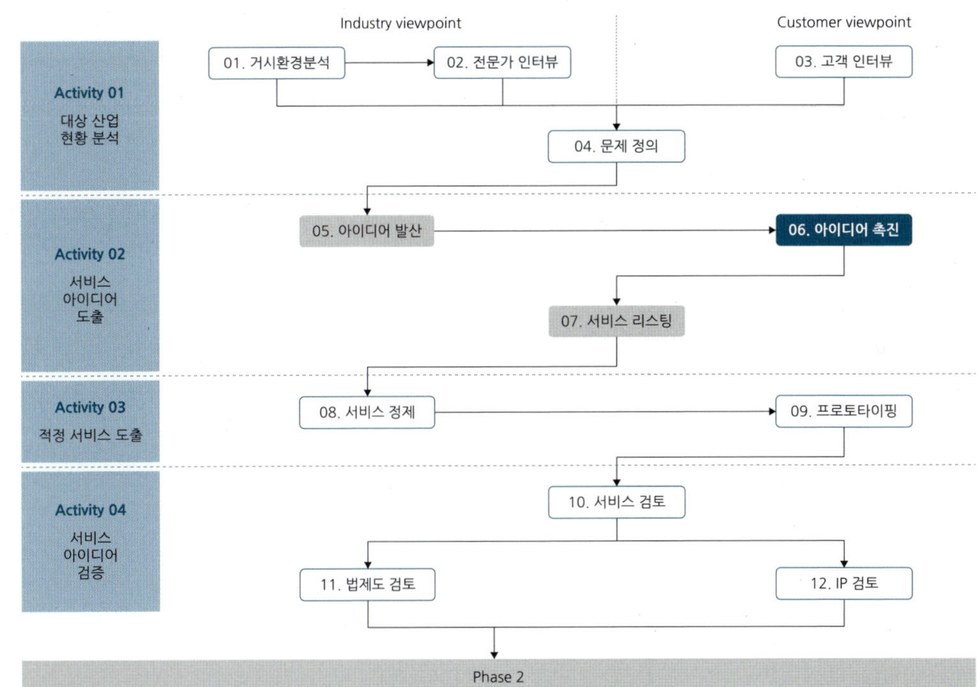

기대효과

아이디어 발산 과정에서 도출된 정제되지 않은 아이디어들을 다양한 관점에서 살펴봄으로써 아이디어를 빠르게 발전시킬 수 있다.

STEP 1
아이디어 상기

'Task 05. 아이디어 발산'에서 선정된 아이디어 내용을 다시 한 번 상기한다.

STEP 2
촉진 준비

장소 준비

발산을 위해서는 몇 시간가량 프로젝트 팀이 사용할 수 있는 회의실이 필요하며, 화이트보드가 없을 경우 넓은 전지를 여러 장 이어 붙여서 활용할 수 있다.

일정 비우기

아이디어 촉진 과정은 한 자리에서 한 번에 진행해야 하므로, 시작 전에 충분히 시간을 확보해야 한다. 대략 1~2시간 정도면 충분하다.

STEP 3
여섯 색깔 사고모자 쓰기

회의 시간은 1시간 내외로 진행하고, 회의가 길어질 경우 퍼실리테이터의 재량으로 휴식 시간을 갖는다.

아이디어 발산 과정에서 도출한 서비스 리스트를 참가자들이 나눠 갖고, 역할을 분배한다. 최소한 이 과정에서는 한 명이 하나의 역할을 맡는 것이 좋다. 작성자는 참가자들의 의견을 녹음하고 정리한다. 각 색깔별 사고 분배는 다음과 같다.

- 흰색: 중립적, 객관적, 사실적 사고
- 빨간색: 감정적, 정서적 사고
- 노란색: 낙관적, 긍정적 사고
- 검은색: 부정적, 비판적 사고
- 초록색: 창조적, 혁신적 사고
- 파란색: 이성적 사고(요약 및 결론)

본격적인 회의를 시작하기 전에 각 역할을 분배받은 참가자들이 자신의 의견을 정리할 수 있는 시간을 가진다.

- 회의를 시작하면 퍼실리테이터는 사회자 역할을 수행한다. 각 역할을 맡은 참가자는 자신의 모자 색깔에 맞는 사고 방향대로 아이디어에 대해 논의한다. 발언 순서는 흰색 → 빨간색 → 검은색 → 노란색 → 초록색 → 파란색 순으로 진행한다.

		아이디어 A	아이디어 B	아이디어 C	…
	중립적				
	감정적				
	비판적				
	긍정적				
	창조적				
	이성적				

Phase 1 서비스 도출 〉 Activity 02 서비스 아이디어 도출

Task 07 서비스 리스팅 Service Listing

개념

아이디어 발산과 촉진 과정을 거쳐 도출된 서비스 아이디어들을 정의하고 나열한다. 앞선 단계에서는 아이디어를 간략하게 정의하는 수준에 그쳤지만, 이 단계에서는 서비스 아이디어의 이름과 간략한 소개는 물론, 필요성과 목적, 기대효과와 더불어 서비스를 실현하기 위해 요구되는 요소기술이 무엇인지 작성한다.

이 과정을 통해 아이디어를 더욱 명확하게 개념화함으로써 제3자가 본 과정을 통해 도출한 서비스 아이디어에 대한 평가를 수행한다.

기대효과

서비스 아이디어에 대해 더욱 명확하게 개념화하여 팀원 간 이해의 간극을 좁히고, 제3자가 해당 아이디어를 객관적으로 판단하도록 지원한다.

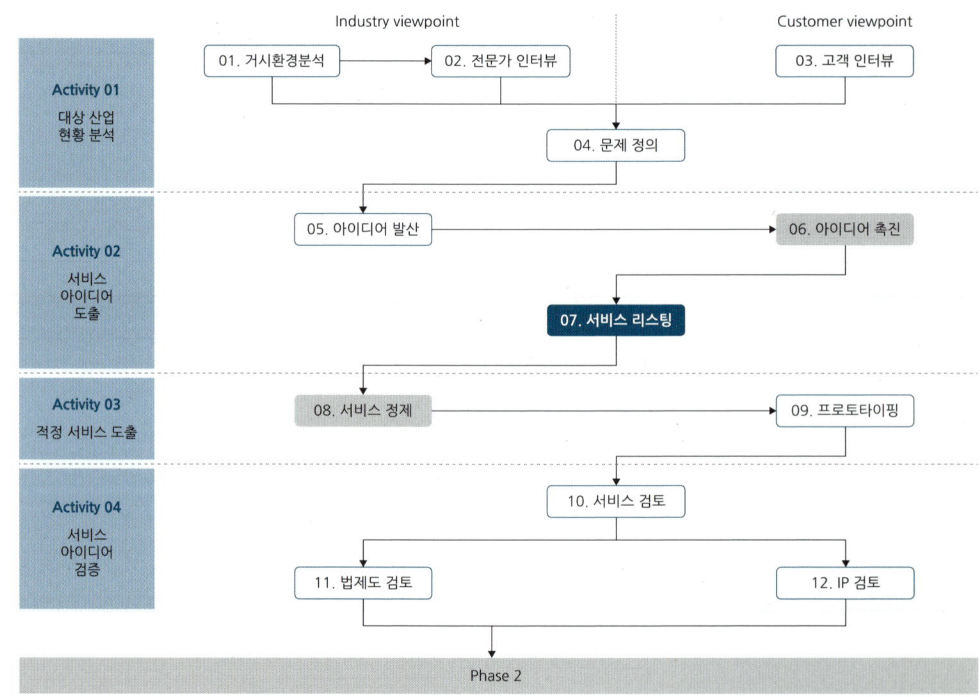

STEP 1
서비스 정의

앞선 과정을 통해 도출한 내용을 바탕으로 제공되는 템플릿에 서비스를 정의한다.

- 서비스 명과 한 줄 가량 간단한 서비스 내용을 작성한다.
- 서비스 개요에는 서비스 프로세스를 도식화하여 개념도를 첨부한다.
- 서비스가 필요한 이유, 달성하고자 하는 목적, 서비스를 제공함으로써 나타날 기대효과에 관해 작성한다.
- 서비스에 포함되어야 할 필수적으로 요구되는 요소 기술과 해당 기술을 활용하고 있는 산업 분야를 작성한다. 다만, 현 단계에서는 정확한 요소 기술명과 산업 분야를 가리는 것이 아니므로, 개괄적으로 작성해도 무방하다.

<table>
<tr><th>서비스 명</th><td colspan="4"></td></tr>
<tr><th>소개</th><td colspan="4"></td></tr>
<tr><th colspan="3">서비스 개요</th><th>필요성</th><td></td></tr>
<tr><td colspan="3" rowspan="3"></td><th>목적</th><td></td></tr>
<tr><th>기대효과</th><td></td></tr>
<tr></tr>
<tr><th rowspan="4">요소기술</th><th>NO</th><th>기술명</th><th colspan="2">관련 분야</th></tr>
<tr><td>1</td><td></td><td colspan="2"></td></tr>
<tr><td>2</td><td></td><td colspan="2"></td></tr>
<tr><td>3</td><td></td><td colspan="2"></td></tr>
</table>

Phase 1 서비스 도출 〉 Activity 03 적정 서비스 도출

Task 08 서비스 정제 Service Refining

개념

실제 사업화할 서비스를 선택하기 위해 서비스 리스트를 정제하는 과정으로, 이 단계에서는 중요도-시급성 분석을 통해 의사결정을 실시한다. 이 분석은 관련 전문가들을 대상으로 서비스 아이디어들이 산업적으로 얼마나 중요하고 시급한지 파악함으로써 개발의 우선순위를 결정할 수 있다.

앞서 수행한 단계가 최대한 많은 아이디어를 도출하는 확산 과정이었다면, 이 단계는 도출된 서비스 중 경쟁력 있는 서비스를 솎아내는 수렴 과정이다. 이 단계를 통해 선정되는 서비스는 향후 수행 기업의 사업 근간이 될 수 있으므로 신중하게 수행해야 한다.

기대효과

서비스 정제 과정을 통해 실제 개발할 서비스를 결정하는 근거를 마련할 수 있다.

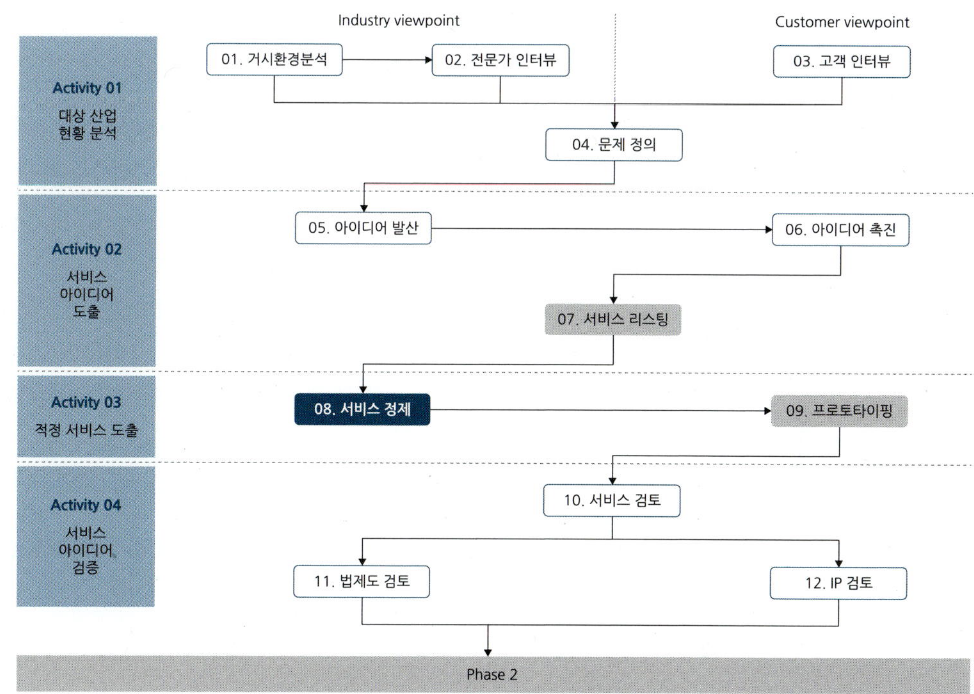

STEP 1
설문 준비

대상 선정

'Task 07. 서비스 리스팅'에서 정리한 서비스를 평가할 전문가 집단을 구성한다.

설문지 작성

리커트 5점 혹은 7점 척도를 활용하여 중요성-시급성 폐쇄형 설문지를 작성한다.

STEP 2
설문 진행

설문 목적과 대상에 따라 작성한 설문지를 배포하여 설문을 실시한다.

STEP 3
중요도-시급성 분석

수집한 데이터를 바탕으로 모든 아이디어의 중요도와 시급성 평균을 도출한다. 사분면의 수평축을 중요도, 수직축을 시급성으로 설정하고, 해당 아이디어의 값에 따라 사분면에 표시한다.

- 1사분면(핵심과제): 중요도와 시급성이 모두 높아 즉시 착수해야 하는 과제이다.
- 2사분면(단기과제): 중요도는 낮으나 시급성은 높은 아이디어로 단기간에 끝내야 하는 과정이다. 일을 축소하거나 타 부서에게 일의 권한을 위임해도 되는 영역이다.
- 3사분면(중장기과제): 중요도는 높으나 시급성은 낮아 탄탄한 계획을 수립한 후에 착수해야 하는 과제이다. 현황 모니터링을 기반으로 전략적 계획 수립을 진행한 후에 여유를 두고 진행해야 하는 영역이다.
- 4사분면(선택과제): 중요도와 시급성이 모두 낮아 추진 여부를 선택해야 하는 과제이다. 제한된 투입자원 하에서 필요에 따라 제외될 수 있으며, 업무를 연기해도 상관없는 영역이다.

STEP 4
의사결정

분석결과를 바탕으로 내부 토의를 통해 사업화할 서비스를 신중히 의사결정을 한다.

구분	서비스 명	중요도	시급성
1			
2			
3			
4			
5			
6			
7			
8			
9			
⋮			

Phase 1 서비스 도출 〉 Activity 03 적정 서비스 도출

Task 09 프로토타이핑 Prototyping

개념

프로토타입**Prototype**은 서비스 디자인 초기 단계에 아이디어를 실체화하여 빠르게 문제를 발견하고자 할 때 검증하는 모델이다. 프로토타입은 시제품, 견본품 등으로 불리며, 고객과 산업 이해관계자의 요구사항이 정확하게 반영될 때까지 계속해서 개선 및 보완된다.

사업화에 들어간 후에는 프로젝트의 문제점을 발견하더라도 도중에 중단하는 것이 쉽지 않기 때문에 사전에 프로토타입을 제작하고 검증하는 과정을 거쳐 위험을 최소화하는 것이 중요하다.

기대효과

서비스 아이디어를 초기에 실체화하고 문제점을 발견하여 반복적인 개선이 가능하다. 이 과정에서 저비용으로 기획자와 개발자 간의 원활한 커뮤니케이션이 가능하다.

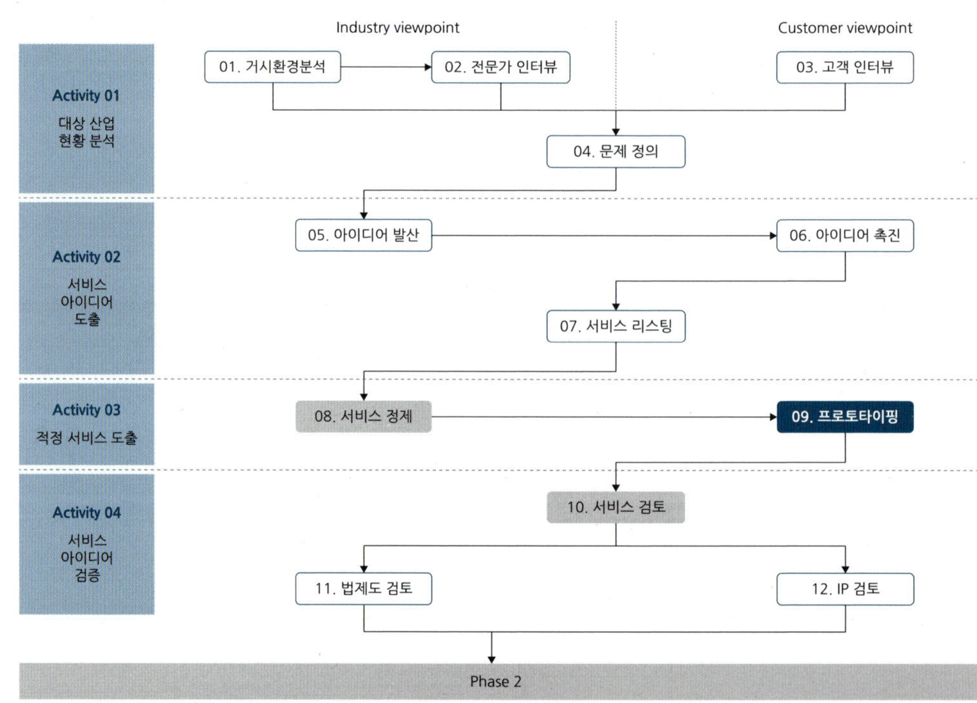

STEP 1 서비스 구체화

앞서 도출한 서비스를 토대로 린 캔버스Lean Canvas를 활용하여 프로토타입을 작성한다. 린 캔버스는 기존의 비즈니스 모델 캔버스보다 빠르게 변화하는 IT 기업에 적합한 형태로 변형된 도구이다. 9개의 블록을 기반으로 내부 역량(제품 혹은 서비스)과 외부 환경(시장)을 분석할 수 있다. 아래 제시된 순서대로 린 캔버스를 작성한다.

- Customer Segments(고객군): 수요(고객)와 공급 측면을 고려하고 목표(타겟)고객을 작성한다.
- Problem(문제점): 고객 관점에서 해결되어야 할 가장 중요한 세가지 문제를 작성한다.
- Solution(해결책): 산업의 문제를 해결할 수 있는 가장 중요한 세 가지 기능을 작성한다.
- Key Metrics(핵심 지표): 측정이 필요한 핵심 활동에 대해 작성한다.
- Unique Value Proposition(고유 가치 제안): 우리의 서비스 혹은 제품을 사용해야만 하는 이유와 다른 것과의 차이점을 설명하는 알기 쉽고 설득력 있게 표현한다.
- Channels(경로): 서비스/제품이 고객에게 어떻게 도달하는지 경로에 대해 작성한다.
- Unfair Advantage(일방적 경쟁우위): 다른 서비스 혹은 제품이 쉽게 흉내 낼 수 없는 경쟁적 우위에 위치한 특징에 대해 작성한다.
- Cost Structure(비용구조): 서비스/제품을 시장에 내놓았을 때 발생할 비용을 현재의 상황에 기반하여 작성한다.
- Revenue Streams(수익원): 어떻게 수익을 창출해낼 것인지에 대해 작성한다.

STEP 2 서비스 명세

서비스 기능 나열

린 캔버스의 문제, 솔루션, 핵심지표를 중심으로 서비스를 세분화하고 적정 서비스를 실제 운영할 때 필요한 세부 기능을 나열한다.

페이퍼 프로토타이핑

세분화된 서비스는 어떻게 고객에게 전달되는가? 고객에게 전달되는 서비스의 단계를 시간 순서대로 나열하고 구체적인 프로토타입을 작성해본다.

프로토타입의 유형은 손그림, 만화, 스토리보드 등 간단한 유형부터 동영상, 디지털 프로토타이핑, HTML 프로토타이핑 등 매우 다양한 유형이 존재한다. 자신의 프로젝트에 맞는 적합한 방식을 선택하여 최대한 구체적으로 프로토타입을 작성한다.

STEP 3
테스트

역할 분배

프로토타이핑의 시뮬레이션을 진행한다. 정확한 프로토타입 검증을 위해서는 실제 산업 고객과 비즈니스 모델 이해관계자들을 대상으로 시뮬레이션을 기획하는 것이 좋다. 그러나 상황이 여의치 않을 경우에는 팀 내에서 다음과 같이 역할을 분담하여 롤플레잉 시뮬레이션을 진행할 수 있다.

- User: 프로토타입을 테스트할 사용자 역할
- Facilitator: 프로토타입의 시뮬레이션을 진행하고, 테스트 과정을 관찰하며, 수정 및 보완사항을 메모하는 관찰자 역할

테스팅

분배된 역할을 바탕으로 프로토타입을 테스트한다.

Problem 문제	Solution 해결책	Unique Value Proposition 고유 가치 제안	Unfair Advantage 일방적 경쟁우위	Customer Segments 고객 세그먼트
	Key Metrics 핵심 지표		Channels 채널	

Cost Structure 비용구조	Revenue Streams 수익원

Phase 1 서비스 도출 〉 Activity 04 서비스 아이디어 검증

Task 10 서비스 검토 Service Feedback

개념

프로토타입을 소비자 혹은 전문가에게 공유하고 그들이 어떻게 생각하는지 피드백을 받는 단계이다. 피드백은 그룹 인터뷰, 1:1 인터뷰, 서면 평가, 블라인드 테스트 등 다양한 방법이 존재한다. 따라서 자신의 프로젝트에 맞게 선택하여 진행할 수 있다.

피드백에서 가장 중요한 것은 정직한 피드백을 유도하는 일이다. 긍정적인 피드백뿐만 아니라 부정적인 피드백을 유도하여 서비스를 개선하고 검증하는 것이 무엇보다 중요하다. 만약 프로토타입에 대한 고객의 반응이 지나치게 부정적이라면 앞선 Task들을 다시 진행하며 우리가 놓친 것이 무엇인지 파악해야 한다.

기대효과

서비스 아이디어에 대해 의견 수렴하여 정제된 서비스 아이디어의 타당성을 검증함으로써 서비스의 개발 여부를 사전에 검토할 수 있다.

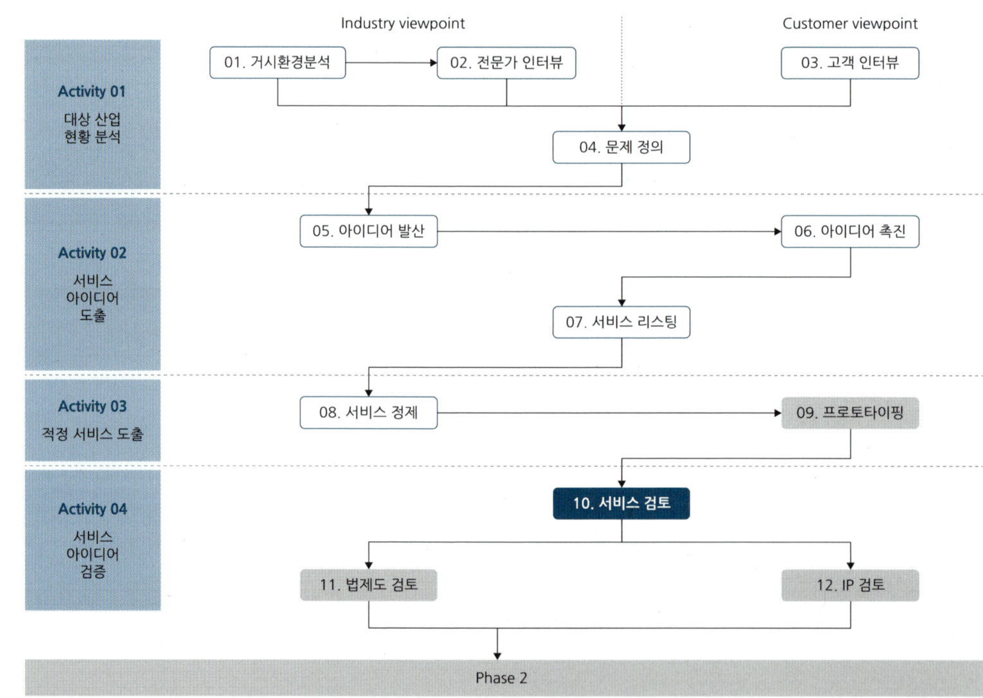

STEP 1
테스트 준비

대상 선정 혹은 역할 분배

프로토타입 테스트를 위해서는 실제 고객 혹은 산업 이해관계자들을 대상으로 진행하는 것이 좋다. 아래의 기준을 고려하여 전문가와 소비자를 리스트업 해본다.

- 전문가 선정 기준: 앞선 단계에서 도출된 키워드에 대해 논의할 수 있도록 융합 영역의 전문가까지 고려하기를 권장한다. 해당 서비스 분야의 전문가 구성 시 산/학/연을 모두 포함하고 유사한 비율로 구성하기를 권장한다.
- 고객 선정 기준: 연령, 성별, 인종, 계층, 사회적 위치, 인원 수 등을 고려하여 균등하게 구성하기를 권장한다.

질문지 작성

프로토타입 테스트를 위해 질문지를 개발해야 한다. 아래의 내용을 참고하여 답변을 자연스럽게 유도할 수 있을 질문들을 작성해보자.

- 프로토타입을 경험하기 전, 해당 서비스에 대한 예상과 기대 사항에 대한 질문 항목
- 프로토타입을 경험한 후, 해당 서비스에 대해 불만 및 요구사항에 대한 질문 항목

STEP 2
테스팅

프로토타입 테스트

준비한 프로토타입을 테스트한다. 연구팀은 대상자가 프로토타입을 테스트하는 과정을 있는 그대로 기록한다.

인터뷰 진행

먼저, 인터뷰이의 솔직한 답변을 이끌어내기 위해 아이스 브레이킹을 시도한다. 이후 사전에 작성한 질문지를 바탕으로 인터뷰를 실시한다. 인터뷰 내용은 유추 혹은 해석하지 말고 응답자의 답변을 있는 그대로 전사하거나 녹음한다.

STEP 3
피드백 정리

인터뷰 종료 후에는 피드백을 분석하여 서비스 모델의 개선점을 파악해야 한다. 인터뷰 대상자들이 언급한 불만족 혹은 요구사항을 정리하고, 각각 어떻게 보완할 수 있을지 인사이트를 도출한다.

■ 프로토타입

■ 질문 내용

■ 데이터화

응답 내용	인사이트

Phase 1 서비스 도출 〉 Activity 04 서비스 아이디어 검증

Task 11 법제도 검증 Check for Conflict of laws

개념

사업화를 진행하기 전에 우리 팀의 서비스 모델이 법률에 위배되는 것은 없는지 반드시 확인해야 한다. 아무리 좋은 서비스라도 법률에 저촉되면 실현할 수 없기 때문이다.

예를 들어 해외에서 성공했던 우버Uber는 택시와 버스 면허 미소지자의 유상운송을 금지하는 한국의 현행법에 저촉되어 제재를 받은 사건이 있다. 따라서 법제도 검증을 통해 관련 분야의 법령을 사전에 검토하고 제도상 저촉되는 내용을 수정해야 한다.

기대효과

첫째, 현행법에 저촉되는 서비스 내용을 시정하여 해당 기업이 직면할 수 있는 법률상의 문제를 예방할 수 있다.

둘째, 비즈니스 모델 운영 후 문제점을 해결하는데 필요한 시간적, 인적, 경제적 손실을 사전에 방지할 수 있다.

셋째, 서비스 수정이 불가능할 경우 현행 법령상의 문제점을 해당 부처에 수정 협조 요청할 수 있다.

※ 본 Task는 법률 사무소에 의뢰할 것을 권장한다.

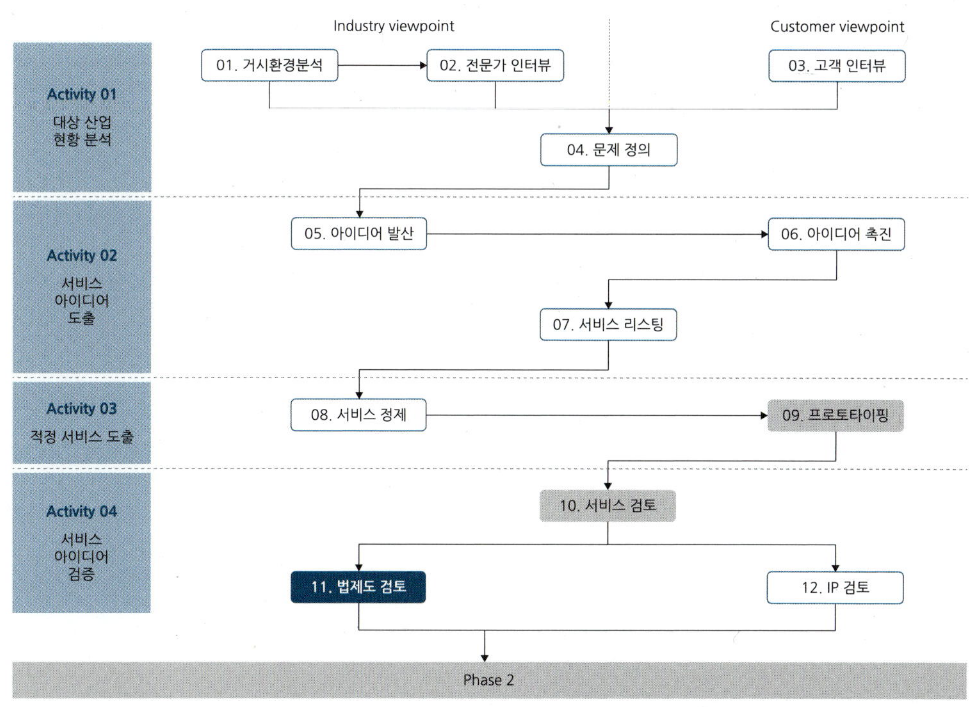

STEP 1 법률 검토

서비스 모델이 확정되었다면 사업화를 추진하기 전에 국내외 유사 비즈니스 모델의 저촉 사례. 관련 법률 존재 여부, 행정청 및 규제 기관 등을 파악해야 한다. 융합산업에서는 다양한 법률규제가 존재할 수 있다. 따라서 프로젝트 팀 내부적으로 법률 저촉 여부를 검토하는 것도 필요하지만, 법률사무소에 의뢰하거나 정부 규제 샌드박스 프로그램에 참여하는 것이 안전하다.

STEP 2 적합성 판단

관련 법률을 조사한 결과 서비스가 현행법에 저촉된다면, 프로젝트의 서비스 모델을 수정하거나 현행법 개정 신청을 진행한다. 만약 현행법에 저촉되지 않는다면 다음 Task로 이동한다.

대상 법령	법적 근거	서비스 판단 기준	적합성		비고
			여	부	
			○		
			○		
			○		
			○		
			○		
			○		
			○		
			○		

Phase 1 서비스 도출 〉 Activity 04 서비스 아이디어 검증

Task 12 IP 검증 Check for Intellectual property

개념

지식재산권IP이란 인간의 지적 창작물 중 보호할만한 가치가 있는 것들에 대한 법적 권리를 의미한다. 지식재산권은 크게 산업재산권(특허권, 실용신안권, 디자인권, 상표권), 저작권(저작권, 저작인접권, 데이터베이스), 신지식재산권(첨단산업재산권)으로 구분된다.

융합산업의 서비스 모델 IP 검증에서는 원천·핵심 기술과 관련한 특허권과 산업저작권, 정보재산권 등의 신지식 재산권에 대한 검증을 통해 잠재적 지식재산권 침해를 예방하는 것이 중요하다. 만약 프로젝트에서 도출한 서비스 모델이 참신하다면 지식재산권 출원에 도전해볼 수도 있을 것이다.

기대효과

첫째, 지식재산권 침해 예상 내용을 시정하거나, 문제가 될 IP를 거래하여 기업이 직면할 법률 문제를 예방할 수 있다.

둘째, 비즈니스 모델 운영 후 문제점을 해결하는데 필요한 시간적, 인적, 경제적 손실을 사전에 방지한다.

※ 본 Task는 법률 사무소에 의뢰할 것을 권장한다.

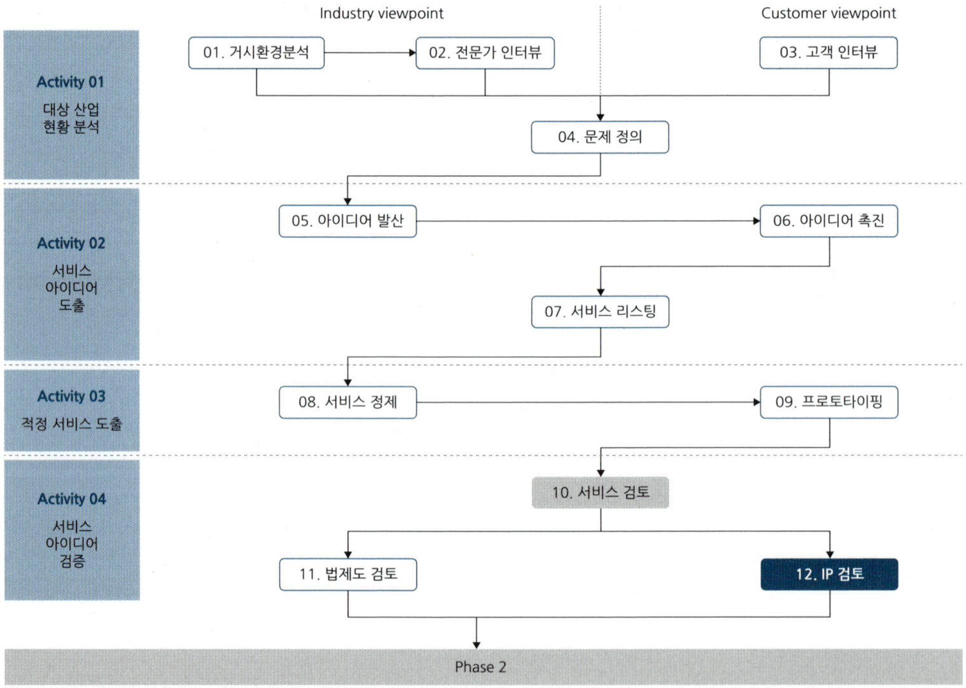

STEP 1
IP 검토

적정 서비스 사업화에 필요한 특허를 분석하기 위해 연도별, 사용용도별 출원 현황을 파악한다. 잠재적 지색재산권 예방을 위해 프로젝트 팀 내부적으로 검토하는 것도 필요하지만, 외부 전문가에게 의뢰하는 것이 효과적이다.

STEP 2
적합성 판단

관련 지식재산권을 조사한 결과 적정서비스가 선출원 IP를 침해한다면, 프로젝트의 서비스 모델을 수정하거나 IP 거래를 추진한다.

유사 특허	차별점	확인 내용	체크		비고
			여	부	
			○		
			○		
			○		
			○		
			○		
			○		
			○		
			○		

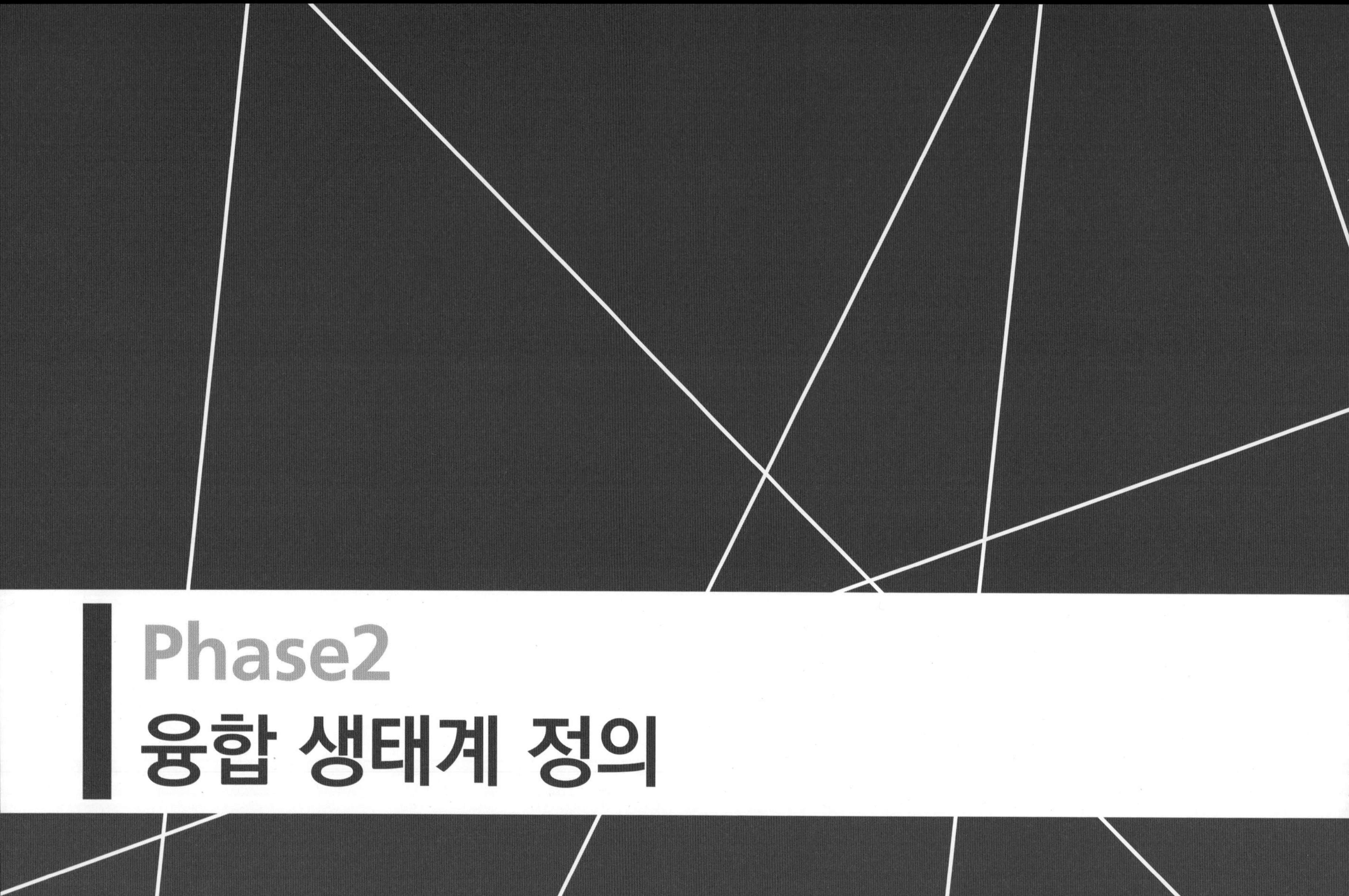

Phase2
융합 생태계 정의

Phase 2 융합 생태계 정의 〉 Activity 05 이해관계자 도출

Task 13 협력사 도출 Derive Partners

개념

융합 생태계를 정의하기 위해서는 이를 구성하고 있는 이해관계자를 도출하는 과정이 선행되어야 한다. 협력사란 자사의 제품이나 서비스를 제공하기 위해 특정 자원(기술, 제품 등)을 공급하는 주체를 의미한다. 협력사 도출은 산업 관점에서 이해관계자를 도출하는 첫 번째 단계이다. 적정 서비스를 실행하는데 수행기업의 약점 및 단점을 보완 해줄 수 있는 협력 기업을 리스팅하고 협력사를 도출하는 절차이다. 더불어 협력사가 대상 산업에 진입할 시 신규 서비스 모델과의 연계성이 있는지를 검토한다.

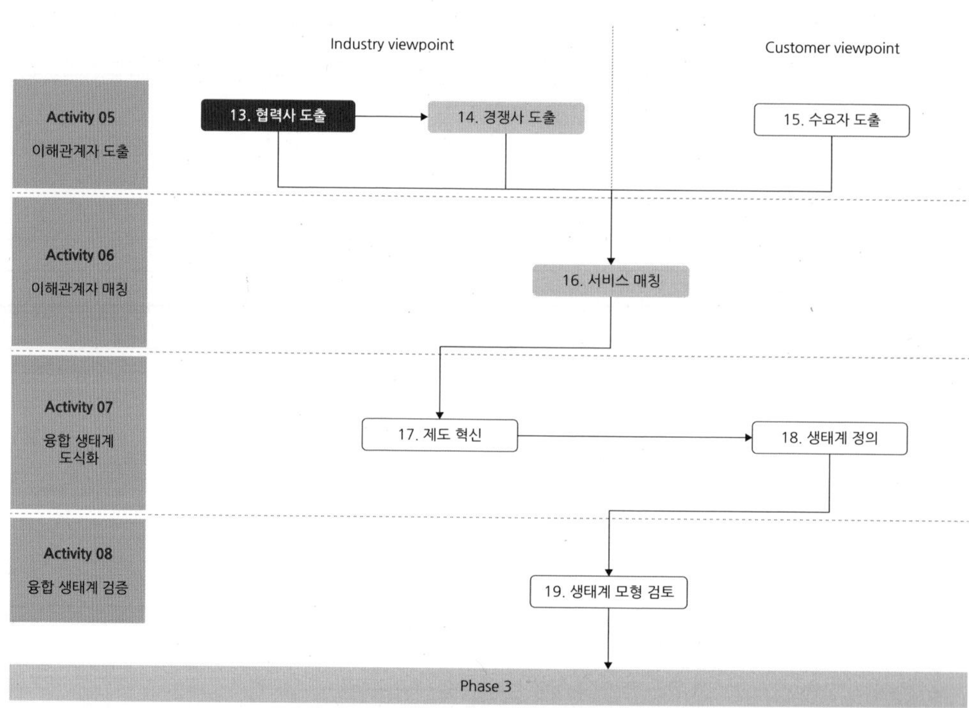

기대효과

협력사를 사전에 파악하여 융합 생태계 내에서의 역할을 확인하고, 수행기업과의 협력을 위한 가이드라인을 수립할 수 있다.

STEP 1 업무 기능 파악

업무 프로세스 파악

도출된 적정 서비스를 수요자에게 제공하기까지의 업무 프로세스를 파악한다.

업무 기능 나열

수행되는 업무 기능들을 분류하여 한눈에 파악하기 쉽게 도식화하여 작성한다.

- 주 기능Function: 업무 프로세스들의 상위 개념상의 집합을 작성한다.
- 프로세스Process: 조직의 자원을 활용한 관련 활동들의 집합을 작성한다.
- 활동Activity: 하위 활동이나 과업의 묶음을 작성한다. 작성된 기능 프로세스Functional Process(FP)는 시작과 끝이 있는 프로세스여야 한다(예: 제품개발-제조-판매-주문-서비스).

협업 필요 기능 파악

FP를 활용하여 FP를 활용하고자 하는 목적에 의해 선정 기준을 두고 주요 업무 절차를 선정하여 표시한다.

- 협업이 필요한 프로세스
- 가용자원의 확보가 어려운 프로세스
- 전략적으로 중요한 프로세스
- 고객군에 직접적인 영향을 미치는 프로세스

STEP 2 협력사 리스팅

협력사 검토

다음의 조건을 바탕으로 수행기업과 협력이 가능하다고 판단되는 협력사들을 검토한다.

- 협력사와 제휴해야 하는 이유 및 가치에 대해 정의한다.
- 협력사의 전략이 우리 기업이 추구하는 전략과 상호 배치되는지 파악한다(전략 양립성, 기업문화 양립성, 경영시스템 차이 등).
- 협업을 통해 서로의 약점 또는 단점을 보완해줄 수 없다면 제외한다.

STEP 2 협력사 리스팅

협력사 유형 파악

앞서 검토된 협력사에 대해 자유롭게 유형을 구분하여 작성한다.

유형별 협력사 나열

협력사 유형에 따라 관련 기업을 나열하여 작성한다.

신규서비스 연계성 검토

앞서 나열된 기업과 협업할 경우 수행기업의 신규 서비스 모델과 어떠한 연계성이 있는지에 대해 작성한다.

STEP 3 파트너십카드 작성

파트너십카드 작성

수행기업과 협력이 가능하다고 판단되는 기업에 대한 기본적인 정보를 수집하기 위해 각 항목에 해당하는 내용을 작성한다. 구체적 수치보다는 특징적 요소를 도출하는 데 집중한다.

- 협력사가 제공하는 제품 및 서비스에 대해 작성한다.
- 협력사가 타겟으로 하는 시장, 고객군 등에 대해 작성한다.
- 협력사가 제공하는 제품/서비스만의 특징 또는 주목할만한 내용에 대해 작성한다.
- 조직 관점에서 경쟁 업체와 차별화할 수 있는 요소 및 타 기업에 비해 취약한 요소에 대해 작성한다.
- 협업 시 고려해야 할 협업 목표 및 방향성에 대해 작성한다.

협력사 선정

앞서 파악한 내용을 바탕으로 향후 협업할 협력사를 선정한다.

업무 프로세스(Functional Process, FP) 작성

업무 기능: 주 기능(Function) 프로세스(Process) 협업이 필요한 영역

업무 프로세스들의 상위 개념에 대해 작성

조직의 자원을 활용한 관련 활동들의 집합

- 하위 활동이나 과업의 묶음

협력사 리스팅		
유형	업체	신규 서비스 모델 연계성
유형 A	• 해당 유형에 어떠한 업체가 있는지 작성	• 해당 파트너가 신규 서비스 모델과 어떠한 연관이 있는지에 대해 작성
유형 B		
유형 C		
유형 D		
유형 E		

<table>
<tr><th colspan="3">파트너십카드: 협력사 1(유형A)</th></tr>
<tr><th>제품/서비스</th><th>타깃 영역</th><th>특징</th></tr>
<tr><td></td><td></td><td></td></tr>
<tr><th colspan="2">강점</th><th>약점</th></tr>
<tr><td colspan="2"></td><td></td></tr>
<tr><th colspan="3">협업 목표 및 방향성</th></tr>
<tr><td colspan="3"></td></tr>
</table>

Phase 2 융합 생태계 정의 〉 Activity 05 이해관계자 도출

Task 14 경쟁사 도출 Derive Competitors

개념

경쟁사 도출은 산업 관점에서 이해관계자를 도출하는 두 번째 단계이다. 적정 서비스의 경쟁사를 도출하여 대상 산업에 진입할 시 나타날 수 있는 기회 및 위협 요소 등을 모색하기 위해 진행한다. 목표 시장에서 경쟁할 가능성이 높은 기업을 적정 서비스 제공 대상Who, 문제What, 솔루션How, 즉 2W1H를 기준으로 판별한다.

이를 바탕으로 경쟁사의 사업 분야 및 영역, 주력 제품 및 서비스에 대한 전략을 파악한다. 분석을 위해 가능한 많은 자료를 수집해야 한다. 온라인 검색과 더불어 경쟁사에 대한 정보를 보유한 정보원 등을 통해 양질의 자료를 수집하기 위한 노력을 병행하여야 한다.

기대효과

기존 산업에서의 경쟁 전략을 이해하는 과정을 통해 시장 진입 전략을 수립하는 데 참고할 수 있다. 또한 내부 역량을 분석하고 약점을 파악하여 보완할 수 있을 것이다.

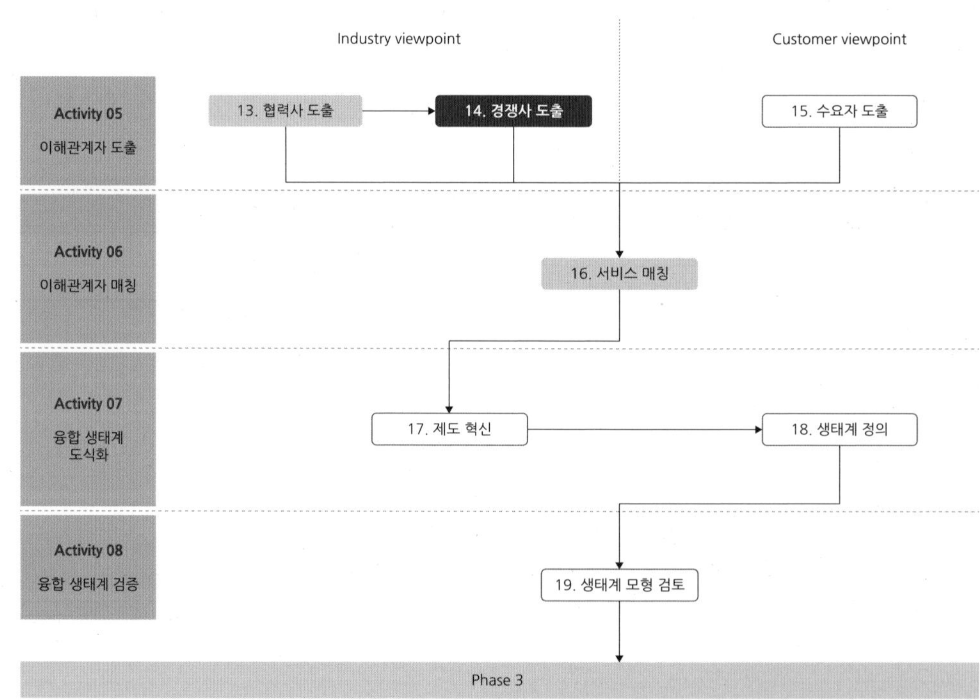

STEP 1 경쟁 유형 파악

경쟁 기준 파악

적정 서비스를 제공할 대상Who과 직면한 문제What, 솔루션How을 정의한다.

- 누구를 대상으로 하는가Who?: 타겟 고객이 누구인지를 파악한다.
- 무엇을 해결하는가What?: 타겟 고객을 위해 서비스가 해결할 수 있는 핵심 문제는 무엇인지 파악한다.
- 어떻게 문제를 해결하는가How?: 핵심 문제를 어떻게 해결할 수 있는지, 어떠한 기술 및 과정 등을 통해 핵심 문제를 해결할 수 있는지를 파악한다.

경쟁 유형 파악

진입하려는 시장의 잠재 경쟁사와 적정 서비스 제공 기업의 경쟁 유형을 파악하고 경쟁 유형을 기입한다.

- 유형 1. 직접 경쟁Direct Competitors: 같은 고객을 대상으로 같은 제품/서비스를 통해 같은 문제를 해결하는 유형이다.
- 유형 2. 다른 문제Different Problem: 같은 고객을 대상으로 같은 제품/서비스를 통해 다른 문제를 해결하는 유형이다.
- 유형 3. 다른 고객Different Customer(Industry/Vertical): 다른 고객을 대상으로 같은 제품/서비스를 통해 같은 문제를 해결하는 유형이다.
- 유형 4. 다른 제품/서비스군Different Product/Service Category: 같은 고객을 대상으로 다른 제품/서비스를 통해 같은 문제를 해결하는 유형이다.

STEP 2 경쟁사 리스팅

잠재 경쟁사와 적정 서비스 제공 기업을 분석하고 역량을 파악하여 작성한다. 수행기업과 유사한 제품 및 서비스를 제공하는 경쟁사의 주력 제품 및 서비스를 파악한다.

- 전자공시시스템http://dart.fss.or.kr/을 통해 기업의 서비스 모델과 유사한 사업을 진행 중인 경쟁사를 파악하여 경쟁사 리스트를 작성한다.
- 뉴스, 문헌, 정보원 등을 활용하여 경쟁사의 사업 분야 및 영역을 작성한다.
- 뉴스, 문헌, 정보원 등을 활용하여 경쟁사가 현재 운영하고 있는 사업의 주력 제품 또는 서비스를 작성한다.
- 경쟁사를 앞서 정의한 경쟁 유형에 따라 4집단으로 분류한다.

STEP 3 경쟁 배틀카드 작성

직접 경쟁 집단 위주로 경쟁 배틀카드를 작성한다. 아래의 내용이 포함되도록 한다.

- 경쟁사가 현재 운영하고 있는 사업의 제품 및 서비스에 대해 작성한다.
- 경쟁사가 제품 및 서비스를 제공할 타겟 고객에 대해 작성한다.
- 수행기업 및 타 경쟁사와 대비하여 갖추고 있는 특징을 작성한다.
- 경쟁사가 우수하게 갖추고 있는 내부 자원 및 역량 등에 대해 작성한다.
- 경쟁사가 갖추고 있지 못한 내부 자원 및 역량 등에 대해 작성한다.
- 경쟁사 분석을 통해 수행기업이 갖추어야 할 점/향후 수행기업의 방향성에 대해서 작성한다.

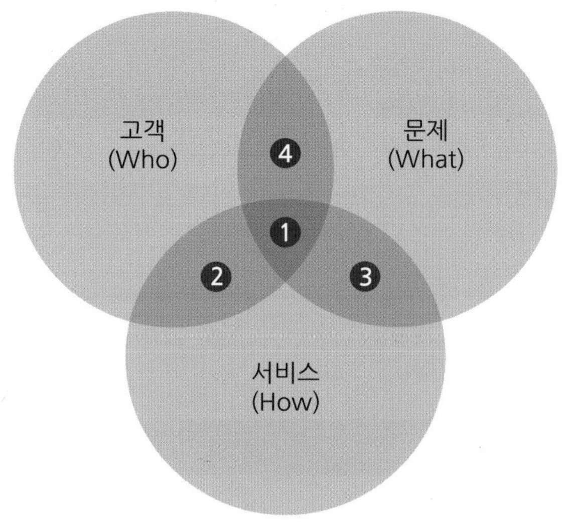

❶ **직접 경쟁**
같은 고객과 문제, 그리고 같은 제품군

❷ **다른 문제**
같은 고객에게 같은 솔루션으로 다른 문제를 해결

❸ **다른 고객(산업/일부)**
다른 고객에게 같은 솔루션으로 같은 문제를 해결

❹ **다른 제품군**
같은 고객에게 같은 문제를 다른 제품군을 활용하여 해결

	경쟁 유형	경쟁사 리스트업	사업 분야/영역	주력 제품/서비스
경쟁사		경쟁사 1		
		경쟁사 2		
		경쟁사 3		
		경쟁사 4		

핵심 경쟁사	

<table>
<tr><th colspan="3">경쟁 배틀카드: 경쟁사1</th></tr>
<tr><th>제품/서비스</th><th>타깃 영역</th><th>경쟁사 특징</th></tr>
<tr><td></td><td></td><td></td></tr>
<tr><th colspan="2">강점</th><th>약점</th></tr>
<tr><td colspan="2"></td><td></td></tr>
<tr><th colspan="3">경쟁사 분석을 통해 수행 기업이 갖추어야 할 점 / 향후 수행기업의 방향성</th></tr>
<tr><td colspan="3"></td></tr>
</table>

Phase 2 융합 생태계 정의 〉 Activity 05 이해관계자 도출

Task 15 수요자 도출 Derive Customers

개념

수요자 도출은 고객을 도출하는 단계이다. 기존 서비스를 이용한 수요자를 분석한 바를 도대로 수요자 유형을 리스트에 작성한다. 서비스를 제공하는 데 있어 수요자, 즉 고객에 대한 이해는 필수적이다. 특히 해당 단계에서는 고객여정지도를 활용하여 단순한 고객 조사가 아닌 고객이 서비스를 경험하는 차원에서 고객을 깊이 있게 이해한다. 고객이 서비스을 접하게 되는 과정과 이에 대한 고객의 행동 및 감정과 Touch Point 및 불편함**PainPoint**을 분석하여 고객 경험을 광범위에서 세밀하게 분석한다.

기대효과

추후 융합 생태계 구성 후 서비스를 제공할 대상을 사전에 파악하는 데에 의의가 있다. 수요자 유형 및 특징을 분석하여 서비스에 필요한 요소와 고객의 니즈를 파악할 수 있다.

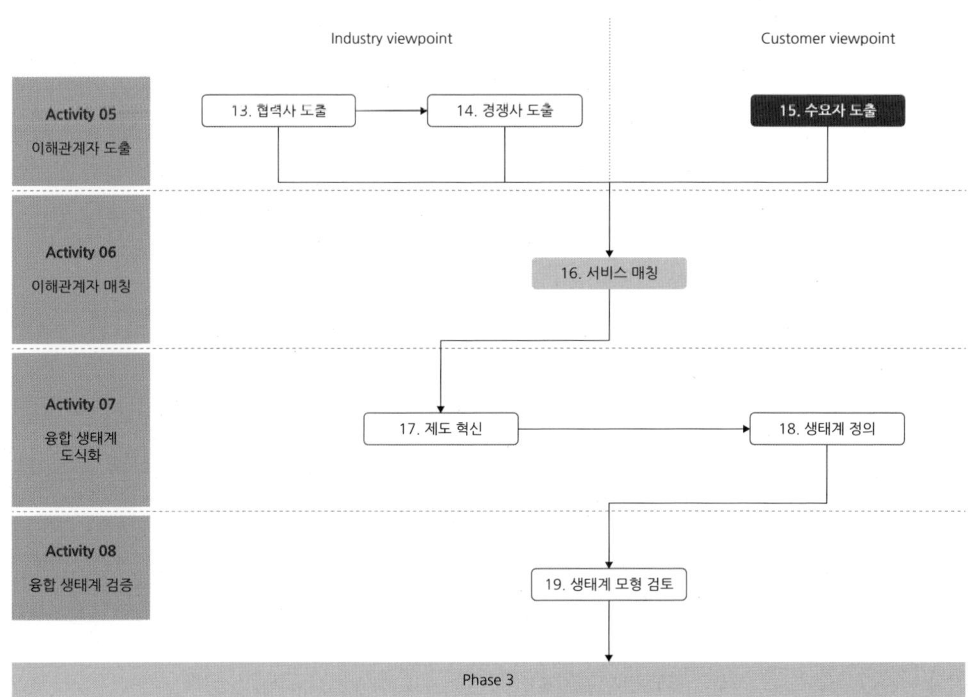

STEP 1
수요자 리스팅

수요자 유형

경쟁사 도출에서 나온 그들의 타겟 고객층을 리스트화한다.

- 경쟁사 도출에서 타겟층의 고객 유형을 작성한다.
- 작성한 유형별 고객의 특징을 작성한다.

STEP 2
수요자 도출

고객여정지도를 활용하여 서비스를 이용하는 수요자 유형에 따라 고객의 경험을 시간의 흐름에 맞춰 기술한다.

- Step: 경험/제품/서비스의 평가 기준과 일련의 경험에 대한 과정 및 단계를 시간 순서대로 작성한다.
- Action: 각 경험 단계에 있어 고객의 행동을 작성한다.
- Touch Point: 제품 · 서비스와 고객의 상호작용이 일어나는 부분을 작성한다.
- Emotion: 수요자가 각 Action에서 느꼈던 감정을 표현해본다. 긍정적인 감정과 부정적인 감정으로 나누어 작성한다. 긍정적인 감정이 일어나는 부분은 서비스로서의 활용 가능성이 크며, 부정적인 감정이 일어나는 부분은 서비스 장벽이 일어난다.
- PainPoint: 제품 · 서비스 이용 과정 시 느꼈던 불만족 사항을 작성한다.

수요자 유형	개념	경쟁사 고객

Step	-	-	-
Action	01 -	02 -	03 -
	04 -	05 -	06 -
	07 -	08 -	09 -
	10 -	11 -	12 -
	13 -	14 -	15 -
Touch Point	-	-	-
	-	-	-

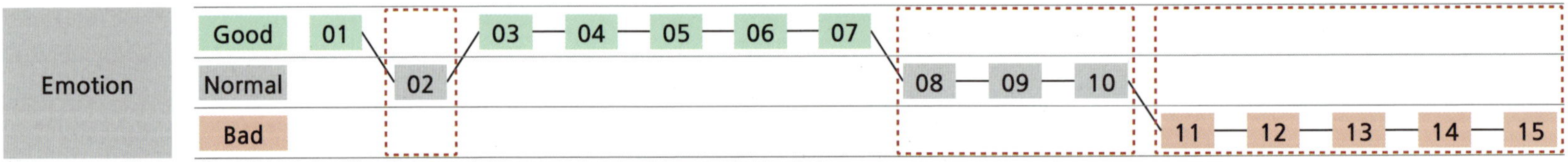

Emotion															
Good	01		03	04	05	06	07								
Normal		02						08	09	10					
Bad											11	12	13	14	15

PainPoint	00	PainPoint	00	PainPoint	00
-		-		-	
-		-		-	

Phase 2 융합 생태계 정의 〉 Activity 06 이해관계자 매칭

Task 16 서비스 매칭 Service Matching

개념

앞선 단계에서는 산업 관점에서의 협력사 및 경쟁사 도출과 고객 관점에서의 수요자 도출을 실시하여 이해관계자 도출을 진행하였다. 이제 이해관계자 분석 과정에서 도출된 서비스 모델 운영 관련 협력사와 수요자를 정리하고, 서비스 모델과의 연계성 및 역할을 검토하는 단계이다. 서비스 매칭에서는 적정 서비스를 운영할 이해관계자와 고객을 매칭하는 일이다. 다수의 협력사 및 수요자와의 관계를 간단하면서도 명료하게 도식화하는 것이 좋다.

기대효과

서비스 모델과 연관된 이해관계자를 한 눈에 파악할 수 있다.

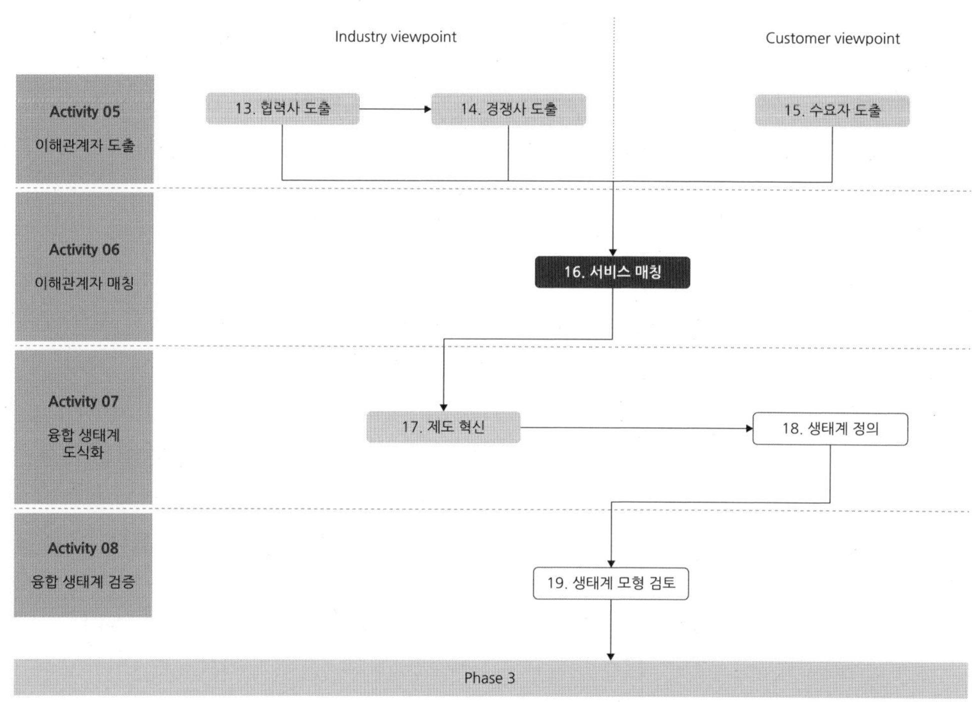

STEP 1 매칭 개요 작성

세부 서비스 작성

Phase 1의 'Task 09. 프로토타입'을 기준으로 하위 세부 서비스를 나열한다.

필요 자원에 따른 협력사 작성

세부 서비스를 운영하기 위해 필요한 핵심 자원을 나열한다. 핵심자원을 수행기업이 보유하고 있지 않을 경우 협력해야 할 대상을 작성한다. 단, 'Task 13. 협력사 도출'에서 타당성이 확보된 핵심 협력사 위주로 작성한다. 예상되는 협력사와의 협력 유형을 작성한다.

세부 서비스별 수요자 작성

세부 서비스의 타켓 고객군을 작성한다. 경쟁자와 대비하여 고객에게 제공할 수 있는 핵심 가치를 작성한다.

STEP 2 개념도 작성

이해관계자 개념도 작성

협력사 및 수요자 도출을 통해 파악한 이해관계자에 대한 개념도를 작성한다. 협력사, 수행기업, 수요자 유형별로 표현방식을 선택하여 가치사슬 흐름으로 배치한다. 간격을 넓게 배치하고 협력사, 수행기업, 수요자를 기재한다.

링크 작성

협력사, 수행기업, 수요자 간의 방향성을 화살표를 활용하여 도식화한다.

- 협력사: 협력사와 수행기업이 상호 간 어떠한 협력 관계를 맺고 있는지 쌍방향 화살표에 기재한다. 협력사가 보유하고 있는 수행기업의 필요 자원은 일방향 화살표에 기재한다.
- 수요자: 수행기업이 인지하고 있는 수요자 집단의 핵심가치를 쌍방향 화살표에 기재한다. 수행기업으로부터 수요자가 받을 세부 서비스명은 일방향 화살표에 기재한다.

서비스 매칭 개념도 검토

팀원과 문서 공유를 위한 내부 회의를 진행하고, 수정사항에 따른 업데이트 실시한 후 개념도를 확정한다.

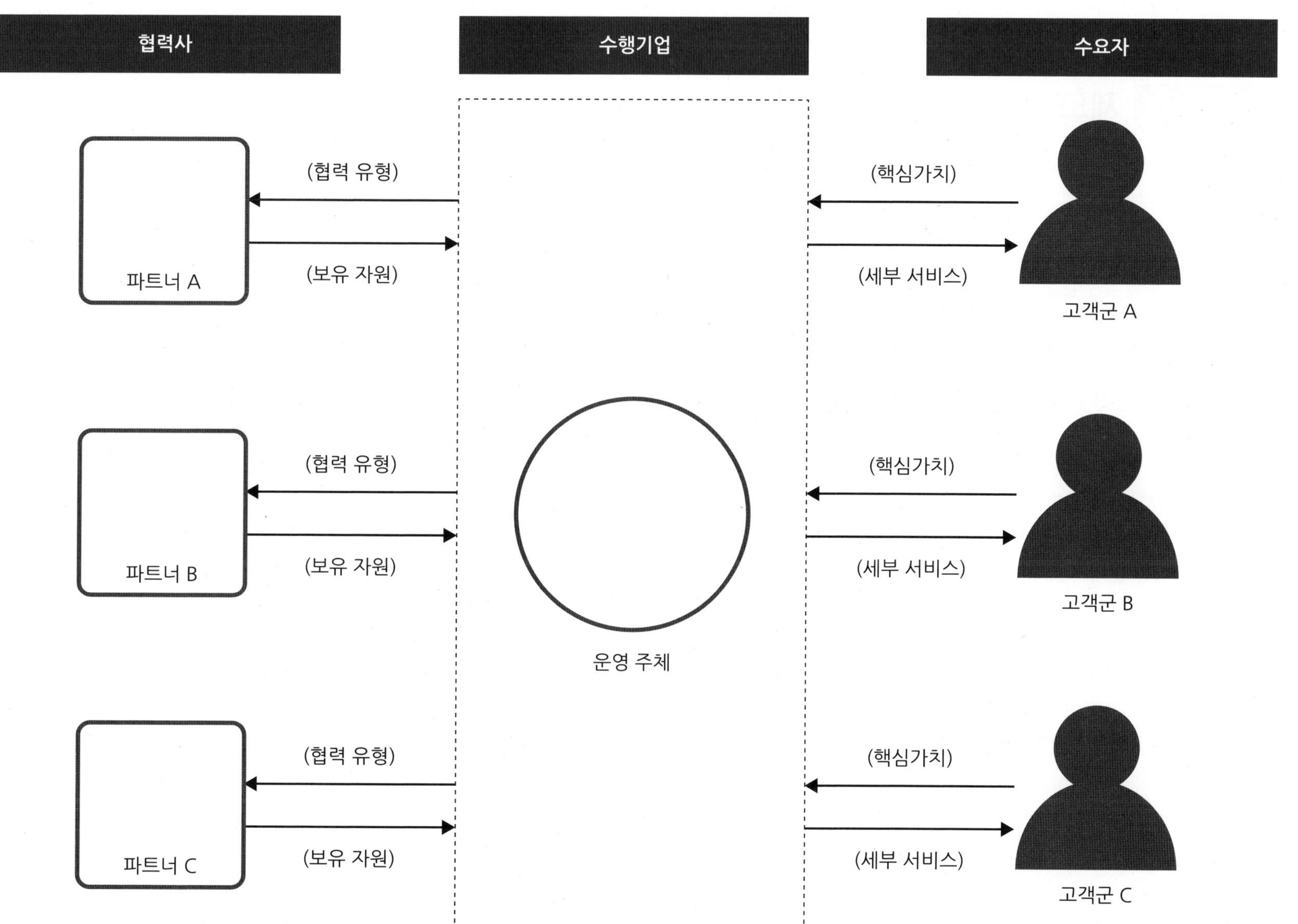
협력사
수행기업
수요자
(협력 유형)
(보유 자원)
파트너 A
(핵심가치)
(세부 서비스)
고객군 A
(협력 유형)
(보유 자원)
파트너 B
(핵심가치)
(세부 서비스)
고객군 B
운영 주체
(협력 유형)
(보유 자원)
파트너 C
(핵심가치)
(세부 서비스)
고객군 C

Phase 2 융합 생태계 정의 〉 Activity 07 융합 생태계 도식화

Task 17 제도 혁신 System Innovation

개념

기존의 규제 체계가 신기술과 신산업의 변화 속도에 미치지 못할 경우 앞선 과정을 통해 도출한 서비스의 규제 저촉 문제가 발생할 수 있다. 이러한 문제의 해결을 위해 관련 산업 이해관계자들로 구성된 협의체를 결성하여 소관 부처를 대상으로 규제 개선안을 제시함으로써 규제를 완화·개선·혁신한다.

진행하고자 하는 사업이 규제에 저촉됨에도 불구하고 이 과정에서 문제가 해결되지 않을 경우, 이후 단계를 진행하는 것은 의미가 없을 수 있다. 앞서 도출한 서비스를 사업화하고자 한다면 문제의 해결을 위해 적극적으로 대응해야 한다.

기대효과

제도 혁신을 통해 기존 규제 체계 내에서 수행이 불가능했던 새로운 서비스를 제공 기반을 마련할 수 있다.

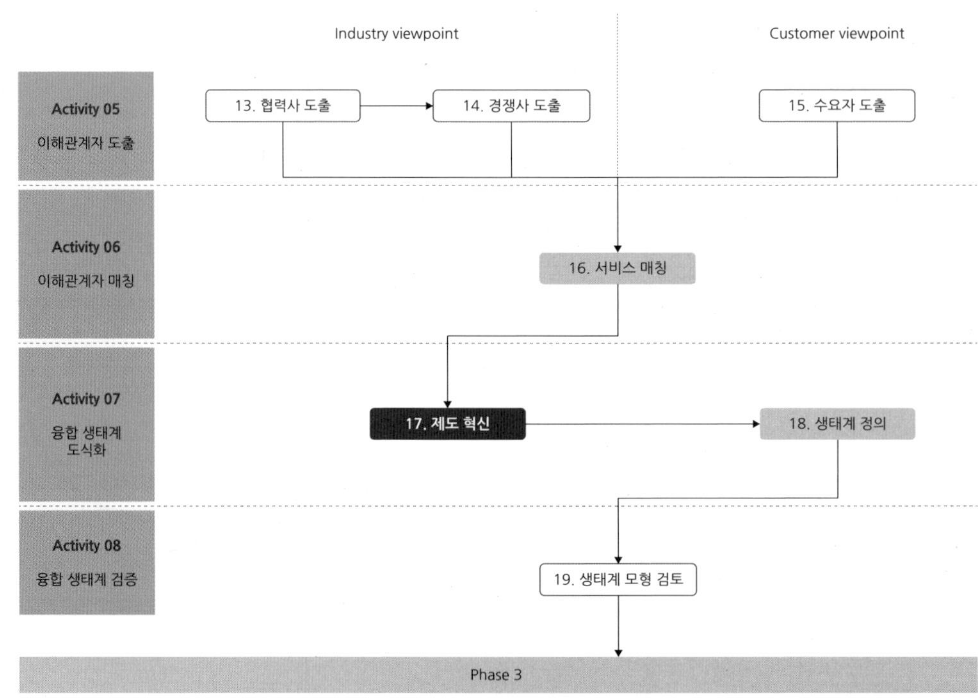

STEP 1 목표 설정

목표 설정

구성하고자 하는 협의체의 목표와 구성, 역할 및 당면 과제 등을 정의한다.

- 협의체가 달성하고자 하는 단기 목표와 장기 목표를 설정한다. 문제를 해결함으로써 궁극적으로 달성하고자 하는 목표를 명확하게 정의한다.
- 협의체의 구성 계획을 수립한다. 어떤 분야의 어떤 업무를 하는 이들을 구성원으로 모집할 것인지 명시한다.
- 협의체가 산업에서 어떠한 역할을 수행할 것인지 정의한다. 이는 목표 달성 이후, 협의체가 존속해야 하는 존재 이유가 된다.
- 당면 과제를 설정한다. 협의체가 당장 해결해야 할 문제, 대체적으로 현재 문제가 되는 규제를 개선하거나 혁신하는 것이 된다.

구성원 모집

공문 발송 또는 이메일 발송 등을 통해 협의체를 구성할 업체 또는 기관의 동의를 얻고, 협의체에 참여할 구성원을 모집한다.

STEP 2 협의사항 도출

협의체가 논의할 안건에 대해 리스팅을 실시한다. 이 과정은 앞서 설정한 당면 과제를 질문화하는 것으로 협의 안건을 도출한다.

STEP 3 의견수렴

협의사항 제시를 통해 협의체 구성원들을 대상으로 의견 수렴을 실시한다. 의견 수렴의 경우, 대면 회의를 통한 대면 의견 수렴과 서면 질문지 송부를 통한 서면 의견 수렴이 가능하다. 이 과정에서 추가적인 협의사항을 수집할 수도 있다.

STEP 4 개선안 도출

협의사항에 대한 협의체 구성원들의 의견을 바탕으로 개선안을 도출한다.

- 기 도출 협의사항 및 추가 제기된 협의사항에 대해 주요 문제점 및 개선안을 논의한다.
- 논의된 의견 중 공통적으로 제시되는 내용들에 대해 의견을 취합한다.
- 합의된 개선안이 도출될 때까지 개선안 도출 과정을 반복한다.

STEP 5 소관부처 제출

소관부처의 제도 및 규제 관리 담당 부서에 개선 의견서를 제출한다. 이후 과정은 부처 담당자와의 커뮤니케이션을 통해 사업 특성에 맞게 진행한다. 실제 문서를 소관부처에 제출할 때에는 이 책의 양식보다 더 구체적으로 작성할 필요가 있다.

제도 혁신 건의서

구분	내용
요약	
개요	
배경 및 현황	
필요성	
개선안	
기대 효과	

Phase 2 융합 생태계 정의 〉 Activity 07 융합 생태계 도식화

Task 18 생태계 정의 Defining Ecosystem

개념

융합 생태계를 정의하는 것은 혁신 서비스를 구축하는 데에 있어 필수적인 요소이다. 서비스의 프로세스를 도식화하는 방법 중 하나로 서비스 가치 네트워크**service value network**가 있다. 서비스 가치 네트워크는 이해관계자 간 쌍방향적 상호작용에 초점을 맞춘다는 점에서 기존 단방향적 특성을 갖는 가치사슬에 비해 최근 더 복잡해진 산업 생태계를 더 현실적으로 도식화할 수 있다. 생태계 정의 단계에서는 현재 산업 생태계**As-Is**와 미래 산업 생태**To-Be**를 함께 도식화한다.

기대효과

기존 산업 생태계와 융합 생태계 구축 이후를 비교하면서 융합 생태계에 대한 이해 수준을 제고하고, 이해관계자 간의 상호작용을 개관할 수 있다.

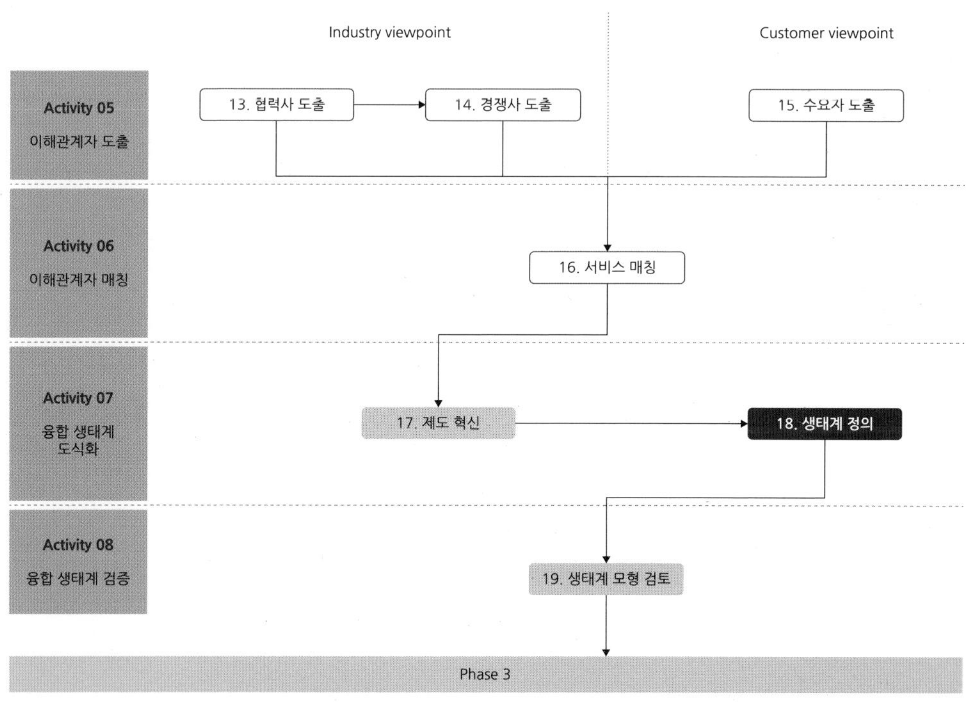

STEP 1
사전 준비

서비스 가치 네트워크의 개념과 구성요소에 대해 이해한다.

구분		내용
소비자		• 서비스 제공자와 여러 지원자로부터 생산된 서비스가 소비자 단계에서 가치로 발현되고 소비됨 • 서비스 제공자의 이익은 소비자가 만족할 때만 발생하며, 소비자는 자신의 기준을 충족하기 위해 능동적으로 행동함
서비스 제공자		• 소비자와 직접적으로 접촉하여 서비스를 제공함 • 가치 네트워크상에서 반드시 하나 이상의 주체로 존재함 • 지원자들과의 상호작용으로 서비스를 생산하고, 소비자와 상호작용하여 서비스 가치네트워크에서의 관계를 형성하는 주체임
지원자	제1결합	• 서비스 제공자에게 직접 상품과 서비스를 제공함 (프로듀서, 제조업자, 또 다른 서비스 공급자)
	제2결합	• 제1결합 지원자에게 서비스와 제품을 제공함 (소재 공급업체, 부품업체 등)
	보조	• 특정 산업에 국한되지 않고 전체 사회에 총체적으로 기반이 되는 기능을 의미함 (정부기관, 금융기관, 인프라 제공업체 등)
상황적 영향		• 비즈니스 생태계에 강력한 영향을 미칠 수 있는 사회·문화·경제·정치적 상황을 의미함

STEP 2
As-Is 도식화

먼저 현재 산업 생태계As-Is를 도식화한다.

- 지원자를 정의한다. 지원자의 경우, 기존 가치사슬 관점에서 분류할 수 있으며, 제2결합에서 제1결합으로, 제1결합에서 서비스 제공자로 가치가 이동한다는 점을 유념하여 정의한다. 또한, 보조 지원자는 특정 산업에 국한되지 않고 생태계 전반에 영향을 미치는 주체이므로, 이 점을 고려하여 융합 산업 생태계를 지원하는 보조 지원자가 누구인지 명확하게 정의한다.
- 소비자를 정의한다. 현재 산업의 고객군과 그들의 역할 또는 니즈를 정의한다.
- 서비스 제공자를 정의한다. 현재 산업의 생태계에서 핵심적인 서비스를 제공하는 서비스 제공자와 각각의 역할을 정의한다.
- PEST 분석 결과에 기반하여 어떠한 상황적 요인이 현 산업 생태계에 영향을 미치는지 키워드 형태로 작성한다. 이 때, 단순히 As-Is뿐만 아니라 To-Be 생태계로 진화하도록 유도되는 이슈를 포함하여 작성한다.
- 생태계를 도식화한다. 제시되는 템플릿에 앞서 정의한 지원자와 소비자, 서비스 제공자를 배치한다. 이후, 이해관계자 간에 주고 받는 상호작용 관계를 직접(실선) 또는 간접(점선)으로 표시한다. 이들 전반에 영향을 미치는 상황적 요인은 키워드 형태로 표현한다.

STEP 3
To-Be 도식화

융합 생태계 구축을 통해 구현될 수 있는 미래 산업 생태계To-Be를 도식화한다. 이 프로세스는 앞선 STEP 2와 동일하게 수행되지만, 새로운 생태계 도식화 과정에서 이해관계자들은 얼마든지 수정 또는 추가/삭제될 수 있다. 다만, 수정된 사항은 하단의 As-Is 대비 수정사항에 작성하여 제3자가 변경점을 파악하기 용이하도록 제시한다.

As-Is 생태계 정의			
구분		이해관계자	내용
지원자	제1 결합 (Tier1)		
	제2 결합 (Tier2)		
	보조 (Auxiliary)		
	서비스 (Service)		
소비자 (Customer)			
서비스 제공자 (Service provider)			
상황적 영향 (Contextual influences)			

<table>
<tr><th colspan="4">To-Be 생태계 정의</th></tr>
<tr><th colspan="2">구분</th><th>이해관계자</th><th>내용</th></tr>
<tr><td rowspan="4">지원자</td><td>제1 결합
(Tier1)</td><td></td><td></td></tr>
<tr><td>제2 결합
(Tier2)</td><td></td><td></td></tr>
<tr><td>보조
(Auxiliary)</td><td></td><td></td></tr>
<tr><td>서비스
(Service)</td><td></td><td></td></tr>
<tr><td colspan="2">소비자
(Customer)</td><td></td><td></td></tr>
<tr><td colspan="2">서비스 제공자
(Service provider)</td><td></td><td></td></tr>
<tr><td colspan="2">상황적 영향
(Contextual influences)</td><td></td><td></td></tr>
<tr><td colspan="2">As-Is 대비 수정사항</td><td></td><td></td></tr>
</table>

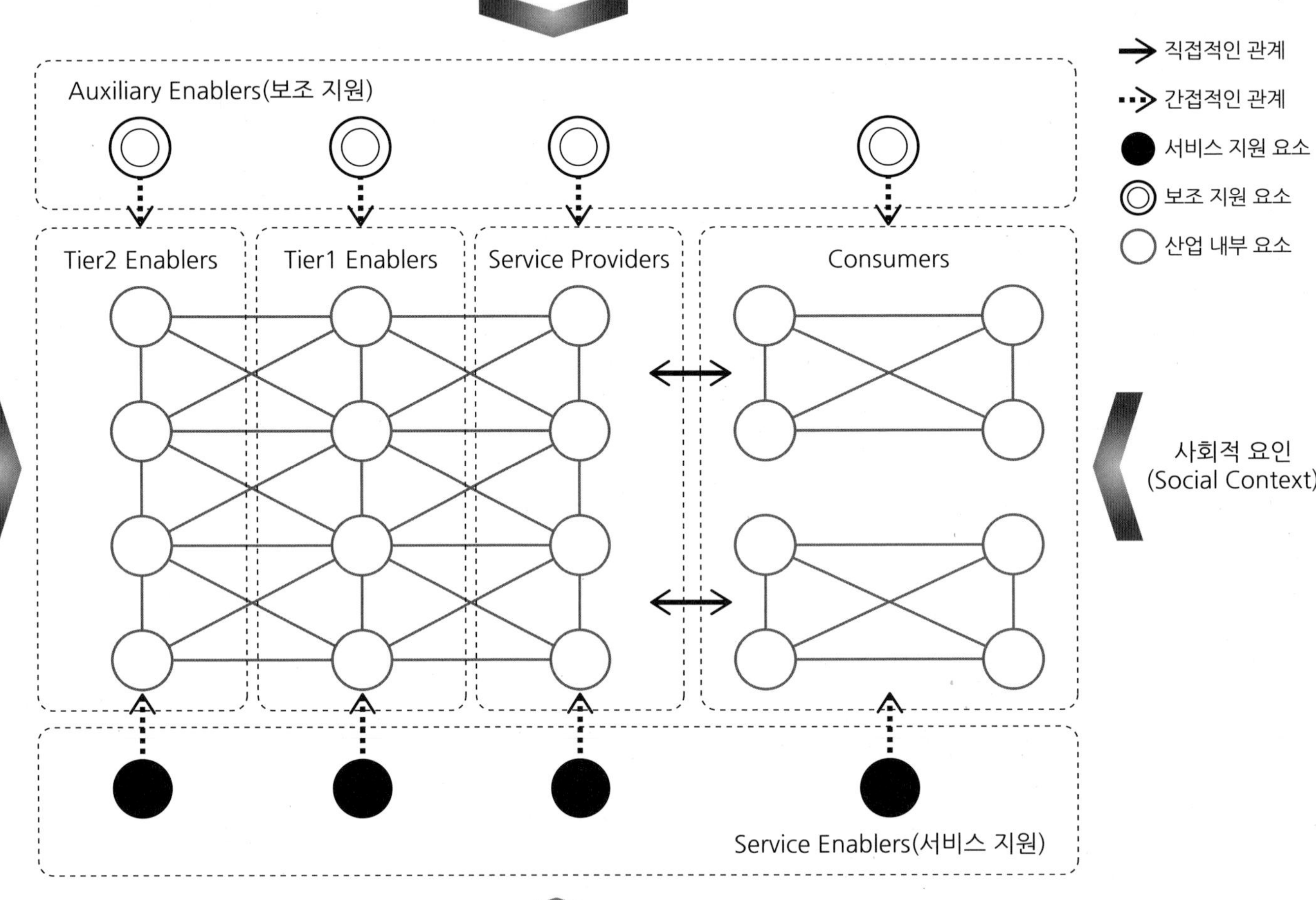
정치적 요인
(Political Context)
직접적인 관계
간접적인 관계
서비스 지원 요소
보조 지원 요소
산업 내부 요소
Auxiliary Enablers(보조 지원)
Tier2 Enablers
Tier1 Enablers
Service Providers
Consumers
경제적 요인
(Economic Context)
사회적 요인
(Social Context)
Service Enablers(서비스 지원)
기술적 요인
(Technology Context)

Phase 2 융합 생태계 정의 〉 Activity 08 융합 생태계 검증

Task 19 생태계 모형 검토 Ecosystem Feedback

개념

생태계 모형 검토는 융합 생태계가 현실적으로 협력 가능한 업체 또는 기관을 선정하였는지에 관한 현실성, 그리고 융합 생태계를 구성하기 위한 개별 주체들의 가치 네트워크상에서 적절하게 설계되었는지에 관한 타당성을 검증한다. 이를 위해 융합 산업에 포함되는 산업들의 산·학·연 전문가들을 대상으로 융합 생태계의 구성이 적절하게 이루어졌는지 설문을 통해 의견을 수렴한다. 적절한 생태계 모형 검토를 위해서는 설문 대상자의 구성이 중요하며, 산업 분야별 구성비 또한 중요 요소로 작용한다.

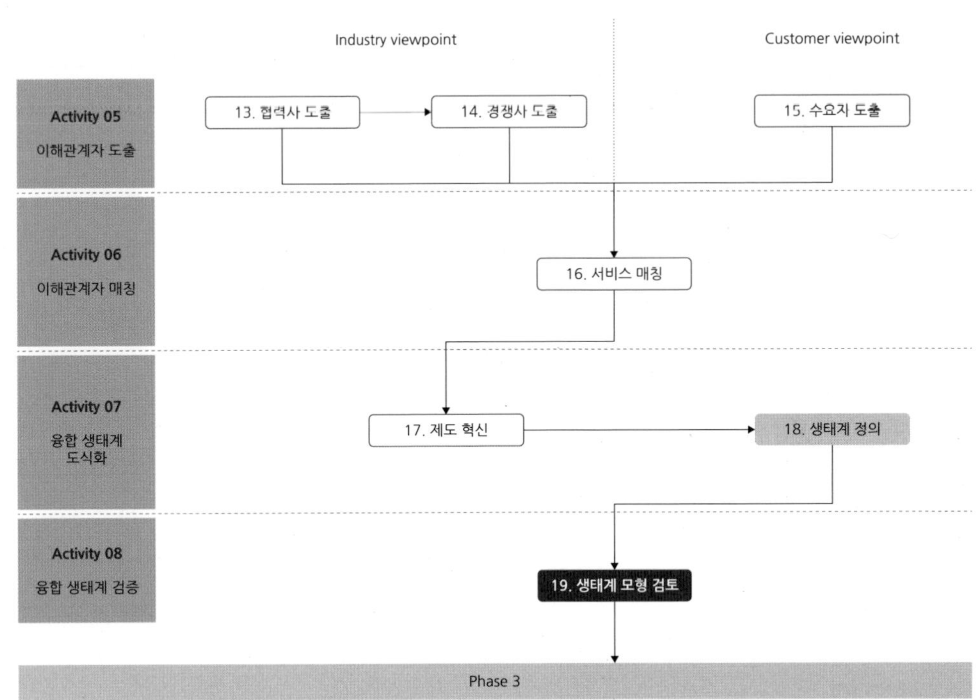

기대효과

도출된 융합 생태계에 대한 객관적인 타당성을 검증받음으로써 중요 요소의 누락 여부를 검토하고, 추후 파트너십을 구축하는 데에 있어서 그들을 설득하는 자료로써 활용이 가능하다.

STEP 1
주요활동 정의

기 도출한 As-Is 생태계와 To-Be 생태계 상에서 실선과 점선이 의미하는 구체적 활동을 정의한다. 이러한 정의는 앞선 단계에서 작성한 내용으로 대체할 수 있다.

STEP 2
작성

타당성 검증 템플릿에 'Task 18. 생태계 정의'에서 작성한 As-Is와 To-Be 모델을 삽입하고 각 모델에 대한 설명을 작성한다.

STEP 3
전문가 검증

관련 산업 전문가 및 비즈니스 모델/컨설팅 전문가를 대상으로 융합 생태계의 현실성과 타당성을 검증하고, 누락된 요소 또는 수정해야 할 요소가 있다면 전문가 피드백을 바탕으로 생태계 모델을 수정한다.

	As-Is	To-Be
생태계 모델		
가치사슬의 현실성		

전문가	피드백
○○○ 연구원 (○○○ 분야)	

Phase3
비즈니스모델 전략

Phase 3 비즈니스모델 전략 〉 Activity 09 차별화 전략 구축

Task 20 혁신 전략 설계 Innovation Strategy

개념

새로운 패러다임의 서비스에는 그에 부합하는 혁신적 비즈니스 모델이 수반되어야 한다. 따라서 어떻게 체계적으로 비즈니스 혁신을 꾀할 수 있을지에 관한 고민이 필요하다. 이 단계에서는 어떻게 비즈니스 혁신을 효과적으로 수행할 수 있는지에 관한 가이드를 제공하며, 구체적으로 기존 산업 비즈니스 모델의 10가지 요소 중 어떤 요소를 혁신할 것인지 의사결정을 함으로써 비즈니스 혁신을 체계적으로 접근한다.

기대효과

비즈니스 혁신을 접근하는 관점을 제시하고 다양한 혁신 요소의 조합을 통해 혁신 전략을 수립할 수 있다.

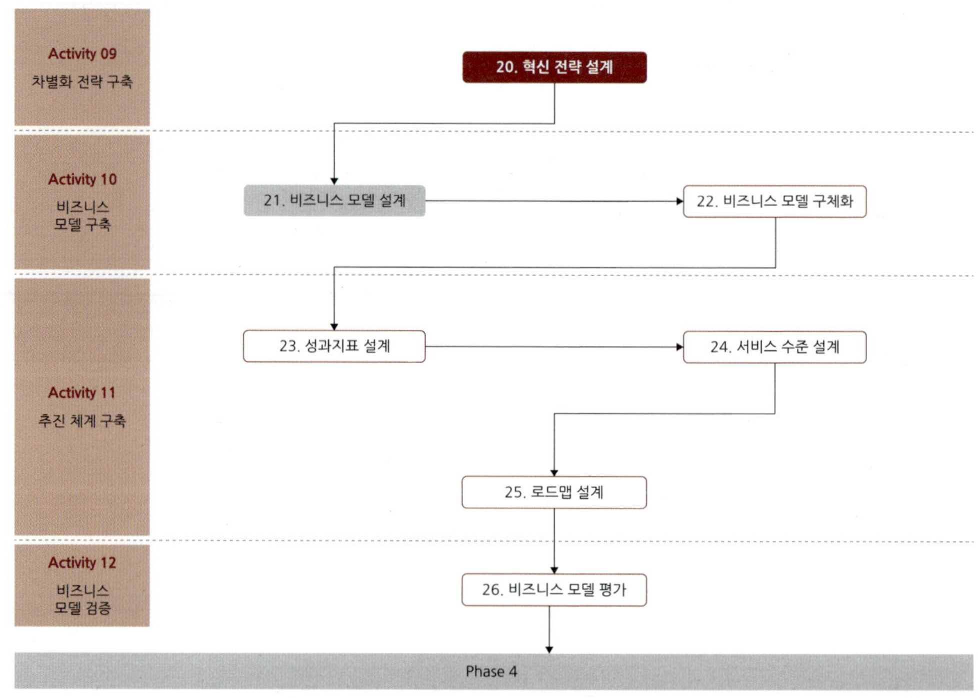

STEP 1
혁신 유형 파악

각 혁신 요소 및 전제조건 질문을 이해하고 해당 요소의 혁신 전략 유형을 파악한다.

수익모델Profit Model

기업이 제공하는 제품과 서비스, 그 외 자원을 현금으로 전환할 수 있도록 새로운 방법을 모색한다.

- 경쟁사나 산업 표준과는 다른 방법으로 돈을 벌 수 있는가?
- 제품이나 서비스를 이용하는 사람과 구매하는 사람 간의 차이가 있는가? 서로 다른 고객층으로부터 다양한 매출원을 확보하고 있는가?
- 수익이 경쟁사보다 훨씬 높거나 낮은가? 아니면 변동비 또는 고정비에 상당한 차이가 있는가?
- 비즈니스를 통해 빠르게 현금을 창출하는가? 운전자본이 너무 적거나 혹은 마이너스인가?
- 위의 질문에 답할 수 있는 수익모델 혁신 전술을 고민한다.
    - 고급화**Premium**, 비용 우위, 대량 판매, 소액결제(예: 다이소), 제한 공급(예: 허니버터칩), 구독형 판매, 코어 제공(예: 면도기/면도날), 플랫폼, 경매, 사용자 정의, 프리미엄**Freemium**, 유동 가격, 보험**Float**, 광고 제공(예: 유튜브), 라이센싱, 사용량 결제(예: 쏘카), 번들링**Bundling**, 가격 세분화, 위험 분담**Risk Sharing**

네트워크Network

타사의 프로세스, 기술, 제품과 서비스, 채널과 브랜드 등 거의 모든 비즈니스 구성요소로부터 자사에 도움이 될 만한 자원을 발굴해 활용한다.

- 일반적으로 비즈니스로부터 획기적인 변화를 이끌 수 있는 제품과 서비스를 개발하기 위해 다른 기업이나 뛰어난 조력자와 함께 일하고 있는가?
- 독특한 협력관계를 형성해왔는가? 예를 들어, 현재 비즈니스와 관련이 없어 보이는 기업, 혹은 경쟁사와 협력관계를 구축했는가?
- 유통, 프로세스, 브랜드 혹은 고유 자산을 다른 기업에게 빌려줄 수 있고, 동시에 그들의 제품과 서비스를 이용할 수 있는가?
- 개발, 테스트, 또는 신제품 시장을 위해 공급업체나 고객과 협력하고 있는가?

STEP 1
혁신 유형 파악

- 위의 질문에 답할 수 있는 네트워크 혁신 전술을 고민한다.
  - 네트워크 혁신 전술: 인수합병, 통합, 개방적 혁신, 유통 시장(예: 아사히 에비오스), 공급망 통합, 보완 파트너십, 제휴, 프랜차이즈, 공동 목표 달성, 협업Collaboration

구조Structure

유형자산, 무형자산, 인적자원에 이르는 자산을 독특한 방법으로 조직하여 가치를 창출한다.

- 독특하고 특이한 구조를 가지고 있는가?
- 마케팅이나 재료공학과 같은 특정 분야에서 우수한 인재를 유치한 회사로 알려져 있는가?
- 특별한 표준화나 기계 또는 장비의 다양성 부분에서 경쟁사와는 다른 방식으로 유형 자산을 사용하는가?
- 위의 질문에 답할 수 있는 구조 혁신 전술을 고민한다.
  - 구조 혁신 전술: 조직 설계, 인센티브 체계, IT 통합, 역량 센터Competency Center, 아웃소싱, 직무 교육Corporate University, 분산 관리, 지식 경영, 자산 표준화

프로세스Process

회사의 주력 제품 생산과 관련된 운영과 활동 등을 차별화되고 우수한 방법을 통해 혁신한다.

- 제품, 서비스, 플랫폼을 생산하거나 유통하는 데 있어서 자사만의 특별한 기술이 있는가?
- 특정 기술, 방법, 프로세스에 관한 특허를 보유하고 있는가?
- 다른 회사나 다른 산업의 표준과 비교했을 때, 변동비나 운전자본이 현저히 낮은가?
- 위의 질문에 답할 수 있는 프로세스 혁신 전술을 고민한다.
  - 프로세스 혁신 전술: 프로세스 표준화, 지역화, 프로세스 효율화, 유연한 제조, 프로세스 자동화, 크라우드소싱, 주문 생산, 린 생산, 물류 시스템, 지적 재산IP, 사용자 생성, 예측 분석

제품 성능Product Performance

완전히 새로운 제품을 개발하거나 기업이 기존에 제공하는 제품의 가치, 기능, 품질 등을 혁신한다.

- 시장을 지배하거나 상당한 프리미엄을 벌어들이는 제품을 생산하는가?
- 경쟁사의 제품보다 제품이 눈에 띄게 단순하고 사용하기 쉬운가?
- 고객의 마음을 사로잡는 독특한 특징과 기능을 가지고 있는가?

STEP 1
혁신 유형 파악

- 제품이 특이한가? 또는 경쟁사가 모방할 수 없는 방법으로 틈새시장과 고객에게 어필하고 있는가?
- 위의 질문에 답할 수 있는 제품 성능 혁신 전술을 고민한다.
  - ▸ 제품 성능 혁신 전술: 우수한 제품, 사용 용이성, 경험적 기능, 안전성, 기능 집적, 추가 기능, 단순화, 친환경화, 보호, 고객화Customizastion, 대상 포커스, 스타일링

제품 시스템Product System

개별 제품이나 서비스를 연결하는 방법, 제품과 서비스를 묶어 비즈니스 범위를 넓힐 수 있는 방법을 고민한다.

- 특징은 다르지만 같이 사용해도 무방한 제품을 만들 수 있는가?
- 다른 기업들이 자사의 제품과 상호작용하는 제품을 개발하고 있는가? 혹은 타사의 제품이 제대로 작동하기 위해서는 자사의 제품이 반드시 필요한가?
- 패키지로 구매해도 되지만 따로 구매해도 상관없는 별개의 제품과 서비스가 있는가?
- 위의 질문에 답할 수 있는 제품 시스템 혁신 전술을 고민한다.
  - ▸ 제품 시스템 혁신 전술: 보완재 판매, 확장/플러그 인, 묶음 상품, 모듈 시스템, 플랫폼, 통합 제공

서비스Service

고객이 제품을 테스트하고, 사용하고, 즐기기에 용이하게끔 한다.

- 고객이 기업과의 상호작용에 대해 긍정적으로 생각하는가? 어떤 문제가 발생하여 기업이 사후관리를 하는 상황에도 해당 기업을 신뢰하고 있는가?
- 제품의 추가 기능을 강조하거나 서비스를 사용하기에 편리한 웹사이트, 헬프라인, 혹은 그 외 방법을 시행하고 있는가?
- 제품과 관련하여 흥미로운 보장이나 보증 혹은 다른 형태의 확신을 제공하는가?
- 고객이 커뮤니티를 통해 서비스에 대한 정보를 얻거나, 다른 사용자와 교류하거나 경험을 강화하는가?
- 위의 질문에 답할 수 있는 서비스 혁신 전술을 고민한다.
  - ▸ 서비스 혁신 전술: 체험, 보증, 로열티 프로그램, 부가가치, 컨시어지, 총 경험 관리Total Experience Management, 보조 서비스, 우월한 서비스, 개인 서비스, 유저 커뮤니티/지원 시스템, 리스/렌탈, 셀프 서비스

STEP 1
혁신 유형 파악

채널Channel

고객과 사용자에게 제품을 전달하는 모든 방법을 혁신한다.

- 해당 산업에서 새로운 방법으로 고객과 사용자에게 제품을 전달하는가?
- 상호보완적인 채널을 이용하는가? 예를 들어 제품을 소매점에 납품할 때, 직접 채널 혹은 가상 채널을 통해 제품을 전달하는가?
- 고객이 기업과의 긍정적인 상호작용에 대해 다른 사람들에게 이야기하는가?
- 파트너, 고객, 경쟁자를 포함한 다른 플레이어가 자사의 제품을 판매하거나 유통하는가?
- 위의 질문에 답할 수 있는 채널 혁신 전술을 고민한다.

브랜드Brand

고객과 사용자가 자사의 제품을 경쟁사의 제품이나 대체품보다 쉽게 인식하고, 기억하고, 선호할 수 있는 방법을 고민한다.

- 경쟁사와 구별되는 자사만의 특이하고 뚜렷한 정체성을 가지고 있는가?
- 자사의 고객이 스스로를 해당 브랜드 중심의 커뮤니티와 활동의 구성원으로 여기고 있는가?
- 공급업체, 고객, 경쟁사를 포함한 다른 비즈니스 파트너들이 자사의 브랜드를 활용하고 있는가?
- 다양한 비즈니스를 통해 브랜드를 확장했는가? 혹은 제품 간의 통합이나 연결을 활성화하기 위해 브랜드를 활용했는가?
- 위의 질문에 답할 수 있는 브랜드 혁신 전술을 고민한다.
  - ▸ 브랜드 혁신 전술: 공동 브랜딩, 브랜드 레버리지, 자체 개발 상품**Private Label**, 브랜드 확장, 핵심 요소 브랜딩(예: 비브람), 브랜드 오픈 이노베이션**Transparency**, 일관된 가치**Values Alignment**, 인증**Certification**

고객 참여Customer Engagement

고객의 마음속에 자리잡은 열망에 대해 이해하고, 이러한 통찰력을 이용해 어떻게 고객과 의미있는 관계를 맺을 것인지 고민한다.

- 고객이 모호하거나 어려운 것을 잘 사용하고 쉽게 익힐 수 있도록 만들었는가?
- 제품이 특별한 정체성, 사회적 위치, 혹은 제품에 대한 고객의 인식을 잘 나타내는가?
- 제품이 기업의 정체성과 역사를 담고 있는가?
- 고객이 제품이나 서비스를 자신 삶의 일부분으로 받아들이고 이에 대해 이야기하는가?

STEP 1
혁신 유형 파악

- 위의 질문에 답할 수 있는 고객 참여 혁신 전술을 고민한다.
  - ▸ 고객 참여 혁신 전술: 프로세스 자동화(예:어댑티브 크루즈 컨트롤), 경험 단순화, 추천**Curation**, 경험 구현**Experience Enabling**, 전문성 지원**Mastery**, 자율성 및 권한 부여, 커뮤니티 및 소속, 개인화, 인격화**Whimsy and Personality**, 스테이터스 심볼**Status and Recognition**(예: 명품 로고)

STEP 2
방향 설정

유의사항 이해하기

혁신 전략 수립 전 다음의 두 가지 사항을 유념한다.

- 비즈니스 전체를 혁신하려고 하지 마라.
- 성공적인 혁신을 원한다면 적당한 수준의 혁신을 수행하라.

질문하기

비즈니스 모델, 플랫폼, 고객경험 등 3가지 중심축 중 하나를 중심으로 혁신 전환을 수행해야 하며, 다음 질문을 통해 그 중심축을 선정할 수 있다.

- 현재 해당하는 산업에서 혁신 활동의 원동력은 무엇인가?
- 현재 가장 중요한 혁신 유형은 무엇인가?

중심축 선택하기

질문에 대한 답으로 다음 셋 중 하나의 중심축을 선택한다.

- 비즈니스 모델의 전환: 비즈니스 모델의 혁신은 차별화된 방식으로 돈을 벌고, 고객을 대하기 위해 자산, 역량, 그리고 가치사슬의 다른 요소를 형성하는 것에 우선 집중한다.
- 플랫폼의 전환: 플랫폼 기반의 혁신은 새로운 가치를 만들기 위해 재투자, 재결합, 혹은 제품과 기업의 역량을 넘나드는 새로운 연결을 시도한다.
- 고객 경험의 전환: 제품과 고객 간의 상호작용에 영향을 미치는 독특한 방식으로 고객을 연결하고 섬기며 고객을 참여시킨다.

STEP 3
혁신 전술

혁신 전술 프레임워크 작성하기

기존 비즈니스 모델 전술 유형을 정의하고, 그로부터 혁신을 수행하는 방향에 대한 전술 유형을 정의함으로써 비즈니스 혁신을 수행한다.

- 기존 비즈니스 모델 정의: 기존 비즈니스 모델의 10가지 유형 중 혁신 전술 유형을 매칭하여 사업 모델을 정의한다.
- 혁신 중심축 선정: 새로운 비즈니스 모델에 적용할 혁신의 중심축(비즈니스 모델, 플랫폼, 고객경험)과 혁신 요소를 선정한다.
- 혁신 전술 및 전략 수립: 기존의 혁신 전술을 유지할 것인지, 추가할 것인지, 의사결정하고, 혁신 전략의 핵심 개념을 정의한다.

혁신 정의	

범례: 수정 / + 추가 / ↓유지 / 전술 유형

구성 Configuration				제품과 서비스 Offering		경험 Experience			
수익모델	네트워크	구조	프로세스	제품성능	제품시스템	서비스	채널	브랜드	고객참여

기존 제품과 서비스 영역

혁신 영역

Phase 3 비즈니스 모델 전략 〉 Activity 10 비즈니스 모델 구축

Task 21 비즈니스 모델 설계 Business Model Design

개념

비즈니스 모델 캔버스는 9개로 구성된 사업화 요소들을 한 데 모아 배치함으로써, 비즈니스 모델을 체계적으로 구축할 수 있도록 돕는 도구다. 시장 환경의 분석으로부터 얻은 인사이트를 바탕으로 고객군을 설정하고 그들에게 제안하는 가치를 명확하게 정의한다. 9개의 칸을 채우면서 수행자는 자신이 만든 비즈니스 모델을 구체화할 수 있다.

기대효과

신규 비즈니스 모델을 개발하고 기존 비즈니스 모델을 분석하거나 재구축할 수 있다. 또한, 수행 기업의 비즈니스 모델에 어떠한 요소가 수정·보완이 필요한지 파악하고, 자신의 고객의 고객을 획정함으로써 보다 명확한 가치제안을 할 수 있게 된다.

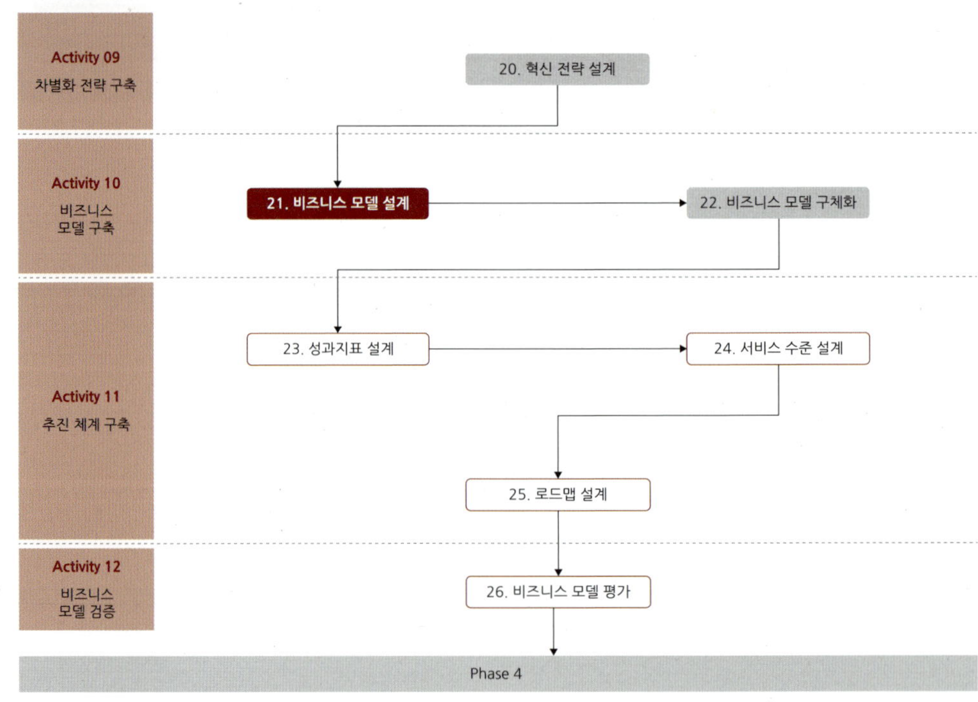

STEP 1
고객 세그먼트와 가치 제안

고객 세그먼트 작성

기준에 따라 고객 세그먼트는 하나에서 다수가 될 수 있으며, 매스마켓(대체로 비슷한 서비스를 요구하는 집단)과 니치마켓(특화/전문화된 서비스를 요구하는 집단)으로 구분할 수 있다. 이들을 분류할 때에는 니즈(특정 제품 및 서비스를 선호하는 고객), 접근 경로, 지불 의사, 수익성 등에 따라 분류하여 작성한다.

- 누구를 위해 가치를 창조해야 하는가? 누가 우리의 가장 중요한 고객인가?

가치 제안 작성

특정 고객 세그먼트가 필요로 하는 가치를 전달하기 위해, 해당 세그먼트의 니즈에 부응하는 요소를 정의한다. 예컨대 가치 제안은 가격, 속도, 디자인, 고객경험, 새로움, 리스크 절감, 편리성, 유용성, 접근성 등 다양한 측면에서 설계하는 비즈니스 모델이 타사와 차별되면서 동시에 소비자의 니즈를 충족시키는 요소를 중심으로 작성돼야 한다.

- 고객에게 어떤 가치를 전달할 것인가? 우리가 제공하는 가치가 고객이 처한 문제점을 해결해주는가? 고객의 니즈를 충족시켜주는가? 제각기 다른 고객 세그먼트에게 어떤 상품이나 서비스를 제공하고 있는가? 그 실체가 무엇인가?

STEP 2
채널과 고객관계

채널(경로) 작성

고객 경험의 향상 및 최대 수익을 창출할 수 있는 가치를 제안하기 위한 경로로써, 직접 채널(예: 직영매장)인지 간접 채널(예: 웹사이트, 애플리케이션)인지 채널 유형을 구분할 수 있다. 이는 어떠한 방법으로 고객에게 가치를 전달할 것인지, 어떻게 고객들이 서비스를 구매하게 할 것인지 고려하여 작성한다.

- 각각의 고객 세그먼트들은 어떤 채널을 통해서 자신에게 가치가 전달되기를 원하는가? 우리는 그들에게 어떻게 다가가는가? 채널은 어떤 기준으로 통합돼 있는가? 어느 채널이 가장 효과적인가? 어느 채널이 가장 비용 효율적인가? 채널과 고객을 위한 업무는 제대로 통합되어 있는가?

STEP 2
채널과 고객관계

고객관계 작성

특정 고객 세그먼트와 어떠한 관계를 맺을 것인지 고려하여 작성한다. 이는 멤버십을 통해 개별적으로 고객과의 관계를 관리할 수도 있고, 서비스 안에서 고객이 직접 니즈를 해결하게 할 수도 있다. 고객 관계가 중요한 이유는 고객 확보와 유지, 판매 촉진의 측면에서 중요하므로 앞서 상정한 고객 세그먼트와 어떤 형태의 관계를 수립하고 싶은지 명확하게 정의해야 한다.

- 각각의 고객 세그먼트들은 어떤 방식의 고객관계가 만들어지고 유지되기를 원하는가? 우리는 어떤 고객관계를 확립했는가? 비용은 얼마나 드는가? 다른 비즈니스 모델 상의 요소들과는 어떻게 통합되는가? 어느 채널이 가장 비용 효율적인가? 채널과 고객을 위한 업무는 제대로 통합되어야 하는가?

STEP 3
수익원

수익원 작성

고객으로부터 창출하는 수익원을 정의한다. 이는 1회 지출로부터 유발되는 수익과 고객에게 가치를 전달하거나 구매 이후 사후관리 등으로부터 유발되는 수익 등이 포함된다. 물품 판매, 이용료, 가입비, 대여료/임대료, 라이센싱, 중개수수료, 광고 등이 그 예가 된다.

- 고객들은 어떤 가치를 위해 기꺼이 돈을 지불하는가? 현재 무엇을 위해 돈을 지불하고 있으며, 어떻게 지불하고 있는가? 고객들은 어떻게 지불하고 싶어 하는가? 각각의 수익원은 전체 수익에 얼마나 기여하는가? 채널과 고객을 위한 업무는 제대로 통합되어 있는가?

STEP 4
핵심자원

핵심자원 작성

핵심자원이란 가치 제안을 가능하게 하는 기반을 의미한다. 그 유형으로는 물적 자원, 지적 자산, 인적 자원, 재무 자원 등이 있으며, 이는 곧 핵심자원이 유형적이거나 무형적인 형태로 존재할 수 있다는 의미이다. 핵심자원은 직접 소유할 수도 있지만, 다른 방법을 통해 조달할 수도 있다.

- 우리의 가치 제안은 어떤 핵심자원을 필요로 하는가? 공급 채널을 위해선 어떤 자원이 필요한가? 고객관계를 위해선, 수익원을 위해선 어떤 자원이 필요한가?

STEP 5
핵심활동

핵심활동 작성

수행 기업이 사업을 영위하는 데 있어 필요한 중요한 활동을 의미한다. 생산, 문제해결(예: 컨설팅), 플랫폼/네트워크 등이 있으며, 기술의 발전에 따라 더 다양한 유형의 핵심 활동이 존재할 수 있다. 핵심활동을 작성하기 위해 던져야 할 본질적인 질문은 '비즈니스 모델의 수행에 있어 어떠한 활동들을 필요로 하는가?'이다.

- 우리의 가치 제안은 어떤 핵심활동을 필요로 하는가? 공급 채널을 위해선 어떤 활동이 필요한가? 고객관계를 위해선, 수익원을 위해선 어떤 자원이 필요한가?

STEP 6
핵심 파트너십

핵심 파트너 작성

핵심 파트너십은 비즈니스 모델을 원활하게 운영할 수 있게 하는 수행 기업과 파트너 간의 네트워크를 의미한다. 파트너십 구축의 주요한 목적 중 일부는 리스크를 줄이거나 자원을 조달하기 위함이고, 이러한 파트너십 구축을 통해 시너지가 발생해야 하며, 이를 통해 개별 단위의 가치를 투입하여 창출되는 가치의 합보다 더 큰 부가가치를 창출해야 한다. 파트너십은 비경쟁자들 간의 동맹관계, 경쟁자들 간의 전략적 파트너십, 새로운 비즈니스를 개발하기 위한 조인트벤처, 안정적 공급을 확보하기 위한 '구매자-공급자' 관계 등이 있다.

- 누가 핵심 파트너인가? 우리의 핵심 공급자는 누구인가? 파트너로부터 어떤 핵심자원을 획득할 수 있는가? 파트너가 어떤 핵심활동을 수행하는가?

STEP 7
비용구조

비용구조 작성

비즈니스 모델을 영위하는 데에서 발생하는 모든 비용을 작성한다. 이는 핵심활동을 수행하는 것에 있어서, 혹은 핵심자원을 유지하는 데 있어서 지속적으로 발생하는 비용 항목이다. 비용구조를 구성하는 요소는 고정비, 변동비, 규모의 경제, 범위의 경제 등이 있으며, 비용구조에 따라 비용 주도형 모델과 가치 주도형 모델로 비즈니스 모델을 구분할 수 있다.

- 우리의 비즈니스 모델이 안고 가야 하는 가장 중요한 비용은 무엇인가? 어떤 핵심자원을 확보하는 데 가장 많은 비용이 드는가? 어떤 핵심활동을 수행하는 데 가장 많은 비용이 드는가?

Key Partnership(KP) 핵심파트너	Key Activity(KA) 핵심활동	Value Proposition(VP) 가치제안	Customer Relation(CR) 고객관계	Customer Segment(CS) 고객 세그먼트
	Key Resource(KR) 핵심자원		Channels(CH) 채널	

Cost Structure(C$) 비용구조	Revenue Streams(R$) 수익원

Phase 3 비즈니스모델 전략 〉 Activity 10 비즈니스 모델 구축

Task 22 비즈니스 모델 구체화 Concretization of Business Model

개념

이 과정에서는 비즈니스 아이디어를 텍스트와 도표 중심에서 벗어나 순차적인 흐름과 단계로 정리함으로써 비즈니스를 구성하는 다양한 요소들을 연결중심적으로 도식화하는 프레임워크를 제시한다. 수행 기업은 이를 통해 비즈니스 모델을 구체화하고, 개괄적으로 파악할 수 있는 도식화 모델을 구축한다. 특히 'Task 21. 비즈니스 모델 설계'에서 깊이 있게 다루지 못한 수익과 비용 측면을 집중적으로 고민해야만 비즈니스 모델의 현실성이 높아질 수 있다.

기대효과

비즈니스 모델을 가시화함으로써 진단, 검증, 보강할 부분을 발견할 수 있으며, 같은 이유에서 협업사와 원활한 의사소통이 가능해진다. 또한, 교환되는 가치와 통화를 정의함으로써 관계를 식별할 수 있고, 비즈니스의 동적 과정을 정적인 모습이 아닌 흐름 중심으로 분석이 가능해진다.

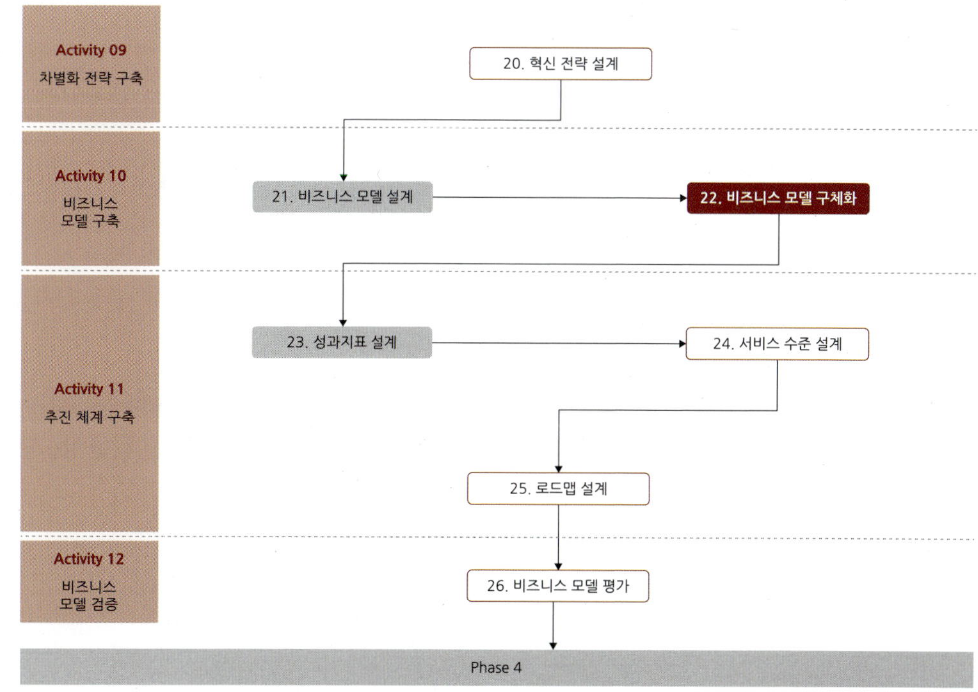

STEP 1
객체 정의

앞선 단계에서 도출한 이해관계자, 주로 협력사로 도출된 기업들을 객체로 설정하고 이들의 유형별로 표현할 방식을 선택한다. 대체적으로 해당 기업의 CI 등을 활용한다.

STEP 2
링크 정의

객체 간의 방향성을 화살표를 활용하여 도식화하기 위해 객체 간의 상호작용 여부와 그 방향성을 정의한다. 이 단계에서의 합의된 약속은 다음과 같다.

- 서비스의 흐름은 실선으로 표시한다.
- 금전의 흐름은 점선으로 표시한다.

STEP 3
개체와 행위 정의

객체의 관계에서 링크를 통해 교환되는 내용을 정의한다.

- 실선에 세부서비스를 모두 나열한다.
- 점선에 서비스에 따른 금전적 내용을 요약하여 정리한다(예: 이익 분배 비율, 수수료 비율, 옵션 여부 등).

STEP 4
과금체계 정의

STEP 3에서 고안한 과금체계가 이용자의 유형, 계약 기간, 서비스 번들링 등에 따라 어떻게 달라질 수 있는지 고민하고 최대한 이해하기 쉽도록 표로 정리한다. 이 과정을 통해 전체 팀원이 서비스 모델의 과금체계를 완전히 이해한 상태로 개념도를 작성해야 한다.

STEP 5
과금체계도 작성

앞서 도출한 내용들을 바탕으로 비즈니스 모델을 구체화한 과금체계 개념도를 도식화한다. 이 과정에서 내부 숙의를 통해 수정될 수 있으며, 수정사항이 더 이상 논의되지 않을 때, 개념도를 확정한다.

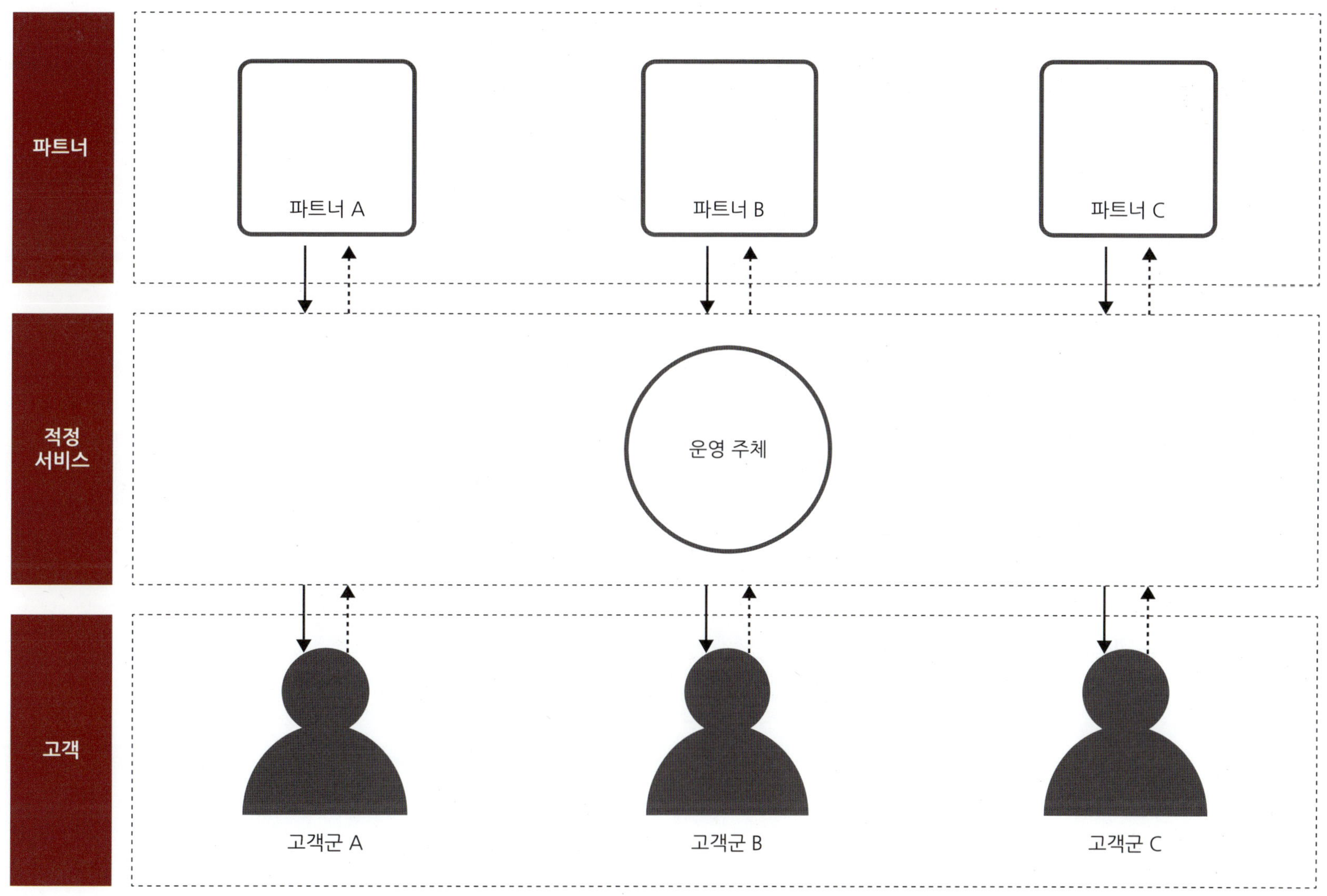
파트너
파트너 A
파트너 B
파트너 C
적정 서비스
운영 주체
고객
고객군 A
고객군 B
고객군 C
서비스 흐름
자금 흐름

Phase 3 비즈니스 모델 전략 〉 Activity 11 추진체계 구축

Task 23 성과 지표 설계 Performance Indicators Design

개념

조직의 미션과 비전을 수립하고, 이에 따라 수립된 전략 목표에 조직 내의 구성원 개개인이 얼마만큼 목표 달성에 기여했는지 정량적으로 평가할 수 있는 성과 지표를 설계한다. 이는 단순히 하나의 부서에서 이루어지는 것이 아니라, 다양한 측면에서의 성과 측정이 요구되므로 여러 부서의 일원들이 TF를 구성하여 수행된다. 또한, 이 TF에는 결과물에 대한 내부 검증 및 타당성 확보를 위해 권한을 가진 결정권자가 포함된다.

기대효과

성과 지표의 설계를 통해 비즈니스 목표 수립과 목표 달성 수준의 파악, 그리고 그에 대한 평가를 수행함으로써 포상 및 개선이 가능해진다.

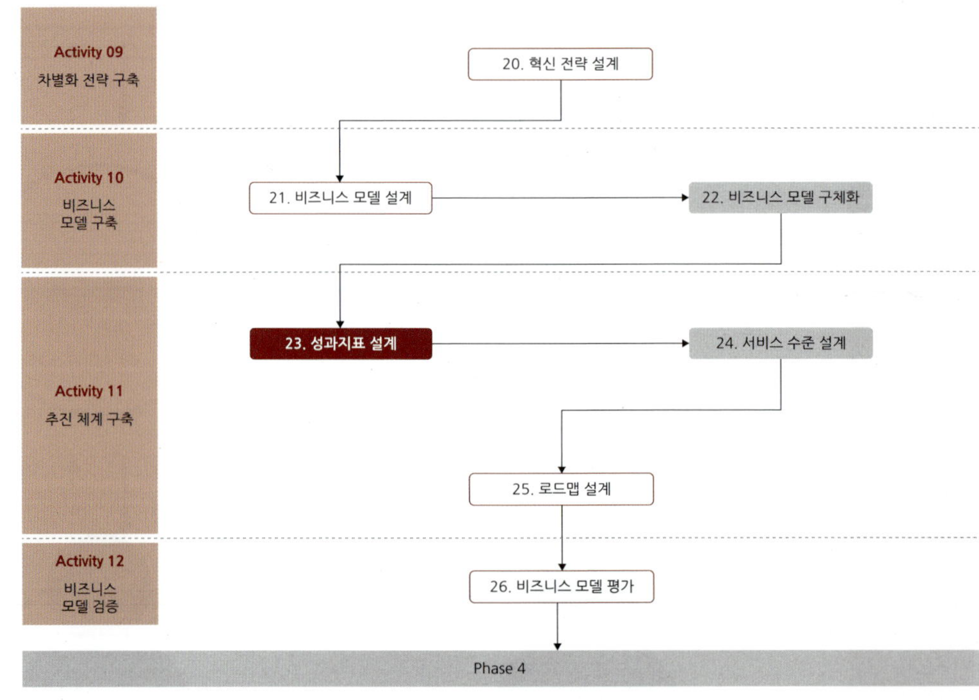

STEP 1
TF 구성

미션 및 비전 설계를 위한 내부 인력 기반의 TF**task force**를 구성한다. TF의 구성과 동시에 전체 성과지표 설계 일정을 계획하여 TF 내부 인원 간 공유를 실시한다.

STEP 2
미션/비전 설계

기업의 미션이란 기업이 존재하는 이유를 의미하는 것으로, 미션을 통해 전사적인 관점에서 구성원들과 함께 기업이 나아가야 할 방향성을 공유한다. 이는 추상적이고 미래지향적일 수 있다. 기업의 비전은 미션을 달성하기 위한 구체적인 방안을 의미하며, 비전의 달성을 통해 미션의 달성에 기여할 수 있는 형태로 제시되어야 한다. 이는 기업의 비즈니스에 관한 구체적인 수치나 가치를 제시해야 한다. 미션과 비전은 다음과 같은 과정에 따라 설계한다.

- 표적집단면접: 경영진 인터뷰와 부서별 브레인스토밍을 통한 1차 미션/비전을 도출한다.
- 1차 설문조사: 구성원 설문조사 및 의견수렴을 실시한다.
- 분석: 구성원 설문조사를 통해 수집된 데이터를 분석하고 미션/비전을 수정한다.
- 경영진 검토: 수정 후 도출된 2차 미션/비전을 경영진 회의를 통해 검토한다.
- 최종 수정 및 확정: 간부진 의견을 기반으로 내용을 수정하고, 최종 미션/비전을 도출한다.

STEP 3
전략 목표 설계

전략 목표란 조직의 비전을 달성하기 위한 핵심적인 과제들로, 비전보다는 구체적인 형태의 조직 목표를 의미하며, 비전의 달성을 위해 수행되어야 할 세부 과제들을 전략 목표로 설정한다. 전략 목표는 다음과 같은 과정에 따라 설계한다.

- 문헌조사: 기존 전략 목표와 동종기업의 전략 수립 현황, 보고서 등을 참고하여 기초자료를 구성한다.
- 경영진 인터뷰: 경영진 인터뷰를 통한 전략 방향성과 이슈를 도출한다.
- 1차 전략목표 도출: 문헌조사 및 경영진 인터뷰를 통해 도출된 내용을 바탕으로 전략목표를 도출한다.
- 실무진 워크샵: 실무진을 대상으로 1차 전략목표를 제시하고, 의견을 수렴하고 수정·보완한다.
- 경영진 검토: 실무진 의견을 반영한 2차 전략목표를 경영진 회의를 통해 검토한다.
- 최종 수정 및 확정: 최종 전략 목표를 도출한다.

STEP 4
성과 목표 도출

성과 목표는 전략 목표를 달성하기 위해 요구되는 핵심 성공 요인critical success factor(CSF)를 의미하며, 전략 목표와는 인과적인 관계를 갖는 지표이다. 성과 목표는 다음과 같은 과정에 따라 설계한다.

- 경영진 인터뷰: 경영진과 도출한 미션, 비전, 전략 목표를 살펴보며 성과 목표 요소를 도출한다. 이 때, 균형성과표 balanced score card(BSC) 관점에 따라 재무, 고객, 내부 프로세스, 학습 및 성장 등 4개 관점에서 성과 목표를 도출한다.
- 1차 성과목표 도출: 경영진 인터뷰를 통해 도출한 내용들을 1차 성과목표로써 리스팅한다.
- 인과관계지도 작성: 미션과 비전, 전략 목표, 그리고 성과 목표를 계층화하여 나열한다.
- 경영진 검토: 작성된 성과목표 인과관계지도를 경영진 회의를 통해 검토한다.
- 최종 수정 및 확정: 최종 성과 목표를 도출한다.

STEP 5
성과 지표 수립

성과 지표 수립

성과 지표는 성과 목표의 달성 여부와 달성 수준을 파악하기 위한 지표이다. 성과 지표의 핵심은 정량화에 있다. 즉, 모든 요소를 정량적으로 관리할 수 있도록 지표를 수립해야 한다. 성과 지표를 수립할 때 고려해야 할 수립 기준은 다음과 같다.

- 전략 및 성과 목표와의 연계성: 지표를 달성하는 것이 전략 및 성과 목표를 달성하는 데에 기여할 수 있어야 한다.
- 업무 대표성: 성과 목표에 따른 조직 내 각 부서의 역할과 업무가 명확하게 제시되어야 한다.
- 측정 가능성: 성과지표의 측정 기준을 명확하게 제시하여 객관적인 성과측정이 가능해야 한다.
- 통제 가능성: 조직 내에서 통제가 가능한 업무에 대해서만 지표를 수립해야 한다.

성과 지표 평가

각 수립 기준을 고려하여 도출한 성과 지표가 적절하게 도출되었는지 판단하기 위해 평가를 실시한다.

- 평가표 작성: 평가표에 성과목표 별로 도출한 성과 지표를 리스팅하고 기준을 설계한다. 기준은 상이할 수 있으나, 평균 점수 3점 이상, 통제 가능성 〈중〉 이상을 권장한다.
- 지표 평가: 경영진에게 성과 지표에 대한 설명과 평가표를 제시하여 성과지표 타당성 평가를 실시한다.
- 의사결정: 미리 설계한 기준에 따라 지표 채택 여부를 결정한다.

STEP 5
성과 지표 수립

가중치 설정

관점/전략목표/성과지표마다 가중치를 부여하며, 각 항목 내에서 가중치의 합은 100이 되도록 한다.

측정 산식 설계

성과 지표를 정량적으로 측정할 수 있는 계산식으로 제시하여 이해관계가 없는 제3자도 수치 대입을 통해 측정이 가능하게 해야 한다.

STEP 6
지표 정의서

지표에 대한 모든 정보를 명세한다.

- 지표명: 성과지표의 명칭
- 담당부서: 지표 달성을 위해 업무를 담당하는 부서명
- 담당자: 담당부서의 책임자
- 관점: 재무/고객/내부 프로세스/학습 및 성장 등 4개 관점 중 지표가 속하는 관점
- 전략목표: 성과지표의 성과 목표가 속하는 전략목표
- 성과목표: 성과지표가 속하는 성과목표
- 지표구분: 지표의 성격(예: 정량지표, 정성지표)
- 측정단위: 측정지표를 측정하는 단위(예: 점수, 달성 여부)
- 측정주기: 지표를 측정하는 주기(예: 주, 월, 분기, 반기, 연)
- 향상도: 지표의 방향성(예: 순방향, 역방향)
- 지표 산식: 지표를 측정하기 위한 개괄적 계산식
- 지표 설명: 지표에 대한 상세한 설명과 세부 계산식, 목표 설정 및 근거, 전제조건 등을 명세
- 데이터 소스: 지표 계산식의 데이터 원천
- 가중치: 해당 지표의 성과 목표 내 가중치
- 목표갱신주기: 성과 지표의 목표치에 대한 갱신 주기

성과 지표 평가표

<table>
<tr><th rowspan="3">성과목표</th><th rowspan="3">성과지표</th><th colspan="5">선정 기준</th><th rowspan="2">채택 여부</th></tr>
<tr><th>기준 1</th><th>기준 2</th><th>기준 3</th><th>평균</th><th>기준 4</th></tr>
<tr><th>1~5</th><th>1~5</th><th>1~5</th><th>(1+2+3) / 3</th><th>통제가능성
상/중/하</th><th>●
(채택)</th></tr>
<tr><td rowspan="3">A</td><td></td><td></td><td></td><td></td><td></td><td></td><td></td></tr>
<tr><td></td><td></td><td></td><td></td><td></td><td></td><td></td></tr>
<tr><td></td><td></td><td></td><td></td><td></td><td></td><td></td></tr>
<tr><td rowspan="3">B</td><td></td><td></td><td></td><td></td><td></td><td></td><td></td></tr>
<tr><td></td><td></td><td></td><td></td><td></td><td></td><td></td></tr>
<tr><td></td><td></td><td></td><td></td><td></td><td></td><td></td></tr>
<tr><td rowspan="3">C</td><td></td><td></td><td></td><td></td><td></td><td></td><td></td></tr>
<tr><td></td><td></td><td></td><td></td><td></td><td></td><td></td></tr>
<tr><td></td><td></td><td></td><td></td><td></td><td></td><td></td></tr>
</table>

지표명				담당 부서		담당자		작성일	
관점		전략목표				성과목표			
지표 구분		측정단위		측정주기				향상도	

지표산식			
지표 설명		Y+1 목표	
		당기목표	
		기준선	
		하한선	
		Y-1 실적	
		Y-2 실적	

데이터 소스		가중치		목표갱신주기	

Phase 3 비즈니스 모델 전략 〉 Activity 11 추진체계 구축

Task 24 서비스 수준 설계 Service Level Design

개념

서비스는 어떠한 당사자가 다른 당사자에게 제공하는 무형적 성격의 활동 또는 성과로서 고객문제를 해결해주는 것을 의미한다. 서비스 수준 설계는 수행기업과 파트너 간 서비스에 대한 모든 측정 항목과 책임소재 등을 합의하여 서비스 측정 기준을 세우는 과정이다. 'Task 23. 성과 지표 설계'가 서비스 수준 유지를 위한 기업 내부의 약속이라면, 'Task 24. 서비스 수준 설계'는 융합산업에 속한 전체 이해관계자들 간의 약속이다.

기대효과

정확한 서비스 목표가 정의됨에 따라, 서비스 품질의 측정, 기록 등을 통해 잠재적으로 발생할 수 있는 문제에 대해 조치를 취할 수 있다. 그에 따라 향후 서비스 품질을 개선이 가능하다.

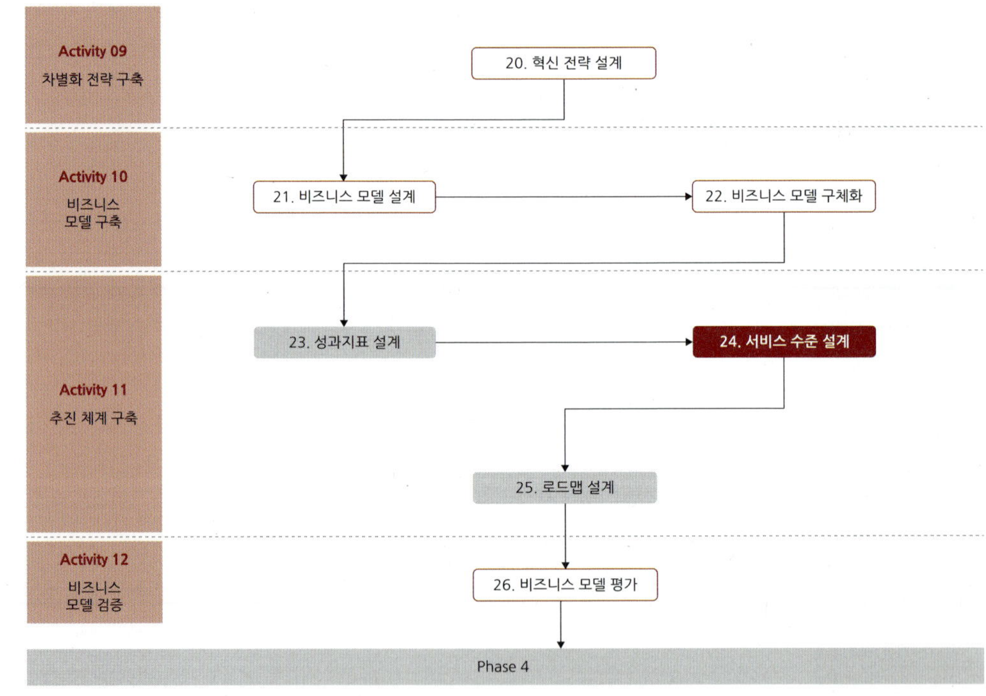

STEP 1
요구 사항 파악

요구사항 파악

융합 산업의 고객, 전문가, 파트너 간 요구사항을 파악하여 서비스 기준을 추출하고 요약하여 정리한다.

서비스 측정항목 유형 추출

분석 요약을 바탕으로 각 관점 별 서비스 측정 항목 유형을 작성한다.

STEP 2
서비스 수준 설계

서비스 수준 설계

정의된 서비스 측정 항목 템플릿을 바탕으로 통합적 서비스 수준 설계하여 작성한다.

- 구분: 수행기업 또는 파트너 작성한다.
- 서비스: 서비스 측정항목 템플릿에서 도출한 각 분야 별 서비스 추출항목 작성한다.
- 지표: 각 해당 업체에 해당되는 서비스 지표 작성(예: 수량, 퍼센트)한다.
- 측정방법: 수행기업과 파트너간 합의를 통해 측정 방법 설정(예:고객 만족도 점수)한다.
- 가중치: 수행기업과 파트너간 합의를 통해 각각의 서비스 가중치 설정(예: 0 이상 100 이하 사이, 달성도)한다.
- 측정주기: 수행기업과 파트너와의 협의를 통해 업체 별 서비스 측정 주기 설정(예: 분기별, 건별, 월별)한다.
- 책임자: 해당 각각의 서비스 제공 책임 업체와 담당자 작성한다.

STEP 3
서비스 수준 평가 (사업화 후에 진행)

서비스 수준 평가

사업화 완료 후, 일정 기간이 지난 시점에서 서비스 측정항목을 통해 서비스 수준 설계 후 정해진 기간 후 항목에 대한 종합 평가한다.

- 측정기간, 서비스 측정 항목, 가중치: 서비스 측정 항목 템플릿에서 참고하여 작성한다.
- 평가수준: 서비스 측정에 대한 기준 자사와 파트너간 협의를 통해 결정한 기대수준, 최소수준 작성
- 평가결과: 평가수준 점수로 측정 결과 점수를 도출(예: 100%, 0건, 0시간)한다. 그리고 평가 점수 10점 만점 내 도출한다.

종합평가

서비스 수준 설계의 최종적인 평가 시행한다. 평가점수 총 합을 작성 후 평가 등급을 판별(A~F등급)하고 종합 평가하여 작성한다. 서비스 수준 평가 결과가 매우 낮은 이해관계자에게는 비즈니스 생태계 차원에서 제제 조취가 취해져야 한다.

서비스 수준 설계						
구분	서비스	지표	측정방법	가중치	측정주기	책임자

서비스 수준 평가표	
측정기간	
종합평가	

종합평가점수	90점 이상	90~85점	85~80점	80~75점	70~75점	70점 미만
평가등급	A(탁월)	B(우수)	C(보통)	D(미흡)	E(불량)	F(매우 불량)

서비스 측정 항목	가중치	평가수준		평가결과	
		기대수준	최소수준	측정결과	평가점수
계					

Phase 3 비즈니스 모델 전략 〉 Activity 11 추진체계 구축

Task 25 로드맵 설계 Road map Design

개념

로드맵 설계는 사업을 영위함에 있어 장·단기적으로 수행하게 될 목표와 세부 절차를 도출하여 일정한 기간에 우선순위대로 배열하는 도구이다. 특히 장단기 프로젝트를 관리하는 데에 효과적이다. 로드맵을 설계함으로써 사업화 이후에 이 서비스 모델이 어떻게 운영될 수 있을지 청사진을 그려본다.

기대효과

전사적 관점에서 프로젝트 목표 공유 및 구성원들에게 프로젝트의 방향성 제시가 가능하다. 또한 로드맵 설계는 외부 투자자들에게 비전 제시의 자료로써 활용할 수 있다.

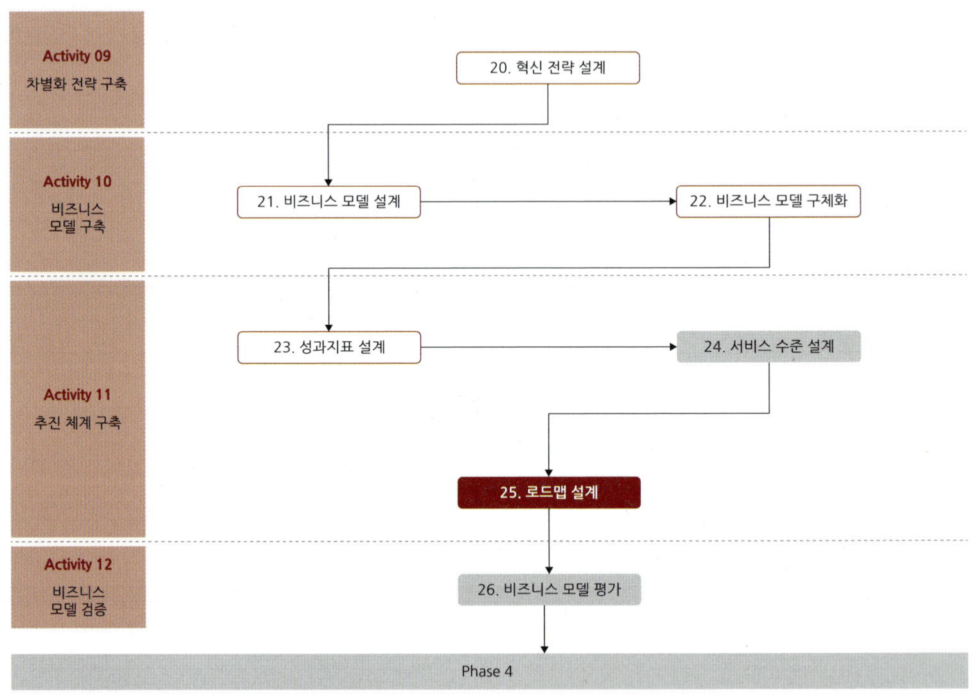

STEP 1
목표 설정

비즈니스 목표 설정

진행하고자 하는 사업의 비전 혹은 미션을 설정하여 작성한다.

세부 목표 수립

사업 기간을 일정한 기준에 따라 연도별로 구분하여 단기, 중기, 장기로 나누고, 해당 단계의 목표를 기준으로 세부 목표를 수립한다. 세부 목표는 적용 사업마다 상이할 수 있다.

STEP 2
추진체계 설계

세부 추진 체계

각 단계에서 수행되어야 할 수행 활동을 작성하고 선후관계에 따라 배열, 또는 병렬로 배열함으로써 로드맵 상에 표현한다. 이 때, 해당 단계에서 끝마친 세부 활동이 다음 단계의 세부 활동에 영향을 미칠 경우 그 관계를 선으로 표현한다. 이는 사업별로 상이한 내용들을 담고 있으므로, 해당 사업에 맞게 적절히 구성할 필요가 있다.

STEP 3
추진 지원 활동

환류지표

각 단계의 핵심 세부 활동에 대한 성과를 측정하기 위한 기준을 제시하며, 본 방법론 수행 과정에서 도출하였던 측정 기준을 활용할 수 있다.

지원활동

지원활동은 내부활동과 외부활동으로 구분되며, 이는 사업이 원활하게 진행될 수 있도록 어떠한 요인들을 고려하고 수행해야 하는지 정의하는 단계이다. 내부적으로는 협력 관계 간 SLA 기반 상호평가, 고객요청 대응 등이 있으며, 외부적으로는 제도 개선 등이 있다.

STEP 4
타당성 논의

내부 타당성 검증

사업을 진행하는 내부 팀원 간 논의를 통해 사업 로드맵이 타당하게 구성되었는지 상호 검증하고 고도화한다.
타당성 검증 도구는 없으며, 내부 토의를 통하여 보완 및 개선한다.

목표			
세부 목표	❶	❷	❸
	단기	중기	장기
연도별 추진체계	2020 ~2021	2022 ~ 2023	2024 ~

추진지원					
환류지표					
지원활동	내부		외부		

Phase 3 비즈니스 모델 전략 〉 Activity 12 비즈니스 모델 검증

Task 26 비즈니스 모델 평가 Business Model Evaluation

개념

비즈니스 모델 평가는 BMO **Bruce Merrifeld-Ohe**로 한다. BMO 평가법은 신규사업을 선정하는 단계에서 사업매력도와 자사적합성을 검토하여 성공확률을 정량적으로 평가하기 위한 도구이다. BMO 평가법은 다수의 기업이나 기관에서 널리 활용되고 있으며, 특히 이 방법으로 스크리닝된 아이템의 성공률은 80%에 이를 정도로 실무적으로 유용하다.

BMO 평가는 사업매력도, 자사 적합도를 기준으로 놓고 각각 60점 만점으로 총 120점 만점으로 평가를 실시한다. 사업매력도는 외부요인으로 시장수요측면, 기술 및 정책적 측면 등을 고려하고, 자사적합도는 신규 사업 아이템의 사업화를 위한 기업의 내부 역량 및 경쟁력으로 평가한다.

기대효과

3단계 평가과정을 통해 사업의 성공 가능성 및 철수 여부를 결정함으로써 실패확률을 감소시킨다.

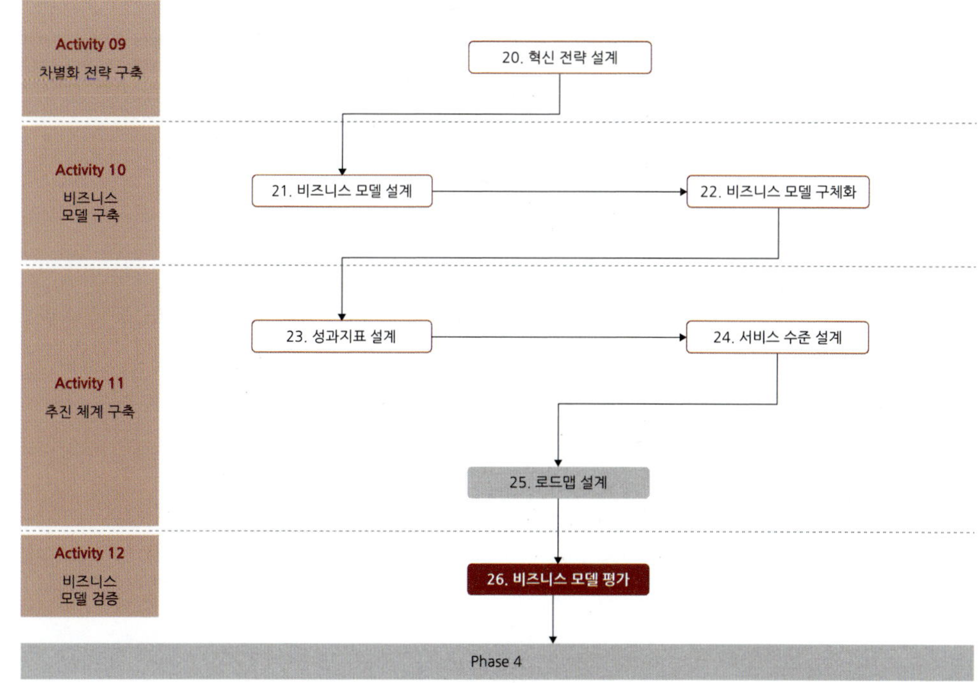

STEP 1
설문 작성

설문지 작성

응답자가 서비스 모델과 비즈니스 모델을 이해할 수 있는 자료를 준비한다. 설명은 과도하게 길어지면 응답자가 제대로 읽지 않고 응답할 수 있으므로, 가능한 한 명료하게 작성한다. 설문은 서비스 모델과 비즈니스 모델의 개념 소개, 그리고 템플릿으로 제시되는 1단계(사업매력도 평가)와 2단계(자사 적합도 평가) 설문 문항 순으로 구성한다.

STEP 2
전문가 선정

전문가 리스팅

서비스 모델의 유관 산업 분야 및 비즈니스 모델 전문가들의 리스트를 정리하고 설문을 요청한다. 앞선 단계를 진행하는 과정에서 설문을 진행했던 전문가는 물론, 프로젝트 진행 과정에서 새로 파악하게 된 전문가들을 대상으로 해도 좋다.

STEP 3
설문 및 결과 분석

설문지 배포

설문지를 배포 및 회수한다.

결과 분석

매력도+적합도=사업도에 따라 사업 성공확률 분석한다. 판단 기준은 사업 매력도와 자사 적합도 모두 35점 이상일 경우 사업에 대한 긍정적 검토가 가능하며, 사업 매력도와 자사 적합도 둘 중 어느 하나라도 35점 미만일 경우 사업은 기각된다. 만약, 사업 매력도가 35점 미만일 경우에는 비즈니스 모델 재구성을, 자사 적합도가 35점 미만일 경우에는 사업 추진을 보류하고 자사 경쟁력 향상 방안을 모색한다.

- 1단계(사업 매력도) 및 2단계(자사 적합도 판단 기준): 35점 이상
- 두 요소 중 하나라도 점수가 미달일 경우, 사업 추진을 중단하고 비즈니스 모델 재구성 또는 개선 방안 모색

[1단계] 사업 매력도 평가

항목		기준	배점	점수
시장 규모	5년 후 시장규모 추정	• 1조 원 이상: 5점 • 5,000-9,999억 원: 4점 • 1,000-4,999억 원: 3점 • 100-999억 원: 2점 • 100억 원 미만: 1점	5	
	투자 효율 ROI	• 20% 이상 : 5점 • 15-19% : 4점 • 10-14% : 3점 • 5-9% : 2점 • 1-4% : 1점	5	
성장성	사업 참여 후 5년 간의 연평균 성장률	• 20% 이상 : 10점 • 14% 이상 : 7점 • 10% 이상 : 5점	10	
경쟁력	대응력 강도	• 선발회사가 시장을 독점하고 있는 경우 : 0점	4	
	상품/서비스 수명	• 5년 이상 : 3점	3	
	특허, 상표 방어 기능	• 강력한 특허 보유: 3점 • 특허, 지적재산권 없음: 0점	3	

항목		기준	배점	점수
리스크 분산도	시장 세분화에 따른 리스크	• 마케팅 종류 5개 이상: 10점 • 3개 이상: 5점 • 1개: 0점	10	
사업 재구축 가능성	업계에 미치는 임팩트	• 업계 재편 유발 가능: 10점 • 양분화 가능: 5점	10	
사회적 우위성	사회적 문제 여부	• 아무 문제 없음: 5점 • 문제가 있음: 0점	10	
소계			60	

[2단계] 자사 적합도 평가

항목		기준	배점	점수
자금력	필요자금 규모와 대응가부	• 자체적으로 자금 대응 가능: 10점 • 일부 대출 후 조달 가능: 5점 • 자금 조달이 어려운 경우: 감점	10	
마케팅력	기존 마케팅의 적합성	• 조기 시장확보 가능: 10점 • 새로운 마케팅 채널 및 마케팅 인재 육성 필요: 감점	10	
제조력	설비, 인력, 기술의 적합성	• 제조업의 경우 기존 설비, 인력, 기술력을 사용하는 정도로 평가 • 서비스업의 경우 노하우, 거점, 인재의 적합성으로 평가 • 고: 7-10점 • 중: 4-6점 • 저: 0-3점	10	

항목		기준	배점	점수
기술력	기술 및 서비스 기획력과의 적합성	• 고객에게 새로운 서비스를 기획할 수 있다면 높이 평가 • 고: 7-10점 • 중: 4-6점 • 저: 0-3점	10	
원자재 확보력	원재료, 부품, 상품정보 수집	• 저렴하고 안전하게 우수한 부품 및 원재료 입수 • 고: 7-10점 • 중: 4-6점 • 저: 0-3점	10	
매니지먼트 지원	최고경영자의 참여도	• 고: 7-10점 • 중: 4-6점 • 저: 0-3점	5	
	강력한 사업 추진자의	• 강력한 추진자가 존재: 5점 • 부족: 감점	5	
소계			60	

[3단계] 성공확률 결정

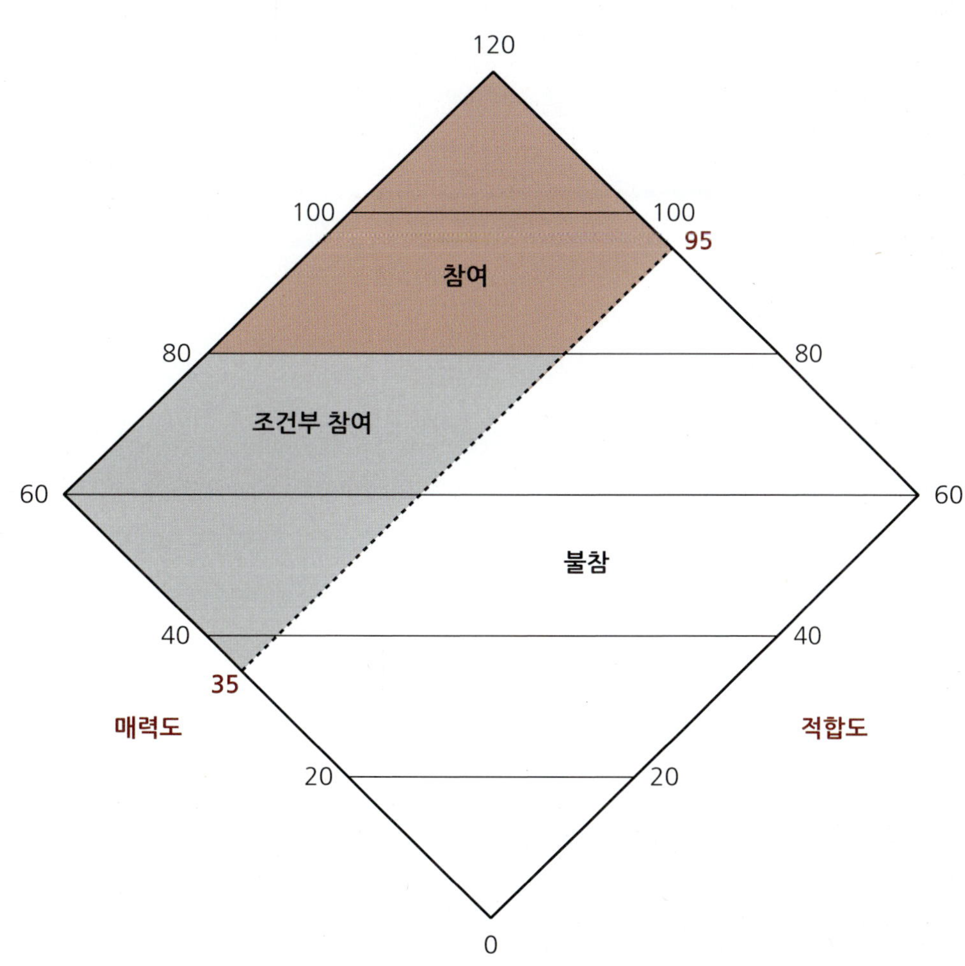

참여 혹은 철수 여부 결정

- 매력도가 35점 이상이고 사업도(매력도와 적합도의 합계)가 80점 이상이면 프로젝트의 성공확률이 80% 이상
- 매력도가 35점 이상이고 사업도(매력도와 적합도의 합계)가 70점 미만이면 성공 가능성 낮음

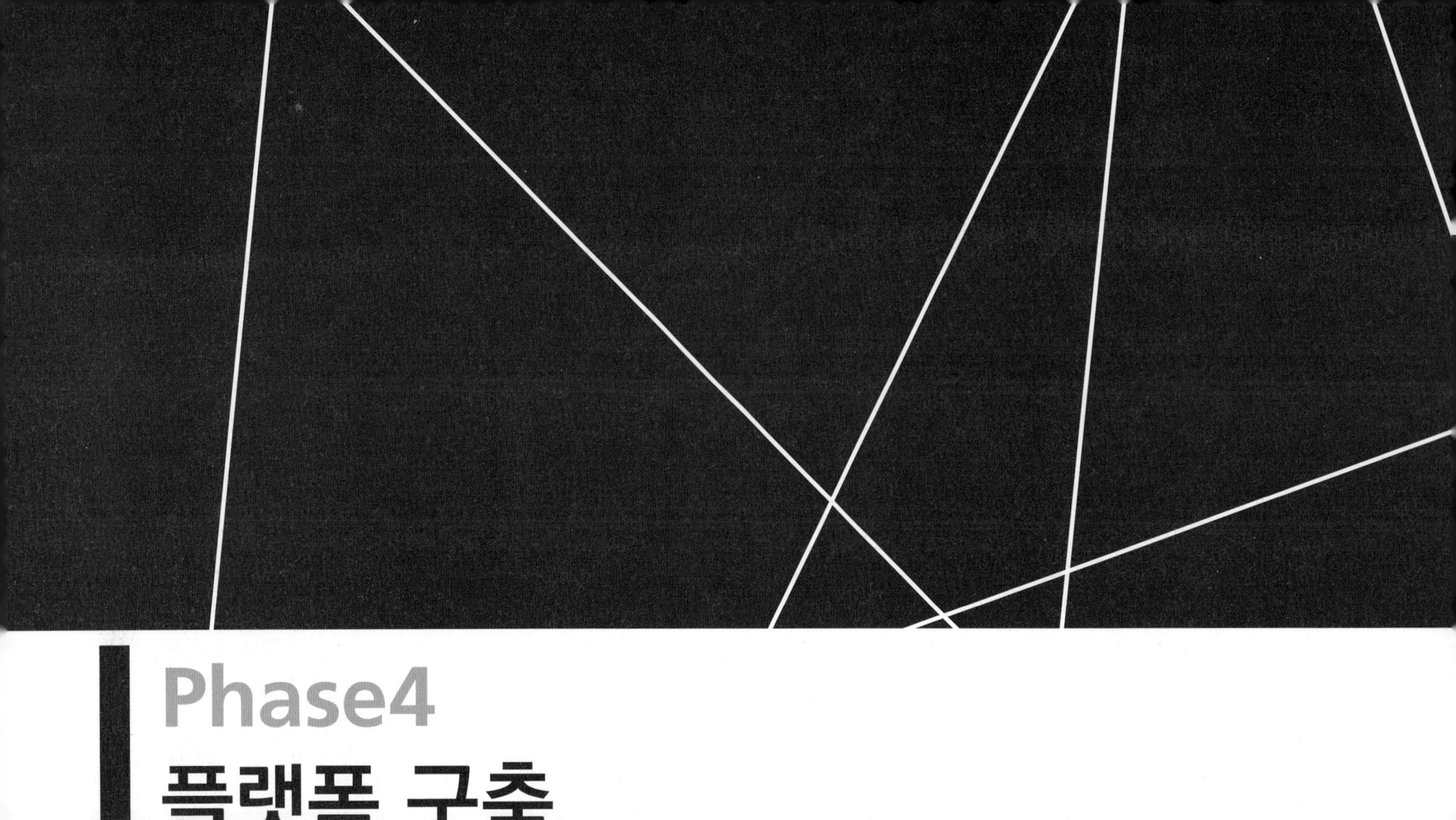

Phase4
플랫폼 구축

Phase 4 플랫폼 구축 〉 Activity 13 요구사항 정의 및 분석

Task 27 컨텍스트 분석 System Context Analysis

개념

시스템 컨텍스트는 시스템과 해당 환경의 상호작용을 설명한다. 개발 예정인 시스템의 경우 시스템 컨텍스트를 고려하는 것은 중요하다. 시스템 및 시스템 경계**Boundary**뿐만 아니라 관련 없는 시스템 환경을 정의함으로써 개발과정에서 고려해야 할 측면을 정의할 수 있기 때문이다.

컨텍스트 모델은 요구사항 수집, 분석 단계에서 시스템 범위를 설명하기 위한 모델이며, 컨텍스트 데이터의 구조화 및 유지 관리 방법을 정의한다. 컨텍스트는 시스템의 주변 요소, 모델은 주변 환경에 대한 수학적 인터페이스와 행동 설명을 제공한다.

기대효과

시스템 컨텍스트를 사용하면 개발 대상 시스템과 관련하여 누가 어떤 영향을 미치는지 파악할 수 있다. 결과적으로, 시스템 컨텍스트를 명확하게 정의함으로써 피해갈 수 있는 문제, 노력, 및 비용을 절감할 수 있다.

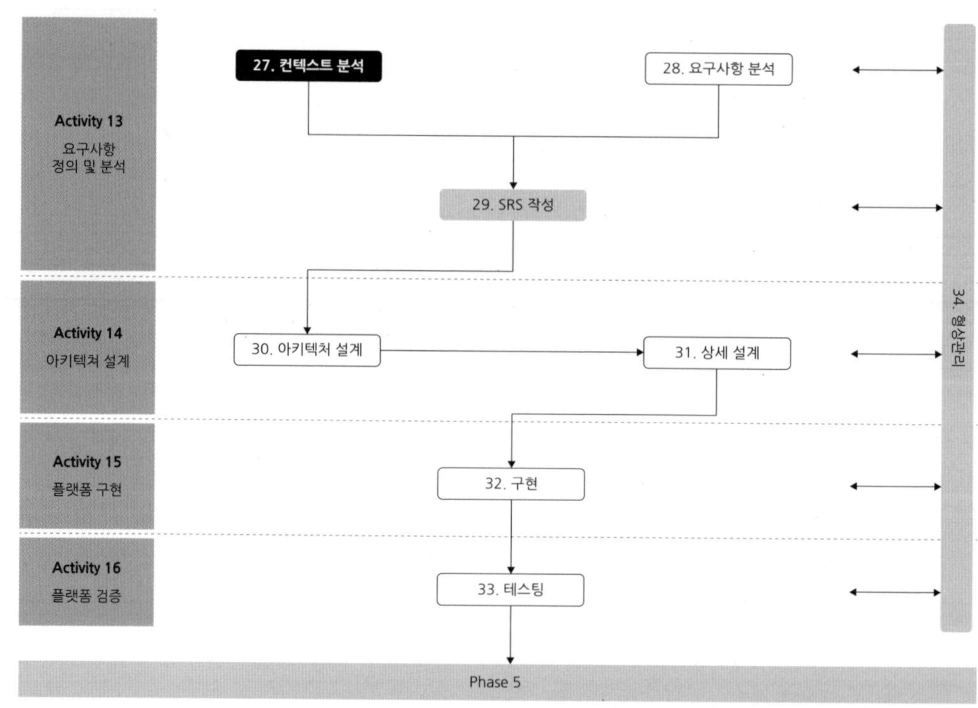

STEP 1
행위자 분석

행위자Actor 분석

행위자는 시스템과 상호작용하는 외부 엔티티를 말한다. 이는 이해관계자 또는 다양한 역할의 사용자일 수도 있지만, 다른 시스템이나 컴퓨터일 수도 있다. 시스템 경계를 정하고 유즈케이스로부터 이벤트 모델링을 하기 위해 행위자를 구분하는 것은 중요하다. 또한, 행위자는 유즈케이스를 정의할 때 중요한 역할을 한다.

STEP 2
시스템 경계 정의

시스템 경계System Boundary를 너무 좁은 범위로 정의하면 시스템의 중요 문제를 놓칠 수 있는 위험이 있고, 너무 넓으면 너무 많은 것을 위험사항으로 간주하게 되는 오류를 범할 수 있다. 시스템 경계는 시스템 경계 외부에 있는 모든 것은 절대 변경되어서는 안 된다는 원칙, 즉 변화의 영역Domain of Change을 통해 정의된다. 즉, 시스템 경계는 변경이 가능한 곳과 아닌 곳을 기준으로 구분된다.

컨텍스트 모델 경계 구분

- 내부 컨텍스트 모델: 분석 대상 시스템이 자동화 부분으로 구성된 경우
- 외부 컨텍스트 모델: 분석 대상 시스템이 수동 및 자동화 부분으로 구성되어 고객이 시스템 사용자인 경우

STEP 3
이벤트 기반 모델링

이벤트 기반 모델링은 복잡한 프로세스를 통해 외부 환경과 상호작용하는 시스템에서 유즈케이스를 효율적으로 파악할 수 있는 좋은 접근방식이다. 여기서의 이벤트는 시스템에 영향을 주는 이벤트를 말하며 시스템은 이 이벤트를 받고 반응response을 출력한다.

각 이벤트는 하나의 유즈케이스를 활성화하며, 따라서 이벤트와 유즈케이스는 일대일 관계에 있다. 따라서, 각 이벤트는 단일 이벤트로 모델링되어야 하는 것을 의미한다.

이벤트 종류

- 행위자Actor 이벤트: 시스템 특정 행위자에서 발생하며 가장 일반적인 이벤트이다. 시스템의 행위자를 정의하고 해당 행위자가 보내는 이벤트를 식별함으로써 구분된다.
- 시간 이벤트: 시간 종속 조건에 의해 발생한다. 예를 들어 판매 종료에 따른 상품 등록 마감 또는 월 말에 따른 급여 지급과 같이 표현할 수 있다. 어떤 이벤트가 발생한 주된 원인이 특정 시점이라면, 해당 이벤트를 발생시킨 원인이 행위자에게 있다고 하여도 이는 시간 이벤트로 구분한다.

STEP 3 이벤트 기반 모델링

- 비사건 이벤트Non-Events는 발생할 것을 예상하였지만 발생하지 않은 이벤트이며, 별개로 그에 다른 반응이 필요하다. 고객이 비용을 지불하지 않았을 때 경고를 발생함을 예로 들 수 있다. 이러한 이벤트를 식별하기 위해 모든 행위자 이벤트에 대해 각 이벤트가 발생하지 않을 경우 시스템이 반응해야 하는지 여부를 구분해야 한다.
- 데이터 이벤트: 데이터 이벤트는 복잡한 데이터 조건에서 발생하는 이벤트이다.

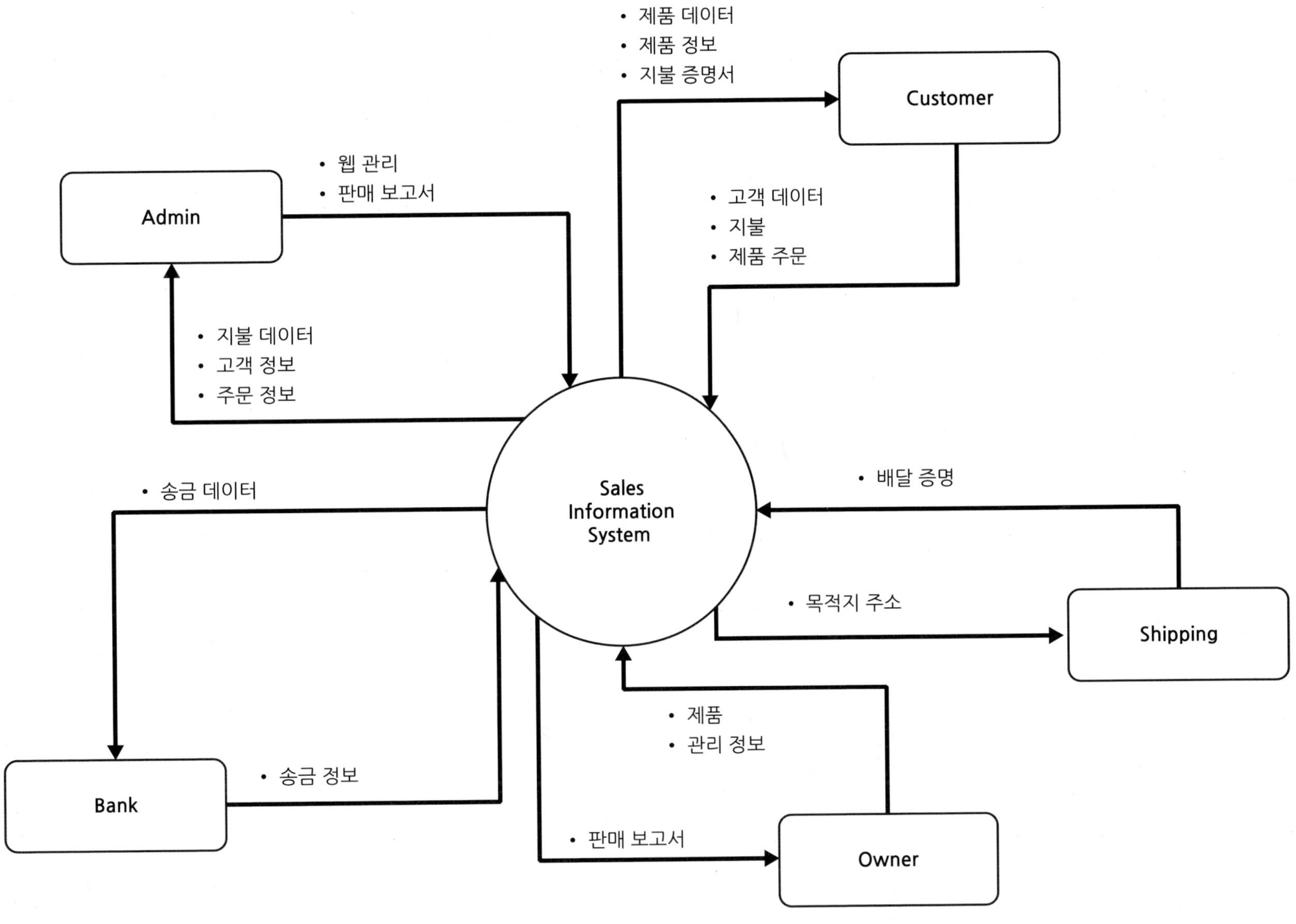
• 제품 데이터
• 제품 정보
• 지불 증명서
Customer
• 웹 관리
• 판매 보고서
Admin
• 고객 데이터
• 지불
• 제품 주문
• 지불 데이터
• 고객 정보
• 주문 정보
• 송금 데이터
Sales Information System
• 배달 증명
• 목적지 주소
Shipping
• 제품
• 관리 정보
Bank
• 송금 정보
• 판매 보고서
Owner

Phase 4 플랫폼 구축 〉 Activity 13 요구사항 정의 및 분석

Task 28 요구사항 분석 Requirements Analysis

개념

요구사항이란 사용자(이해관계자)의 필요성, 계약상에 명시된 내용, 표준 사양서, 작성된 공식 문서 등에서 찾아낸 시스템이 반드시 수행해야 할 조건과 기능을 나타낸 것이다. 요구사항은 일반적인 분류로 고객 요구사항, 기능적 및 비기능적 요구사항 등으로 분류된다. 기능적 요구사항은 시스템이 수행해야 하는 행위를 구체화한 것이다. 비기능적 요구사항은 시스템이 가져야 하는 기능 외의 요구사항으로 시스템이 만족해야 하는 특성과 제약을 규정하며 시스템의 신뢰도, 반응 시간, 메모리 요구 등이 그것이다.

기대효과

요구사항 분석은 소프트웨어 개발의 성공에 직결된다. 식별된 업무의 필요성, 기회와 관련하여 실행 가능하며 측정할 수 있고, 시험 가능하며 시스템 설계를 위해 충분히 상세한 수준까지 정의되어야 한다.

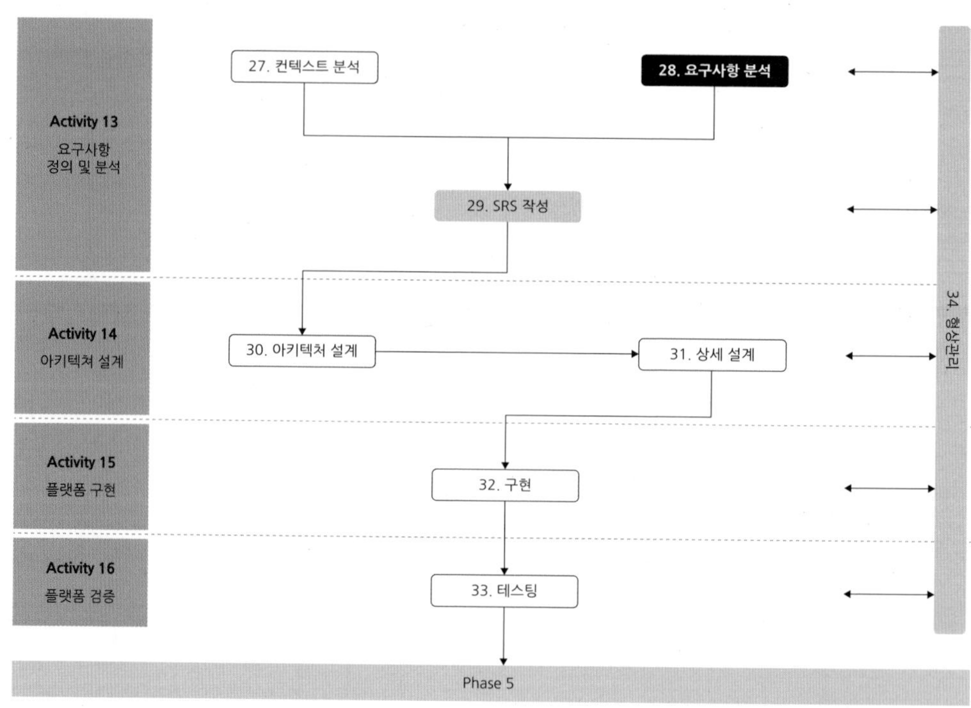

STEP 1
이해관계자 분석

이해관계자 식별

이해관계자는 해당 프로젝트에 이해관계 및 관심이 있는 사람들이며 개발 예정인 제품에 실질적으로 영향을 받는 개인이다. 요구사항 분석 프로세스의 첫 단계는 이러한 프로젝트 주요 이해관계자를 식별하는 것이다. 이들은 해당 프로젝트의 범위에 포함되어야 할 것이 무엇인지에 대해 최종 결정권을 갖게 된다.

사용자 분석

사용자는 완성된 제품을 실제로 사용하는 사용자를 말한다. 사용자 분석을 통해 누가 제품을 사용할지, 어떤 작업을 수행할 수 있는지, 그리고 제품을 사용하는 환경을 파악할 수 있다. 이 정보를 활용하여 컨텍스트 모델링 설계를 구체화할 수 있으며 해야 할 일을 구분 지을 수 있다.

STEP 2
요구사항 결정

각 이해관계자와 최종 사용자에게 신규 소프트웨어에 관한 요구사항을 묻는 것 외에 여러 가지 요구사항 분석 기법이 존재하며 각 기법은 아래와 같다. 다음 중 하나의 절차를 선택하여 요구사항을 결정한다.

- 인터뷰 및 미팅 진행: 각 이해관계자와 최종 사용자를 개별적으로 인터뷰하여 요구사항을 수집할 수 있다. 이 방법을 통해 특정한 요구사항을 쉽게 수집할 수 있다. 또한 여러 이해관계자 미팅을 진행할 수도 있다. 미팅을 진행하는 경우, 각 이해관계자는 요구사항에 관한 준비하는 것이 선행되어야 하며 미팅의 안건이 미리 제시되어야 한다.
- 포커스 그룹**Focus Group** 활용: 그룹 인터뷰 또는 그룹 워크숍(포커스 그룹)을 수행하여 서로 다른 이해관계자와 최종 사용자 사이의 정보 흐름을 파악한다. 방법을 사용하여 프로젝트 진행 중 추후에 이해관계가 충돌하는 일을 방지할 수 있다.
- 유즈케이스**Use case** 활용: 유즈케이스를 활용하여 최종 사용자의 눈을 통해 전체 제품을 살펴볼 수 있다. 이 방법은 제품이 실제로 작동하는 방식을 시각화하는 데 도움이 된다.
- 프로토타입 제작: 프로토타입은 사용자에게 최종 제품의 샘플과 느낌을 제공한다. 이 기술은 발생 가능한 문제를 해결하고 문제를 사전에 식별하는 데 도움이 된다.

STEP 3
요구사항 분류

요구사항은 다양한 유형이 있고 일반적으로 네 가지 범주로 나뉜다. 다음의 분류에 따라 요구사항을 분류한다.

- 기능적 요구사항: 제품이 작동하는 데 필요한 기능
- 기술적 요구사항: 제품의 구현을 위해 고려해야 할 기술적 문제
- 전환 요구사항: 새 제품을 개발할 때 제품의 솔루션을 성공적으로 전환하기 위해 개발해야 하는 기능
- 작동 요구사항: 제품의 올바른 작동을 위해 백엔드에서 작업을 수행하기 위한 요구사항

STEP 4 요구사항 분석 및 기록

요구사항을 분류한 이후 실제로 실행 가능한 요구사항을 결정하고 각 요구사항을 문서화한다. 요구사항 문서화는 다음 단계인 SRS 작성에서 진행한다. 다음의 단계에 따라 요구사항을 분석하고 기록한다.

- 요구사항 정의: 요구사항이 명확하게 설명되어있고, 상세하며, 비즈니스 요구와 관련이 있는지 확인한다.
- 요구사항 우선순위 지정: 요구사항의 우선순위를 정하고 가장 중요한 요구사항과 있으면 좋은 요구사항을 기준으로 요구사항을 나열한다.
- 요구사항 추가 분석: 나열한 요구사항을 추가로 분석하여 지정한 요구사항을 완전히 이해했는지 확인한다.
- 상충관계 해결: 주요 이해관계자와의 미팅을 주선하여 상충하는 요구사항을 해결한다. 시나리오 분석을 수행하여 다양한 시나리오에 대한 요구사항이 어떻게 적용되는지도 살펴볼 수 있다.
- 타당성 분석: 제품의 신뢰도를 결정하고 주요 문제를 식별하기 위해 수집된 요구사항에 따라 제품에 대한 상세 분석을 수행한다.

모든 요구사항 분석이 완료되면 상세 문서를 작성하여 주요 이해관계자, 최종 사용자 및 개발팀에 전달한다.

STEP 5 마무리

요구사항에 대한 최종 결정이 내려지면 주요 이해관계자들로부터 서명된 동의서를 받아야 한다. 이 작업은 프로젝트 범위에 변경사항이나 허가되지 않은 확장을 방지하기 위한 절차이다.

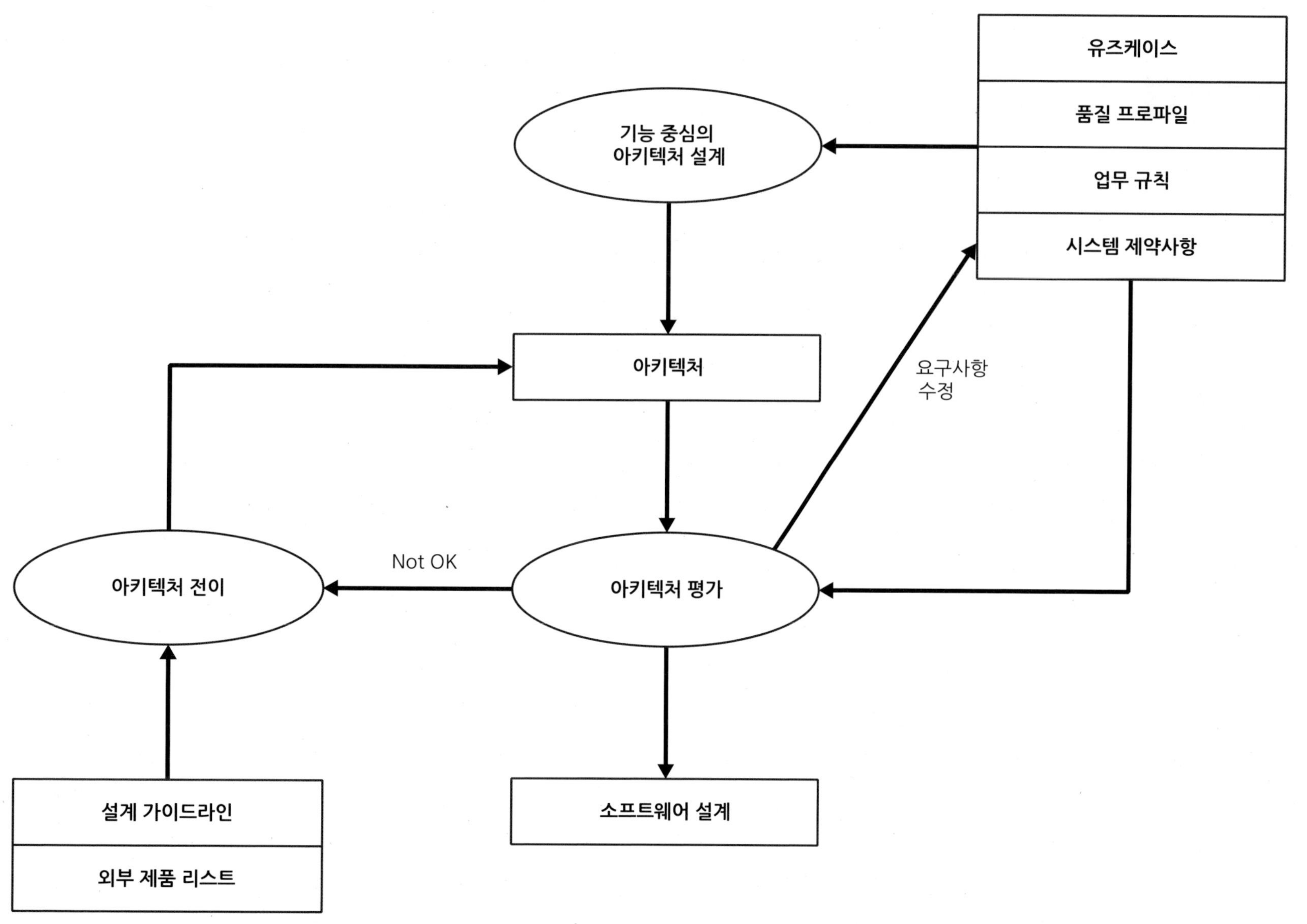
유즈케이스
품질 프로파일
업무 규칙
시스템 제약사항
기능 중심의
아키텍처 설계
아키텍처
요구사항
수정
Not OK
아키텍처 전이
아키텍처 평가
설계 가이드라인
외부 제품 리스트
소프트웨어 설계

Phase 4 플랫폼 구축 〉 Activity 13 요구사항 정의 및 분석

Task 29 SRS 작성 Create Software Requirement Specification

개념

소프트웨어 요구사항 명세서**Software Requirement Specification(SRS)**는 소프트웨어 개발 프로세스의 시작인 소프트웨어의 요구사항을 분석하고 정의하는 단계에서 작성하는 문서이다. SRS에는 소프트웨어가 수행해야 할 모든 기능과 제약조건 등이 기술되어 있으며, 이후 진행되는 소프트웨어 개발과 테스팅의 완료 승인에 대한 기준으로써 사용된다.

소프트웨어 검증과 확인 절차에 대한 표준 문서인 IEEE Std. 1012에서 제시하고 있는 SRS에 작성해야 할 요구사항 평가 항목은 정확성, 일관성, 완전성, 정확도, 판독성, 시험성이 있으며, SRS의 양식을 제시하는 표준인 IEEE Std. 830에 의하면 좋은 SRS는 정확성, 명백성, 완전성, 중요도/안정 우선순위, 검증 가능성, 수정 가능성, 추적성을 갖추어야 한다.

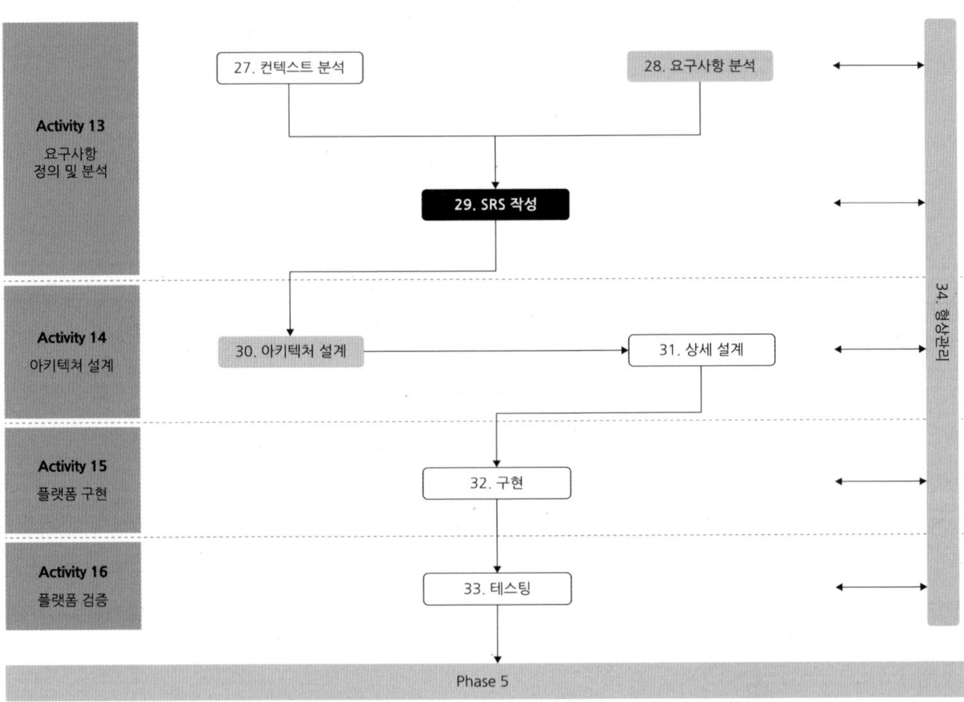

기대효과

SRS에 작성해야 할 요구사항 평가 항목이 잘 갖춰진 SRS에 따라 소프트웨어를 개발하면 초기에 발생할 수 있는 결함을 크게 줄이고, 유지보수시 많은 자원을 줄일 수 있으며 높은 품질의 소프트웨어를 개발하며 유지할 수 있다.

STEP 1 개요 작성

개요 작성

SRS를 작성하는 첫 번째 단계는 개요를 작성하여 SRS 작성의 윤곽을 만드는 것이다. 개발중인 소프트웨어에 맞는 개요를 직접 작성 가능하거나 기존의 SRS 템플릿을 사용 가능하다. SRS 작성 윤곽을 구성해야 아이디어의 구조, 명확한 논리적 구조, 모든 행동의 순서를 정리하고 나열하는 데 도움이 된다.

STEP 2 목표 설정

목표 설정

개요작성 후 SRS를 작성하기 위한 시스템의 목표를 설정해야 한다. 명확한 목표 설정은 프로젝트의 성공을 위한 기초이다. 프로젝트 요구사항 및 프로세스에 영향을 미치거나 미칠 수 있는 모든 요인을 분석하는 것이 목표를 설정하는 데 도움이 된다. 이러한 목표를 설정하기 위해 사전에 고려해야 할 사항은 다음과 같다.

- 소프트웨어의 크기 결정
- 소프트웨어가 회사와 고객에게 제공하는 가치에 대한 설명
- 누가 소프트웨어를 사용할지 결정

SRS에 접근 가능한 조직 구성원과 SRS 사용법을 정의한다. 여기에는 개발자, 테스터 및 프로젝트 관리자 등이 포함된다. 또한 영업 및 마케팅과 같은 다른 부서의 이해관계자도 포함할 수 있다.

목표 설정소프트웨어의 특징, 기능 및 범위 설정

소프트웨어의 이점 정리 및 폭표를 설정해 개발중인 소프트웨어에 대해 설명할 수 있어야 한다. 이는 전체 소프트웨어 개발 목표를 포함한다.

STEP 3 개발 소프트웨어 개요 정리

소프트웨어 개발에 있어서 어떤 소프트웨어를 만들지에 대해 제대로 설명할 수 있는 것은 중요하다. 기존 제품에 대한 업데이트인지, 새로운 제품인지, 혹은 이미 만든 제품에 대한 추가적인 업데이트인지에 관해 정리를 하고 소프트웨어를 만드는 이유와 누구를 위한 것인지에 관해 정리하고 설명할 수 있어야 한다.

사용자의 요구사항 파악

소프트웨어 개발에 있어서 해당 제품을 사용할 사용자와 또한 해당 사용자가 어떻게 사용할지에 대한 방법을 정의하는 것은 중요하다. 사용자에는 제품을 정기적으로 사용하는 기본 사용자와 보조 사용자가 있고 제품의 개별 구매자의 니즈 또한 정의하는 것도 중요하다. 예를 들어 의료기기를 만들고 있다면, 환자의 요구를 정리해야 하는 것과 같은 것이다.

가정 및 종속성

SRS에 설명된 요구사항을 충족할 수 있는 능력에 영향을 미치는 요소가 있을 수 있으며 해당 요소를 파악해야 한다. 해당 요소는 SRS에 작성된 내용 중에서 잘못 작성된 것으로 판명될 수 있는 사항을 포함시켜야 한다.

또한 프로젝트가 외부 요인에 종속되어 있는지 확인해야 한다. 여기에는 다른 프로젝트에서 재사용하는 소프트웨어 구성요소가 포함될 수 있다.

1. 소개
   1) 목적
   2) 문서규칙
   3) 프로젝트 범위
   4) 참조
   5) etc
2. 전반적인 설명
   1) 제품 관점
   2) 사용자 클래스 및 특징
   3) 운영환경
   4) 설계 및 구현 제약 조건
   5) 가정 및 의존성
   6) etc
3. 시스템 기능
   1) 시스템 기능
   2) 설명
   3) 기능적 요구사항
   4) etc
4. 데이터 요구사항
   1) 논리 데이터 모델
   2) 데이터 사전
   3) 보고서
   4) 데이터 수집
   5) etc
5. 외부 인터페이스 요구사항
   1) 사용자 인터페이스
   2) 소프트웨어 인터페이스
   3) 통신 인터페이스
6. 품질 속성
   1) 사용성
   2) 성능
   3) 보안
   4) 안전
   5) etc
7. 기타 요구사항
8. 부록 A : 용어 사전

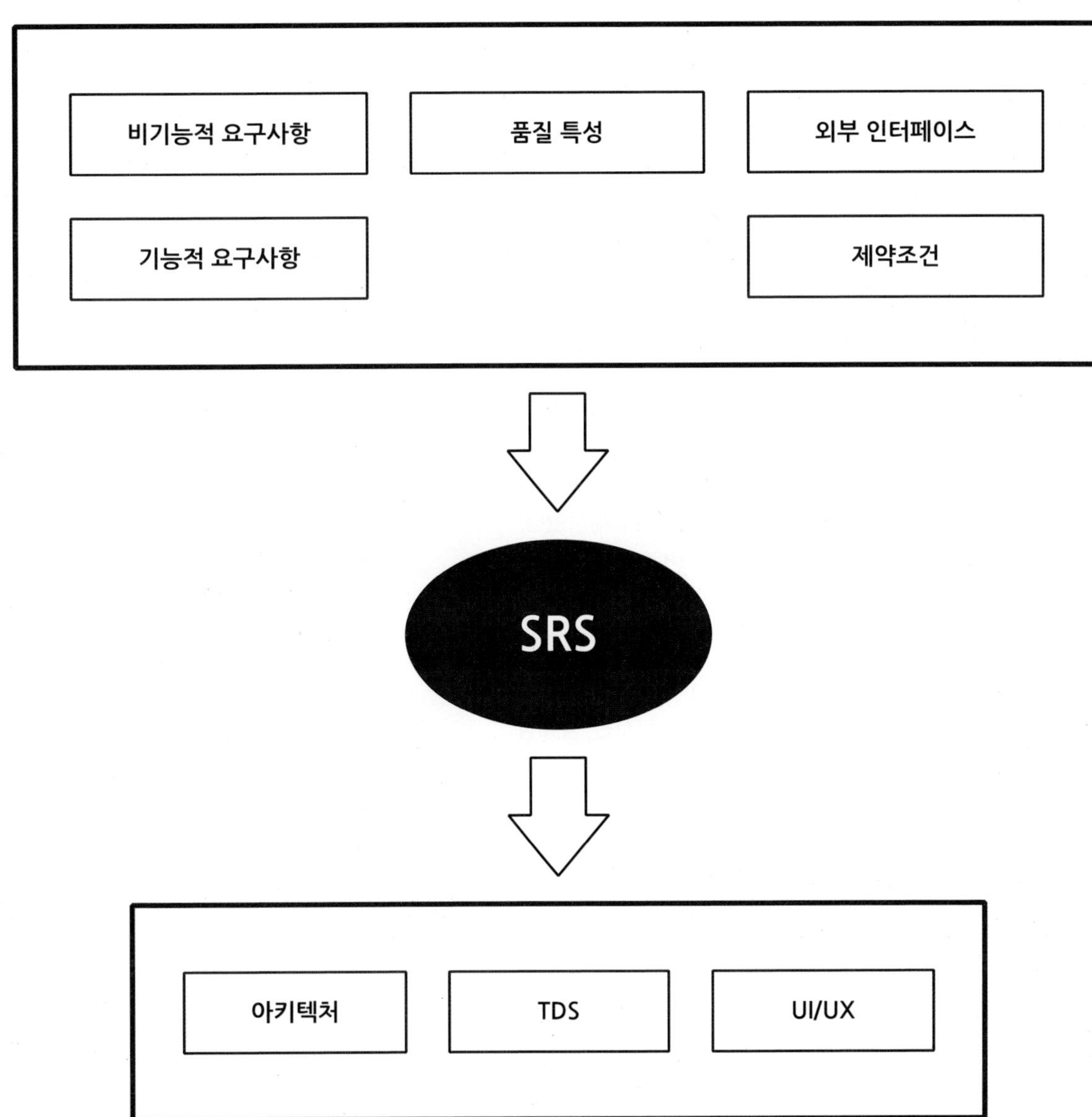

Phase 4 플랫폼 구축 〉 Activity 14 아키텍처 설계

Task 30 아키텍처 설계 Architecture Design

개념

소프트웨어 아키텍처는 소프트웨어 시스템의 기본 구조와 이러한 구조 및 시스템을 만드는 원칙을 나타내는 것이다. 각 구조는 소프트웨어의 요소, 이들 간의 관계, 요소와 관계의 속성으로 구성된다. 소프트웨어 시스템의 아키텍처는 건물의 아키텍처와 같이 시스템 및 개발 프로젝트에서 청사진 역할을 하며 아키텍처 설계 팀에게 필요한 작업을 제시한다.

소프트웨어 아키텍처는 일단 구현되면 변경하기 힘든 근본적인 구조를 선택하는 것이다. 소프트웨어 아키텍처 선택에는 소프트웨어 설계 가능성의 특정 구조 옵션을 포함한다. 예를 들어 우주 왕복선 발사체를 제어하는 시스템은 매우 빠르고 신뢰할 수 있어야 하므로 적절한 실시간 컴퓨팅 언어를 선택해야 한다.

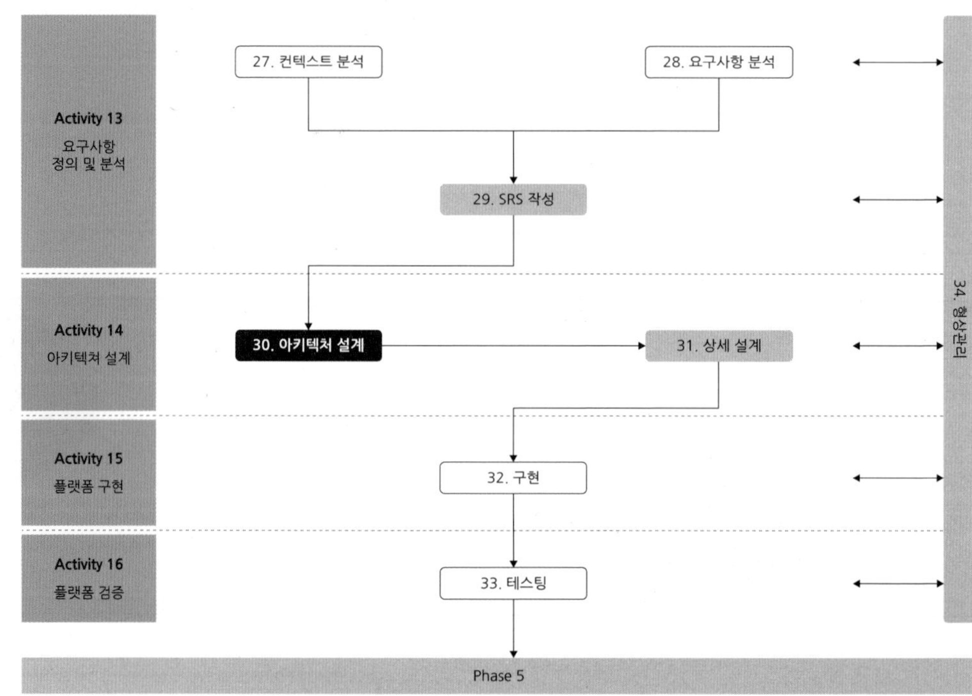

기대효과

아키텍처 설계는 네 가지 핵심적인 활동으로 아키텍처 분석, 디자인, 검증, 진화가 있다. 이러한 활동은 초기 소프트웨어 개발 라이프 사이클의 여러 단계 뿐만 아니라 시스템의 진화에 대해서도 반복적으로 수행된다. 이러한 활동을 통해 시스템의 안정성, 운용성, 효율성 등을 잘 수행하는지, 개발 시간, 비즈니스 요구사항 등을 미리 파악할 수 있다.

STEP 1
입력 검토

ADD 아키텍처 설계 방법 정의

ADD Attribute Driven Design는 순차적으로 소프트웨어 아키텍처를 수립하기 위한 시스템적인 방법론이며, 품질 속성 문제를 입력으로 받아 입력받은 속성을 라운드 과정을 통해 아키텍처를 수립하는 방법이다. 여기서는 SEI의 ADD 3.0 아키텍처 설계 방법을 기준으로 한다.

입력 검토Review Inputs

아키텍처 디자인 설계를 시작하기 전에 설계 공정이 받을 입력에 관한 문제가 명확해야 한다. 첫 번째로, 아키텍처 설계에 관한 목적을 명확히 해야 한다. 또한, 설계 활동에 필요한 아키텍처 드라이버를 사용할 수 있는지 확인해야 한다. 아키텍처 드라이버는 주요 기능 요구사항, 품질 속성, 아키텍처 제약사항 및 우려 사항을 말한다. 마지막으로, 앞서 말했듯이 ADD는 순환 과정을 통해 아키텍처 설계를 수립하는 과정을 거치는데, 해당 단계가 첫 설계 라운드가 아니라면 입력 검토 단계에서 위 사항과 함께 기존 구조 설계를 추가로 고려해야 한다.

STEP 2
설계 반복 목표 설정

드라이버 선택을 통한 반복 목표 설정

설계 라운드는 일반적으로 연속적인 반복 설계를 수행하며, 반복할 때마다 특정 목표 달성에 초점을 맞춘다. 이러한 목표는 일반적으로 드라이버의 하위 집합을 만족하도록 설계하는 것을 포함한다. 예를 들어 어떤 프로젝트의 반복 목표는 특정 성능 시나리오를 지원하는 요소의 구조를 만들거나 사용 사례를 달성할 수 있도록 하는 것일 수 있다. 따라서 아키텍처 설계를 할 때 설계 반복을 고려하여 시작 전에 목표를 설정해야 한다.

STEP 3
시스템 요소 선택

드라이버를 만족시키기 위해 하나 이상의 아키텍처 구조를 생성해야 한다. 이 구조는 관련된 요소로 구성되며, 이전 반복 회차 설계에서 확인할 수 있었던 다른 요소를 정제하여 얻을 수 있습니다. 정제는 세분화 요소(Top-down 접근 방식)로 분해하거나, 요소를 Bottom-up 접근 방식으로 결합하거나 이전에 식별된 요소의 개선을 뜻하기도 합니다. 이 단계에서 선택하는 요소는 특정 드라이버를 만족시키기 위한 요소를 말한다. 따라서 기존 시스템에 대해 설계를 수행할 때 시스템의 As-Built 아키텍처의 요소를 잘 이해해야 한다.

STEP 4
디자인 컨셉 선택

디자인 컨셉 식별

수많은 디자인 컨셉이 존재하고, 특히 특정 문제를 해결하기 위한 설계 패턴이 여러 책, 연구 문헌에 다양한 출처로 산재하지만 정확한 정의가 없을 수도 있어서 디자인 컨셉 식별은 어려운 작업이 될 수 있다. 특정 부분에 필요한 디자인 컨셉을 식별하기 위해서는 설계 로드맵을 그리고 그에 맞추어 디자인 컨셉을 식별해야 한다.

설계 컨셉 선택

디자인 컨셉을 식별한 후, 디자인 설계 과정에서 가지는 설계 문제를 해결하려는데 가장 적합한 설계 개념을 선택해야 한다. 문제 해결 대안과 관련된 설계 컨셉, 그리고 컨셉 각각의 장단점을 나열한 표를 작성하고 설계 기준과 설계 드라이버에 맞추어 해당 리스트에서 컨셉을 선택한다.

STEP 5
인터페이스 정의

아키텍처 요소 인스턴스화

여러 설계 개념을 선택한 후에는 선택한 설계 개념에서 요소를 인스턴스화하는 것과 관련된 다른 설계 결정을 내려야 한다. 예를 들어, 도면 층 패턴을 설계 개념으로 선택한 경우 패턴 자체에서 특정 숫자를 규정하지 않으므로 사용할 도면층 수를 결정해야 한다. 이 예제에서 계층은 인스턴스화된 요소다. 때에 따라 인스턴스 화는 구성을 의미할 수 있다. 예를 들어, 기술을 선택하고 해당 기술을 설계에 포함된 요소와 연결하는 반복 작업을 수행했을 수 있다. 또한 품질 특성과 같은 특정 드라이버를 지원하도록 구성되어야 하는 방법에 대해 세부적으로 결정함으로써 이러한 요소를 세분화할 수 있다.

책임 할당

요소를 인스턴스화한 후, 각 요소에 책임을 할당해야 한다. 예를 들어 일반적인 웹 기반 엔터프라이즈 시스템에서는 일반적으로 프레젠테이션 계층, 비즈니스 계층 및 데이터 계층 등 최소 3개의 계층이 있다. 이러한 계층의 책임은 다음과 같다. 프레젠테이션 계층의 책임에는 모든 사용자 상호 작용을 관리하는 것이 포함되지만, 데이터 계층의 책임에는 데이터의 지속성 관리가 포함된다.

인터페이스 정의

요소를 인스턴스화하는 것은 드라이버나 문제를 만족시키는 구조를 만들기 위해 수행해야 하는 작업 중 하나에 불과하다. 인스턴스화된 요소도 서로 협업할 수 있도록 연결해야 한다. 이것은 요소들 사이의 관계와 어떤 종류의 인터페이스를 통한 정보의 교환을 요구한다. 인터페이스는 요소들 사이에서 정보가 어떻게 흘러야 하는지에 대한 계약적 규격이다.

STEP 6 결정 기록

뷰 스케치 기록

앞서 설계한 아키텍처 구조 및 이를 설명하기 위해 그린 다이어그램 등을 나중에 다시 분석하고 다른 이해관계자에게 전달할 수 있도록 캡처해서 저장해야 한다. 아키텍처 뷰는 설계로 완성시킨 직후에는 아직 불완전하기 때문에 이를 기록한 다이어그램은 이후 반복해서 다시 보고 세분화할 수 있어야 한다.

설계 반복 결정 기록

아키텍처 디자인 반복 설계를 하면서 이루어진 중요한 결정**significant decision**과 그러한 결정을 한 이유를 기록하여 다음에 해당 결정을 쉽게 분석하고 이해할 수 있도록 해야 한다.

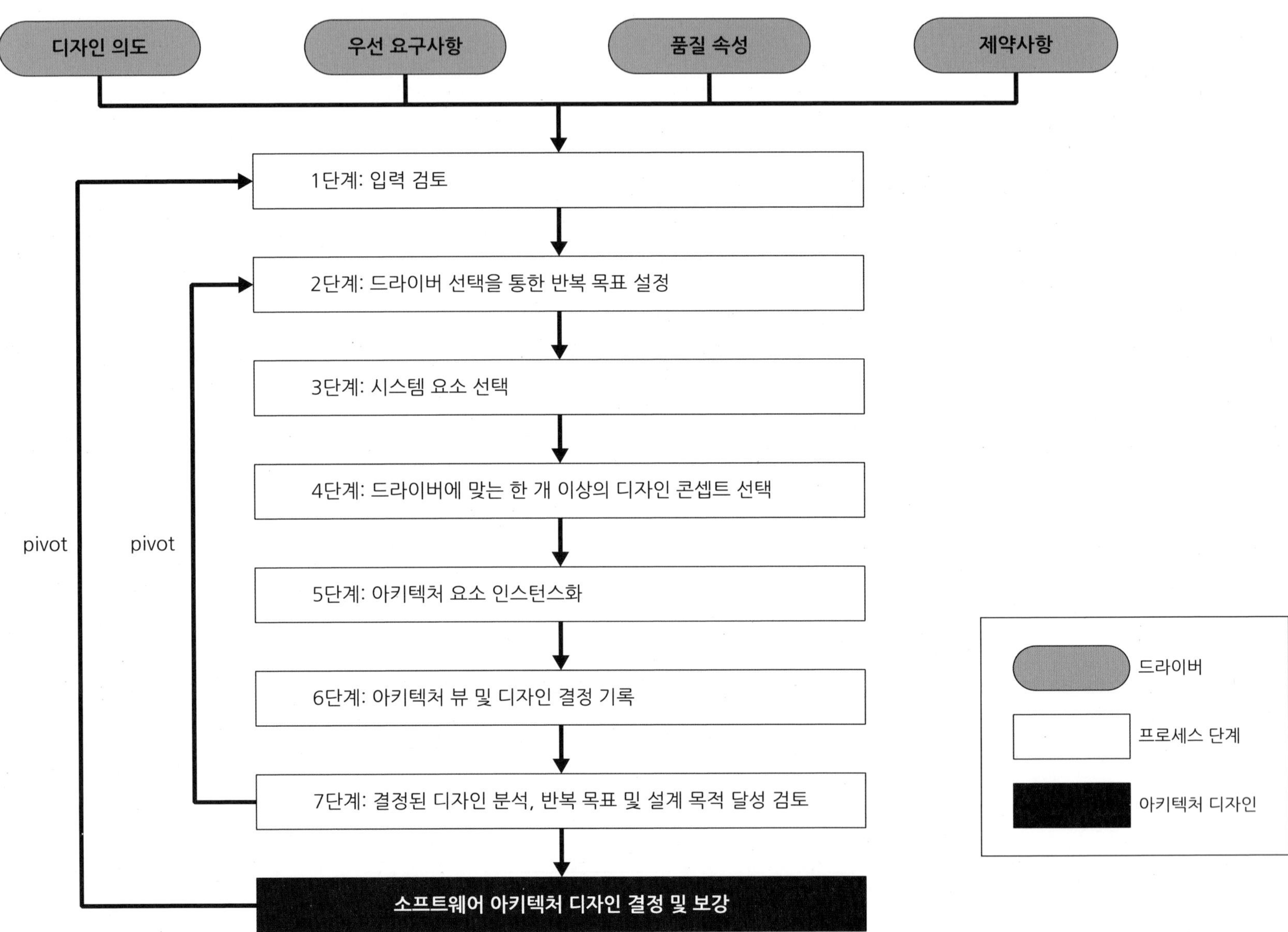

디자인 의도
우선 요구사항
품질 속성
제약사항
1단계: 입력 검토
2단계: 드라이버 선택을 통한 반복 목표 설정
3단계: 시스템 요소 선택
4단계: 드라이버에 맞는 한 개 이상의 디자인 콘셉트 선택
5단계: 아키텍처 요소 인스턴스화
6단계: 아키텍처 뷰 및 디자인 결정 기록
7단계: 결정된 디자인 분석, 반복 목표 및 설계 목적 달성 검토
소프트웨어 아키텍처 디자인 결정 및 보강
pivot
pivot
드라이버
프로세스 단계
아키텍처 디자인

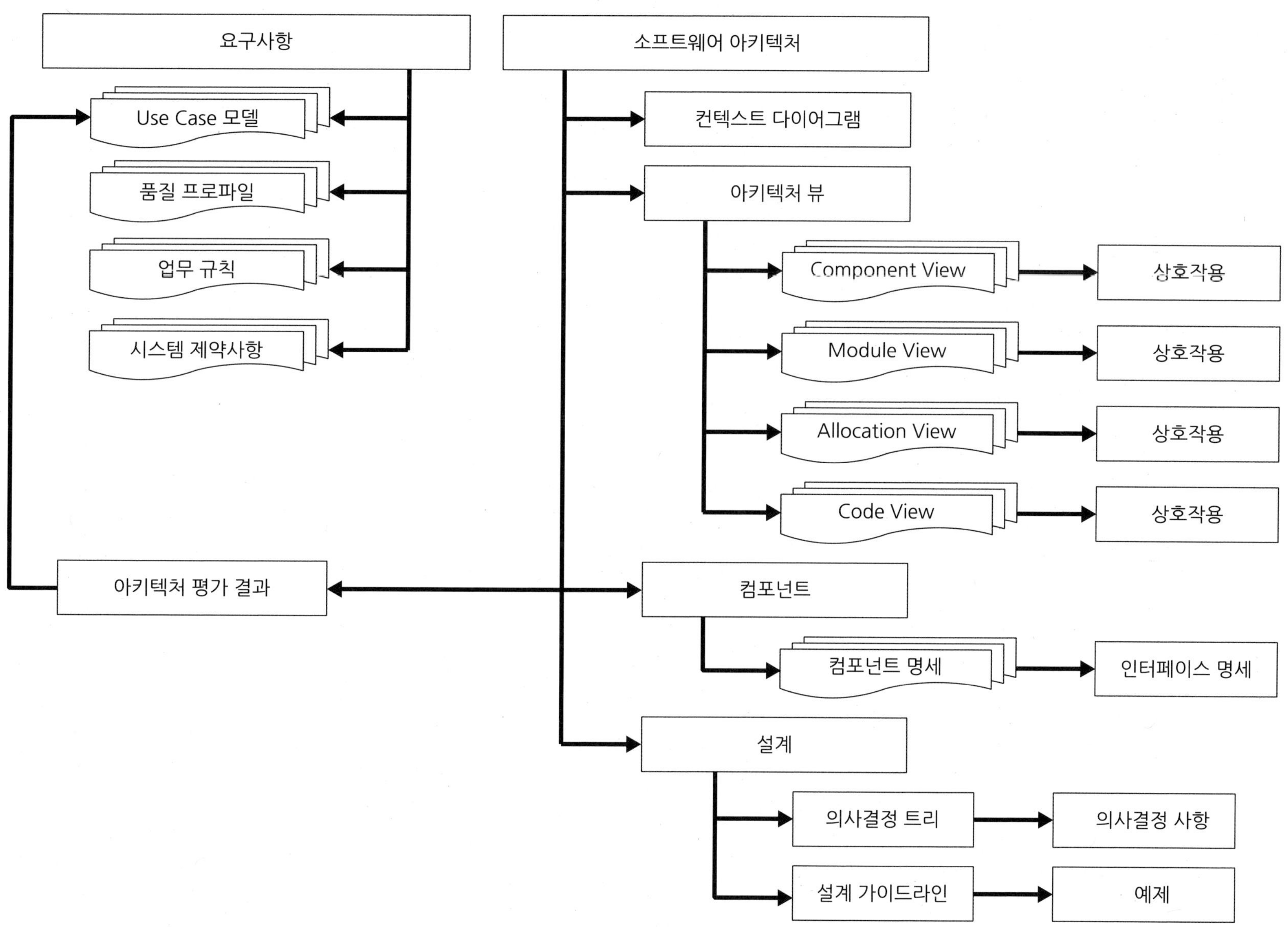
요구사항
Use Case 모델
품질 프로파일
업무 규칙
시스템 제약사항
아키텍처 평가 결과
소프트웨어 아키텍처
컨텍스트 다이어그램
아키텍처 뷰
Component View
Module View
Allocation View
Code View
상호작용
상호작용
상호작용
상호작용
컴포넌트
컴포넌트 명세
인터페이스 명세
설계
의사결정 트리
의사결정 사항
설계 가이드라인
예제

Phase 4 플랫폼 구축 〉 Activity 14 아키텍쳐 설계

Task 31 상세 설계 Software Detailed Design

개념

소프트웨어 상세 설계단계에서 아키텍처 설계에 이어 추가로 고려해야 할 사항이 있다. 첫 번째로 디자인 패턴은 소프트웨어 설계에서 자주 발생하는 문제에 대한 일반적이고 반복적인 해결책이며, 자주 사용하는 설계 형태를 정형화하여 이를 유형별로 설계 템플릿을 만들어둔 것이다. 디자인 패턴은 많은 개발자들이 경험상 체득한 설계 지식을 검증하고 이를 추상화하여 일반화한 템플릿이다. 두 번째로, 클래스 설계는 분석 단계에서 아직 확정되지 않은 클래스 내부 부분 중 구현에 필요한 중요 사항을 결정하는 작업이다. 세 번째로 사용자 인터페이스 설계는 소프트웨어 사용자에게 제공하는 사용자 인터페이스가 큰 만족감을 주기 위한 고려사항이다. 이 외에 데이터베이스 설계 등이 있다.

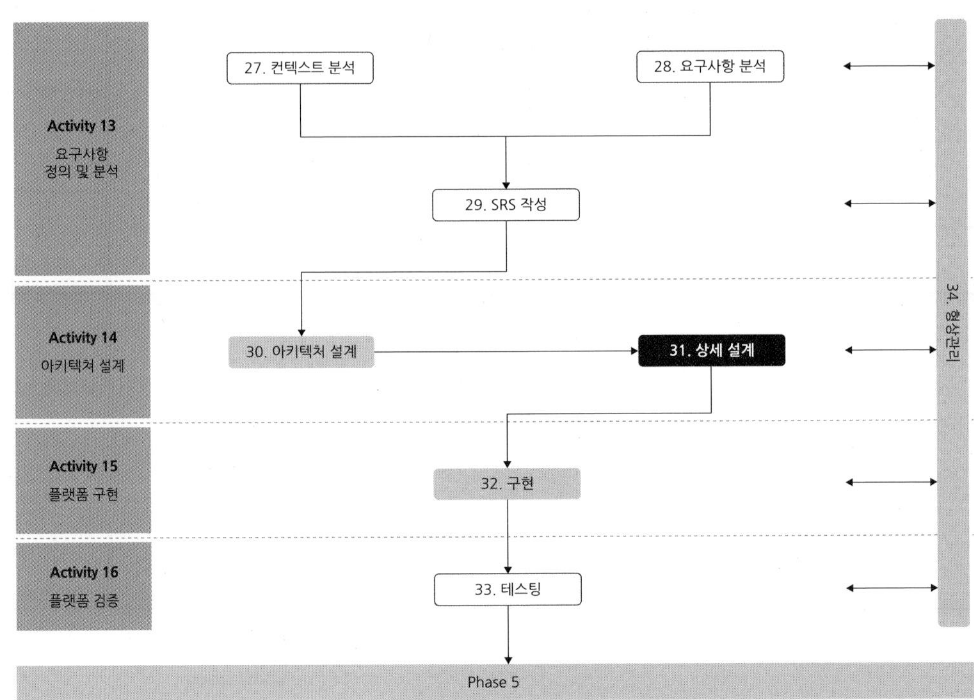

기대효과

상세 설계단계에서 소프트웨어 설계 설명**Software Design Document(SDD)**를 작성하여 설계 정보를 기록하고 다양한 설계 문제를 해결할 수 있다.

STEP 1
사용자 인터페이스 설계

사용자 인터페이스 설계

사용자 인터페이스는 사용자가 이용하는 소프트웨어에 있어서 만족을 이끌어내는 부분이며 사람과 컴퓨터 사이의 대화를 체계적으로 표현하는 수단으로써 기능하여야 하므로 잘 구성해야 한다.

사용자 인터페이스의 설계 기준은 다음과 같다.

- 사용자가 배우기 쉬워야 한다.
- 반응 속도가 빨라야 한다.
- 사용 중 오류가 발생하지 않아야 한다.
- 다수의 사용자가 만족할 수 있어야 한다.
- 사용법이 유지되어야 한다.

STEP 2
데이터베이스 설계

데이터베이스 설계 목표

데이터베이스 설계는 데이터베이스 관리 시스템**Database Management System**을 만들고 관리하기 위해 논리적 및 물리적 디자인 모델을 만드는 것이다. 데이터베이스를 디자인함으로써 효율적으로 데이터 저장공간을 확보하고 관리할 수 있도록 한다.

데이터베이스 설계 순서

데이터베이스 설계 순서는 요구분석, 개념 데이터 설계, 논리 데이터 설계, 물리 데이터 설계, 구현 순으로 이루어지며 데이터베이스 생명주기에는 여기에 운영과 감시 및 개선 단계가 추가된다.

데이터베이스 설계 고려사항

데이터베이스 설계 시 고려사항으로는 무결성, 일관성 회복, 보안 효율성이 있으며 각 사항에 대한 설명은 다음과 같다.

- 무결성: 갱신, 삽입, 삭제 등의 연상 수행 뒤에도 데이터값은 항상 주어진 제약조건을 만족해야 하는 것
- 일관성: 질의응답에 모순 없이 일치하는 결과를 반환하는 특성
- 회복: 시스템에 장애 발생 시 장애 발생 직전의 데이터베이스 상태로 복구하는 것
- 보안: 불법적으로 데이터의 변경이나 손실 또는 노출을 위한 접근을 차단하고 보호하는 것
- 효율성: 응답시간의 단축, 저장공간의 최적화, 시스템 생산성 향상

STEP 3
클래스 설계

클래스 설계는 분석 단계에서 아직 확정되지 않은 클래스 내부 부분 중 구현에 필요한 중요한 사항을 결정하는 작업이다. 클래스 설계에 있어서 상태와 오퍼레이션의 관계를 상세히 설계해야 한다. 클래스가 가지는 속성값에 따라 오퍼레이션 구현이 달라지며 객체의 상태변화 모델링이 필요하다.

디자인 패턴 설계

디자인 패턴의 구조는 컨텍스트**Context**, 문제점**Problem**, 해결책**Solution** 3개의 필수적인 요소로 구성된다.

- Context: 문제가 발생하는 여러 상황을 기술한다. 패턴이 적용될 수 있는 상황을 나타낸다.
- Problem: 패턴이 적용되어 해결될 필요가 있는 여러 디자인 이슈들을 기술한다. 이때 여러 제약사항과 영향력도 문제 해결을 위해 고려해야 한다.
- Solution: 문제를 해결하도록 설계를 구성하는 요소들과 그 요소들 사이의 관계, 책임, 협력 관계를 기술한다.

GoF 디자인 패턴

디자인 패턴은 일반적으로 GoF**Gang of Four** 디자인 패턴을 활용하여 설계한다. GoF 디자인 패턴은 여러 문제에 대한 설계 사례를 분석하여 서로 비슷한 문제를 해결하기 위한 설계를 분류하고, 각 문제 유형별로 가장 적합한 설계를 일반화해 패턴으로 정립한 것이다. GoF 디자인 패턴은 목적에 따라 생성 패턴, 구조 패턴, 행위 패턴 총 3가지로 분류된다.

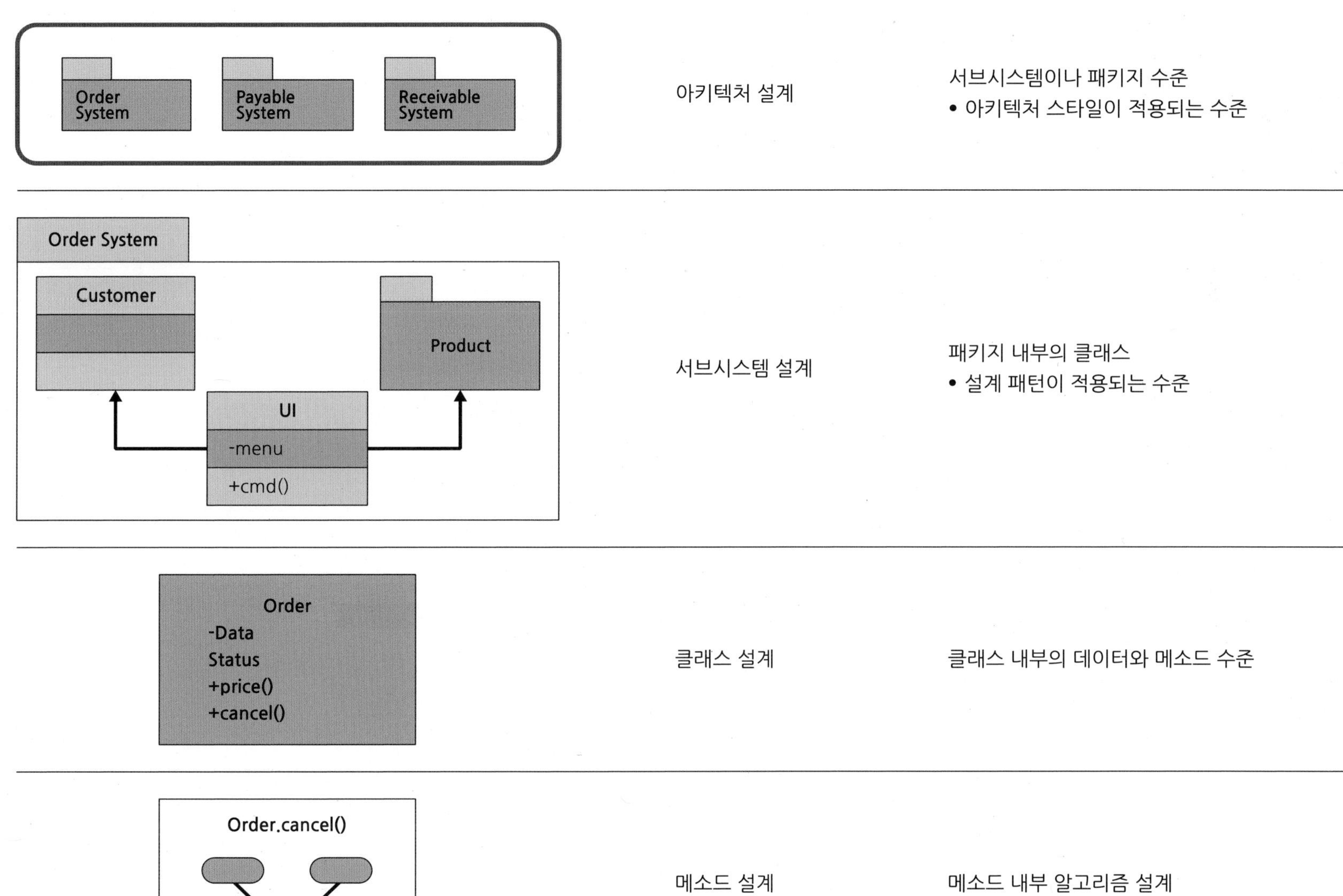
Order System
Payable System
Receivable System
아키텍처 설계
서브시스템이나 패키지 수준
• 아키텍처 스타일이 적용되는 수준
Order System
Customer
Product
UI
-menu
+cmd()
서브시스템 설계
패키지 내부의 클래스
• 설계 패턴이 적용되는 수준
Order
-Data
Status
+price()
+cancel()
클래스 설계
클래스 내부의 데이터와 메소드 수준
Order.cancel()
메소드 설계
메소드 내부 알고리즘 설계

Phase 4 플랫폼 구축 〉 Activity 15 플랫폼 구현

Task 32 구현 Software Implementation

개념

앞서 소프트웨어의 요구사항, 아키텍처 설계, 상세 설계한 것을 실제 소프트웨어로 개발하는 것을 말한다. 설계의 결과를 사용자가 사용할 수 있는 형태로 변환하는 과정이며, 시스템의 기능이 수행 가능한 형태로 나타나며 코딩, 즉 프로그래밍 언어 구현이라고도 한다. 설계 단계에서 논리적으로 결정한 알고리즘을 프로그래밍 언어를 사용하여 실제 프로그램을 작성하는 것이다.

기대효과

코딩에 있어서 적절한 언어를 사용하는 것은 앞서 말한 요구사항에도 직결될 수 있는 소프트웨어의 성능에 영향을 줄 수도 있다. 또한 계획적인 코딩은 작업 시간을 크게 단축할 수 있으며 추후에 유지 보수하거나 수정하는 데에 있어서도 작업 시간을 크게 줄일 수 있고 원활한 업데이트를 할 수 있게 한다.

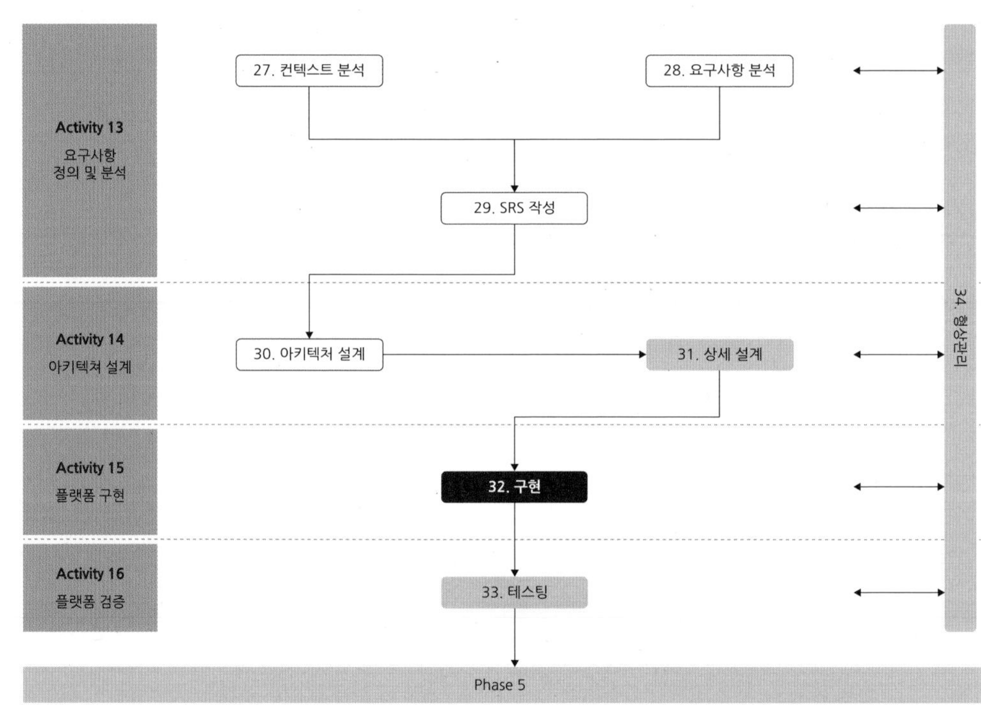

STEP 1 구현 언어 및 개발 환경 설정

구현 단계에서는 상세 설계된 결과물을 실제 프로그래밍 언어를 사용해서 코딩한다.

소프트웨어 구현은 앞선 설계 단계에서 설정한 작업을 기계적으로 개발하는 작업을 진행한다.

설계 단계에서 설정하지 않았다면 이 단계에서 소프트웨어 구현을 어떤 언어로 작성하고 개발 환경OS는 어떤 환경에서 할지 결정하고 작업을 시작한다.

STEP 2 코딩

코딩작업 규칙

코딩 단계는 앞서 설계한 소프트웨어를 실제로 개발하는 과정이다.

코딩을 히는 데 있어서 추후 유지보수를 위해 가독성이 높고, 간결하고 명확한 코딩을 하는 것이 중요하다.

개발자의 개인적인 코딩 스타일대로 작성한다면 일의 효율에 영향을 끼칠 수 있어 개발사는 코딩 작성 지침서를 구비하여 팀원들이 지침대로 코드를 작성하도록 조율해야 한다.

디버깅

디버그**Debug**는 코딩 중에 발생하는 오류나 비정상적인 연산, 버그를 찾고 수정하는 과정이다. 즉, 개발 요구 사항 설계와 맞지 않게 동작하는 것을 모두 버그라고 하고 이를 모두 잡아내는 과정을 디버깅이라 한다. 코딩 과정에서 버그가 없이 작성하는 것은 매우 힘들기 때문에, 견고한 설계를 지향하고 버그가 발생하더라도 디버깅을 통해 쉽게 잡아낼 수 있도록 작성하는 것이 중요하다. 일반적으로 디버깅은 브레이킹 포인트와 디버그 모드를 모드를 이용한 코드 체크, 특정 변수를 조사하기 위한 해당 변수의 주소값을 취해 주소의 메모리를 조사하는 메모리 디버깅, 원격 디버깅, 메모리 상태를 확인하는 메모리 덤프, 오류 정보에 대한 기록을 확인하는 로그 방식 등이 있다.

개념 관점(I)
CLASP 프로세스 컴포넌트들의 상호작용 방법과 V관점을 통한 II관점에 적용 방법의 이해

역할 기반 관점(II)
보안 관련 프로젝트에서 요구되는 역할을 창출하여 III, IV, V 관점에서 사용

활동 평가 관점(III)
III, IV, V 관점에서의 적합성과 관련하여 보안관련 CLASP 활동을 평가

구현 비용 ↔ 활동 적용성 ↔ 휴지상태의 위험

활동 구현 관점(IV)
III에서 선택한 24 보안관련 CLASP 활동의 부분들을 수행

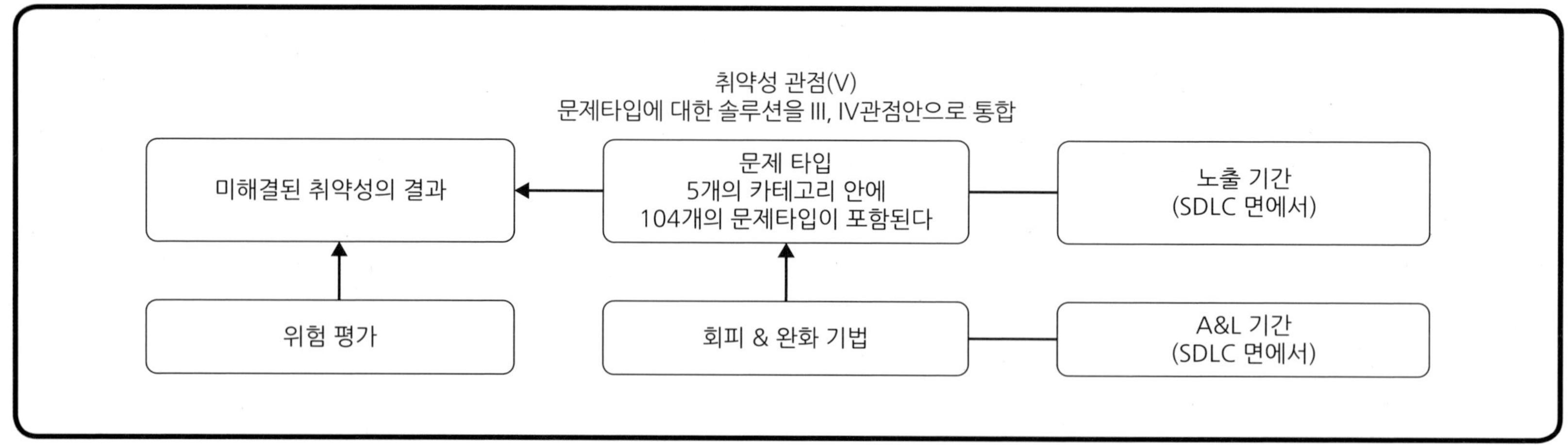

1 교육	2 계획 분석	3 설계	4 구현	5 시험·검증	6 배포·운영	7 대응
• 소프트웨어 개발 보안 교육	• 소프트웨어의 질과 버그 경계 정의 • 보안과 프라이버시 위험 분석	• 공격 영역 분석 • 위협 모델링	• 도구 명세 • 금지된 함수 사용 제한 • 정적 분석	• 동적/퍼징 테스팅 • 공격 영역/위협 모델 검증	• 사고 대응 계획 • 최종 보안 검토 • 기록 보관	• 사고 대응 수행

Phase 4 플랫폼 구축 〉 Activity 16 플랫폼 검증

Task 33 테스팅 Software Testing

개념

소프트웨어 테스트의 정의는 시스템이 정해진 요구를 만족하는지, 예상과 실제 결과가 어떤 차이를 보이는지 수동 또는 자동 방법을 동원하여 검사하고 평가하는 일련의 과정이다. 간단하게 개발된 소프트웨어의 결함이 존재하는지를 보이는 과정이며 정확히 문제가 있는지를 밝히는 과정을 말한다. 이는 소프트웨어 생명 주기 프로세스의 마지막 단계이다. 소프트웨어가 요구사항 설계와 다르게 동작하는 것은 모두 결함으로 치부하며 해당 문제를 발견하는 단계이다. 테스트는 지속적, 반복적, 자주 일어나는 작업이므로 최대한 자동화하여 테스트하는 것이 좋다.

기대효과

테스트가 올바르게 진행되어야 소프트웨어의 품질이 보증된다. 테스트 기법은 소프트웨어가 명시된 요구사항을 만족하는지 요구사항 명세서를 보고 판단하는 유효성, 개발 프로젝트 중 단계별로 고객의 요구사항이 반영되었는지 확인하는 검증단계 등이 있다. 이러한 테스트 과정을 거쳐야 소프트웨어 제품의 결함을 최소화할 수 있다.

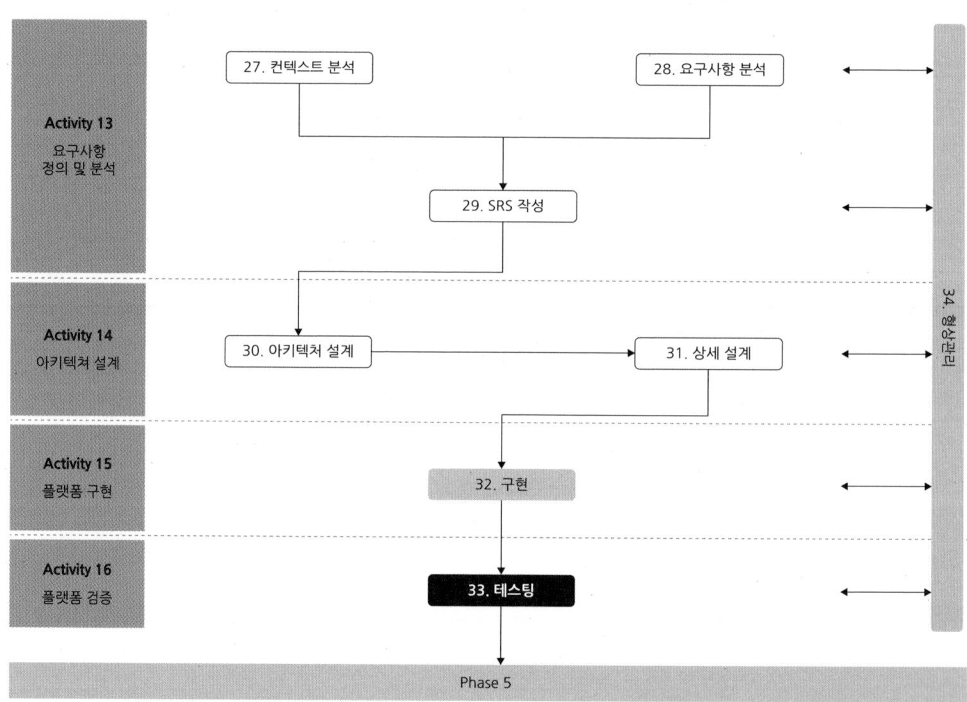

STEP 1
테스트 계획

테스트 전략

사용자의 요구사항을 파악할 수 있는 시점에 개발 시스템의 리스크 범위, 담당자 지정, 확보된 예산 등을 고려하여 향후 수행할 필요가 있는 테스트에 대한 전체 설계를 구상하는 활동이다. 테스트 전략 활동에서 테스트 요소 식별, 범위 설정 등 테스트 일정 착수를 위한 범위를 및 일정 계획을 수립하고 테스트 계획서를 작성한다.

테스트 분석과 설계

추상적인 테스트 목적을 구체적인 테스트 상황과 케이스로 변환하는 활동이다. 테스트 상황을 식별하고 우선순위를 결정한다. 테스트 대상 아이템, 제품, 명세 등의 분석을 통해 이루어진다. 테스트 계획 수립, 분석 및 설계 이후 테스트를 진행한다.

STEP 2
단위 테스트

단위 테스트**Unit Test, Module Test**는 소프트웨어 설계의 최소 단위인 모듈의 검증에 초점을 둔 테스트이다. 모듈은 개발하는 제품의 단위 클래스, 기능 및 함수를 말한다. 상세 설계 명세서를 지침으로 중요한 제어 경로들을 테스트하며, 코드에 중점을 두어 소프트웨어 내부 논리 흐름을 점검한다. 단위 테스트는 화이트박스**White-box** 테스트를 이용하여 프로그램의 제어 흐름을 확인한다. 이때 다음과 같은 사항을 고려한다.

- 모듈 인터페이스:테스트하는 모듈의 내 · 외부로 전달되는 정보를 보증
- 지역 자료 구조: 알고리즘이 실행되는 모든 단계가 진행되는 동안에 값이 변하지 않게 일시적으로 저장된 데이터를 보증
- 독립 경로: 제어 구조를 통하여 기본이 되는 경로들이 모듈 안의 모든 문장을 적어도 한 번 실행하는지 테스트
- 에러 처리: 소프트웨어 동작 중에 발생할 수 있는 잠재적인 오류를 고려하여 테스트

테스트 환경 구성

테스트하려는 모듈을 실행하기 위해서는 해당 모듈을 실행할 수 있는 환경을 구성해야 한다. 즉, 테스트 드라이버**Test Driver**와 테스트 스텁**Test Stub**이라는 가상 모듈을 만들어 테스트하려는 모듈을 실행 가능한 가상 환경을 만들어 단위 테스트를 진행한다.

- 테스트 드라이버: 테스트 대상이 되는 모듈을 호출하여 대상 모듈의 실행 결과는 받는 가상 모듈
- 테스트 스텁: 호출하는 상황의 대상 모듈을 테스트하기 위한 가상 모듈

STEP 3 통합 테스트

단위 테스트 단계에서 각각의 개별적인 모듈을 모두 테스트한다고 하여도 설계 오류를 모두 발견할 수는 없다. 각 모듈이 완전하게 보여도 이들을 통합하면 또 다른 오류를 발생할 수 있기 때문이다. 그 때문에 모듈을 통합한 후 프로그램에 대한 테스트를 수행해야 하는데 이를 통합 테스트라 한다. 전체 시스템을 이루는 모듈을 모두 모았을 때 시스템이 설계 명세서에서의 요구사항에 따라서 기능을 제대로 수행하는지를 점검한다.

통합 기법 종류

모듈을 통합하여 테스트하는 기법으로는 크게 2가지 방법이 있다. 이 중 하나를 선택하여 통합한다.

- 점진적 통합: 모듈을 점진적으로 통합하는 방식으로 하향식, 상향식 통합 기법이 대표적이며, 양방향에서 단위 테스트를 하여 중간 지점에서 결합하는 샌드위치 통합도 있다.
- 빅뱅 통합: 전체 모듈을 모두 통합한 이후 통합 테스트를 수행하는 방식. 오류 발생 시 오류가 발생한 모듈을 찾기 쉽지 않다는 단점이 있음.

STEP 4 확인 테스트

검증

사용자 요구사항에 대한 만족 여부를 검사하는 블랙박스 테스팅을 통하여 이루어진다. 프로세스에 중점을 두어 각 단계가 정확하게 수행했는지를 결정하는 프로세스이다. SRS에서 작성한 내용대로 개발이 제대로 이루어지고 있는지 검사한다. 각 단계가 종료된 후 통합 테스트 때 수행한다.

확인

소프트웨어에 중점을 두어 사용자가 원하는 대로 동작하는지 검사하는 프로세스이다. 통합 테스트 후 사용자의 요구사항이 제대로 반영되었는지 검사한다.

STEP 5 시스템 테스트

시스템의 모든 요소가 적합하게 통합되어 개발된 소프트웨어가 해당 시스템에서 정확하게 수행되는지를 검사하는 테스트 단계이다. 제품을 내놓기 전에 완성된 소프트웨어 제품상에서 전문적인 테스팅 담당자가 수행하는 테스팅이다. 시스템 테스팅에는 수 십 가지 유형이 있으며 소프트웨어 개발 회사에서 주로 사용하는 테스팅은 사용성, 부하, 회복, 안전, 복구 테스팅 등이 있다.

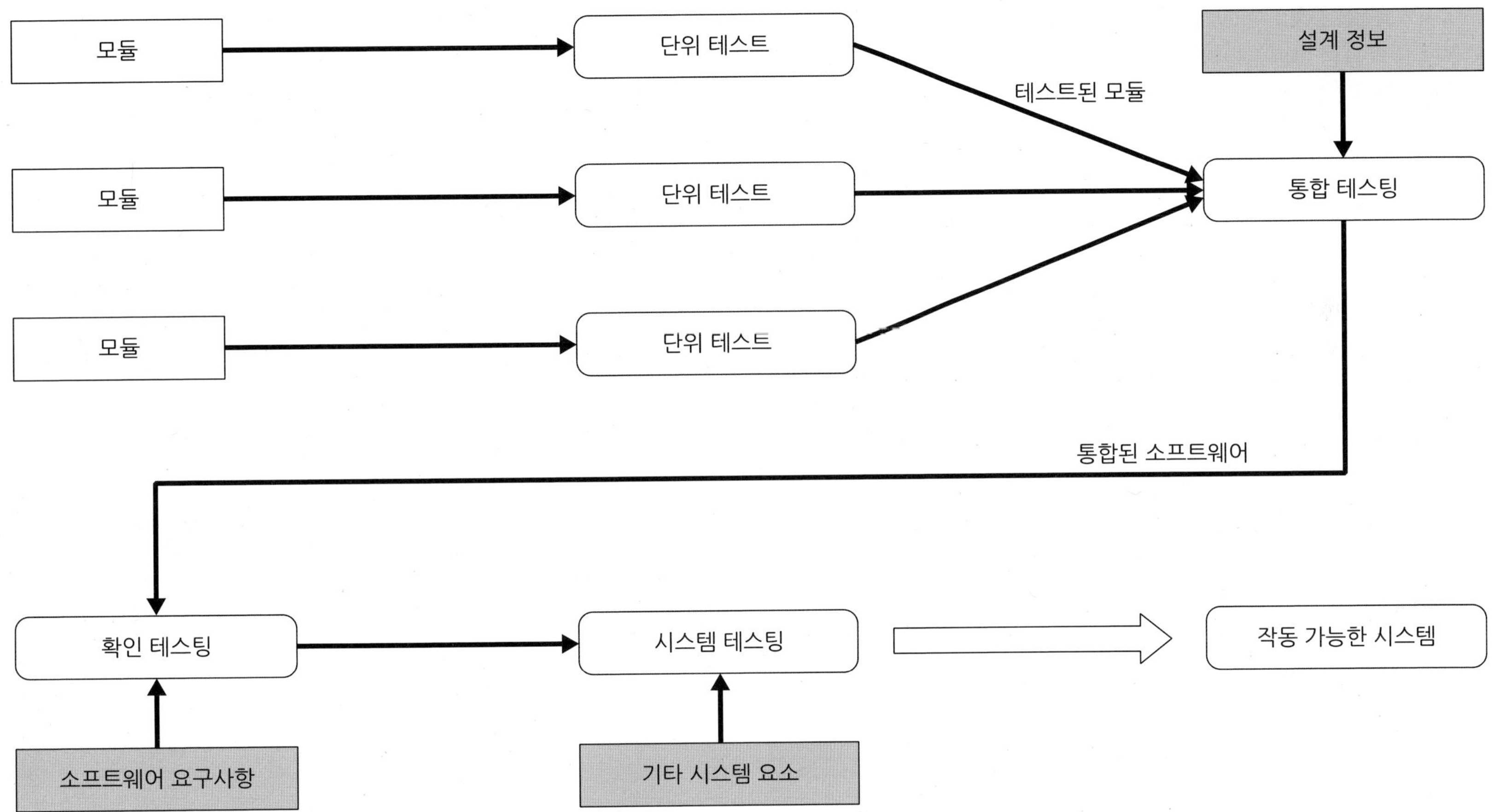
모듈
단위 테스트
모듈
단위 테스트
모듈
단위 테스트
테스트된 모듈
설계 정보
통합 테스팅
통합된 소프트웨어
확인 테스팅
시스템 테스팅
작동 가능한 시스템
소프트웨어 요구사항
기타 시스템 요소

Phase 4 플랫폼 구축 〉 Activity 16 플랫폼 검증

Task 34 형상 관리 Software Configuration Management

개념

소프트웨어 형상 관리는 소프트웨어의 변경사항을 체계적으로 추적하고 통제하는 것으로, 일반적인 단순 버전 관리 기반의 소프트웨어 운용을 좀 더 포괄적인 학술 분야의 형태로 넓히는 근간을 말한다.

일반적으로 형상 항목**Configuration Item**이라는 형태로 작업 산출물을 선정하고, 형상 항목 간의 변경 사항 추적과 통제 정책을 수립하고 관리한다.

기대효과

형상 관리의 목적은 소프트웨어의 변경을 추적하고 이를 처리하는 메커니즘(형상 관리 대상 파악, 베이스라인 지정, 버전 관리, 접근 제어 등)을 제공하는 데 있다. 특히 대규모 프로젝트에서 발생 가능한 위험이나 혼란을 줄이고 프로젝트를 체계적으로 관리하기 위해 형상 관리가 필요하다.

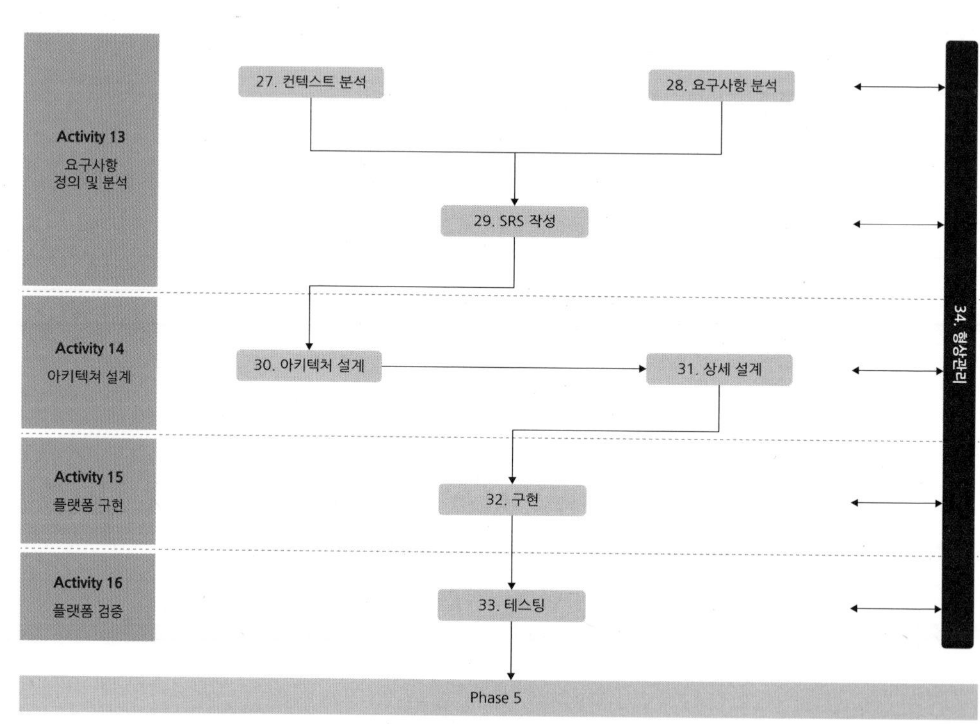

※ 본 Task는 Activity 13, 14, 15, 16의 모든 과정과 상호작용한다.

STEP 1 형상 식별

형상 관리를 할 항목을 식별하는 단계이다. 제품의 전 수명 주기를 통해 제품의 구성요소를 식별할 수 있는 능력을 갖추고 제품에 관련된 무결성 및 추적성을 제공하기 위해 필요하다.

형상 항목 선정

형상 항목은 개발 프로세스에서 생산되거나 사용되는 작업 산출물 또는 작업 산출물들의 집합체를 말한다. 형상 항목 선정은 관리 방법이나 변경에 대한 통제 여부에 따라 산출물을 구분하고 이 가운데 변경에 대한 통제가 필요한 산출물을 선정하는 활동이다. 개발 초기 단계에서 프로젝트 관리자는 형상 관리 책임자를 정하고, 형상 관리 책임자와 함께 형상 관리의 대상이 되는 형상 항목을 정하여야 한다. 형상 항목은 형상 관리계획서에 기술하여야 한다.

기준선Base line 선정

기준선은 형상 관리의 기준이 되는 단계를 설정하는 것을 말한다. 제품 수명 주기 중 형상 관리 활동이 시작되는 설계 · 개발 단계이다. 형상 관리 기준선과 각 기준선의 형상 관리 대상 항목은 다음과 같다.

- 기능 기준선: 시스템 요구사항 명세서, 시스템 명세서
- 할당 기준선: 소프트웨어 요구사항 명세서
- 설계 기준선: 소프트웨어 구조 설계서, 상세 설계서
- 제품 기준선: 코드, 실행 파일, 사용자 문서

형상 식별자 선정

형상 식별자는 형상 항목에 고유한 이름과 번호를 정하고 버전을 부여하는 식별 체계이다. 산출물의 파일 이름으로 쓰이며, 일정한 법칙을 가지고 유지된다. 해당 작업을 통해서 파일명으로 문서의 종류와 버전을 쉽게 알 수 있게 된다.

라이브러리 설정

라이브러리는 산출물 보관 및 관리할 저장 공간으로써 보통 컴퓨터 파일로 특정 디렉터리나 데이터베이스에 저장된다. 프로젝트의 규모와 소프트웨어 비중이 클수록 라이브러리를 통한 형상 관리는 필수이며 다음과 같은 라이브러리가 있다.

- 표준 문서 라이브러리: 소프트웨어 개발 프로세스를 정의하는 각종 표준 및 참고가 되는 자료, 프로젝트에 적응하기 위해 표준문서를 사용하여 작성된 각종 계획서, 절차서 등
- 개발 라이브러리: 개발 프로세스에 따라 작성된 각종 문서, 도면, 산출물
- 형상 관리 라이브러리: 형상 관리 목적으로 형상 통제 및 형상 상태 기록

선정된 라이브러리에 대해서는 저장 방법(매체, 디렉터리 구조 등) 접근 통제 방법, 변경된 형상 항목 저장 방법에 관한 사항을 고려해야 한다.

STEP 2 형상 제어

형상 제어는 고객의 소프트웨어 변경 요구사항을 수용할 것인지를 정하고 형상 관리하는 것을 말한다. 형상 제어는 고객이나 개발자로부터 요청서를 담당자에게 제출된 형상 변경 요청서가 접수되면서 시작된다. 접수된 변경 요청을 검토, 승인, 구현, 시험이 완료되어 변경된 형상 항목이 기준선에 적용됨으로써 종료된다.

STEP 3 형상 상태 보고

형상 상태 정의 및 관련 기록

기준선의 현재 상태 밑 변경 항목들이 제대로 반영되는지 여부를 보고하는 절차이며 이를 통해 개발 상태를 더욱더 쉽게 알 수 있게 한다. 형상 상태는 개발되고 있는 형상 항목의 상태로서 기준선의 설정 상태, 설정된 기준선의 변경 상태 등으로 나타낸다. 형상 상태 보고서에는 기준선의 상태, 변경 통제 상태, 형상 항목 배포 명세, 형상 감사 결과 및 조치 명세, 형상 관리위원회 활동 명세, 형상 관리 활동 명세 등의 내용이 포함되어야 한다.

STEP 4 형상 감사

형상 감사는 형상 관리 활동이 형상 관리 프로젝트 또는 형상 관리 계획서에 따라 수행되는지를 감사하는 활동이다. 형상 감사를 실시하는 감사자는 사전에 계획을 수립한 다음 프로젝트 관리자 또는 형상 관리 책임자의 승인을 얻은 다음 실시한다.

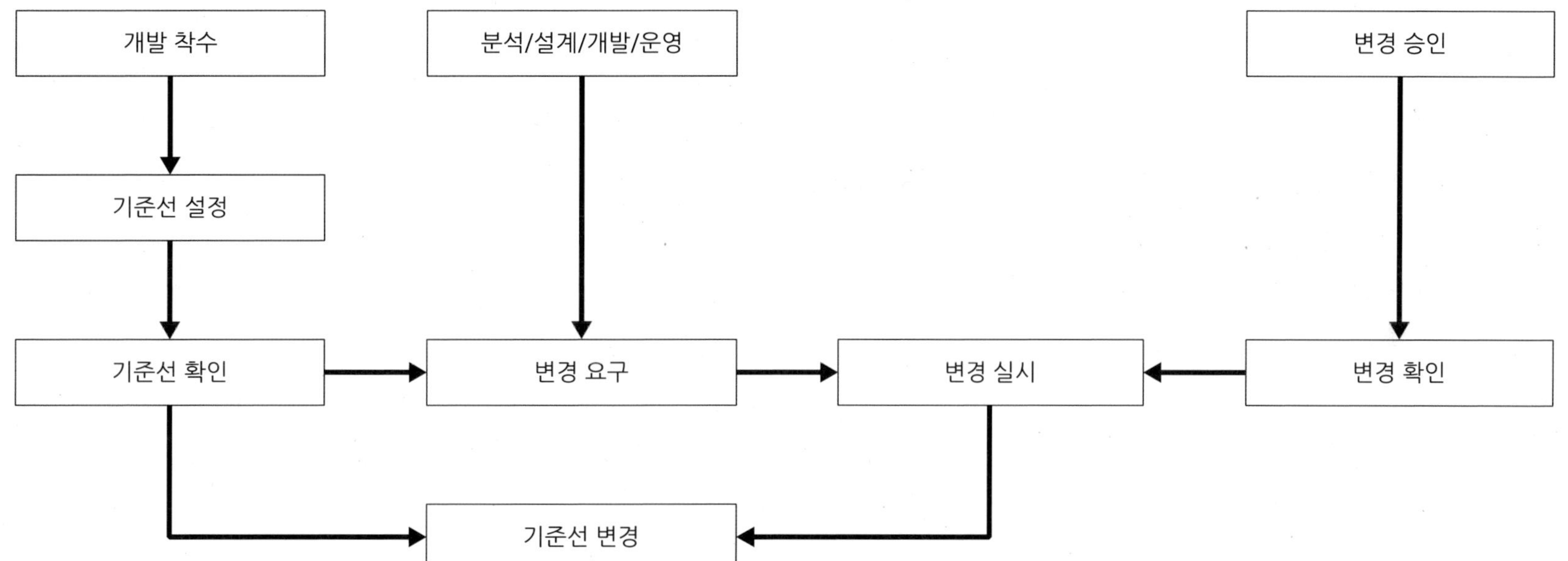
개발 착수
분석/설계/개발/운영
변경 승인
기준선 설정
기준선 확인
변경 요구
변경 실시
변경 확인
기준선 변경

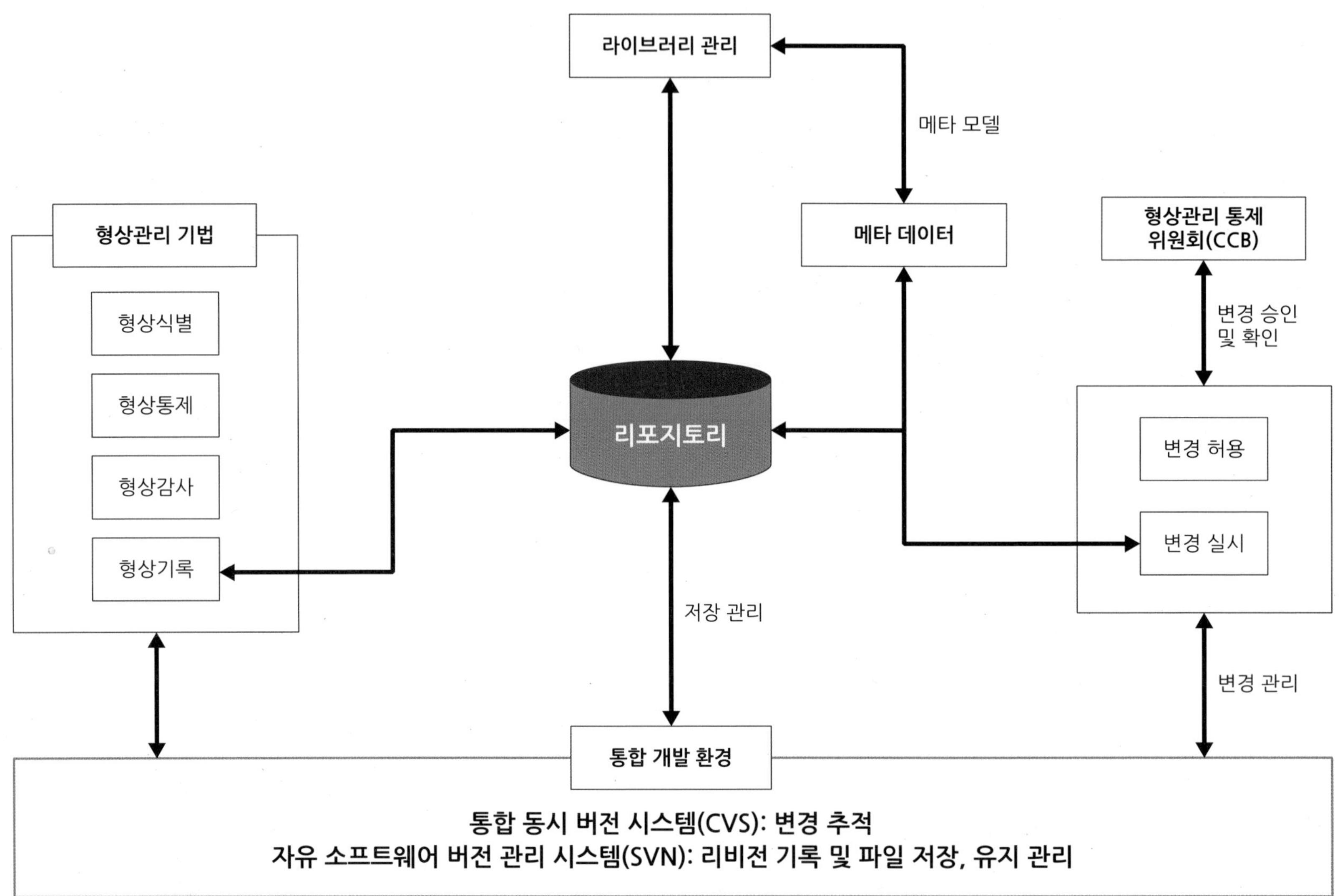
라이브러리 관리
메타 모델
형상관리 기법
메타 데이터
형상관리 통제 위원회(CCB)
형상식별
형상통제
형상감사
형상기록
리포지토리
변경 승인 및 확인
변경 허용
변경 실시
저장 관리
변경 관리
통합 개발 환경
통합 동시 버전 시스템(CVS): 변경 추적
자유 소프트웨어 버전 관리 시스템(SVN): 리비전 기록 및 파일 저장, 유지 관리

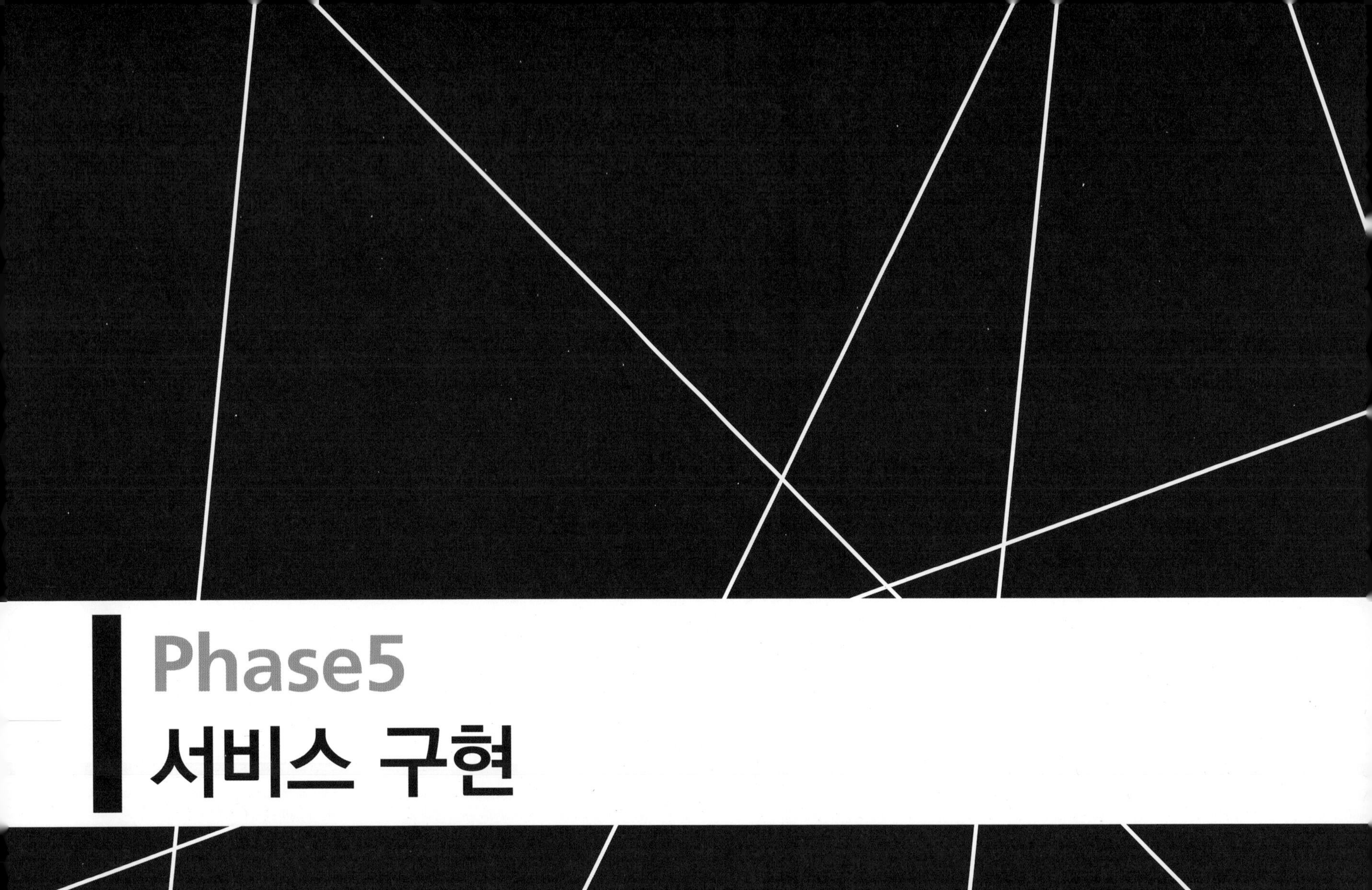

Phase5
서비스 구현

Phase 5 서비스 구현 〉 Activity 17 테스트베드 설계

Task 35 테스트베드 매뉴얼 Test Bed Manual

개념

테스트베드란 제품 및 서비스를 본격적으로 실시하기 이전에 특정 장소 및 대상 등에게만 내놓아 다양한 마케팅 활동을 전개한 후 미처 발견하지 못한 미흡한 부분을 밝혀내어 개선하는 활동을 의미한다. 원활한 테스트베드 구축 및 운영이 가능하도록 테스트베드의 대상, 운영 방안, 장소, 일정 등에 대해 의사결정을 진행하고 구체적인 가이드라인을 제시하는 것이 테스트베드 매뉴얼 단계이다. 해당 단계는 테스트베드 구축 및 운영을 위한 가이드라인을 수립하는 데 목적이 있다.

기대효과

향후 테스트베드 운영에 차질이 없도록 사전 계획을 수립하여 효과적으로 테스트베드를 운영할 수 있다.

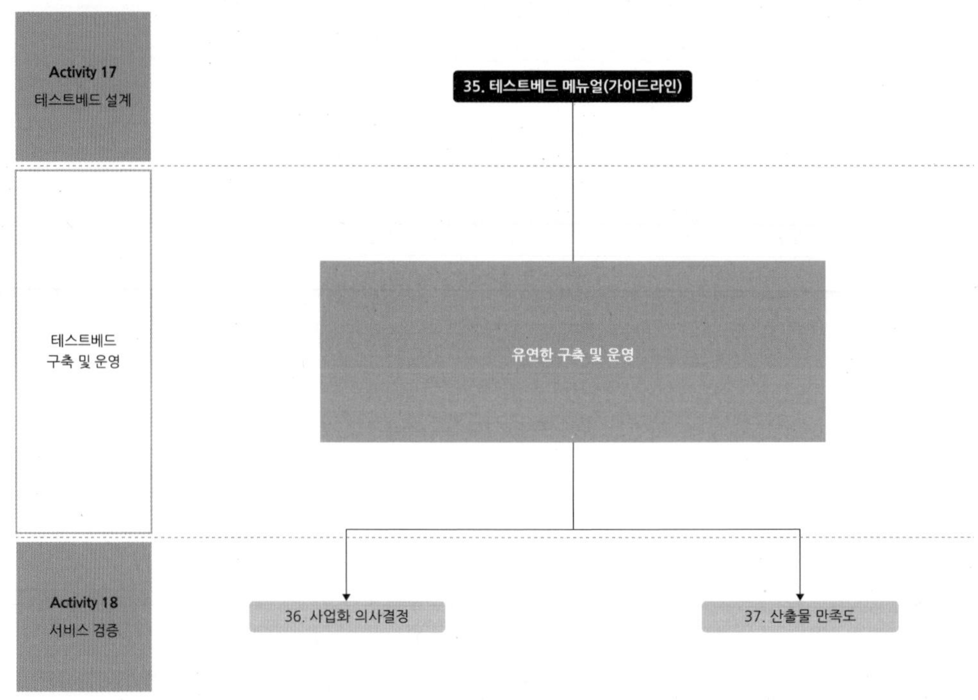

STEP 1
테스트베드 TF 구성

수행기업 및 파트너 사에서 테스트베드 운영 관련 의사결정을 담당할 Task Force(TF)를 구성한다.

STEP 2
사전 계획 수립

테스트베드 운영 계획

다양한 이해관계자를 활동 주체로 포함하여 테스트베드로 운영한다.

기초 조사

테스트베드 TF 구성원 간의 업무 협조를 통해 현황 분석 및 제품/서비스 설치 위치 선정 등 테스트베드 구축을 위한 기본적인 요구사항에 대하여 사전 소사를 실시한다.

수행 계획서 작성

- 테스트베드 운영 이전에 수행기업과 그 외 기업 간 운영에 필요한 전반적인 내용을 상호 간 협의를 통해 규정하고 수행 과업 등을 명확하고 간결하게 작성한다.
- 테스트베드를 운영할 제품/서비스 명, 테스트 기간(사업 기간), 수행 목표, 예상 결과, 기대효과 등으로 구성하여 작성한다.
- 테스트베드 운영 기간 내 설치 시제품 관리와 운영 기간 종료 후 사후관리 등에 대해 작성한다.

운영 시나리오 작성

앞선 사전 계획 및 평가 계획을 기반으로 원활한 운영을 위해 테스트베드 운영 시나리오를 작성한다. 테스트베드 진행 과정을 한눈에 쉽게 파악할 수 있도록 간결하고 명료하게 작성한다.

STEP 3 평가 계획 수립

평가 계획 수립

- 내부 회의를 거쳐 테스트베드 사전/사후 평가에 대한 계획을 수립한다.
- 평가 항목은 내부 협의 하에 선정하여 평가를 실시한다.

내부 평가(안) 작성

테스트베드 관련 내부 이해관계자를 대상으로 제품/서비스 테스트베드 운영 사전 평가와 운영 후의 사후 평가를 실시할 계획을 수립하여 평가(안)을 작성한다.

외부 평가(안) 작성

테스트베드 제품/서비스 사용자를 대상으로 제품/서비스 테스트베드 운영 사전 평가와 운영 후의 사후 평가를 실시할 계획을 수립하여 평가(안)을 작성한다.

<table>
<tr><th colspan="5">테스트베드 수행 계획서</th></tr>
<tr><td rowspan="2">참여 인력</td><td colspan="2">운영 책임자</td><td colspan="2">참여 인력</td></tr>
<tr><td></td><td></td><td colspan="2">총 00명</td></tr>
<tr><td>사업명</td><td></td><td></td><td>테스트 기간</td><td></td></tr>
<tr><td>테스트 목적</td><td></td><td></td><td></td><td></td></tr>
<tr><td>테스트 수행 방법</td><td></td><td></td><td></td><td></td></tr>
<tr><td>테스트 목표</td><td></td><td></td><td></td><td></td></tr>
<tr><td>테스트 요구사항</td><td></td><td></td><td></td><td></td></tr>
<tr><td>테스트 위험수준 및 극복방안</td><td></td><td></td><td></td><td></td></tr>
<tr><td>예상 결과</td><td></td><td></td><td></td><td></td></tr>
<tr><td>기대효과</td><td></td><td></td><td></td><td></td></tr>
<tr><td rowspan="2">설치 제품 리스트</td><td>제품명</td><td>단위</td><td>수량</td><td>위치</td></tr>
<tr><td></td><td></td><td></td><td></td></tr>
</table>

내부 평가		
구분	문항	매우 그렇지 않다 —— 보통이다 —— 매우 그렇다
기술 완성도	본 제품이 적절한 운영 환경에서 실행 가능한 프로토타입으로 완성되었다고 생각하십니까?	①—②—③—④—⑤
	본 제품이 실제 적용 환경에서의 요구사항 충족이 가능하다고 생각하십니까?	①—②—③—④—⑤
	본 제품이 시장 출시 및 제품 생산 등에 대한 준비가 완료되었다고 생각하십니까?	①—②—③—④—⑤
	본 제품이 테스트베드를 통해 충분이 검증되었다고 생각하십니까?	①—②—③—④—⑤
적용 안전성	본 제품의 안전 관련 법정 의무 인증이 충분히 검증되었다고 생각하십니까?	①—②—③—④—⑤
	본 제품의 환경 관련 법정 의무 인증이 충분히 검증되었다고 생각하십니까?	①—②—③—④—⑤
	본 제품의 첨단 기술 적용으로 인한 규제적 장애 요소에 대해 준비가 완료되었다고 생각하십니까?	①—②—③—④—⑤
	본 제품의 적용 안전성에 개선되었으면 하는 점이 있다면 자유롭게 작성해주십시오.	①—②—③—④—⑤
품질 및 가격	본 제품의 품질 수준이 적당하다고 생각하십니까?	①—②—③—④—⑤
	본 제품의 가격이 적당하다고 생각하십니까?	①—②—③—④—⑤
기타 의견	본 제품의 품질에 개선되었으면 하는 점이 있다면 자유롭게 작성해주십시오.	
	본 제품의 가격에 개선되었으면 하는 점이 있다면 자유롭게 작성해주십시오.	
	본 제품의 제안된 서비스가 기존의 시장을 대체하거나 기존에 없던 시장이 만들어지는데 있어 어떤 차별점이 있는지 자유롭게 작성해주십시오.	
	수요자(최종 사용자) 관점에서 본 제품 및 서비스를 도입/활용하는데 있어서 요구되는 기술적 환경 또는 요구사항이 있다면 자유롭게 작성해주십시오(연관된 장치 등).	
	본 제품의 기술 완성도에 개선되었으면 하는 점이 있다면 자유롭게 작성해주십시오.	
	규제적 장애요소가 발생할 가능성이 있는 경우 이를 극복하기 위한 방안에 대해 자유롭게 작성해주십시오.	

외부 평가		
구분	문항	매우 그렇지 않다 —— 보통이다 —— 매우 그렇다
품질	본 제품의 품질 수준이 적당하다고 생각하십니까?	①—②—③—④—⑤
	본 제품의 안전성에 만족하십니까?	①—②—③—④—⑤
	본 제품의 시각적 피로도를 위한 설계에 만족하십니까?	①—②—③—④—⑤
기능	본 제품의 조명 제어 기능에 만족하십니까?	①—②—③—④—⑤
	본 제품의 교체/설치가 용이하다고 생각하십니까?	①—②—③—④—⑤
	본 제품의 에너지 절감을 고려한 기능에 만족하십니까?	①—②—③—④—⑤
디자인	본 제품의 크기가 적당하다고 생각하십니까?	①—②—③—④—⑤
	본 제품의 형태가 공간 배치 시 실용적이라 생각하십니까?	①—②—③—④—⑤
	본 제품의 디자인 및 색상에 대해 만족하십니까?	①—②—③—④—⑤
가격	본 제품의 가격이 적당하다고 생각하십니까?	①—②—③—④—⑤
	— 본 제품에 대해 희망하는 가격대가 있으십니까?	
기타 의견	본 제품의 품질에 개선되었으면 하는 점이 있다면 자유롭게 작성해주십시오.	
	본 제품의 기능에 개선되었으면 하는 점이 있다면 자유롭게 작성해주십시오.	
	본 제품의 디자인에 개선되었으면 하는 점이 있다면 자유롭게 작성해주십시오.	
	본 제품의 가격에 개선되었으면 하는 점이 있다면 자유롭게 작성해주십시오.	

Phase 5 서비스 구현 〉 Activity 18 서비스 검증

Task 36 사업화 의사결정 Commercialization Decision

개념

투자안의 가치를 평가하는 방법 중 하나인 순현재가치법**net present value(NPV)**은 미래에 유입 및 유출된 현금 흐름을 파악하고, 이를 현 시점의 가치로 할인하여 분석하는 방법이다. 유입될 현금 흐름이 유출되는 현금 흐름보다 크다면 해당 투자 대안은 재무적 관점에서 투자할 가치가 있다고 판단한다.

기대효과

테스트베드 수행을 통해 가시화된 서비스의 비용과 수익 흐름을 바탕으로 해당 비즈니스 모델의 타당성을 정량적으로 검증할 수 있다.

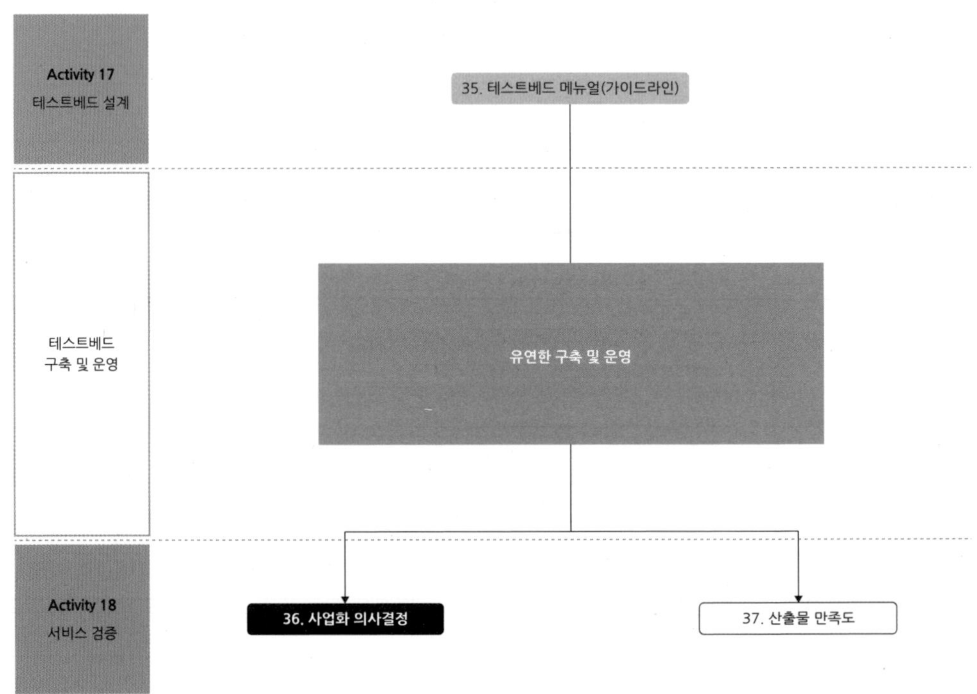

STEP 1
비용 흐름 파악

목표 설정

개발한 서비스를 기반으로 비즈니스를 최소 몇 년 이상 유지할 것인지 의사결정을 한다. 그 기준은 정부 지원 사업의 보조금을 지원받는 기간이나 벤처투자사로부터 몇 년 간의 투자를 유치한 기간이 될 수 있다.

투자비용 규모 파악

비즈니스를 구축하기 위해 소요되는 초기 투자비용의 내역과 그 규모를 파악한다.

비용 항목 구분

사업을 유지하는 동안 발생하는 고정비와 변동비를 구분하여 파악한다.

1) 고정비: 조업도와는 무관하게 기간에 따라 일정하게 발생하는 비용. 편의를 위해 준변동비와 준고정비를 포함한다.
   - 감가상각비, 급여, 임대료, 이자, 보험료, 상하수도·전기·통신 요금, 서버 유지비 등
2) 변동비: 조업도의 증감에 따라 변동하는 비용
   - 재료비, 부품비, 판매 수수료, 잔업수당 등

연차별 배분

목표 설정 과정을 통해 설정한 비즈니스 유지 기간 동안 연차별로 고정비와 변동비, 그리고 연차별로 특별하게 발생하게 되는 비용들을 매 연도에 맞게 배분한다. 이 과정을 마치면 매 연차별 현금 유출의 합을 도출한다.

STEP 2
수익 흐름 파악

수익 항목 구분

수익 항목에서는 사업으로부터 발생하는 매출액과 정부지원사업 및 투자자로부터 유입되는 기타 자금을 구분한다.

1) 매출액: 소비자에게 재화 또는 서비스를 현금판매 혹은 신용판매함으로써 얻는 수익
2) 기타 자금: 정부지원사업을 통해 받는 지원금 또는 벤처투자사로부터 유치한 투자금. 이 외에도 사업 외적으로 발생하는 수익들이 해당

STEP 2 수익 흐름 파악

연차별 배분

목표 설정 과정을 통해 설정한 비즈니스 유지 기간 동안 연차별로 사업 수익과 기타 자금들을 매 연도에 맞게 배분한다. 이 과정을 마치면 매 연차별 현금 유입의 합을 도출한다.

STEP 3 의사결정

순현재가치 계산

순현재가치**NPV**의 계산식은 다음과 같다.

$$\text{NPV} = \sum_{t=1}^{n} \frac{CF_t}{(1+r)^t} - C_0$$

t : 현금 흐름의 기간
n : 사업의 전체 기간
r : 금리
CF_t : 시간 t에서의 순현금흐름
C_0 : 초기투자자본

의사결정

도출된 순현재가치 값을 바탕으로 사업성에 대한 타당성을 평가하고, 본격적인 사업화를 실시할 것인지 의사결정한다. 평가 및 의사결정은 앞서 계획한 몇 년 간의 현금 흐름의 순현재가치가 0 또는 음의 값(−)으로 나타나면 사업화를 중단하고, 양(+)의 값으로 나타날 경우 사업 추진을 고려한다. 다만, 그 정도에 따라 양(+)의 값이 도출되더라도 사업화에 대한 매력도가 낮다고 판단될 경우, 추진을 중단하고 고수익화 방안을 모색할 수도 있다.

구분		사업 연차										계
현금 유입 (A)	매출											
	기타											
	계											
현금 유출 (B)	변동비											
	고정비											
	계											
현금흐름 계(C = A − B)												
순현재가치 ($D = C/(1+r)^t$)												
초기투자자본(E)												
NPV ($F = sum(D_1:D_t) - E$)												

Phase 5 서비스 구현 〉 Activity 18 서비스 검증

Task 37 산출물 만족도 Output Satisfaction

개념

산출물 만족도는 에코사이언스 프레임워크의 최종 단계이며 융합산업 서비스 모델을 완성하기 위한 마지막 관문이다. 설계한 서비스 모델에 대한 만족도를 측정하여 서비스 모델로 확정하고 운용 여부를 결정하기 위한 단계이다.

만족도는 해당 기업의 경영진 및 실무진을 중심으로 조사하며 효율적인 측정을 위해 설문지 기법을 활용한다. 서비스모델 설계 과정 및 결과에 대해 응답자 의견을 수렴하여 성과를 자체적으로 진단하고, 개선사항이 있다면 수정 과정을 지원한다.

산출물 만족도를 마무리한 후에는 최종적으로 융합산업 서비스 모델을 확정짓는다.

기대효과

방법론을 활용한 서비스 모델 설계 과정 및 결과에 대해 자체적으로 진단이 가능하다. 더불어 서비스 모델에 대한 개선책을 마련하여 수정 및 보완 작업을 실시할 수 있다.

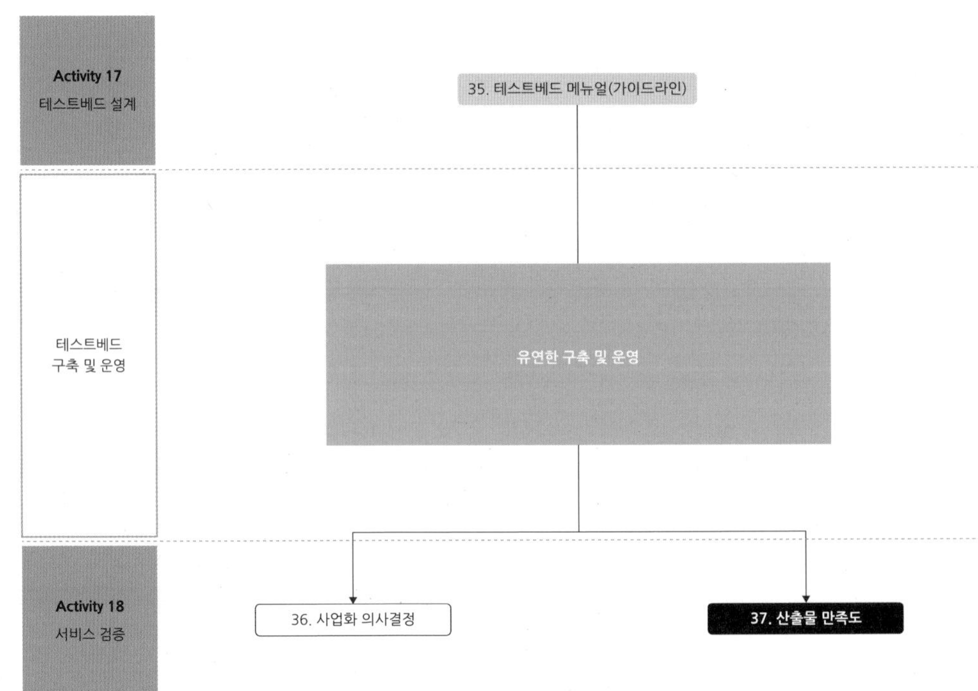

STEP 1
조사계획수립

조사개요 수립

서비스 모델에 대한 실효성 및 성과를 평가하여 제품 및 서비스의 개선 사항을 도출한다.

조사내용 계획

각 Phase 산출물과 기대효과 순으로 폐쇄형 및 주관식 설문을 실시한다.

수행방식 계획

- 설문은 해당하는 경영진과 실무진 모두를 대상으로 하되, 필요시 대표자를 선정하여 심층 면담을 추가로 진행할 수 있다.
- 설문은 이메일**E-mail**을 통해 배포 및 수거하고, 심층 면담은 인터뷰 방식을 활용한다.
- 설문의 경우 표준화된 설문지를 이용하여 표본에게 동일한 방법으로 질문한다.

STEP 2
설문지 작성

척도와 점수환산 기준 설정

- 등간척도를 사용하여 측정하되, 인구통계적 특성의 경우 명목척도를 함께 사용한다.
- 문항의 구성은 5점 리커트 척도로 하고, 이를 100점 만점으로 환산하여 평가한다.

설문 항목 구성 및 작성

- 설문 내용은 크게 운영과정, 담당자, 기대효과 평가 영역으로 구분하고, 각각에 적합한 측정 문항을 각 5개 이상 작성한다(단, 사업 영역에 따라 평가 영역이 유동적으로 수정될 수 있다).
- 응답자가 답변하는 과정에서 발생할 수 있는 오류를 최소화하도록 설문지의 각 문항을 간결하고 명확하게 작성하며, 애매한 표현은 가능한 제외한다.

설문지 완성

- 초반부에 조사 목적과 개요에 대해 설명하고, 조사기관과 비밀보장 내용 및 조사 담당자의 연락처를 기재한다.

STEP 3 자료수집 및 분석

설문지 수집

- 설문지 배포 및 회수 담당자를 지정한다.
- 설문 목적 및 내용, 담당자의 연락처, 마감기한을 명확히 표기하여 송부한다.
- 설문 마감기한에 맞춰 응답한 내용을 수집하고, 주요 항목에 대한 기입이 정확한지 검토한다.
- 마감기한을 넘긴 응답자에게 재확인 연락을 취한다.

자료 분석

- 활용가능한 패키지를 사용하여 응답 결과를 통계적으로 분석한다(Excel, SPSS 등).

STEP 4 결과 해석

결과 작성

통계 결과표를 토대로 유의한 해석을 진행하고, 이 내용을 발표자료로 구성하여 구성원과 공유한다.

수정 및 보완(선택사항)

만약 서비스 모델 설계 과정 혹은 결과에 대한 개선이 필요할 경우 Pivot을 진행하여 수정 및 보완 작업을 실시한다. 수정사항이 없으면 프로젝트를 종료한다.

구분	문항	매우 그렇지 않다 —— 보통이다 —— 매우 그렇다
[Phase 1] 서비스 평가	서비스 모델은 산업과 고객의 니즈를 모두 충족시킬 수 있는가?	① — ② — ③ — ④ — ⑤
	서비스 모델의 아이디어는 혁신적인가?	① — ② — ③ — ④ — ⑤
	서비스 모델은 본사가 단기간에 적용할 수 있는 적정서비스인가?	① — ② — ③ — ④ — ⑤
	서비스 모델의 결과물에 대해 만족하는가?	① — ② — ③ — ④ — ⑤
[Phase 2] 생태계 평가	융합 생태계에서 도출된 협력 파트너가 적합한가?	① — ② — ③ — ④ — ⑤
	융합 생태계에서 도출된 고객의 유형은 적합한가?	① — ② — ③ — ④ — ⑤
	기존 생태계와 융합 생태계 분석 결과는 적합한가?	① — ② — ③ — ④ — ⑤
	융합 생태계에서 본사의 역할을 명확한가?	① — ② — ③ — ④ — ⑤
[Phase 3] 비즈니스 전략 평가	비즈니스 모델은 기존 생태계에서 경쟁력이 있는가?	① — ② — ③ — ④ — ⑤
	비즈니스 모델 수익 구조는 적합한가?	① — ② — ③ — ④ — ⑤
	비즈니스 모델의 지속 가능성을 위해 제시된 생존 전략은 적합한가?	① — ② — ③ — ④ — ⑤
	비즈니스 모델이 자사가 운영하기에 적합한가?	① — ② — ③ — ④ — ⑤

구분	문항	매우 그렇지 않다 —— 보통이다 —— 매우 그렇다
[Phase 4] 플랫폼 평가	플랫폼이 비즈니스 모델의 개념을 충분히 반영하였는가?	①—②—③—④—⑤
	플랫폼에 협력 생태계 이해 관계자 모두 참여 가능한가?	①—②—③—④—⑤
	플랫폼의 고객가치경험을 위한 UX/UI가 적합한가?	①—②—③—④—⑤
	플랫폼의 기술적 기능 수준이 적합한가?	①—②—③—④—⑤
[Phase 5] 서비스 구현 평가	테스트베드 구축 및 운영을 통해 본 컨설팅의 적합성이 충분히 검증되었는가?	①—②—③—④—⑤
	서비스 모델의 사회적 파급효과는 충분한가?	①—②—③—④—⑤
	서비스 모델의 소비자 편인은 충분한가?	①—②—③—④—⑤
	컨설팅 종료 후 사업화 돌입이 가능한 수준의 결과물이 나왔는가?	①—②—③—④—⑤
기대효과 평가	기업의 경영 효율성 제고 기여도가 충분한가?	①—②—③—④—⑤
	융합산업 촉진 기여도가 충분한가?	①—②—③—④—⑤
	컨설팅 결과에 대해 만족한가?	①—②—③—④—⑤
	컨설팅을 다시 요청할 의사가 있는가?	①—②—③—④—⑤

PART 3
에코사이언스를 활용한 조명 서비스 혁신

1. Phase 1: 서비스 도출 || 2. Phase 2: 융합 생태계 정의 || 3. Phase 3: 비즈니스 모델 전략
4. Phase 4: 플랫폼 구축 || 5. Phase 5: 서비스 구현

Phase1
서비스 도출

Phase 1 서비스 도출 〉 Activity 01 대상 산업 현황 분석

Task 01 거시환경분석 Political, Economic, Social and Technological analysis

조명산업에 대해 분석하기 위해 최근 5년 이내 주요 보고서, 선행연구, 뉴스 등을 수집하였다. 자료수집 후에는 팀원 간 중복되는 자료 혹은 주제에 벗어난 자료를 정제하는 과정을 거쳤다. 이후 각 이슈를 정치, 경제, 사회, 기술적 요인에 따라 배치하고 시사점을 도출하였다.

[정책적 동향 및 시사점]

첫 번째로 세계적인 에너지 절감과 효율화를 위한 정책 기조를 꼽을 수 있다. 기후 변화 문제에 대응하여 탄소 저감을 달성하기 위해 전 세계적으로 에너지 정책을 수립하고 있으며, 이는 조명산업에 적지 않은 영향을 미칠 것으로 예상했다. 구체적으로, 기존 에너지 효율이 떨어지는 조명 제품들을 고효율 제품으로 변경하는 과정에서 발생하는 경제적 효익과 조명 제조 업체들의 R&D 투자 확대 등이 조명 산업 활성화에 기여할 것으로 보았다. 두 번째는 국가 산업으로서의 LED 조명 육성으로, 이는 장기적 관점에서 조명산업이 LED 기반으로 전환되고 기타 융합 산업으로 확장되는 것의 기반을 다지는 것이라 볼 수 있다. 마지막으로, 스마트 조명산업의 저변 확대를 위한 지원을 선정했으며, 이는 스마트 조명 시스템에 대한 인식을 제고할 수 있을 것으로 예측했다.

[경제적 동향 및 시사점]

첫 번째, 국내 조명 제조 업체들의 공급망 악화를 꼽을 수 있다. 중국 등 인건비가 낮은 국가들로부터 수입되는 저품질의 저가형 조명 제품들이 국내 시장을 잠식하고 있으며, 이로 인해 국내 업체들은 매출이 감소하고 재고가 누적되며 경영 악화가 발생하고 있다. 이러한 현상은 국내 조명 산업 생태계 전반에 부정적인 영향을 미치므로, 조명산업 활성화를 저해하는 요소로서 꼽았다. 두 번째는 ICT 기반의 스마트 조명시장에 대한 긍정적 전망이다. 스마트 조명시장 육성에 관한 정책적 지원과 더불어 시장 수요 자체도 증가하고 있어 성장세가 지속될 것으로 예측되었다. 세 번째, 용도나 분야에 따라 상이한 성장률로, 이는 현재 조명 산업을 개관할 수 있는 요소이며 5년 동안의 자료와 결합하여 시계열 데이터를 구축해 조명 산업의 트렌드를 파악할 수 있었다.

거시환경분석을 통해 조명 산업을 거시적 관점에서 개관함으로써, 현재 조명 산업이 겪고 있는 현실적인 문제점과 국제 무대에서의 국내 시장의 지위, 구조적 문제점 등에 대해 파악할 수 있었다. 또한, 조명 산업이 융합 산업에서 하나의 축으로서 어떠한 역할을 수행해나갈 수 있을 것인지에 관한 시사점을 얻을 수 있었다.

[사회적 동향 및 시사점]

첫 번째, 인간중심 조명에 대한 소비자 니즈의 발생을 꼽을 수 있다. 소비자들의 니즈는 시각적인 부분과 비시각적인 부분으로 구분되었다. 이는 소비자들이 조명이 주는 시각적 아름다움이나 인테리어 효과뿐만 아니라 생체리듬 관리, 생활 편의성 증대 등을 기대하는 것이라고 해석할 수 있다. 두 번째는 조명산업의 융합 트렌드이다. 최근 조명산업이 의료, 에너지, 농업 등 다양한 분야와 융합되어 주요한 역할을 수행함으로써 산업 확장 가능성을 볼 수 있었다. 세 번째는 조명산업 활성화 장벽에 관한 것이다. 설치의 어려움으로 인해 일반인에게 LED 기반의 스마트 조명시스템 보급 및 확산이 더딘 점이 가장 큰 문제였다. 또한 조명 품질에 대한 표준이 미흡하여 내구성, 밝기, 에너지 효율 등 적정 수준에 미치지 못하는 제품들이 시장을 어지럽혀 조명 제품에 대한 부정적 인식을 확산시킬 우려가 있다는 점도 조명산업 활성화를 저해하고 있다.

[기술적 동향 및 시사점]

첫 번째, LED 제조 기술의 고도화를 꼽을 수 있다. 세계적으로 LED를 소형화하거나 구부리거나, 색을 입히는(청색 LED) 등의 여러 기술적 시도들이 지속되어 왔다. 이러한 기술의 고도화는 결국 제품의 다양화에 기여한다. 그 결과, 소비자들의 선택지는 더욱 넓어지게 되므로 산업에 긍정적인 요소로 작용한다. 두 번째, IoT 기술과 융합을 통한 스마트 조명 시스템의 고도화이다. 조명이 다른 사물과의 연동 가능해지면서 다양한 서비스의 가능성이 있다. 이는 비단 스마트 시티에만 해당하는 내용은 아니다. 마지막은 표준화의 문제점이다. 조명 산업의 특성상 인테리어에 맞추어 조명이 설치된다는 점에서, 한 업체의 조명만을 사용하지 않으므로 시스템 간 호환성은 중요한 요소이다. 하지만, 업체별로 통신 체계가 상이하고, 제품 표준 인증이 부재하여 산업이 구조적 문제를 내포하고 있었다.

구분	내용	시사점
정책 (P)	• **(미국)** 2015년부터 LED 조명의 에너지 절감의 극대화와 부가가치 향상을 위해 스마트 조명 육성 추진중이며, 2035년까지 56% 이상 스마트 조명 보급을 통해 전통 조명 대비 75% 에너지 절감 추진 • **(EU)** 정부 차원에서 에너지 절감, 삶의 질 개선, 스마트 시티 인프라로서의 스마트 조명에 대한 지원 및 보급 확산 추진 • **(중국)** 정부 차원에서 막대한 투자를 진행하여 LCD, OLED 제조 부문에서 세계적 주도권을 가지고 있으며, 국무원 주도의 5개년 계획에 따라 고부가가치 스마트 조명 보급을 위한 산업계 지원 추진 • **(한국_LED 육성**) 2009년부터 국가 신성장 동력산업 및 녹색기술 융복합 산업으로써 LED 조명을 집중 육성 • **(한국_스마트 조명 육성**) 2019년 발표한 에너지 효율 혁신전략에 따라 스마트 조명 보급을 확대로 형광등을 퇴출하여 최저 효율기준을 강화하고 LED와 IOT 기술이 결합된 스마트 조명 보급 확대 추진 • **(한국_에너지 절감 추진**) 제로에너지 확대와 스마트 홈/시티 연계를 통해 에너지 절감형 스마트 조명 보급 정책 추진	• 에너지 절감 및 효율화 기조 확산 • 국가 산업으로써 LED 조명 산업 육성 • 스마트 조명 저변확대 지원
경제 (E)	• **(세계 시장 규모**) 에너지 절감효과가 높은 스마트 조명의 경우 연 평균 24.6% 급격히 성장하여 2017년 63억불에서 2025년 296억불로 시장 규모가 성장 할 것으로 예측 • **(현재 산업별 전망)** 광 ICT(23.1%) > 영상정보(16.7%) > 스마트 조명(15.4%) 순으로 성장 중 • **(현재 용도별 전망**) 상업용(8.84%) > 공공 인프라용(4.21%) > 주택용(3.09%) 순으로 성장 중 • **(향후 분야별 전망)** 의료환경분야(79.6%) > 실내조명(58.7%) > 실외조명(36.1%) > 농수산(30.5%) 순으로 성장률 예상 • **(공급망 악화)** 국내 조명 공급 과잉에 따른 재고 누적, 가격하락 등으로 수익성이 악화되고 있으며, 중국 등의 저가공세로 최근 5년간 조명 제조 흑자가 지속 • **(현재 분야별 전망)** LED 산업 시장별 성장률은 광원(−27.9%)로 가장 낮고, 조명(12.6%)와 응용/융합(15.3%)의 성장률을 보임	• 국내 조명 제조 공급망 악화 • ICT 기반 스마트 조명 성장 가능성 증가 • 스마트 조명의 용도별 및 분야별 성장률 상이

구분	내용	시사점
사회 (S)	• **(비시각적 효과)** 밝기만 제어하는 조명이 아닌, 인간중심 조명으로 시간에 따라 빛의 밝기와 색 온도를 조절하여 자연광에 가까운 인공조명으로 서칸디안 리듬을 최적화하고자 하는 니즈 발생(시각적 효과) 조명의 디자인에 따른 감성적 효과 연구가 초석이 되어 LED를 활용한 감성 조명, 조명 테라피, 문화조명, 경관 조명에 대한 디자인적 니즈가 발생 • **(에너지 산업융합)** 에너지 절감을 넘어 제로 에너지 실현이 가능한 스마트 홈, 오피스, 상업공간 등에 대한 니즈가 발생 • **(의료/바이오 산업융합)** LED의 자외선, 가시광선, 적외선의 파장별 의학적 효과가 입증되면서 치료 분야에 연구 개발 가속화 • **(농생명 산업융합)** 농생명, 지구온난화 식량난 문제 등으로 작물생산, 바이오소재 생산 및 다양한 수산색물 양식 분야에 시장 선점을 위한 LED 개발이 가속화되고 있음 • **(LED 조명 설치 장벽)** 일반인 스스로 설치 및 보수가 어렵기 때문에 가정집 확산이 더딤 • **(품질 표준 미흡)** LED 시장에 대한 품질 검증 체계가 미흡하여 초기 홍보하던 긴 수명, 친환경 등의 장점보다 눈부심 심각, 색온도 상이 등의 문제점이 발생하며 소비자 신뢰도가 하락함	• 인간중심조명의 대두(비시각적/시각적 효과) • 산업융합 조명 니즈 증가 • LED 조명 확산에 어려움
기술 (T)	• **(LED 조명 제조 기술)** CSP, Flexible LED, Filament LED 등이 주요 기술개발 제품으로 진행되고 있으며, 성능면에서는 초소형 대용량화, 특수파장, 발광효율, 발열성능, 파장제어 등이 중시되어 기술개발 진행 • **(스마트 조명 이슈 = 제조 + 시스템)** 스마트 조명을 통해 건물 에너지 절약을 위한 빌딩 제어, 스마트 홈, 스마트 시티 구현 등의 연계형 조명 플랫폼 관련 기술이 활발하게 전개 중 • **(IoT 융합 조명 시스템 개발)** IoT 서비스 산업 확대에 따라 LED를 활용하여 조명 및 주변 기기와 통신하는 서비스 기술 개발 가속화 • **(스마트 조명 기술 한계점)** 스마트 조명 부품 및 시스템 간 상호 호환성 및 확장성 보장을 위한 표준화된 통신방식과 제품 표준 인증체계 부재로 운영 방시이 혼재되어 있으며 수요자 선택 불가	• LED 제조 기술 고도화 • IoT 기반 스마트 조명 시스템 고도화 • 부품 및 시스템 표준화의 한계 발생

Phase 1 서비스 도출 〉 Activity 01 대상 산업 현황 분석

Task 02 전문가 인터뷰 Expert Interview

전문가 인터뷰 수행을 위해 조명 및 통신 관련 분야에서 10년 이상 재직한 산·학·연 전문가 12명을 선정하였다. 인터뷰의 목적과 내용, 질문지를 함께 첨부하여 인터뷰 요청 메일을 송부했고, 인터뷰에 응한 3명의 전문가와 일정을 조율하였다. 전문가 인터뷰는 1:1 심층 인터뷰로 진행하였다. 본격적인 인터뷰에 앞서, 현재 진행하고 있는 연구의 목적과 진행 현황, 그리고 각 전문가들이 현업에서 수행하고 있는 업무 등에 대해 이야기하며 편안한 분위기를 유도했다. 또한, 인터뷰의 내용을 기록하기 위해 응답자의 동의를 얻어 인터뷰 내용을 녹음하여 추후 전사하는 방식을 채택했다.

분야별 전문가들의 응답결과를 요약하면 다음과 같다. 먼저, 조명기술 분야의 전문가들은 안정적인 국내 시장 기반 마련의 시급성과 스마트 조명 패러다임 변화에 따른 IT 기술과의 융합을 위한 융합 기술 발굴에 대한 연구개발 예산 지원의 필요성을 제시했다. 두 번째, 전자 통신 분야 전문가들은 조명의 기능적 요소보다 감성적 요소를 강조한 프리미엄 조명으로의 방향 전환의 필요성과 저전력·고효율을 특성으로 하는 마이크로 LED 기반의 연구 개발이 확대되어야 하는 점을 언급했다. 마지막으로 LED 조명 분야 전문가들은 LED 기반의 광산업 관련 정책 과제의 기획과 개발에 대한 로드맵의 필요성과 LED 조명 보급 확대와 국내외 시장 창출을 위한 산학연관 간 소통의 가교 역할을 수행할 중소기업 중심의 컨소시엄 구성의 필요성, 정부 인증을 받지 않고 불법적으로 유통되고 있는 제품들에 대한 법적 제재의 필요성 등을 강조했다.

인터뷰를 통해 수집한 전문가 의견에서 도출한 조명산업의 문제점과 시사점은 다음과 같았다. 현재 국내 조명 시장은 불안정하고, 글로벌 시장에서 가격, 기술 수준이 충분한 경쟁력을 갖추지 못하고 있다. 이러한 문제를 개선하기 위해서는 대량 생산을 통한 비용 절감을 목표로 하는 것보다 새로운 기술과 융합하여 고객에게 고급스러운 경험을 제공하는 것에서 더욱 경쟁력을 보일 수 있을 것으로 판단되었다. 또한, 조명과 기타 기술 융합을 위한 연구개발 지원과 법적 제재를 통한 시장질서 확립 등 조명산업 활성화를 위해 여러 측면에서의 정부의 노력이 필요한 시점임을 확인하였다.

<table>
<tr><td>인터뷰 명</td><td colspan="4">인간중심조명 서비스모델 개발 연구</td></tr>
<tr><td rowspan="2">전문가</td><td>성명</td><td colspan="3">●●●</td></tr>
<tr><td>분야</td><td>조명 기술 분야</td><td>직업 / 직위</td><td>×××× / 연구원</td></tr>
<tr><td>담당자</td><td>이름 / 역할</td><td>■■■ / 인터뷰 진행</td><td>이름 / 역할</td><td>◆◆◆ / 인터뷰 진행</td></tr>
<tr><td>인터뷰 정보</td><td>일정</td><td>2020년 8월 3일</td><td>장소</td><td>중앙대학교</td></tr>
</table>

질문 리스트	내용
조명산업의 현황에 대해서 어떻게 생각하십니까?	• 광산업 진흥법 시행과 LED 신성장산업 지정의 시기에도 조명산업에 별다른 수확을 얻지 못하였음 • 스마트 조명을 접목한 교통안전과 재난안전 등 국민의 삶과 밀접한 사회문제를 해결하는 사업 등이 진행 중에 있음 • 스마트 시장 확대를 목표로 스마트 도로조명 및 미래 안전 사회를 영위하기 위한 디지털트윈기반 화재 재난 대응 프로젝트, 기업 지원 플랫폼 구축 등 다양한 프로젝트가 추진되고 있음 • 현재 2단계가 수행되고 있는 "LED시스템 조명" 국가 전략과제를 발굴하여 IT조명으로서의 선도적 입지를 굳히고자 노력하고 있음
현재 조명산업의 제품 경쟁력 및 기술력에 대해서 어떻게 생각하십니까?	• 국가차원의 R&D프로젝트를 통해 국내 중소 조명 기업의 기술 경쟁력을 높여야 함 • IT기술과의 접목을 통한 에너지 효율 극대화와 IT 조명으로서의 발전이 기대되고 있음
앞으로 조명산업에서 해결해야 할 향후 과제는 무엇입니까?	• 미래 조명산업의 수요 창출을 조명 관련 산/학/연이 연합하여 2030년 300조원으로 성장이 예상되는 스마트 조명 등에 대한 육성방안을 마련하고 정부지원을 이끌어내야 할 필요가 있으며, 국가 지원 이후의 성과에 대한 예측을 면밀히 검토하여 계획을 수립해야 함 • 또한 최근 해외시장 개척을 위한 중소기업들의 의지가 투철한 만큼, KOTRA를 통한 무역전시관의 한국관 개설 및 수출 기업 지원 정책, 국내 경쟁력 있는 중소기업의 컨소시엄을 구성하여 특정 국가 내지 지역에 공동 진출할 수 있는 사례들이 좀 더 활성화되어야 함 • 국가에서는 미래 고부가가치로 떠오르고 있는 조명산업의 발전과 육성을 위해서는 국내 중소 조명기업들이 스스로 자립할 수 있는 기초 생태계 환경이 조성되어야 함
시사점	• 세계 시장에서의 국내 기업 진출 활성화를 통해 안정적인 시장 규모의 확보가 시급함 • 스마트 조명을 접목한 국민의 삶과 밀접한 사회문제를 해결하는 서비스 개발이 필요함 • IoT 시대에 걸맞는 서비스 중심의 LED - IT 융합 기술 발굴에 연구개발 예산 지원이 되어야 함

Phase 1 서비스 도출 〉 Activity 01 대상 산업 현황 분석

Task 03 고객 인터뷰 Customer Interview

조명산업에 대한 소비자들의 인식을 파악하기 위해 고객 인터뷰를 진행하였다. 인터뷰 대상자는 SNS를 통해 선착순 신청을 받았으며, 최종 대상자는 대학(원)생 5명, 주부 3명, 회사원 2명 등 총 10명이었다. 인터뷰는 한 시간 동안 진행되었다. 그룹 인터뷰를 진행하기 위해 한 명의 팀원이 진행자, 다른 한 명이 기록자 역할을 수행했다. 고객 인터뷰 내용을 정리하면 다음과 같다.

첫 번째는 LED와 스마트 조명에 대한 질문이었다. 대부분 고객들은 LED의 장점과 스마트 조명의 개념에 대해 인지하고 있었다. LED를 사용하고 있는 사용자들은 눈의 피로도가 적고, 밝은 빛이 선명하여 사용에 이롭다는 등의 장점을 느끼고 있었다. 나머지 고객들도 기존 형광등에서 LED 등으로 교체를 원하는 이들이 많았지만, 이를 위해서는 조명 시공이 필요하여 어려움을 토로하는 이들이 있었다.

두 번째는 현재 사용하고 있는 조명 유형과 사용후기에 대한 질문이었다. 많은 응답자들이 단순히 어둠을 밝히기 위한 용도로 조명을 활용하는 것을 넘어, 인테리어의 일부로 조명을 인식하고 활용하고 있었다. 무드와 조도, 색감을 선택할 수 있는 인테리어 전용 조명이 인기가 많았다. 또한 기능적인 측면에서는 멀티기능, 자동 레일 기능, 디밍 기능이 포함된 조명에 대해서도 만족하는 것으로 나타났다.

마지막으로 실내조명에서 느꼈던 불편함에 대해 생각나는 대로 논의하는 시간을 가졌다. 구체적으로, 동작 인식 센서의 품질 이슈로 조명의 ON/OFF가 반복되는 현상이나, 과도하게 밝은 빛으로 인한 눈의 피로감 누적, 그리고 조명 교체의 필요성은 느끼지만 어디서부터 접근해야 할지 알 수 없는 모호함 등이 불편요소로 제시되었다.

고객 인터뷰를 마친 후 녹음 내용을 전사하고 8가지의 편안함**GainPoint**과 12가지의 불편함**PainPoint**을 도출하였다. 고객 인터뷰에서 도출한 Point는 융합산업 서비스 모델을 설계할 때 반드시 고려해야 할 요소이므로, 모든 팀원과 인터뷰 결과를 공유하였다.

인터뷰 명	조명 산업 고객 니즈 파악 인터뷰			
인터뷰 방식	진행방식	그룹인터뷰	기록방식	녹음, 전사
	인터뷰 시간	1시간	담당자	○○○
대상자 정보	대상자 수	10명	대상자 구분	학생(5), 주부(3), 회사원(2)

GainPoint	
내용	
적절한 조명 색상/밝기	밝은 빛의 선명함
무드별 조도와 색 선택	조명 밝기 조절
움직임이 편한 레일조명	조명 색감에 따른 감성
LED 조명으로 눈의 피로도가 덜함	편리한 멀티 기능

PainPoint	
내용	
어두운 조명으로 인한 불편함	눈의 피로함/아픔
조명 색상의 불편함	무분별한 센서 인식
수동 제어의 불편함	시간이 지날수록 어두워지는 경향
중간 불과 밝은 불의 빛 차이가 큰 경우	스위치 찾기가 어려움
백열등의 경우 밝기 조정이 불가능	파손이 비교적 쉽고 가격대가 있음
특정 조명의 무게가 무거움	조명 W 밝기에 따른 제품 구입 어려움

Phase 1 서비스 도출 〉 Activity 01 대상 산업 현황 분석

Task 04 문제 정의 Problem Definition

'Task 01. 거시환경분석'과 'Task 02. 전문가 인터뷰', 그리고 'Task 03. 고객 인터뷰'의 과정을 통해 도출한 내용을 바탕으로 문제 정의를 실시했다. 전문가와 고객 모두 LED 기반의 스마트 조명으로 전환되어야 한다는 필요성은 인식하고 있었으나, 아직까지 국내 조명시장은 제조업 패러다임에 그쳐있었다. 이에 우리는 'LED 기반의 스마트 조명 시장 확산이 더딘 이유는 무엇인가? 라는 질문을 도출하였으며 로직트리 작성을 시작하였다. 문제에 대한 원인을 공급자 관점(기업 내 · 외부)과 소비자 관점(잠재 · 기존 고객)으로 나누어 접근하였다.

첫째, 기업 외부의 안정적이지 않은 제도와 낮은 시장 성장률이 문제점으로 나타났다. 구체적인 원인은 LED 조명과 스마트 조명의 표준화된 인증체계, 통신방식 등이 부재한 것에 기인한다. 또한 개발도상국의 시장 집으로 국내 조명업체의 경쟁력이 약화되고 있으며, B2C 시장의 낮은 시장 성장 전망으로 인해 스마트 조명 확산이 더뎌지고 있는 것으로 나타났다.

둘째, 기업 내부적으로 안정적인 수익 창출이 보장되지 않는 것이 시장 확산이 더딘 이유로 나타났다. 기업 입장에서도 LED 기반의 스마트 조명에 대한 필요성은 인지하고 있었으나, 현재 조명 시장의 수요가 높지 않기 때문에 시장 진출 리스크가 있었다. 기업이 LED 기반의 스마트 조명에 투자하기 위해서는 공공 혹은 민간의 투자가 논의되어야 할 것이다. 또한 사업에 착수하였을 때 지속가능한 수익창출이 보장되지 않는 것 또한 문제점으로 꼽을 수 있다. 현재 스마트 조명 인프라 구축에 많은 비용이 투입되어야 함에도 고객들의 지불의사는 낮은 상황이기 때문이다.

셋째, 잠재 소비자의 경우 스마트 조명에 대한 필요성 인식이 낮은 것이 문제점으로 나타났다. 대부분의 가정 및 사무실은 형광등을 사용하고 있어 스마트 조명 이용 경험이 적은 고객이 많은 것으로 나타났다. 스마트 조명에 대한 친숙도가 낮다 보니 필요성을 느끼지 못하고 있었다.

넷째, 기존 고객의 경우 현재 스마트 조명의 기술적 문제점을 피부로 느끼고 있었다. 신축 아파트 혹은 사무실에서 생활하는 사람들은 스마트 조명을 활용하고 있었으나, 시공사와 따로 연락해야 한다는 점과 설치 및 이용 가격이 높다는 점을 불만을 꼽았다. 또한 디밍, 밝기 자동조절 등 스마트 조명의 기능이 원활하지 않은 경우가 있어 불만족하는 경향이 있었다.

이 과정을 통해 현재 국내 조명 산업의 문제점을 정리하였으며, 이후 단계에서는 이러한 근본 원인을 해결할 수 있는 여러 가지 서비스 아이디어를 도출하고 구체화하고자 한다.

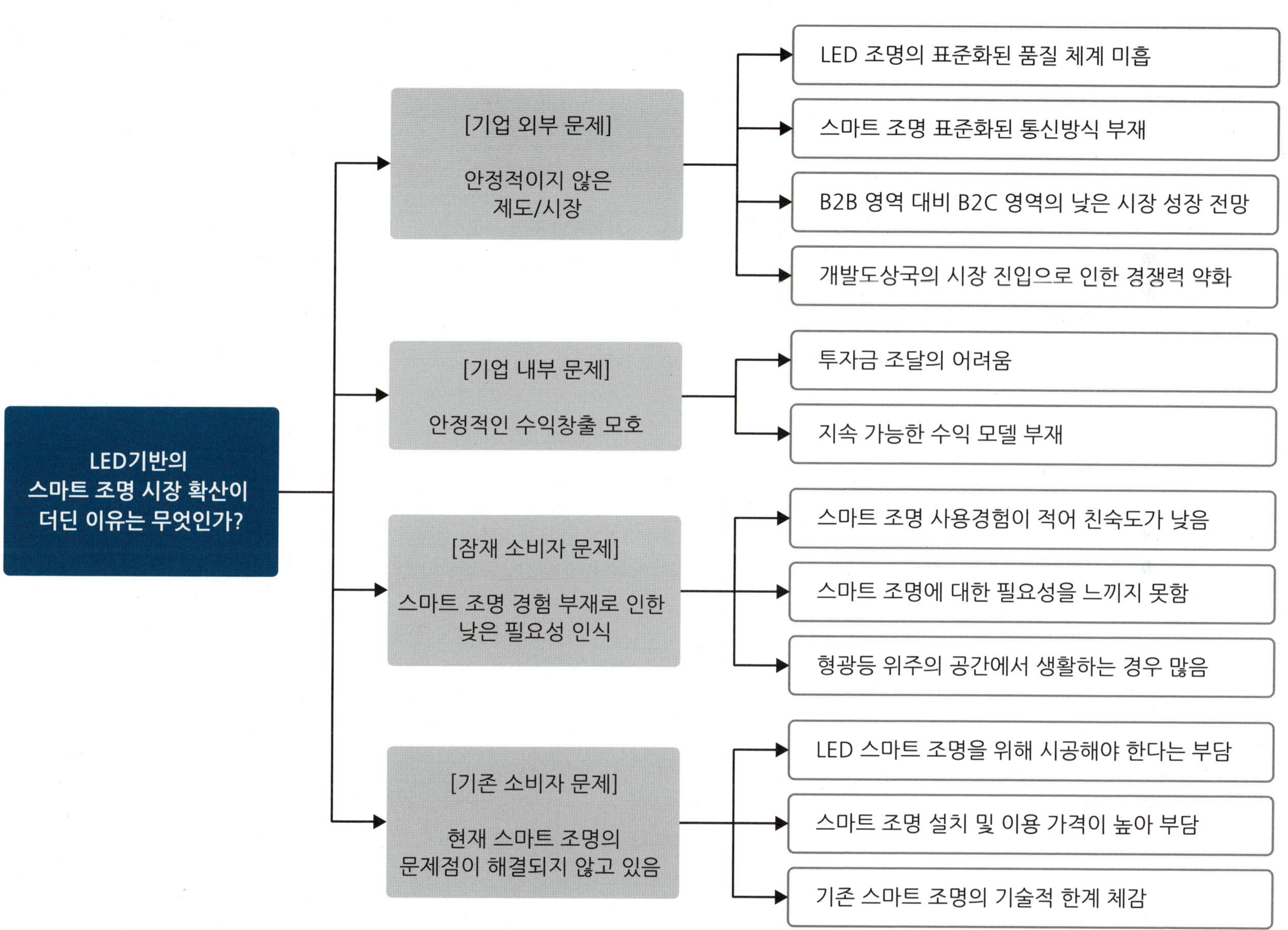
LED기반의
스마트 조명 시장 확산이
더딘 이유는 무엇인가?
[기업 외부 문제]
안정적이지 않은
제도/시장
LED 조명의 표준화된 품질 체계 미흡
스마트 조명 표준화된 통신방식 부재
B2B 영역 대비 B2C 영역의 낮은 시장 성장 전망
개발도상국의 시장 진입으로 인한 경쟁력 약화
[기업 내부 문제]
안정적인 수익창출 모호
투자금 조달의 어려움
지속 가능한 수익 모델 부재
[잠재 소비자 문제]
스마트 조명 경험 부재로 인한
낮은 필요성 인식
스마트 조명 사용경험이 적어 친숙도가 낮음
스마트 조명에 대한 필요성을 느끼지 못함
형광등 위주의 공간에서 생활하는 경우 많음
[기존 소비자 문제]
현재 스마트 조명의
문제점이 해결되지 않고 있음
LED 스마트 조명을 위해 시공해야 한다는 부담
스마트 조명 설치 및 이용 가격이 높아 부담
기존 스마트 조명의 기술적 한계 체감

Phase 1 서비스 도출 〉 Activity 02 서비스 아이디어 도출

Task 05 아이디어 발산 Idea Diffusion

아이디어 발산에 앞서, 'Task 04. 문제 정의'에서 도출한 산업의 문제를 해결할 수 있는 방안에 대해 논의하였다. 네 가지 문제를 해결하기 위해서는 B2B 위주의 스마트 조명 서비스가 도입되어야 한다는 점에 모든 팀원이 동의하였다. 그러나 그와 동시에 잠재 고객에게 스마트 조명에 대한 경험을 제공할 수 있는 친숙한 산업 위주로 고안해야 한다는 의견이 제시되었다. 아이디어 발산 결과 4개의 서비스가 도출되었다.

[스마트 스페이스 서비스]
사람들이 자주 활용하는 실생활 공간에 B2B 형식으로 스마트 조명을 설치 및 운영하는 아이디어이다. 공간별로 유형화하여 특성에 맞게 세부 서비스를 설계하면 인테리어 효과뿐만 아니라 에너지 효율문제도 해결할 수 있을 것으로 예측되었다.

[헬스케어 조명 서비스]
조명의 비시각적 효과에 집중하여 의료업과 조명을 융합하여 고안한 아이디어이다. 단, 질병을 치료하는 조명은 의료기기로 대중화가 어렵고 사업 투자 비용이 높을 것으로 예상되어, 간접적으로 치유효과를 낼 수 있는 서비스 위주로 운영해야 할 것으로 예측되었다.

[사회기반 조명 서비스]
빛 공해 해결, 지역사회의 심미성 제고, 에너지 효율성 향상 등의 긍정적 결과가 기대하며 고안한 아이디어이다. 실내 조명만큼이나 실외 조명도 사람들의 삶의 질에 영향을 미치는 중요한 사업이지만, 이 아이디어를 실현하기 위해서는 정부와의 협력이 반드시 필요할 것으로 예측되었다.

[스마트팜 조명 서비스]
조명의 비시각적 효과에 집중하여 농업과 조명을 융합하여 고안한 아이디어이다. 단, 농업에 관심이 없는 일반인의 경우 스마트 조명을 체험할 수는 없으나, 조명이 농식물의 성장과 영양에 어떤 영향을 미치는지 간접적으로 체험할 수 있을 것으로 예측되었다.

모든 아이디어 설명을 마친 뒤, 퍼실리테이터는 참가자들에게 각자 타당하고 현실 가능성이 있다고 생각하는 아이디어에 스티커를 붙였다. 투표 결과, 스마트 스페이스 서비스, 헬스케어 조명서비스, 사회기반 조명서비스 등 3개의 서비스가 이후 과정을 수행하게 되었다.

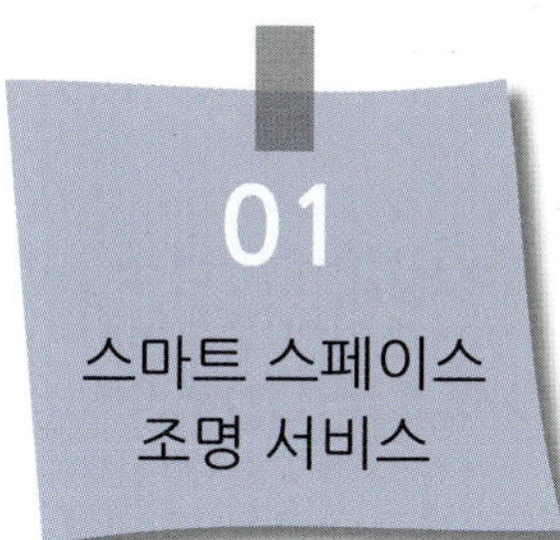

실내 각 공간에 조명을 설치하기 위해 공간과 조명의 특성을 반영하여 실내의 분위기 형성을 도움을 주며, 기존의 조명이 가지고 있던 에너지 비효율의 문제점을 보완하여 에너지 효율성을 높임

02

헬스케어
조명 서비스

의료적 목적을 가지고 조명을 통해 직·간접적인 치료를 돕는 서비스로, 조명을 통한 직접적인 치료는 적외선 치료기, 우울증 치료기, 여드름 치료기, 탈모 치료기 등이 있으며, 간접적인 치료는 환자의 긴장 완화를 위한 간접조명, 건강한 수면을 유도하는 조명 등이 있음

03

사회기반
조명 서비스

도로와 가로, 공원과 광장, 터널, 공항, 다리 등의 사회기반시설에 조명서비스를 적용함으로써 시민들의 안전성을 보장하고, 지역사회의 심미성을 제고하는 것을 도움

04

스마트팜
조명 서비스

식물의 발아, 개화, 개포, 배포 등 성장 과정과 광합성에 필요한 최적의 파장을 도출하는데 도움을 주는 서비스

Phase 1 서비스 도출 〉 Activity 02 서비스 아이디어 도출

Task 06 아이디어 촉진 Idea Promote

아이디어 발산을 진행하는 과정에서 아이디어 휘발을 방지하기 위해 아이디어 촉진 과정을 바로 수행한다. 팀원이 수에 따라 여섯 가지 색깔 모자 역할을 분배한다. 논의 대상은 'Task 05. 아이디어 발산'에서 도출하였던 스마트 스페이스 서비스, 헬스케어 조명 서비스, 사회 기반 조명 서비스이다.

[스마트 스페이스 서비스]

팬데믹으로 인해 실내 활동이 증가하고 있는 만큼 스마트 스페이스의 사회적 수요는 충분하다고 판단되었다. 또한 에너지 자원 절약과 생활 편의성 제고 등 긍정적인 파급효과가 예상되었다. 그러나 스마트 조명 인프라를 설치하는 데 투자비용이 높고, 센서 개발 업체, 인테리어 업체, 시공 및 감리 업체 등 협력해야 할 이해관계자가 많을 것으로 예상되었다.

[헬스케어 조명 서비스]

최근 웰빙과 헬스케어에 대한 사회적 관심이 증대됨에 따라 서비스에 대한 니즈가 보다 확대될 것으로 판단되었으며, 인공조명을 활용하는 것에 있어 부작용에 대한 리스크 관리가 선제적으로 이루어져야 할 것이라는 의견이 제시되었다. 그러나 의료 영역이 다양하여 어떤 분야에 초점을 맞추는가에 따라 사업의 방향이 달라질 수 있고, 안정성 여부를 확인하는 과정에서 많은 시간과 비용이 들 것으로 예상되었다.

[사회 기반 조명 서비스]

야외 경관을 아름답게 만들어 공간을 랜드마크화하면 국가 이미지 개선에 도움이 될 것으로 예상되며, 최근 언급되고 있는 빛공해 이슈에 대응한 서비스를 구축하는 것이 관건이 될 것으로 판단되었다. 그러나 사회기반 조명의 경우 대중의 생활에 밀접한 관련이 적으며, 지역자치단체 혹은 정부와의 협력이 필수적인 것으로 예상된다.

다양한 측면에서 서비스를 개관함으로써 서비스의 장단점과 경쟁력 요소, 보완할 점들을 파악할 수 있었다. 회의가 종료된 후 기록자는 녹음된 내용을 바탕으로 주요 내용을 요약하여 양식에 맞게 작성하였다. 세가지 아이디어 모두 특별한 이슈가 없었으므로 다음 단계를 수행하게 되었다.

		스마트 스페이스 서비스	헬스케어 조명 서비스	사회기반 조명 서비스
	중립적	• 조명 설치 시 공간과 조명의 특성을 반영하여 실내의 분위기 형성 및 에너지 절감에 도움이 됨	• 의료적 목적을 가지고 조명을 통해 직·간접적인 치료를 도움	• 사회기반시설에 조명 서비스를 적용함으로써 시민의 안전성을 보장하고, 지역사회의 심미성을 제고하는 것을 도움
	감정적	• 사용자가 원하는 조명의 색상과 무드의 조명 서비스를 통해 감성을 자극	• 조명을 통해 환자는 불안감과 긴장을 완화하고, 의사는 피로도를 낮출 수 있음	• 사회기반시설의 조명이 야간의 안전을 보장하여 시민이 안정감을 느낌
	비판적	• 특수한 조명 혹은 시스템을 설치하는 과정에서 높은 비용발생 • 조명디자이너나 서비스제공 업체의 조명업체 인프라 수준에 따라 서비스의 질이 달라질 수 있음	• 두통, 피로감, 피부질환 등 인공조명의 부작용에 대한 안전성 문제 심각함	• 무분별한 야외경관 조명으로 초래된 빛 공해 • 지역자치단체 혹은 정부 부처와의 협력이 필수적임
	긍정적	• 코로나19로 인한 홈 인테리어의 관심 증대로 인한 공간디자인 서비스의 기회 확대 • 에너지 및 자원 절약과 환경 친화적인 제품에 대한 관심이 높아짐	• 웰빙과 헬스케어에 대한 사회적 관심 증대로 사용자의 피로도 등 인간의 생체 컨디션을 고려한 서비스 수요 증가	• 최근 사회기반 시설의 공공 조명은 시민들에게 새로운 활기를 불어넣고 방문객들의 마음을 사로잡는 관광지로서의 개발 현상이 두드러지고 있어 긍정적임
	창조적	• **(결합 및 응용)** 공간별 맞춤 조명에 센서를 부착하여 유/무선 통신 기능을 통한 조명제어를 할 수 있도록 돕는 서비스를 추가적으로 적용해볼 수 있을 것	• **(확대 및 용도변경)** 의료조명의 사용자 맞춤형 조절 기능을 다른 조명 서비스 분야에 적용해볼 수 있을 것	• **(확대 및 용도변경)** 적재적소에 빛 공급을 하는 방식의 조명 서비스는 외부의 상황과 상호작용하는 기능을 가지고 있다는 점에서 다른 조명 서비스 분야에 적용해 볼 수 있을 것
	이성적	• 공간별 조명 디자인 서비스는 사회적 니즈가 충분 • 서비스 제공 업체의 조명 업체나 관련 업체 인프라 확보를 통한 서비스질 관리가 핵심일 것	• 웰빙과 헬스케어에 대한 사회적 관심 증대로 서비스의 기대가 확대될 것으로 보임 • 인공조명의 활용에 있어 부작용을 완화시키는 기술 확보가 핵심일 것	• 야외경관을 아름답게 만들어주며 관광요소로의 발전을 유도 • 빛공해를 피하기 위해 적재적소에 빛을 공급하는 방안이 고안되어야 할 것

Phase 1 서비스 도출 〉 Activity 02 서비스 아이디어 도출

Task 07 서비스 리스팅 Service Listing

도출한 서비스 아이디어들을 설문 과정을 거쳐 정제하기에 앞서, 고안한 서비스가 어떠한 체계로 작동하고 왜 필요하며, 그것이 실현되었을 때 어떤 기대효과가 있는지 정의하는 과정을 거친다. 제3자에게 서비스에 대한 중요성과 개발 시급성에 대해 질문할 때, 명확한 서비스의 이해가 전제되지 않는다면 매력적인 서비스라도 탈락할 우려가 있기 때문이다.

서비스 리스팅은 앞의 과정을 반복하는 불필요한 과정으로 인식될 수 있지만, 본격적인 사업화에 앞서 아이디어를 검증함으로써 적절한 의사결정을 내리기 위해 수행해야 하는 필수적인 과정이다. 만약, 과정을 수행하고 제3자에게 한 장의 요약을 통해 해당 서비스가 지향하는 바를 명확하게 이해시킬 수 없다면, 그것은 잘 작성된 정의라고 할 수 없다. 서비스 리스팅은 반복적인 과정을 거치더라도 제3자가 머릿속에서 해당 서비스를 가시화할 수 있을 정도로 명료하게 작성되어야만 한다.

서비스 명	스마트 스페이스 서비스
소개	공간 특성에 맞게 커넥티드 LED 조명을 설치하고, 센싱기술을 활용하여 에너지 효율성을 제고하는 공간 디자인 서비스

서비스개요		
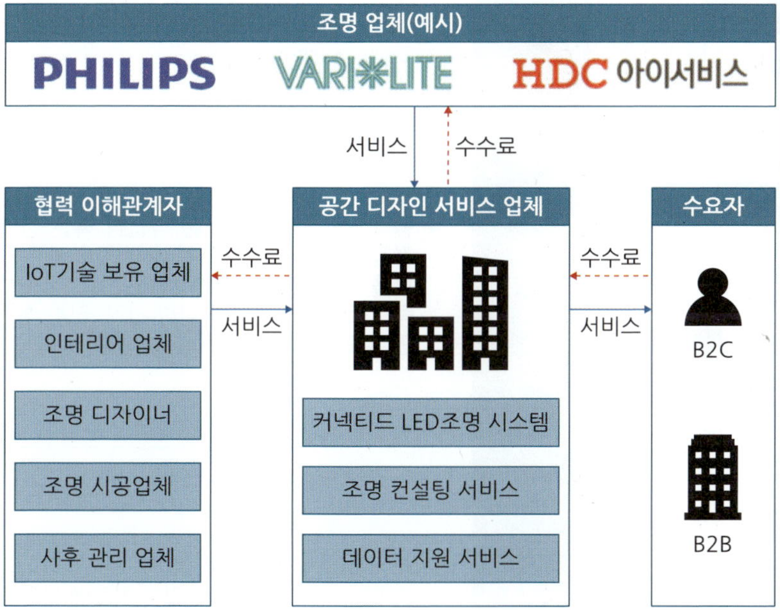 조명 업체(예시): PHILIPS / VARI*LITE / HDC 아이서비스 (서비스 ↓ / 수수료 ↑)	필요성	• 최근 조명에 대한 소비 트렌드가 어둠을 밝히는 기본적 기능을 넘어서서 조명 기구에 대해 다양한 기능적 요구가 제시되고 있음
협력 이해관계자: IoT기술 보유 업체, 인테리어 업체, 조명 디자이너, 조명 시공업체, 사후 관리 업체 (← 수수료 / 서비스 →)	목적	• 조명 인테리어 설계부터 시공, 유지보수 서비스까지 제품 라이프 사이클을 모두 책임지는 원스톱 서비스 제공 • 사물인터넷 기반의 통신 기술 결합을 통해 기타 기기와 물리적으로 융합하거나 기능적인 융합을 통해 보다 다양한 서비스를 제공
공간 디자인 서비스 업체: 커넥티드 LED조명 시스템, 조명 컨설팅 서비스, 데이터 지원 서비스 (← 수수료 / 서비스 →) 수요자: B2C, B2B	기대효과	• 기존 조명 제품의 사용에서 얻을 수 없었던 스마트 홈/오피스 등 원격제어/에너지 관리는 물론, 조도/빛 온도 조절을 통해 사용자의 상황에 최적화된 빛 환경을 제공 • 고객 편의성을 증대시키고, 기존에 일회성에 그치던 조명 산업의 수익 모델 개선

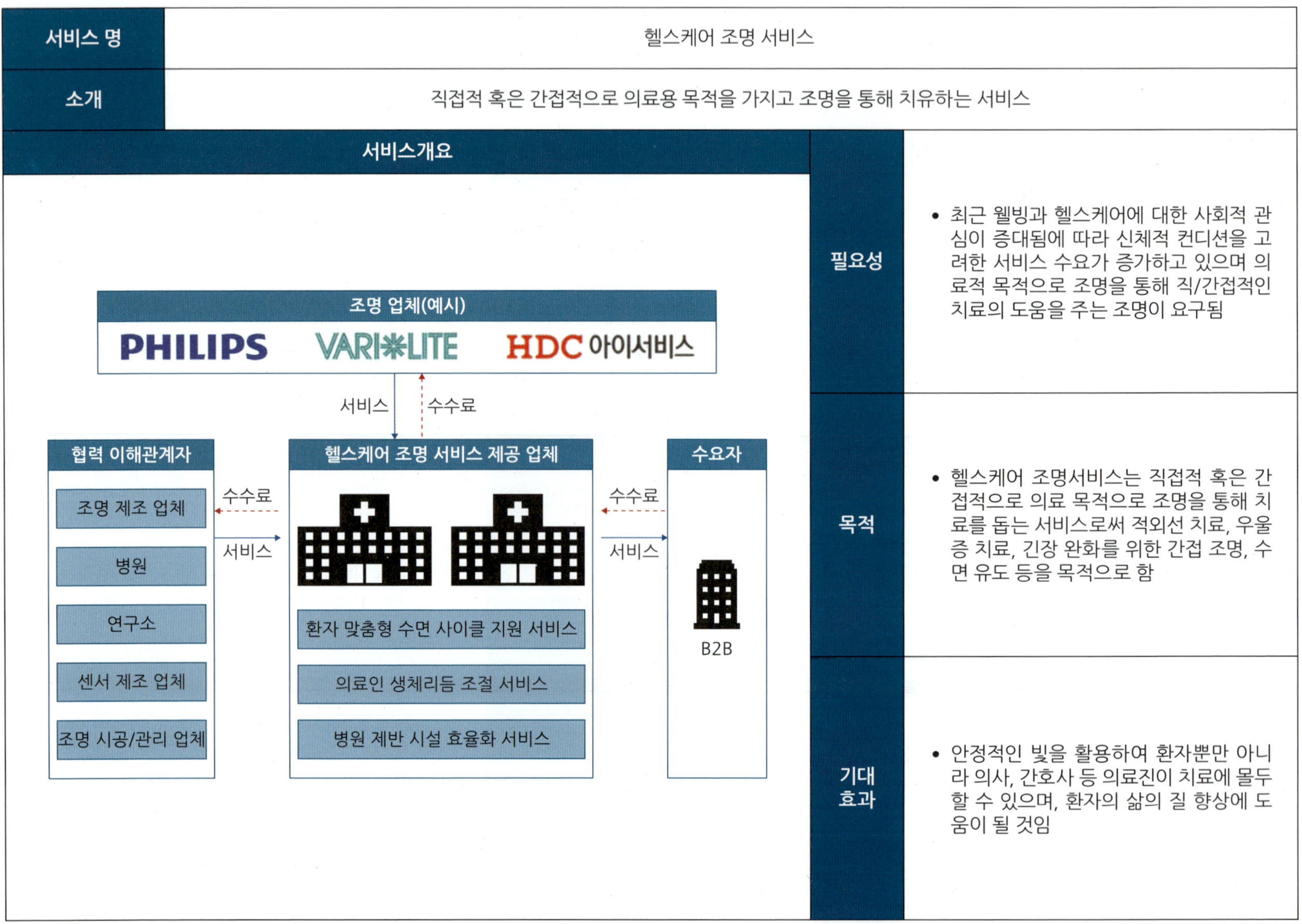

서비스 명	헬스케어 조명 서비스
소개	직접적 혹은 간접적으로 의료용 목적을 가지고 조명을 통해 치유하는 서비스
필요성	• 최근 웰빙과 헬스케어에 대한 사회적 관심이 증대됨에 따라 신체적 컨디션을 고려한 서비스 수요가 증가하고 있으며 의료적 목적으로 조명을 통해 직/간접적인 치료의 도움을 주는 조명이 요구됨
목적	• 헬스케어 조명서비스는 직접적 혹은 간접적으로 의료 목적으로 조명을 통해 치료를 돕는 서비스로써 적외선 치료, 우울증 치료, 긴장 완화를 위한 간접 조명, 수면 유도 등을 목적으로 함
기대효과	• 안정적인 빛을 활용하여 환자뿐만 아니라 의사, 간호사 등 의료진이 치료에 몰두할 수 있으며, 환자의 삶의 질 향상에 도움이 될 것임

서비스개요

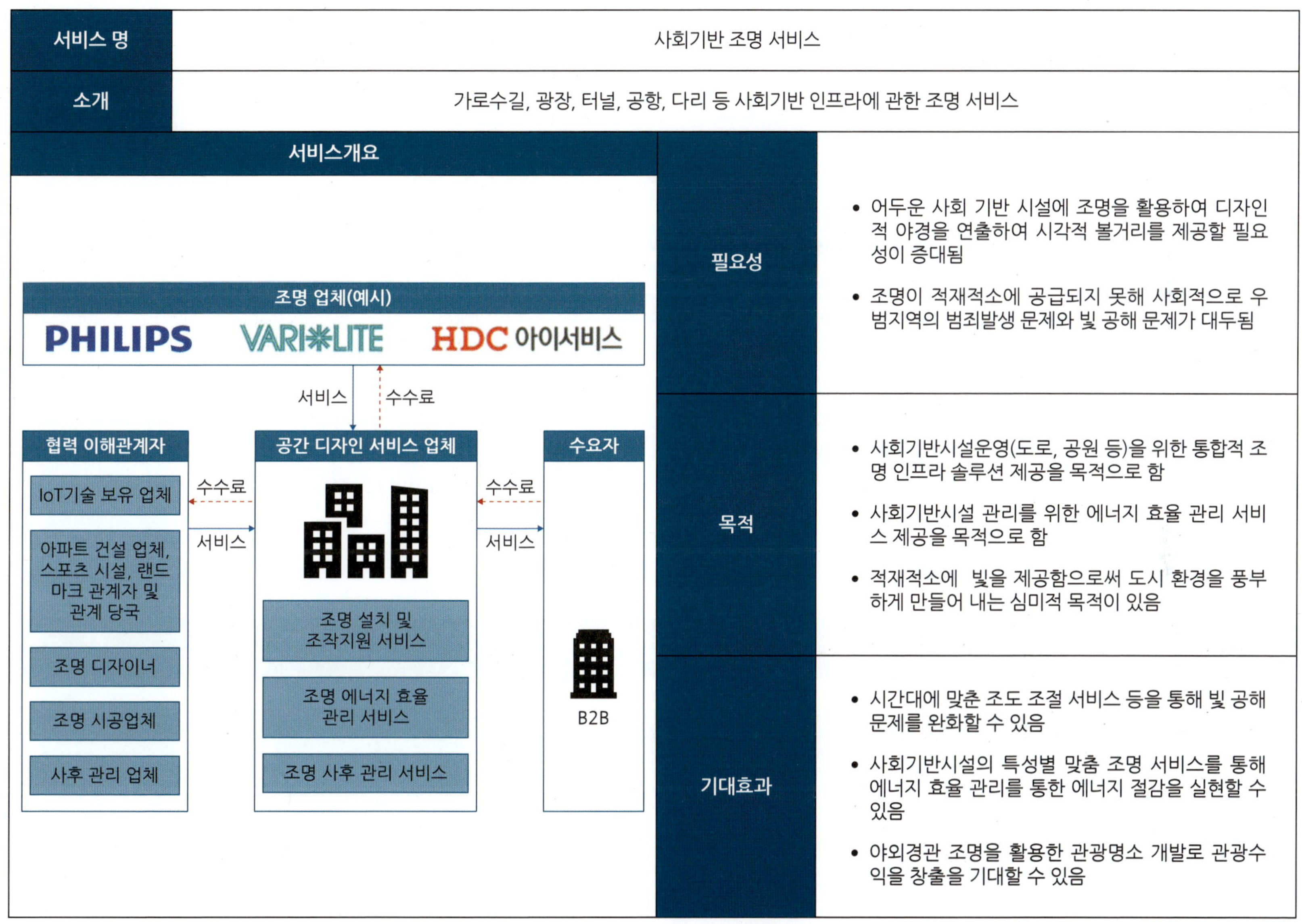

서비스 명	사회기반 조명 서비스
소개	가로수길, 광장, 터널, 공항, 다리 등 사회기반 인프라에 관한 조명 서비스
서비스개요	(diagram above)
필요성	• 어두운 사회 기반 시설에 조명을 활용하여 디자인적 야경을 연출하여 시각적 볼거리를 제공할 필요성이 증대됨 • 조명이 적재적소에 공급되지 못해 사회적으로 우범지역의 범죄발생 문제와 빛 공해 문제가 대두됨
목적	• 사회기반시설운영(도로, 공원 등)을 위한 통합적 조명 인프라 솔루션 제공을 목적으로 함 • 사회기반시설 관리를 위한 에너지 효율 관리 서비스 제공을 목적으로 함 • 적재적소에 빛을 제공함으로써 도시 환경을 풍부하게 만들어 내는 심미적 목적이 있음
기대효과	• 시간대에 맞춘 조도 조절 서비스 등을 통해 빛 공해 문제를 완화할 수 있음 • 사회기반시설의 특성별 맞춤 조명 서비스를 통해 에너지 효율 관리를 통한 에너지 절감을 실현할 수 있음 • 야외경관 조명을 활용한 관광명소 개발로 관광수익을 창출을 기대할 수 있음

Phase 1 서비스 도출 〉 Activity 03 적정 서비스 도출

Task 08 서비스 정제 Service Refining

서비스 정제를 위해 설문 대상자 리스팅과 설문지 작성을 실시했다. 설문지는 중요도와 시급성을 7점 척도로 질문하는 설문지를 구성하였으며, 설문 대상자는 'Task 02. 전문가 인터뷰'에서 접촉했던 전문가들을 활용하였다. 전문가들에게 프로젝트에 대한 소개와 함께 설문지를 송부하였으며 총 13명의 전문가에게 긍정적인 회신을 받아 설문지를 송부했다.

먼저, 사분면을 구분하는 중요도와 시급성의 평균값은 각각 4.80, 4.58로 나타났다. 이후 각각의 서비스를 사분면에 해당하는 위치에 배치한 결과, 1사분면에 '스마트 스페이스 서비스', 1사분면과 2사분면에 걸쳐 '헬스케어 조명 서비스', 3사분면에 '사회기반 조명 서비스'가 위치했다. 분석 결과를 바탕으로 내부 회의를 거쳐, 실질적으로 개발할 서비스를 선정했다. 선정된 서비스는 '스마트 스페이스 서비스'로, 타 서비스에 비해 높은 점수를 획득한 것은 물론, 내부적인 논의에서도 전문가 설문과 일치하는 결과가 도출되어 이견 없이 서비스 개발 의사결정을 수행하였다. 현대인은 하루의 평균 90%의 시간을 실내에서 보낸다. 따라서 실내조명이 작게는 개인, 넓게는 사회에 미치는 영향이 지대하다. 의료, 교육, 공공시설 등 특수 분야의 HCL도 중요하지만, HCL 산업의 확산을 위해서는 소비자 진입장벽을 낮출 수 있도록 일상 공간에서 HCL을 자주 접할 수 있도록 하는 모델이 필요하고 판단하였다.

전문가 설문 결과

구분	1. 스마트 스페이스 서비스	2. 헬스케어 조명 서비스	3. 사회기반 조명 서비스
중요도	6.3	5.6	3.0
시급성	6.3	5.2	4.1

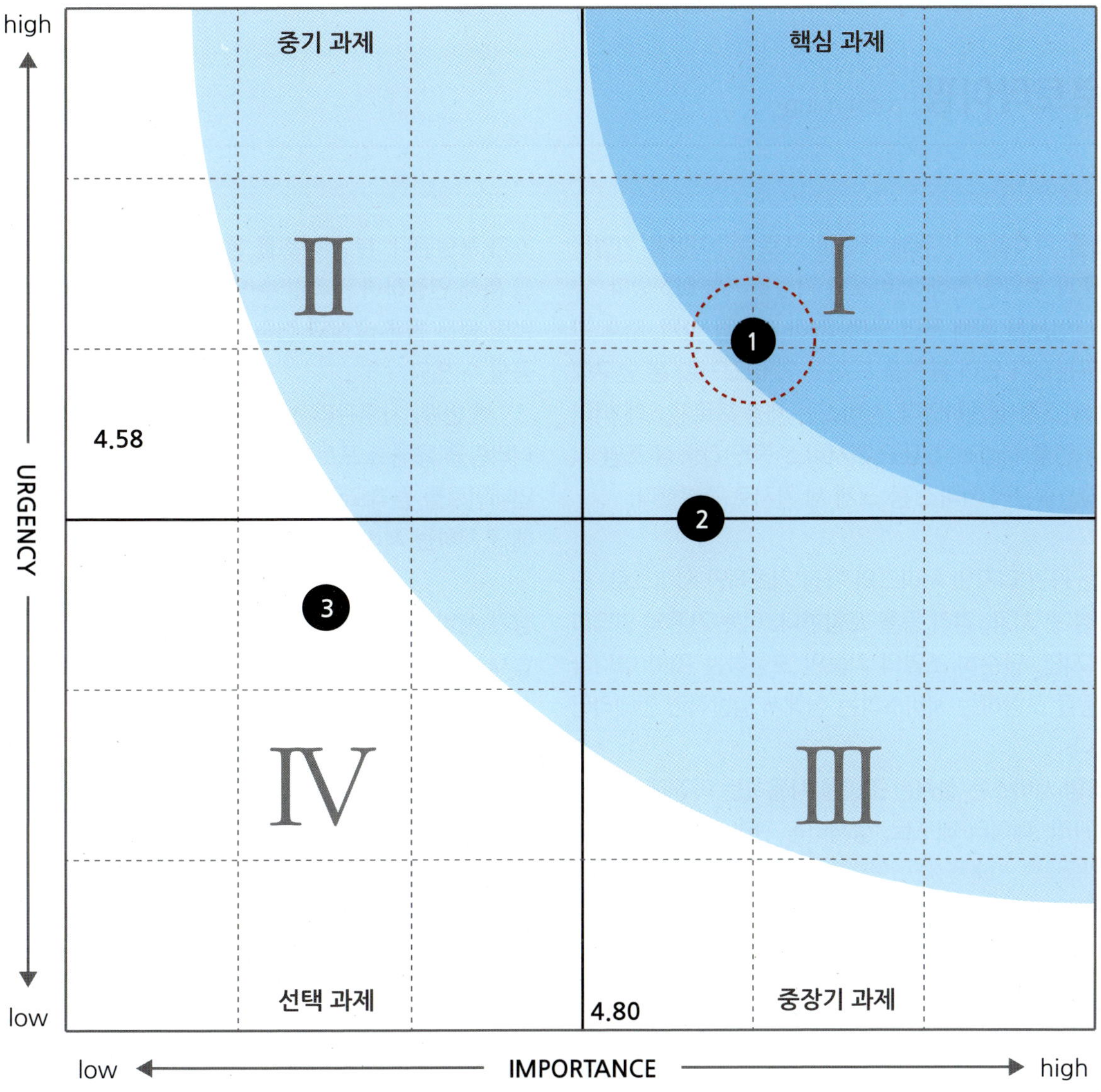
high
중기 과제
핵심 과제
Ⅱ
Ⅰ
1
4.58
URGENCY
2
3
Ⅳ
Ⅲ
low
선택 과제
4.80
중장기 과제
low
IMPORTANCE
high

Phase 1 서비스 도출 〉 Activity 03 적정 서비스 도출

Task 09 프로토타이핑 Prototyping

스마트 스페이스 서비스를 가시화하기 위해 페이퍼 프로토타이핑을 기법을 활용하였다. 먼저, 팀원들과 회의를 통해 서비스의 기능을 세분화하였다. 앞선 고객 인터뷰에서 HCL 이용을 위해 조명 구매, 제어 시스템 설치, 사후 관리 등 영역이 업체별로 구분되어 있어 불편을 느끼고 있었으므로, 본 연구에서는 Non-stop HCL 서비스를 설계하였다. 서비스는 제공 프로세스에 따라 STEP 1(서비스 전) 조명 연출 서비스, STEP 2(서비스 중)인간중심 조명 서비스, STEP 3(서비스 후)사후관리 서비스 등 크게 세 가지로 구분했다.

첫째, 조명 연출 서비스는 공간 디자인 서비스의 가장 기초적인 서비스로, 조명 설계와 공간 디자인 설계, 시공, 감리 등을 포함한다. 이는 기존의 인테리어 서비스와 유사해보이지만, 단순히 조명의 기능만 포함하는 것이 아니라 에너지, 생체리듬 관리 등을 포함하는 서비스라는 점에서 일반적인 인테리어 서비스와는 차별점이 있다.

두 번째, 인간중심 조멍 서비스는 실치된 조명을 사용하는 과정에서 제공하는 서비스로, 에너지 관리, 데이터 레포트, 생체리듬 관리 등의 세부 서비스가 포함된다. 본 서비스를 통해 설치 공간의 가전과 조명 등을 사물인터넷을 통해 연결하여 관리할 수 있고, 에너지 세이빙에 대한 에코 마일리지, 안전 알림 등은 물론 휴식과 집중 등 상황에 맞춘 조명 조절 기능까지 포함하여 제공할 수 있다.

세 번째, 사후관리 서비스는 원격 점검과 방문 점검이 존재하며, 상시 모니터링을 통해 소프트웨어적 오류 및 문제를 발견되면 조치하고, 소프트웨어 업데이트를 원격으로 실시하고, 하드웨어적 문제가 발생하였을 때 방문을 통해 조치하는 서비스를 제공한다.

상기 서비스를 수행하기 위해 조명 제조업체, 통합센서 제조업체, 인테리어 업체, 조명 시공 및 관리 업체와의 협업이 필요할 것으로 예상하였다. 또한 본 서비스가 공간의 특성에 따라 조명을 다르게 설치하는 서비스이므로 수요자는 공간학을 기반으로 구분하였다. 제1공간은 개인적인 영역으로 집에 속한다. 제2공간은 입무직 영역으로 사무실에 속한다. 제3공간은 문화직 영역으로 카페, 미술관, 호텔 등이 속한다.

협력 이해관계자

- 조명 제조 업체
- 통합 센서 제조 업체
- 인테리어 업체
- 조명 시공/관리 업체

수수료 ← / 서비스 →

세부 서비스

조명 연출 서비스	인간중심 조명 서비스	사후 관리 서비스
• **조명 설계** - 사용자 맞춤형 설계 - 비용편익 분석 (비용절감 계산)	• **에너지 관리** - 자동제어 - 원격제어 - 타임 스케줄링	• **원격 점검** - 모니터링 - 자동 업데이트
• **공간 디자인 설계** - 제품 선정 - 실내디자인 - 설치모습 시각화 (시뮬레이션)	• **데이터 레포트** - 에코마일리지 - 안전알림 - 에너지 사용량 알림 - 데이터 수집/분석/예측	• **방문 점검**
• **시공** • **감리** - 커미셔닝	• **생체리듬관리** - 밝기 조절 - 색 온도 조절 - 파장조절	

수수료 ← / 서비스 →

수요자(B2B)

제1의 공간
- 아파트

제2의 공간
- 오피스
- 공장

제3의 공간
- 쇼핑센터
- 호텔 및 숙박시설
- 카페

⋮

조명 설계	공간디자인 설계	시공	감리
STEP 1	STEP 2	STEP 3	STEP 4

STEP 1 조명 설계

How does it work? A simple calculation example	
Lamps replacements and installation project: from Halogen 35W to MASTER LEDspot MR16-35W	
Annual energy savings	50.000 euro
Payment period	3 years
Monthly energy savings	4.167 euro
Monthly payments	3.200 euro
Net monthly savings	967 euro
Net monthly savings after 3 years	4.167 euro

사용자 맞춤형 설계

- 사용자를 위한 최적화된 맞춤형 LED 조명등기구 설계

비용편익분석/비용절감계산

- LED조명 사용 시 비용 절감을 계산하여 합리적 시나리오 제안

STEP 2 공간디자인 설계

제품 선정

- 광원, 조명방식, 에너지절약기준에 따라 LED 제품을 선정

실내 디자인

- 공간 내의 배치, 형태, 구조 등을 고려하여 조명기구 매칭

설치 모습 시각화

- 고객이 제안한 시나리오를 시각적으로 공유하기 위해 시뮬레이션

STEP 3 시공

시공

- 설계도면을 기반으로 LED 조명을 시공하기 위한 모든 공사 관리

STEP 4 감리

커미셔닝

- 기초의 설계 의도대로 모든 시스템을 확인 및 검증하고 문서화

제1공간 예시(홈)

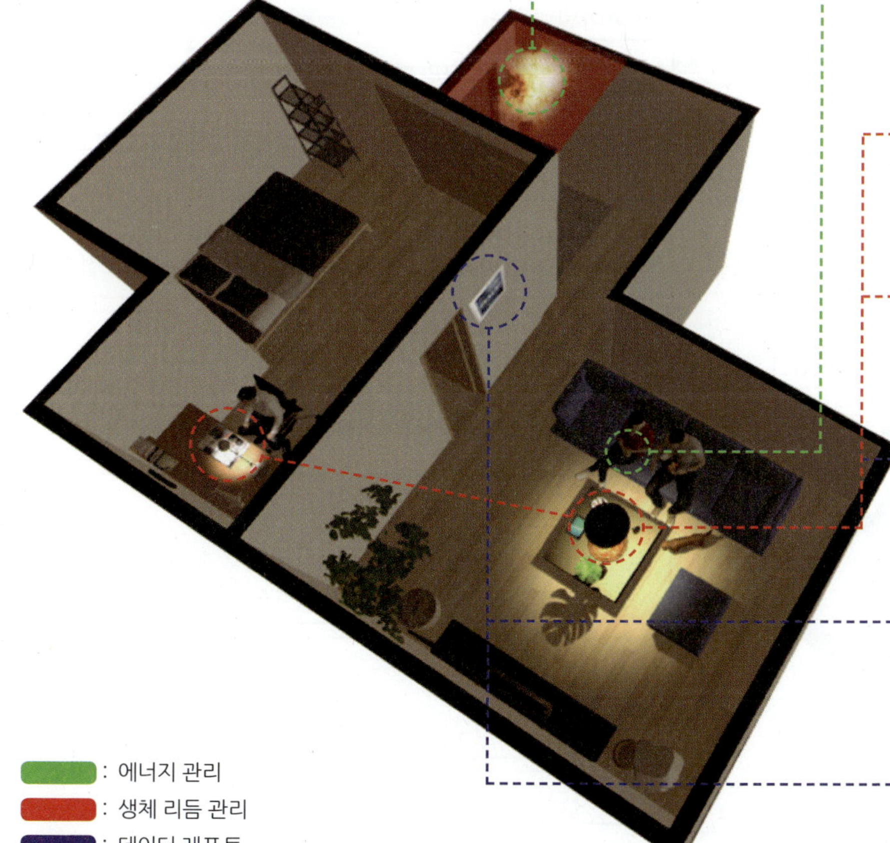

안전 알림

- 화재·가스, 침입 등 문제가 발생하였을 때, 센서로 감지하여 SMS로 알림

에너지 사용량 알림

- 세대 전체의 실시간 소비전력과 누적사용량, 평균값 비교하여 에너지 사용량 알림 제공

에코마일리지

- 가정에서 에너지 사용량(전기·수도·도시가스)의 사용량 절감에 따라 에코 마일리지 적립

밝기 조절

- 일광에 따라 밝기 제어가 자동으로 실행되어 공간에 맞는 적절한 조도를 유지

색온도 조절

- 낮시간 6000k, 저녁 시간 2000k로 조절
- 공부: 예술계열 3000k, 국어·영어 5000k, 수학·과학 6000k로 조절

원격제어

- 세대 내 조명제어, 점 소등 및 디밍 등을 센서를 통해 통합 원격제어(월패드, 스마트폰, 리모콘 등)

타임스케줄링

- 장소별, 퇴근 시간 등에 따라 규칙적인 타임 스케줄링을 통해 자동 점·소등시켜 효과적인 조명 관리 및 에너지 절감

전력 차단

- 에너지를 과도하게 사용하였을 때 자동 전력 차단
- 사용하지 않는 전력 제품을 최소한의 전력으로 차단

제2공간 예시(오피스)

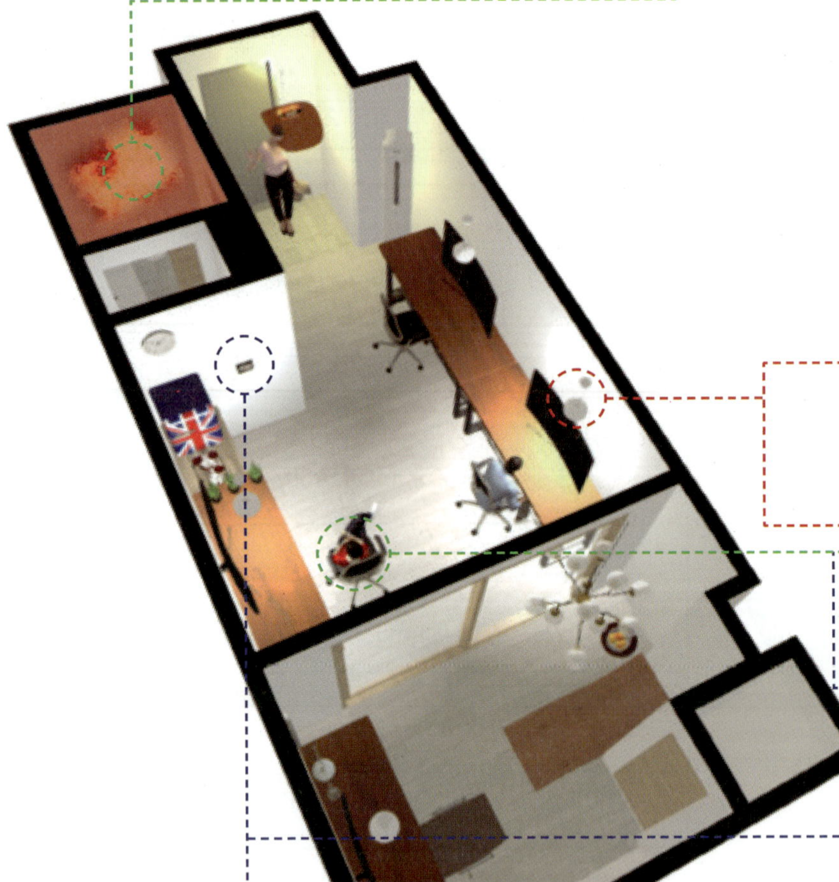

■ : 에너지 관리
■ : 생체 리듬 관리
■ : 데이터 레포트

안전 알림

- 화재, 도난 등 안전 관련 이슈 발생 시 관리자에게 알림
- 긴급연락망을 통한 인근 경찰서 또는 소방서 알림 실시

에너지 사용량 알림

- 에너지 사용량을 일간, 주간, 월간으로 레포트

에코마일리지

- 에너지 절감량에 따라 에코 마일리지 지급 (케이미피케이션 이벤트도 포함)

밝기 조절

- 낮과 저녁, 맑은 날과 흐린 날 일광채집에 따른 조절
- 사무실 300~600룩스, 화장실 80룩스로 적합하게 조절

색온도 조절

- 업무공간은 사원의 집중력 향상을 위해 약 7000k로 조절
- 휴식공간은 신체적, 정신적 이완을 위해 약 2500k로 조절

원격제어

- 기기를 수동으로 제어하지 않아도 센서를 활용하여 통합 원격제어 (월패드, 스마트폰, 리모콘 등을 활용)

타임스케줄링

- 퇴근시간, 회의시간 등을 분석하여 자동으로 조명과 에너지 조절

전력 차단

- 에너지를 과도하게 사용하였을 때 자동 전력 차단

제3공간 예시(미술관)

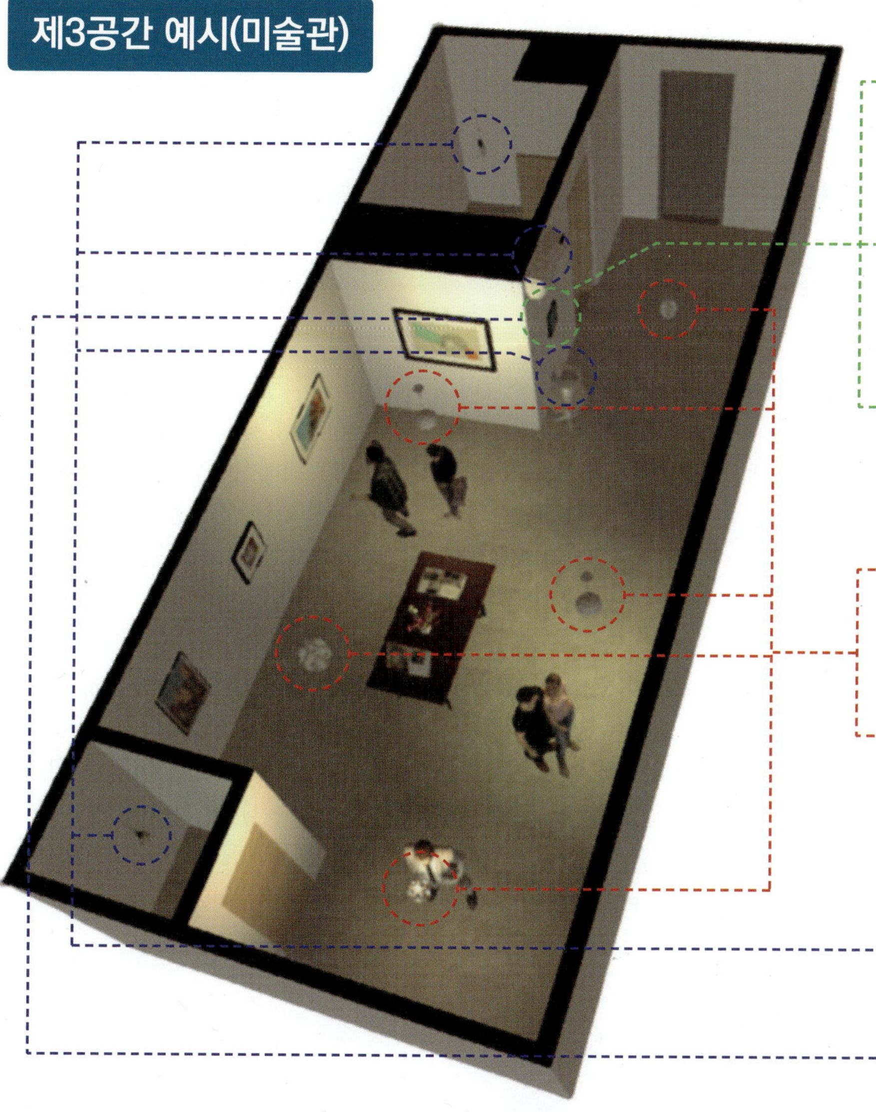

안전 알림

- 화재, 도난 등 안전 관련 이슈 발생 시 관리자에게 알림
- 긴급연락망을 통한 인근 경찰서 또는 소방서 알림 실시

에너지 사용량 알림

- 에너지 사용 현황 및 월간 에너지 사용량 제시
- AI 기반 공간 분석을 통한 에너지 절감 방안 제안

에코마일리지

- 기존 조명 시스템 대비 절감된 에너지에 대한 마일리지 적립을 통해 부가 혜택 제공

밝기 조절

- 재실 감지 센서를 통한 디밍 서비스 제공
- 조명에 의한 작품 손상 감소 및 에너지 절감 효과

색온도 조절

- 작품의 장르와 색상, 채도, 명도 등을 고려한 최적 색온도 조절을 통해 관람자의 몰입감 증대

전력 차단

- 미사용 공간 자동 인식 전력 차단
- 사용자 패턴을 학습하여 지속적인 정확도 향상 가능

통합 제어 시스템

- 사물인터넷 기반 전자제품 통합 제어 시스템
- 월패드 또는 PC/모바일을 통해 제어

: 에너지 관리 : 생체 리듬 관리 : 데이터 레포트

Phase 1 서비스 도출 〉 Activity 04 서비스 아이디어 검증

Task 10 서비스 검토 Service Feedback

본 연구팀에서 도출 서비스를 대상으로 구성한 비즈니스 모델 프로토타입의 실현가능성을 검증하기 위해 조명산업의 전문가 5인을 대상으로 서비스 피드백을 진행했다. 스마트 스페이스 서비스의 기존 조명산업의 문제점 해결 가능성, 세부 서비스의 적합성, 비용 및 수익구조의 적합성을 질문으로 구성하여 개방형으로 의견을 요청했다.

조명 산업 문제점 해결의 적절성 측면에서, 전문가들은 스마트 스페이스 서비스의 필요성에는 크게 공감하였다. 조명의 비시각적, 시각적 장점을 극대화할 수 있을 뿐만 아니라 에너지 효율성까지 높일 수 있는 서비스라는 평가를 받았다. 또한 세부 서비스가 구체적이며 실현가능한 범위라고 평가하였다. 그러나 본 프로토타입의 경쟁우위를 보완하기 위해 몇 가지 의견이 제시되었다.

첫째, 스마트 조명 시스템은 센서를 기반으로 운영되는데, 현재 모든 LED에 호환되는 센서가 부재하다는 것이 문제점으로 도출되었다. 따라서 모든 조명기기와 공간에 있는 기본적인 가전제품과 호환되는 센서를 자체적으로 제작하거나, 해당 기술을 보유한 업체와 협력하는 것이 필요하다고 제언하였다. 이에 연구팀은 'Phase 2. 융합생태계 정의' 단계에서 센서 업체에 대해 구체적으로 분석하고자 한다.

둘째, 전문가들은 스마트 스페이스 서비스의 고객 유형을 1, 2, 3공간으로 나눈 것에는 동의하였으나, 고객 유형이 광범위하여 사업 초기에 어떤 공간을 먼저 공략할 것인지가 중요하다고 지적하였다. 이에 연구팀은 최근 스마트홈 시장이 급격히 성장하고 있으며, 공간 유형이 명확한 1공간을 위주로 초기 전략을 수립한다는 결론에 도달했다. 사업화가 진행된 이후 2, 3공간으로 서비스를 확대할 수 있을 것이다.

마지막으로 스마트 스페이스 서비스는 구축 비용이 높은 반면 수익구조가 상대적으로 낮을 수 있다는 지적이 제기되었다. 전문가들은 인프라 투자 대비 수익을 어떻게 창출할 것인지 고민이 필요하다고 제언하였다. 이에 본 연구팀은 'Phase 3. 비즈니스 모델 전략' 단계에서 지속가능한 과금체계를 설계하기 위해 다양한 선진 사업모델을 분석하자는 결론에 도달했다. 그 외에 서비스의 컨셉, 세부 서비스 구성 등에 대해서는 전문가의 이견이 없었다.

※ PART 3에서는 'Task 11. 법제도 검토'와 'Task 12. IP 검토'는 생략한다.

■ 프로토타입

인간중심 조명 시대의 스마트 스페이스 서비스 프로토타입 검증

■ 질문 내용

질문 내용
1. 조명산업 문제점 해결의 적절성
2. 세부 서비스에 대한 적합성
3. 본 프로토타입의 경쟁우위에 대한 보완점

■ 데이터화

응답 내용	인사이트
1. 조명 산업의 기존 문제들을 잘 해결할 수 있는 대안으로 여겨진다. 2. 어떤 조명기기든 인식 가능한 센서를 제작하거나, 그런 기술을 보유한 업체와 협력하는 것이 필요해 보인다. 3. 1,2,3공간 유형 중 어떤 곳과 먼저 협력할 것인지 전략적 로드맵 수립이 필요해 보인다. 4. 서비스 구축 비용이 높은 반면 수익구조가 상대적으로 부족하다. 인프라 투자 대비 수익을 어떻게 창출할 것인지 고민이 필요하다.	1. 어떤 조명기기든 인식할 수 있는 통합 센서 제조업체가 협력자에 포함한다. 2. 1, 2, 3공간 중 유형이 명확한 1공간 위주로 초기 전략을 수립한다. 사업이 안정화되면 2, 3공간으로 서비스를 확대한다. 3. 지속가능하고 현실적인 과금 체계를 마련한다.

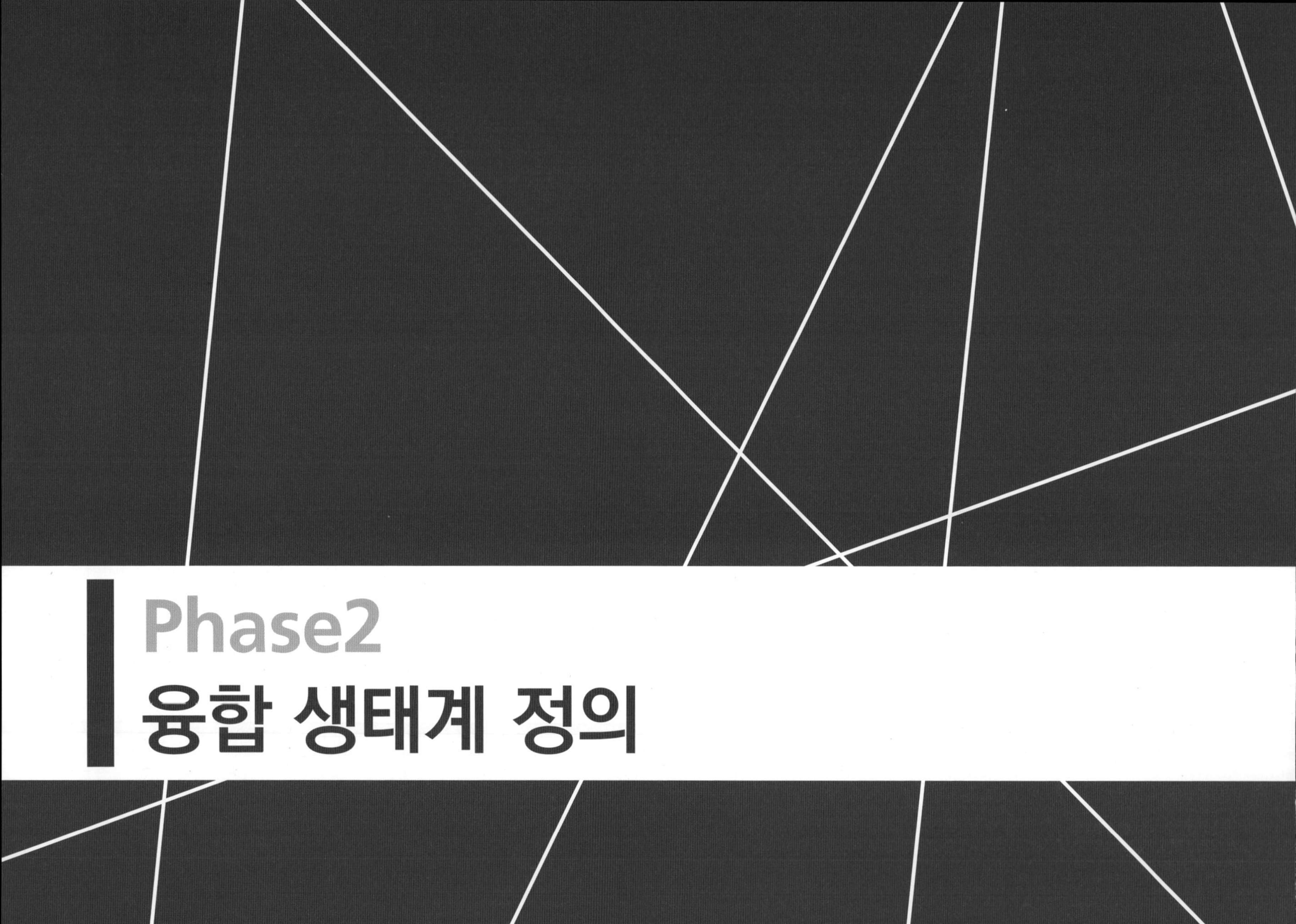

Phase2
융합 생태계 정의

Phase 2 융합 생태계 정의 〉 Activity 05 이해관계자 도출

Task 13 협력사 도출 Derive Partners

협력사 도출을 위해 우선 기능 프로세스Functional Process(FP)를 작성하여 조명 업무 기능을 파악하였다. 주기능은 조명연출관리와 시스템, 사후관리로 나누었다. 프로세스는 조명기기 조달, 센서 조달, 시공/인테리어와 시스템 설계, 시스템 운영, 사후관리로 구분하였으며 각 구분에 해당하는 조명 기업명을 작성하였다. 프로세스 구분을 바탕으로 협업이 필요한 영역을 선정하였는데, 조명연출관리 프로세스의 조명 기기 조달과 센서 조달, 시공/인테리어와 사후관리 프로세스와 관련한 협업이 필요하다고 판단하였고 각 프로세스에 해당하는 협력사를 리스팅하였다.

조명 기기 조달 유형의 주요 협력사는 선일일렉콤과 소룩스, 필룩스, 필립스를 선정하였다. 해당 기업과 협업할 경우 글로벌 네트워크와 멀티 자동화 생산설비를 바탕으로 기술력과 품질 경쟁력, 디자인과 더불어 특허 경쟁력을 확보할 수 있을 것이라 판단하였다. 또한 R&D 센터의 디자인 · 연구 · 개발 등과 같은 전문적인 역량 개발과 엄격한 품질관리를 통한 제품 퀄리티를 유지하는 것이 가능할 것이라 예상하였다.

조명 센서 조달 유형의 주요 협력사는 갤럭시아 일렉트로와 테라칩스, 유니룩스를 선정하였다. 해당 기업과의 협업을 통해 주변 환경을 인지하여 자동으로 제어하고 사용자의 다양한 요구사항을 반영하며 스케줄 설정에 따른 원격으로 조절할 수 있는 서비스를 개발할 수 있을 것이라 판단하였다. 또한 소방시스템과 연결하여 화재 발생 시 비상등 점등 서비스와 조명회로에 흐르는 전류를 계측하여 에너지 관리 기능을 제공하는 것이 가능할 것이라 보았다.

조명 시공/인테리어와 사후관리 유형의 주요 협력사로는 비츠와 공간, 엘이디에비뉴로 선정하였다. 해당 기업들과는 사용자 편의에 맞춘 공간별 Led를 시공 설계하고 공간별 실내 디자인과 다양한 조명 디자인 제품, 설치 모습 시뮬레이션을 제공하며, 5년 품질 보증 서비스로 부속 교환 및 무상 A/S 서비스 제공함으로서 신규 서비스 모델과의 연계성을 갖추고 있다고 판단하였다.

이후, 도출한 협력사마다 파트너십 카드를 작성하여 구체적으로 분석하였다. 본 서에서는 필룩스의 파트너십카드 예시가 포함되어 있다. 협력사 도출을 통해 약점 및 단점을 보완해줄 수 있는 협업 기업에 대해 파악할 수 있었다. 더불어 적정 조명 서비스 실행을 위한 협력 가이드라인을 수립하는 데 기반을 잡을 수 있었다.

Functional Process

조명연출관리		시스템		사후관리
조명 기기 조달	**시공 / 인테리어**	**시스템 설계**	**시스템 운영**	**사후관리**
• LED 조명 기기 제조기업 선일일렉콤 PHILIPS FEELUX	• 시공 전문기업 • 인테리어 업체 • 조명 디자인 업체 LEDAvenue Human Lighting vittz GONGGAN SINCE 2000	• 플랫폼 설계 기업 • 플랫폼 구축 기업	• 시스템 운영 기업 • 데이터 베이스 수집 및 분석 기업	• 원격 점검 • 방문 점검 LEDAvenue Human Lighting vittz GONGGAN SINCE 2000
센서 조달				
• 통합 센서 전문 제조기업 BKT Terachips galaxia ELECTRONICS				

범례 : 주 기능 | 프로세스 | 협업 영역

협력사 리스팅		
유형	주요 업체	신규 서비스 모델 연계성
조명 기기 조달	선일일렉콤, FEELUX, SO lux, DAY TIME, PHILIPS	• 글로벌 네트워크와 멀티 자동화 생산설비를 바탕으로 기술력과 품질 경쟁력, 디자인, 특허 경쟁력 확보 • R&D 센터의 디자인·연구·개발 등 전문화된 꾸준한 역량 개발 • 엄격한 품질관리를 통한 제품 퀄리티 유지
조명 센서 조달	galaxia ELECTRONICS, Terachips, UNILUX 주식회사유니룩스	• 주변 환경을 인지하여 자동으로 제어하고 사용자의 다양한 요구사항을 반영하며, 스케줄 설정에 따른 원격으로 조절도 가능 • 소방시스템과 연결하여 화재 발생시 비상등 점등 서비스 제공 가능 • 조명회로에 흐르는 전류를 계측하여 에너지 관리 기능 제공
조명 인테리어/시공/사후관리	vittz, LEDAvenue Human Lighting, GONGGAN SINCE 2000	• 사용자 편의에 맞춘 공간별 Led 시공 설계 • 공간별 실내 디자인과 다양한 조명 디자인 제품 제공 및 설치 모습 시뮬레이션 제공 • 5년 품질 보증 서비스로 부속 교환 및 무상 A/S 서비스 제공

<table>
<tr><th colspan="3">파트너십 카드: 필룩스</th></tr>
<tr><th>제품/서비스</th><th>타깃 영역</th><th>특징</th></tr>
<tr><td>필마스터와 각종 조명기기
(시간대별 제어, 구역별 제어, 디밍 제어뿐만 아니라 통합제어까지 가능하다. 모든 조명 기구에 스마트 기능을)</td><td>스마트 조명, 감성조명, 실내조명, 경관 조명, SIH 시스템, LED 조명 개발 및 생산 판매</td><td>Change Light, Change Life!
FEElux라는 회사명에서 알 수 있듯이 '감성조명'이라는 브랜드 철학을 가지고 있다.</td></tr>
<tr><th colspan="2">강점</th><th>약점</th></tr>
<tr><td colspan="2">• 국내외 최대규모의 전자 회사들과 협력관계를 유지하고 있으며 기술 개발 및 공급망 확대를 지속적으로 추진 중이다.
• 20여 개의 해외 법인을 설립하고 있으며, 전 세계 50여 개국에 수출하고 있는 세계적 기업이다.
• 모든 조명 기구에 스마트 기능을 제공하고 유무선을 통합하는 필마스터 제품 활용이 가능하다.</td><td>• 최근 필룩스는 조명뿐만 아니라 전자부품과 바이오 분야로 사업을 확장하고 있다.</td></tr>
<tr><th colspan="3">협업 목표 및 방향성</th></tr>
<tr><td colspan="3">• 빛 품질을 고려한 인간중심 조명을 통해 생활의 품격을 높이다.
• 창의적이고 감각적인 공간 효과 창조 조명을 통해 생활에 감성을 더하다.
• 에너지 효율 향상을 위한 신기술 융합 조명을 통해 생활의 편의성을 높이다.
• 인테리어 및 상업용 특수 분야 조명을 통해 고부가가치화를 이루고 생활의 가치를 높이다.</td></tr>
</table>

Phase 2 융합 생태계 정의 〉 Activity 05 이해관계자 도출

Task 14 경쟁사 도출 Derive Competitors

경쟁사 도출을 위해 조명 산업의 경쟁 유형을 분류하고 각 유형에 해당하는 경쟁사를 파악하였다. 직접 경쟁에 해당하는 유형 1의 경쟁사로 인터렉트와 인라이티드, HDC 아이콘트롤스가 선정되었다. 다른 문제에 해당하는 유형 2의 경쟁사로는 말타니를 선정하였는데, 조명 디자인 및 인테리어에 초점을 맞추고 있다고 보았다. 다른 고객에 해당하는 유형 3의 경쟁사는 카카오홈을 선정하고 B2C 사업을 운영하며 개인 및 가정을 타겟팅하는 기업으로 판단하였다. 마지막으로 다른 서비스에 해당하는 유형 4의 경쟁사는 GE를 선정하여 에너지 관리에 집중한 서비스를 제공하는 기업으로 보았다. 종합해보았을 때, 4개 유형의 경쟁사 중 직접 경쟁을 하는 유형 1의 인터렉트와 인라이티드, HDC 아이콘트롤스를 핵심 경쟁자로 도출하고 3 기업에 대해 구체적으로 분석하였다. 본 고에서는 인터렉트 사례를 중심으로 예시안을 구성하였다.

인터렉트는 Signify에서 운영하는 브랜드로 커넥티드 LED조명, 내장 센서, IoT장치를 통해 분석 정보를 수집하고, 데이터를 관리하는 IoT플랫폼 서비스와 조명 컨설팅 및 스마트 룸 제어 서비스를 중점적으로 운영하고 있었다. 조사 당시 B2B영역에서 다양한 기업들의 수요를 충족시키기 위한 다양한 소프트웨어 서비스를 제공하고 있으며, 각 특화 분야를 담당하고 있는 조명업체와의 협업을 통해 서비스를 제공하고 있었다. 인터렉트에 대한 체계적인 분석을 위해 플랫폼 서비스 개념도를 추가적으로 활용하여 인터렉트의 서비스를 도출하였다. 주요 사업분야 및 영역인 제2공간의 도시에서는 생체관리, 의료시설에서는 위치관리와 자산관리 서비스의 공백을 확인하였다. 제3의 공간의 랜드마크에서는 에너지관리와 위치관리, 생체관리, 유통시설에서는 생체관리와 자산관리, 스포츠 시설에서는 에너지관리와 자산관리 서비스에서 공백이 있었다. 이를 보완하기 위해 필립스, 컬러키네틱스 등의 조명업체와 IoT기술 보유업체, 도소매업체 등의 이해관계자와 협력하여 수요자에게 서비스를 제공하였다.

조사 내용을 바탕으로 인터렉트에 대한 경쟁 배틀카드를 작성하였다. 경쟁사의 특징은 수집된 데이터를 기반으로 LED조명의 효율성과 비용절감을 목표로 한다는 점과 각 특화 분야를 담당하고 있는 조명업체와의 협업을 진행하고 있다는 점이다. 인터렉트는 공간별 특성 적용 서비스와 사용패턴 분석을 통한 예측 지원 서비스를 제공한다는 것이 강점이었다. 또한 에너지 효율 및 비용절감을 위한 보고서를 제공한다는 점과 장치 보안, 인증, 권한관리 기능을 탑재하고 있다는 점도 우수한 서비스로 보여졌다. 그러나 센싱기술 서비스로 타 기업과의 차별점이 부재하다는 점과 에너지절감 위주의 시비스 제공의 한계가 있다는 점, B2B에 한정된 서비스를 제공한다는 점은 한계점으로 판단되었다.

이외에도 연구팀은 유형 1의 핵심 경쟁사인 인라이티드와 HDC 아이콘트롤스에 대해서도 추가적으로 경쟁사 분석을 진행하였으며 각 기업의 서비스 공백과 이해관계자를 확인하였다. 이를 기반으로 본 프로젝트의 방향성을 도출하였다.

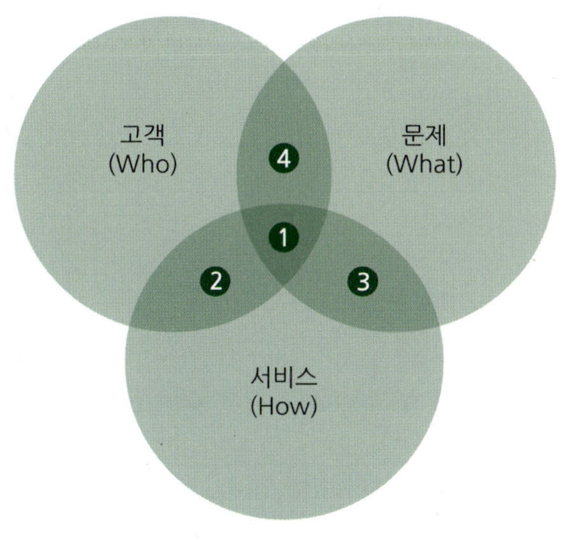

유형	내용	기업 사례
1	같은 고객, 같은 문제, 같은 서비스 “유사한 비즈니스 모델 운영”	interact enlighted™ A Siemens Company HDC I·CONTROLS
2	같은 고객, 같은 문제, 다른 서비스 “조명 디자인 및 인테리어 초점”	maltani
3	다른 고객, 같은 문제, 같은 서비스 “B2C 개인 가정 타깃팅”	WORKS WITH kakaohome
4	같은 고객, 같은 문제, 다른 서비스 “에너지 관리에 집중한 서비스”	GE

유형	경쟁자	사업 분야/영역	주력 제품/서비스
1	인터랙트	제2의 공간 (City, Hospitality, Industry, Office) 제3의 공간 (Landmark, Retail, Sports)	• 커넥티드 LED 조명 시스템 • 조명 컨설팅 서비스 • 스마트 룸 제어 서비스
1	인라이티드	제2의 공간 (Education, Healthcare, Industry, Office) 제3의 공간 (Retail)	• 스마트 실시간 위치서비스 • 협업공간 예약 서비스 • 작업환경 맞춤 조명/온도 제공 서비스
1	HDC 아이콘트롤스	제1의 공간 (Home) 제2의 공간 (City, Hospitality, Industry, Office) 제3의 공간 (Landmark, Retail)	• 스마트 LED 서비스 • 홈 컨트롤 서비스 • 스마트 주차장 서비스
2	말타니	제1의 공간 (Home) 제2의 공간 (Hospitality, office) 제3의 공간 (Museum, Art Hall)	• 조명 인테리어 서비스 • 공간 분위기에 맞는 조명 디자인 제안 및 설치
3	카카오홈	제1의 공간 (Home)	• 조명IoT 모바일 앱 제어 서비스 • 스마트 홈 제어 서비스
4	GE	제2의 공긴 (Industry)	• 산업 소프트웨어 제어 시스템 • 조명 음성명령 제어 서비스

핵심 경쟁사	interact	HDC I·CONTROLS	

경쟁자 분석: 인터랙트

interact

기업명	Signify (구)Philips조명
브랜드 명	Interact
본사	네덜란드

소개

- Interact는 커넥티드 LED조명, 내장 센서, IoT장치를 통해 분석 정보를 수집하고, 데이터를 관리하는 IoT플랫폼임
- 현재 B2B영역에서 운영 중이며 수집된 데이터를 기반으로 LED조명의 효율성과 비용절감에 대한 혁신을 이끌어내는 것을 목표로 함
- 다양한 기업의 수요를 충족시키기 위한 다양한 소프트웨어 서비스를 제공하고 있으며, 각 특화 분야를 담당하고 있는 조명업체와의 협업을 통해 서비스를 제공하고 있음

사업영역

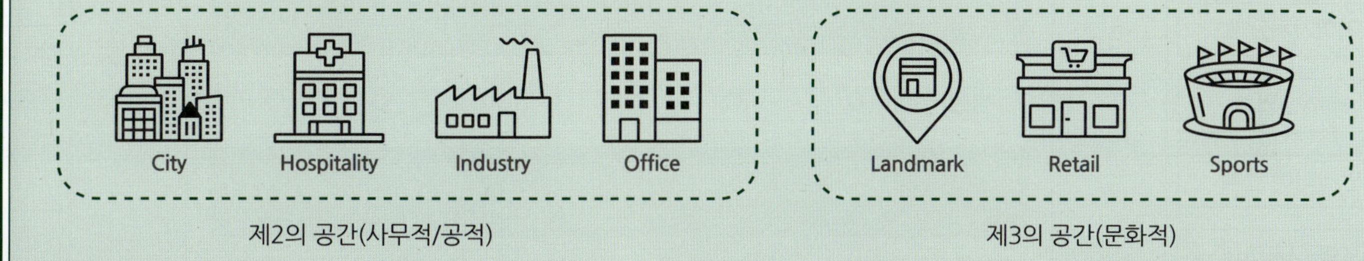

서비스 핵심요인	서비스 결핍요인
사용패턴 분석을 통한 예측 지원 서비스	센싱 기술 서비스로 타 기업과의 차별점 부재
에너지 효율 및 비용절감을 위한 보고서 제공	에너지 절감 위주의 서비스 제공 한계
장치 보안, 인증, 권한 관리 기능 탑재	B2B에 한정된 서비스

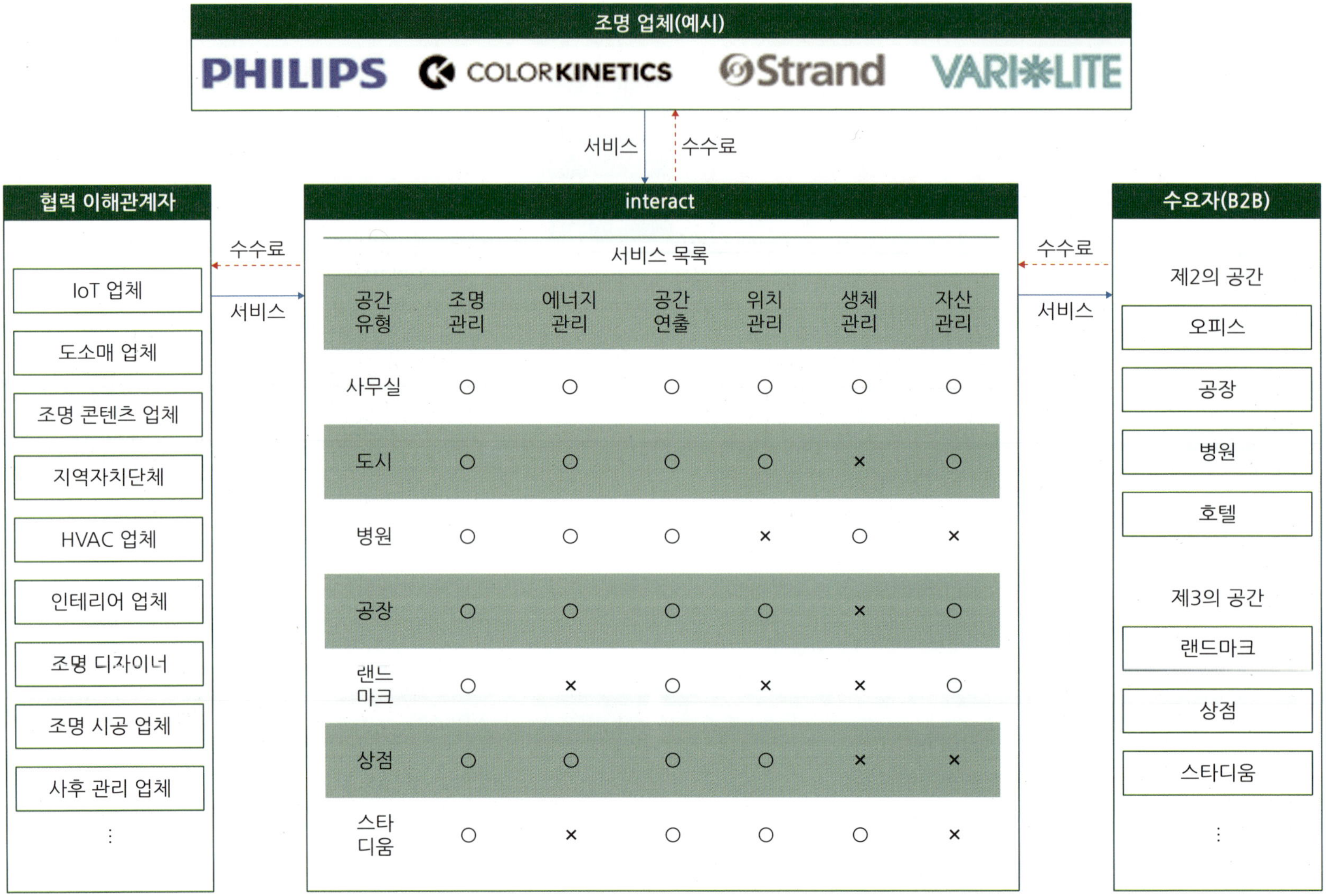

공간 유형	조명 관리	에너지 관리	공간 연출	위치 관리	생체 관리	자산 관리
사무실	○	○	○	○	○	○
도시	○	○	○	○	×	○
병원	○	○	○	×	○	×
공장	○	○	○	○	×	○
랜드 마크	○	×	○	×	×	○
상점	○	○	○	○	×	×
스타 디움	○	×	○	○	○	×

<table>
<tr><th colspan="3">경쟁 배틀카드: 인터랙트</th></tr>
<tr><th>제품/서비스</th><th>타깃 영역</th><th>경쟁사 특징</th></tr>
<tr><td>• 커넥티드 LED조명, 내장 센서, IoT장치를 통해 분석 정보를 수집하고, 데이터를 관리하는 IoT플랫폼</td><td>• B2B영역의 고객
• 제2의 공간
• 제3의 공간</td><td>• 수집된 데이터를 기반으로 LED조명의 효율성과 비용절감을 목표함
• 각 특화 분야를 담당하고 있는 조명업체와의 협업</td></tr>
<tr><th colspan="2">강점</th><th>약점</th></tr>
<tr><td colspan="2">• 공간별 특성에 맞춘 서비스
• 사용패턴 분석을 통한 예측 지원 서비스
• 에너지 효율 및 비용절감을 위한 보고서 제공
• 장치 보안, 인증, 권한관리 기능 탑재</td><td>• 센싱기술 서비스로 타 기업과의 차별점 부재
• 에너지절감 위주의 서비스 제공 한계
• B2B에 한정된 서비스</td></tr>
<tr><th colspan="3">경쟁사 분석을 통해 수행 기업이 갖추어야 할 점 / 향후 수행기업의 방향성</th></tr>
<tr><td colspan="3">• 공간별 특성에 맞춘 조명 서비스를 제공해야 할 것
• 에너지 효율 및 비용절감에 대한 부분을 고려해야 할 것
• 센싱기술 서비스의 차별화를 위한 방안을 강구해야 할 것
• B2B, B2C를 포함하는 넓은 서비스 범위를 고려해 보아야 할 것</td></tr>
</table>

Phase 2 융합 생태계 정의 〉 Activity 05 이해관계자 도출

Task 15 수요자 도출 Derive Customers

경쟁사 도출에서 나온 조명산업의 타겟 고객층을 리스팅하였다. 경쟁사의 사업분야 및 영역을 기준으로 수요자 유형을 구분하였다. 연구팀은 각 공간에서 스마트 조명을 사용했던 경험이 있는 수요자를 2명씩 인터뷰하고, 해당 내용을 바탕으로 고객여정지도를 작성하였다.

수요자 유형		개념	유사 경쟁사
제1공간	Apartment	• 가정 조명 서비스 수요자	• HDC 아이콘트롤스
제2공간	Office	• 사무실 조명 서비스 수요자	• 인터렉트 • HDC 아이콘트롤스 • 인라이티드
	Industry	• 공장 조명 서비스를 수요자	• 인터렉트 • HDC 아이콘트롤스 • 인라이티드
제3공간	Retail	• 소매로 판매하는 매장 관련 조명 서비스 수요자	• 인터렉트 • HDC 아이콘트롤스 • 인라이티드
	Sports	• 스포츠 관련 조명 서비스 수요자	• 인터렉트

먼저, 제1공간의 가정 조명 서비스 수요자와의 인터뷰를 바탕으로 고객여정지도를 활용하여 조명 서비스에 대한 경험을 시간의 흐름에 맞춰 기술하였다. 수요자는 우선 가정의 조명연출 관리를 위해 조명시공업체를 통해 조명 설치비용의 견적을 내고 조명 인테리어 디자이너에게 인테리어 디자인 견적을 받아 조명 시공과 감리를 진행하였다. 설치를 완료한 후에는 모바일 애플리케이션과 홈 네트워크 월패드를 통해 조명기구의 ON/OFF 스케줄링을 제어하고 밝기를 조절하며 실시간으로 조명 에너지를 관리하였다. 사용 후에는 조명회사 홈페이지와 AS 기사를 통한 조명 모니터링을 진행했고 조명기구에 대한 불편사항 제기하였으며 방문 점검을 받았다.

이러한 분석 과정에서 제1공간 수요자의 불편함**PainPoint**을 파악할 수 있었는데, 우선 조명연출관리 단계에서는 사용자에게 맞는 적절한 설치 과정이 부족했다는 점과 시공 후 감리 과정을 세밀하게 확인하지 않았다는 점을 발견하였다. 또한 조명 설치에 대한 자세한 설명이 부족하여 조명 사용 단계에서 수요자의 활용도가 낮다는 문제점을 확인할 수 있었다. 더불어 조명기구가 정확한 센서 인식을 하지 못하는 점과 실시간 에너지 관리가 반영되지 않아 불편함을 겪고 있었다. 사후관리 단계에서는 조명 모니터링의 시각화가 만족스럽지 않다는 점과 불만사항에 대한 접수 과정이 불편하고 시간이 오래 소요된다는 점이 수요자의 불편사항으로 확인되었다.

제1공간인 아파트와 더불어 제2공간인 사무실, 제3공간인 미술관에 해당하는 수요자 또한 도출하여 고객여정지도를 통해 서비스 제공 상황에서 발생하는 불편함을 파악하였다. 제2공간인 사무실 조명 서비스 수요자는 사용 단계에서 업무 환경에 맞지 않은 조명 밝기와 색온도로 인해 불편함을 느꼈다. 회의실 조명에 부착한 자동 ON/OFF 시스템의 오작동과 정확하지 않은 조명 에너지 사용량 알림으로 인해 조명기구 사용 시 불편을 겪었다. 사후관리 단계에서는 AS 신청 과정의 불편함과 시공업체 상담원의 불친절한 응대, AS 기사의 적절한 AS 부족이 수요자의 불편사항으로 확인되었다.

미술관 조명 서비스 수요자는 조명연출관리 단계에서 적절한 인테리어 조명을 찾는데 어려움을 겪었다. 사용 단계에서는 전시 컨셉에 맞는 조명 밝기와 색온도를 조절하는 데 있어서 어려움을 겪었고, 정확하지 않은 조명 에너지 사용량 알림으로 인해 불편함을 느꼈다. 사후 관리 단계에서는 LED 조명 불량으로 인해 전시에 차질을 빚었고, 조명 AS 신청 후 점검을 받기까지의 과정이 복잡해 불편함을 느꼈다.

제 1, 2, 3공간에 해당하는 아파트, 사무실, 미술관 조명 서비스 수요자로부터 도출한 불편함은 기존 조명 서비스에 대한 문제점을 사전에 파악하고 개선방안을 마련하여 향후 조명 서비스를 개발하고 제공하기 위한 중요한 기초자료로 활용하였다.

1공간						
Step	**조명연출 관리**		**사용**		**사후 관리**	
Action	01	조명 설치 비용 견적	04	조명 ON/OFF 스케줄링	07	조명 모니터링
	02	인테리어 디자인 견적	05	조명 밝기 조절	08	프로그램 불편사항 제기
	03	시공 및 감리	06	실시간 에너지 관리	09	방문 점검
Touch Point	조명 시공 업체		모바일 애플리케이션		홈페이지(인터넷)	
	조명 인테리어 디자이너		월패드		AS 기사	
Emotion	Good	02				09
	Normal	01, 03	04		07	
	Bad		05, 06		08	

PainPoint

01	사용자에게 맞는 적절한 설치 과정이 부족함
03	시공 후 감리 과정에서 세밀하게 확인하지 않음
04	조명 설치에 대한 세세한 설명이 부족으로 인한 활용도 낮음
07	조명 모니터링의 시각화가 만족스럽지 않음
06	실시간 에너지 관리가 반영되지 않아 불편함
05	정확하지 않은 센서 인식
08	불만사항 접수 과정이 불편하고 시간이 오래 걸림

2공간			
Step	조명연출 관리	사용	사후 관리
Action	01 사무실 조명 설치 비용 견적	04 작업 환경 맞춤 밝기/색온도 조절	07 조명 센서 이상으로 AS 신청
	02 에너지 비용 절감 계산	05 회의실 조명 자동 ON/OFF	08 시공업체와 상담 전화
	03 시공 및 감리	06 에너지 사용량 알림 서비스	09 AS 기사 방문 점검
Touch Point	조명 업체 상담사	모바일 애플리케이션	상담사
	설치 시공사	월패드	AS 기사
Emotion – Good	01 — 02 — 03		
Emotion – Normal		04, 06 — 07	07
Emotion – Bad		05	08 — 09

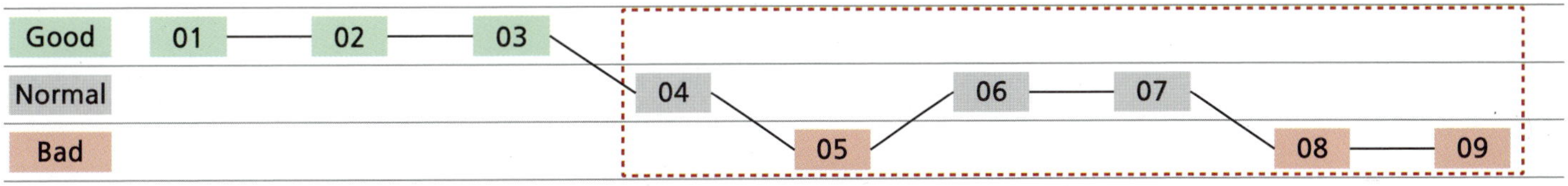

PainPoint

04 작업 환경에 맞지 않은 조명 밝기와 색온도로 인한 불편함	05 회의실 조명 자동 ON/OFF 오작동
06 정확하지 않는 에너지 사용량 알림	08 시공업체 상담원 불친절
07 AS 신청 과정 불편함	09 AS 기사의 적절한 AS 부족

3공간			
Step	조명연출 관리	사용	사후 관리
Action	01 미술관 조명 설치 견적	04 전시 주제에 맞는 조명 세팅	07 조명 고장 감지
	02 공간별 조명 인테리어 구상	05 안전 알림	08 AS 신청
	03 시공 및 감리	06 에너지 사용량 알림	09 방문 점검
Touch Point	조명 인테리어 업체	모바일 애플리케이션	홈페이지(인터넷)
	조명 시공사	SMS	AS 기사
Emotion – Good	01, 03	05	
Emotion – Normal	02	04	08, 09
Emotion – Bad		06	07

PainPoint

Phase 2 융합 생태계 정의 〉 Activity 06 이해관계자 매칭

Task 16 서비스 매칭 Service Matching

'Phase 1'과 'Phase 2'의 Task를 진행한 내용을 바탕으로 스마트 스페이스 서비스의 이해관계자 매칭을 진행하였다. 협력사에는 조명제조업체, 센서제조업체, 인테리어 업체, 시공업체, 감리업체가 포함되었으며, 각각의 기업과 파트너십을 체결할 것으로 예상된다. 수요자에는 제1공간, 제2공간, 제3공간이 포함되었다. 수요자에게는 앞서 도출한 세부 서비스를 제공한다. 이 서비스를 통해 협력사들은 개별적으로 고객을 찾을 필요 없이 스마트 스페이스 서비스를 이용하는 B2B 고객을 대상으로 사업을 운영할 수 있다. 또한 고객은 각 업체를 따로 찾을 필요 없이 한 번에 적절한 이해관계자가 매칭되기 때문에 편리함이 증가할 것이다. 무엇보다 이번 사업을 통해 고객에게 제공할 수 있는 핵심 가치는 '인간 중심 조명' 시스템의 사용 경험이다.

협력사		자사		수요자
[조명제조 업체]	(파트너십) ← / → (조명기기)			
[센서제조 업체]	(파트너십) ← / → (통합센서)		(인간 중심 조명) ← / → (세부 서비스)	[제1 공간]
[인테리어 업체]	(파트너십) ← / → (인테리어 기술)	스마트 스페이스 서비스 플랫폼	• 조명 설계 • 공간디자인 설계 • 시공 • 감리 • 에너지 관리 • 데이터 레포트 • 생체리듬 관리 • 원격 점검 • 방문 점검	[제2 공간]
[시공 업체]	(파트너십) ← / → (시공 기술)			
[감리 업체]	(파트너십) ← / → (파트너십)			[제3 공간]

Phase 2 융합 생태계 정의 〉 Activity 07 융합 생태계 도식화

Task 17 제도 혁신 System Innovation

진행하고자 하는 서비스가 현재 어떠한 제도적 한계점을 내포하고 있는지 검토하였다. 검토 결과, 먼저, 스마트 조명 통신 규격의 표준이 부재했다. Wi-fi, ZigBee, DALI 등 다양한 통신방식이 혼재했고, 제품 표준 인증체계 또한 부재했다. 이러한 표준화되지 않은 통신 방식들과 인증 체계는 불필요한 비용의 발생을 야기한다는 점에서 개선이 필요하다고 판단되었다. 다음은 조명 제품에 대한 인증 및 검사의 중복 문제로, KS, 전자파, 고효율, 친환경 등 조명 제품에 대해 과도한 인증을 요구하며, 제품 인증과 검사에 대한 장벽이 신제품 개발의 저해 요인으로 꼽혔다. 검토를 통해 도출된 현행 제도의 문제점 개선방안 논의를 위해 스마트조명 관련 민관 협의체를 구성하여 산업 육성을 위한 실질적 제도 혁신이 필요한 상황임을 파악했다.

제도 혁신을 위한 협의체의 구성은 조명 관련 정출연, 플랫폼 기업, 대학교, 컨설팅 협회 등이 주축이 되었고, 협회 소속 컨설팅 업체 및 조명 업체들이 협의체에 참여하였다. 구성된 협의체는 '스마트조명 표준화 전략 협의체'로 명명하고, 달성하고자 하는 최종 목표를 '국내 스마트조명 산업 생태계 활성화 및 글로벌 시장 경쟁력 제고'로 설정하였다. 또한, 협의체의 당면 과제를 첫째, 부품/시스템 간 상호호환성 및 확장성 보장을 위한 표준화된 통신방식과 제품 표준 인증체계 확립, 둘째, 산업 진흥을 위한 조명 제품 인증 및 시험종목 통·폐합 및 표준 재수립 등 두 가지로 설정하였다. 이를 달성함으로써, 상호호환성 및 확장성 확보를 통해 비용 절감과 서비스의 다양화를 실현할 수 있고, 국내 스마트조명 제조 업체 육성 기반 마련을 통해 조명 제품/소재의 다양화 및 국산화에 기여할 수 있을 것으로 예상하였다.

구성된 협의체는 앞서 설정한 당면 과제의 달성을 위한 구체적인 개선 방안을 도출하기 위해 서면으로 의견을 수렴했다. 이를 통해 기존 도출된 협의사항과 추가적으로 제기된 협의사항에 대한 주요 문제점과 개선안을 논의하고, 공통적으로 제시된 의견을 취합하여 다시 배포하여 의견을 수렴하는 과정을 2회 반복 실시하여 최종 개선안을 도출했다. 최종 개선안은 기존의 제도를 개선 또는 완화하거나 기존 제도가 아우르지 못하는 부분을 점검하고 제도권으로 포함시키는 방안을 담았으며, 개선 건의서 양식에 맞추어 작성되었다.

아무리 매력적인 서비스 모델일지라도 규제에 의해 사업을 수행할 수 없다면 의미가 없으므로, 도출한 서비스가 기존 규제나 법률에 저촉되지 않는지 철저히 검토하고, 문제가 없다고 판단되는 경우 본 단계를 생략할 수 있다. 또한, 본 사례와 같이 전체 산업의 활성화를 위한 목적에서 제도 혁신 과정을 수행할 수도 있다.

최종 목표

국내 스마트조명 산업 생태계 활성화 및 글로벌 시장 경쟁력 제고

주요 참여 기관

제안 사항

1. 부품/시스템 간 상호호환성 및 확장성 보장을 위한 표준화된 통신방식과 제품 표준 인증체계 확립
2. 산업 진흥을 위한 조명 제품 인증 및 시험 종목 통·폐합 및 표준 재수립

기대 효과

- 상호호환성 및 확장성 확보를 통한 비용 절감 및 서비스 다양화 실현
- 국내 스마트조명 제조 업체 육성 기반 마련을 통한 조명 제품/소재의 다양화 및 국산화 기여

Phase 2 융합 생태계 정의 〉 Activity 07 융합 생태계 도식화

Task 18 생태계 정의 Defining Ecosystem

생태계 정의를 위해 As-Is와 To-Be 생태계 내에 어떠한 소비자와 서비스 제공자, 지원자가 포함될 수 있는지 토의를 진행하였다. 먼저, As-Is 생태계의 서비스 제공자는 소비자들에게 직접 조명을 판매하거나 설치 및 시공을 하는 조명 유통업체와 설치/시공업체가 포함된다. 그리고 이들에게 조명을 판매하거나 인테리어 서비스를 제공하는 조명 부품사와 조명 디자이너가 제1결합에 위치하며, 이러한 제1결합 주체들에게 원천 부품과 서비스를 제공하는 제2결합의 주체로서 조명 제조업체가 포함되었다. 소비자는 소규모 구매가 주가 되는 개인용 조명 소비자군과 대규모 구매가 주를 이루는 산업용 조명 소비자군이 조명 시장의 주 고객군으로 꼽혔다. 보조에 위치하는 정부기관은 제1결합과 제2결합 이해관계자에게 직간접적인 지원과 규제를 수행한다.

스마트 스페이스 중심의 To-Be 생태계에서의 서비스 제공자는 이전 단계들을 수행하여 도출한 스마트 스페이스 서비스를 제공하는 조명 솔루션 플랫폼, 스마트 조명을 감안하여 수요자의 공간에 조명 인테리어를 제공하는 인테리어 업체, 그리고 조명 설치 및 시공을 수행하는 설치/시공 업체가 포함되었다. 이러한 서비스 제공자들에게 조명 완제품을 제작 및 공급하는 제조업체와 스마트 조명 구축을 위한 통합 센서를 제조하는 통합센서제조업체 등이 제1결합으로 위치한다. 그리고 제1결합에게 LED 부품을 제공하는 LED 부품사와 조명 제품 디자이너가 제2결합에 위치하여 생태계를 구성한다. 이러한 새로운 생태계의 소비자군은 공간에 따라 구별되는 소비자, 즉 개인적인 공간을 위한 제1공간 수요자와 사무적 공간을 위한 제2공간 수요자, 그리고 문화적 공간을 위한 제3공간 수요자 등이 융합 서비스의 새로운 소비자군으로 정의되었다. 보조에 위치하는 정부기관은 As-Is에서의 역할과 유사하지만, 서비스 제공자에게까지 영향을 미치게 된다는 점에서 차별점이 있다.

생태계의 구성 변화는 편의적 측면, 데이터 측면, 디자인 측면에서 고려되었으며, 이에 따라 새로 등장하거나 위치가 조정된 이해관계자가 존재했다. 생태계 간 차이점은 먼저, 소비자를 소비 규모에 따라 구분하는 As-Is와 달리, To-Be 생태계에서는 공간의 특성에 따라 소비자를 구분했다. 이는 오늘날 조명과 공간이 불가분의 관계이며, 이는 공간의 특성에 따라 조명의 사용 목적이 달라지는 점에서 기인한다. 또한, 플랫폼 상의 고객 피드백과 데이터 수집에 따라 고객 관계가 상호작용 형태로 변화할 것으로 예측되었다.

구분		As-Is	To-Be
지원자	제1 결합 (Tier1)	• [제조업체] 조명 완제품을 제작하는 업체	• [제조 업체] 조명 완제품을 제작하는 업체 • **[통합센서 제조 업체] 스마트 조명 시스템 구축을 위해 조명에 설치할 통합 센서를 제작하는 업체**
	제2 결합 (Tier2)	• [LED 부품사] LED 조명 세부 부품을 제작하는 업체 • [조명 디자이너] 조명의 외적, 내적 제품 디자인을 하는 업체	• [LED 부품사] LED 조명 세부 부품을 제작하는 업체 • [조명 디자이너] 조명의 외적, 내적 제품 디자인을 하는 업체
	보조 (Auxiliary)	• [정부기관] 제 1, 2결합 이해관계자에게 직간접적인 지원과 규제를 가함	• **[정부기관] 제 1, 2결합, 서비스 제공자에게 직간접적인 지원과 규제를 가함**
소비자		• [제1공간 수요자] 개인적인 공간에 스마트 스페이스 서비스를 도입하고자 하는 수요자 • [제2공간 수요자] 사무적인 공간에 스마트 스페이스 서비스를 도입하고자 하는 수요자 • [제3공간 수요자] 문화적인 공간에 스마트 스페이스 서비스를 도입하고자 하는 수요자	• [제1공간 수요자] 개인적인 공간에 스마트 스페이스 서비스를 도입하고자 하는 수요자 • [제2공간 수요자] 사무적인 공간에 스마트 스페이스 서비스를 도입하고자 하는 수요자 • [제3공간 수요자] 문화적인 공간에 스마트 스페이스 서비스를 도입하고자 하는 수요자
서비스 제공자 (Service provider)		• [오프라인 도/소매점] 오프라인 점포에서 조명 완제품을 소비자에게 유통하는 업체 • [온라인 판매점] 온라인 플랫폼에서 조명 완제품을 소비자에게 유통하는 업체 • [설치/시공 업체] 구매한 조명을 소비자의 공간에 설치하는 업체	• **[인테리어 업체] 스마트 조명을 감안하여 수요자의 공간에 조명 인테리어를 제공하는 업체** • **[조명 솔루션 플랫폼]** • **[설치/시공업체] 스마트 조명 시스템을 소비자의 공간에 설치 및 사후 보수하는 업체**
상황적 영향 (Contextual influences)		• 사회·문화·경제·정치의 인수들은 온라인 커머스 생태계에 크고 작은 직·간접적 영향을 미치므로, 서비스 생태계 구성 과정에서 고려되어야 함	• 사회·문화·경제·정치의 인수들은 온라인 커머스 생태계에 크고 작은 직·간접적 영향을 미치므로, 서비스 생태계 구성 과정에서 고려되어야 함
		▼ ▼	▼ ▼
As-Is 대비 수정사항		• (편의적 측면) 조명 구매와 설치/시공이 개별적으로 이루어지지 않고 조명 솔루션 플랫폼을 통해 통합적으로 서비스 가능 • (데이터 측면) 통합 센서를 활용하여 수요자와 공간에 대한 데이터를 기반으로 스마트 스페이스 서비스 가능 • (디자인 측면) 공간유형별로 스마트 스페이스라는 컨셉에 맞춘 인테리어 서비스 가능	

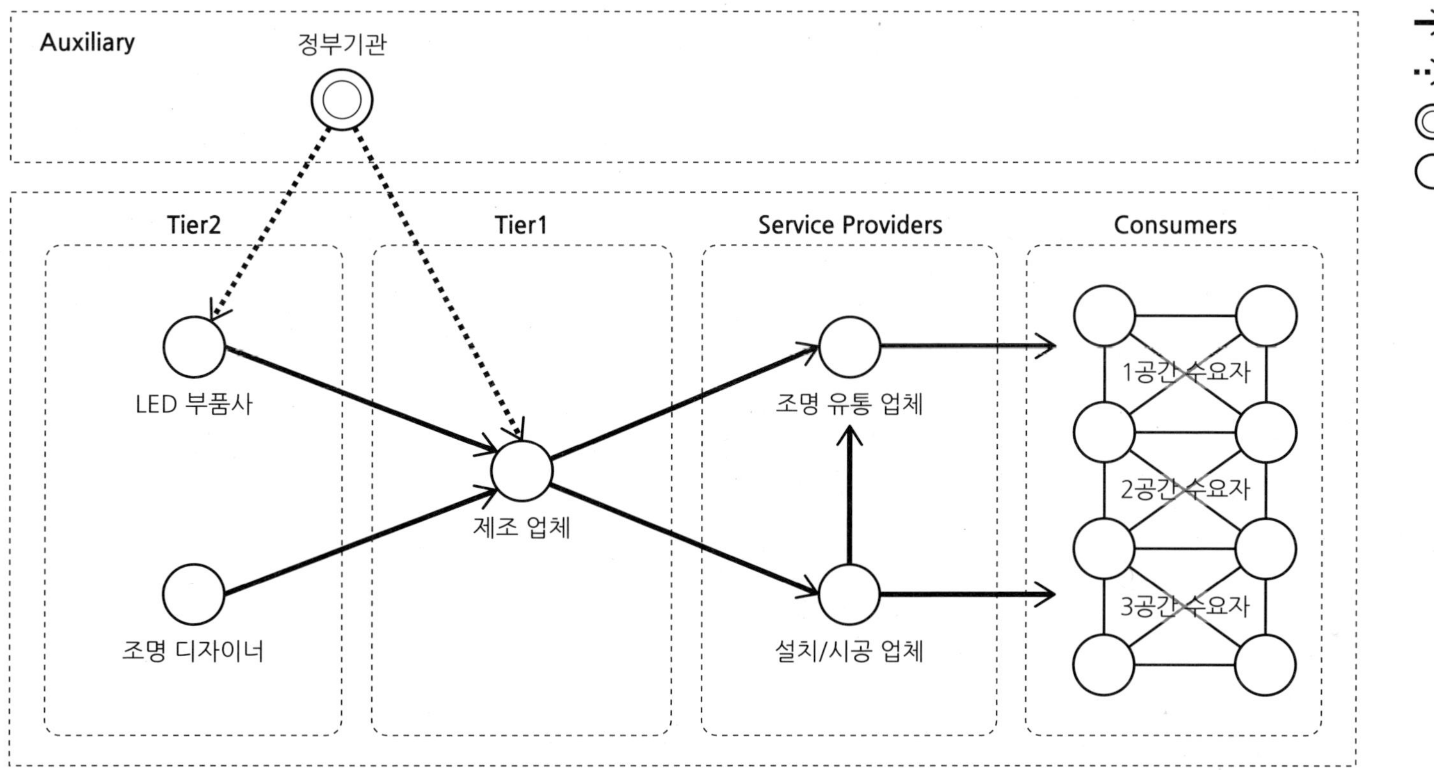

생태계 노드

- (지원자) 조명 디자이너는 조명 외관을 설계하고 LED 부품사, 제조업체는 정부 기관의 직간접적 지원을 통해 완제품 기기를 제조함
- (소비자) 소비자의 유형은 1, 2, 3공간에 조명을 설치(B2B) 혹은 사용(B2C)하는 소비자로 구성됨
- (서비스 제공자) 서비스 제공하는 오프라인 도소매점, 온라인 판매점 및 설치/시공업체로 구성되어 있으며, 소비자는 이들을 개별적으로 접촉하는 경우가 일반적임

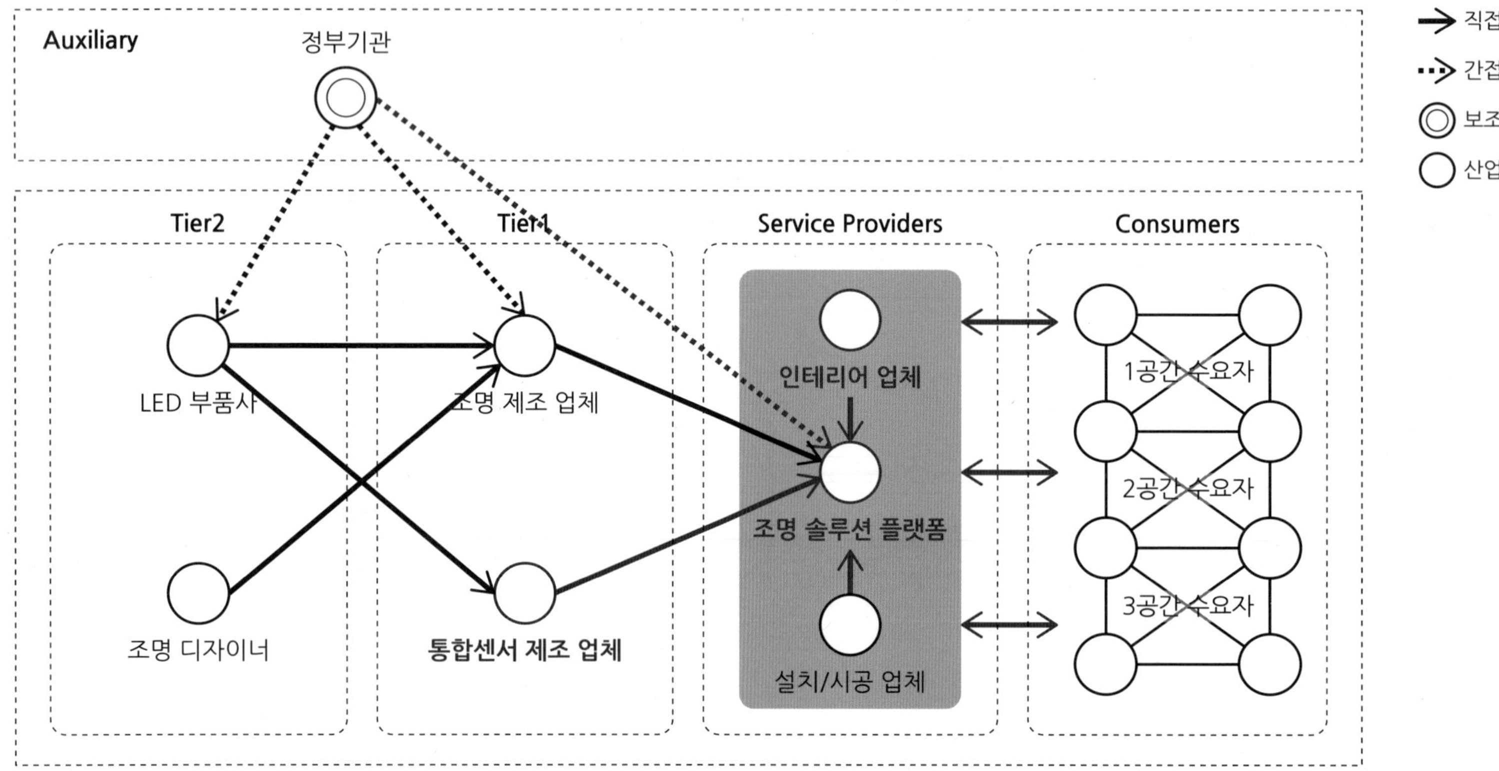

생태계 노드

- (지원자) 지원자 노드에 각종 데이터를 수집하도록 지원하는 통합센서 제조업체가 포함됨
- (소비자) 소비자의 유형은 1, 2, 3공간에 조명을 설치(B2B) 혹은 사용(B2C)하는 소비자로 구성됨
- (서비스 제공자) 서비스 제공자 노드에 인테리어 업체, 조명 솔루션 플랫폼, 설치/시공업체가 포함되어 있으며, 소비자는 이들을 개별적으로 접촉하지 않고 조명 솔루션 플랫폼을 통해 접촉함

Phase 2 융합 생태계 정의 〉 Activity 08 융합 생태계 검증

Task 19 생태계 모형 검토 Ecosystem Feedback

도출한 생태계 모델에 대한 타당성을 검증하고자 산업 전문가 대상 설문을 실시하였으며, 그 결과는 다음과 같다. 첫째, As-Is 생태계 모델이 넓은 범위에서 합의되었다. 구체적으로 들어가자면 더욱 세분화할 수 있다는 의견이 제시되었으나, 현재 국내 조명 산업을 개관하는 목적에 있어서는 이해관계자의 범위가 크게 벗어나지 않는다는 것이 중론이었다.

둘째, 구성된 생태계 모델이 적정 수준의 현실성과 타당성을 지닌 것으로 파악되었다. 특히, To-Be 생태계 모델에서 소비자군을 공간별로 구분하여 접근하는 방식에 대해 기존 소비자군을 보다 세분화하고, 기존 산업의 논리를 재정의하여 시장을 확장할 가능성이 있다는 점에서 긍정적인 평가들이 제시됐다.

셋째, To-Be 생태계 모델의 구현을 위한 규제적 장벽이 존재할 경우, 직접적 완화가 어려울 것으로 대안이 필요할 것이라는 의견이 대부분이었다. 산업 활성화를 위한 정부의 지원과 법률·규제 완화는 항상 동일시되지 않으며, 따라서 조명 솔루션 플랫폼의 수행에 있어 규제 저촉에 대한 협의체 기반의 개선 건의가 현실적으로 받아들여지기 어려울 것이라는 짐이있다. 이에 대한 대안으로 저촉 사항이 있을 경우, 협의체 구성과 함께 투트랙으로 산업통상자원부에서 진행하고 있는 산업융합 규제샌드박스의 규제특례 및 임시허가 등을 활용한 사업화 방안을 고려하라는 의견이 있었다.

몇몇 전문가는 서비스 모델에 대한 우려를 표했는데, 이들은 해당 사업 모델의 경쟁자들과 차별화할 수 있는 요소가 무엇인지, 그리고 차별화된 수익 모델을 가질 수 있을지에 관한 것들이었다. 경쟁자와의 차별화 요소는 앞서 진행한 경쟁자 분석 자료와 코멘트를 더하여 송부했고, 긍정적인 회신을 받을 수 있었다. 수익모델에 관한 내용은 다음 과정인 'Phase 3: 비즈니스 모델 전략'에 해당하는 내용이므로, 해당 내용에 대한 부분은 추후 비즈니스 모델 설계 과정에서 유념하여 설계할 수 있도록 팀원들과 내용을 공유했다.

	As-Is	To-Be
생태계 모델	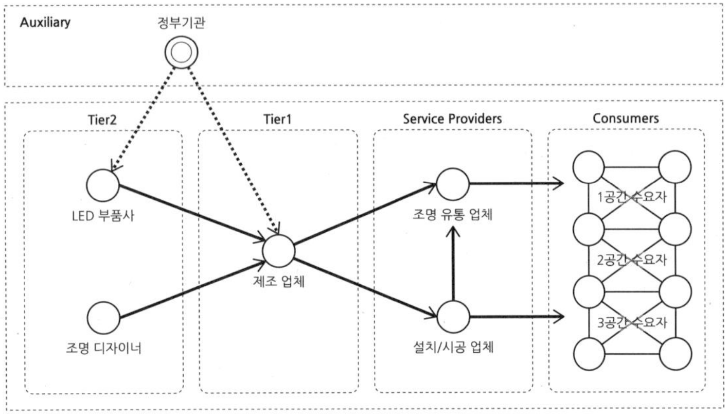 Auxiliary 정부기관 Tier2 Tier1 Service Providers Consumers LED 부품사 조명 디자이너 제조 업체 조명 유통 업체 설치/시공 업체 1공간 수요자 2공간 수요자 3공간 수요자	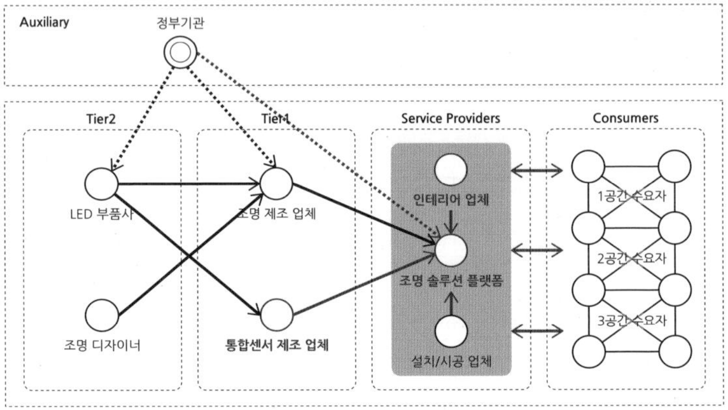 Auxiliary 정부기관 Tier2 Tier1 Service Providers Consumers LED 부품사 조명 디자이너 조명 제조 업체 **통합센서 제조 업체** 인테리어 업체 조명 솔루션 플랫폼 설치/시공 업체 1공간 수요자 2공간 수요자 3공간 수요자
가치사슬의 현실성	조명 산업 생태계가 잘 표현되었으며 현재와 미래 시장을 묘사하는데 무리가 없습니다.	

전문가	피드백
A	큰 무리 없이 애해 관계자가 적절하게 정의되었으며, 국내 조명 산업의 현황을 개관할 수 있는 모델이라 판단됩니다. 실제로 추가하신 이해 관계자는 인간중심조명 패러다임으로 개편하면서 반드시 필요한 요소라고 생각됩니다. 다만 실제로 구현하기 위해 넘어야 할 제도적, 기술적 허들이 많을 것으로 판단됩니다. 이를 위해 협력자를 적절하게 모색하고 규제 샌드박스를 통해 점진적으로 규제 보완을 이루어 나가야 할 것으로 보입니다.

Phase3
비즈니스모델 전략

Phase 3 비즈니스모델 전략 〉 Activity 09 차별화 전략 구축

Task 20 혁신 전략 Innovation Strategy

앞서 도출한 서비스 모델이 전통적인 조명 시장에서 무엇을 혁신하였으며 어떠한 차별점이 있는지 파악하고자 혁신전략을 분석하였다. 먼저 혁신 방향 설정을 위해 비즈니스 모델, 플랫폼, 고객 경험 중 어떤 부분을 중심으로 혁신이 이루어지는지 논의하는 과정을 거쳤다. 인간중심 조명 서비스의 경우 제품의 성능과 시스템을 기반으로 비즈니스 모델과 소비자 경험 혁신이 이루어진다는 의견이 대부분이었다. 따라서 플랫폼의 전환Platform shift을 혁신 방향으로 설정하였다. 이에 10가지 요인별로 경쟁사와 인간중심조명 서비스의 전술을 파악하고, 차별점이 있는 요소는 무엇이 다른지 작성하였다.

첫째, 비즈니스 시스템에서는 서비스에 대한 비용을 지속적으로 지급하여 예측 가능한 현금 흐름을 창출하는 구독subscription형 수익 모델을 차용한다는 점, 특징적 구조가 없이 조직도를 기반으로 업무를 분담하여 행한다는 점, 복잡함과 비용의 감소를 위해 업무 프로세스를 표준화하여 운영한다는 점에서 '수익모델', '구조', '프로세스' 항목에서는 차별점이 없었다. 그러나 가치사슬의 일부 과정을 통합하는 공급 사슬 통합supply chain integration을 취하는 반면, 인간중심 조명서비스는 조명 산업 이해관계자와의 전략적 제휴를 통해 생태계를 구성하고, 개별 경쟁우위를 함께 개선하기 위해 위험과 수익을 공유한다는 점에서 '네트워크' 항목에서 차별점이 발견되었다.

둘째, 제품과 플랫폼 혁신에서는 '제품 성능', '제품 시스템' 모두 차별점이 발견되었다. 기기에 통합 센서를 부착하여 편리한 조작 및 자동 운영이 가능하도록 고객의 사용용이성을 향상하고 소비자 경험을 단순화하였다는 점에서 경쟁사의 서비스 모델보다 혁신을 이룰 수 있다고 보았다. 또한 통합 플랫폼을 기반으로 이해관계자와 소비자가 함께 매칭되도록 촉진한다는 점에서 차별성이 있다.

셋째, 고객과의 접점, 브랜드 이미지는 경쟁사와 유사하여 '채널'과 '브랜드' 항목에서는 차별점이 없었다. 그러나 공간별, 고객별 니즈에 따라 스마트 스페이스 개인화 서비스personalized service를 진행한다는 점에서 '서비스' 항목은 혁신적이다. 또한 고객의 경험을 단순화하여 복잡함을 줄이고, 게이미피케이션 서비스를 통해 고객 몰입을 유도한다는 점에서 '고객몰입' 항목에서도 혁신점을 찾을 수 있었다.

요약하자면, 제품과 플랫폼 혁신을 축으로 다양한 비즈니스 파트너와의 제휴를 통해 비즈니스 시스템을 혁신하고, 소비자에게는 사용 경험의 단순화와 맞춤형 서비스를 제공하는 것이 인간중심 조명 서비스 모델의 혁신 전략이라 할 수 있다.

비즈니스 시스템과 내부 구조 혁신 | **제품과 플랫폼 혁신** | **비즈니스 과정 혁신**

수익모델 | 네트워크 | 구조 | 프로세스 | 제품성능 | 제품시스템 | 서비스 | 채널 | 브랜드 | 고객몰입

네트워크 | 제품성능 | 제품시스템 | 서비스 | 고객몰입

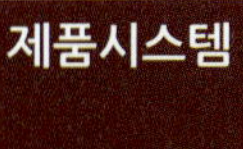
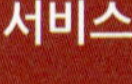

전략적 제휴

- 조명 산업 이해관계자와의 전략적 제휴를 통한 생태계 네트워크 구축
- 개별 경쟁우위를 함께 개선하기 위해 위험과 수익을 공유

사용용이성 / 단순화

- 기기에 통합 센서를 부착하여 편리한 조작이 가능하도록 사용용이성 향상 및 소비자 경험 단순화
- 다양한 기능을 하나의 제품에 결합

통합 서비스 플랫폼

- 플랫폼을 활용하여 이해관계자와 소비자가 함께 결합하도록 촉진
- 통합 플랫폼에서 파트너와 소비자의 연결 촉진

맞춤화서비스

- 공간별, 고객특성별 니즈에 따라 스마트 스페이스 맞춤화 서비스 진행
- 서비스를 통합하여 설계, 운영, 관리까지 논스톱

경험 단순화

- 경험 전달을 단순화하여 복잡함을 줄임
- 마일리지 기반의 게이미피케이션을 활용한 몰입 유도

Phase 3 비즈니스 모델 전략 〉 Activity 10 비즈니스 모델 구축

Task 21 비즈니스 모델 설계 Business Model Design

[가치제안]

첫째, 집으로 대표되는 제1공간, 사무실 등의 제2공간, 문화적 영역에 해당하는 제3공간의 지능화를 통해 공간 거주자들의 이용목적에 최적화된 조명 환경 및 IoT 서비스 제공하여 사람들의 삶의 질을 제고한다. 둘째, 조명의 중요성을 재조명함으로써 침체된 국내 조명 산업 생태계 활성화에 기여한다. 또한 센서와 결합한 스마트 조명에 대한 수요 창출을 통해 신제품 연구개발 의지를 고취시키고 궁극적으로 글로벌 시장에서의 제품 경쟁력을 제고하도록 한다. 셋째, 스마트 조명 및 IoT 플랫폼을 통한 에너지 효율화를 통해 에너지 사용량 절감을 실현함으로써 세계적 이슈 중 하나인 환경 문제 해결에 기여한다.

[고객 세그먼트]

첫째, 제1공간은 삶의 가장 기본적인 공간이며, 휴식을 제공해주는 개인적인 영역으로 주거공간에 해당한다. 대표적인 예시로는 에너지 절감과 스마트 홈 서비스에 대한 니즈를 가진 아파트 건설사 등이 있다. 둘째, 제2공간은 사무공간이다. 사무환경이 근로의욕을 고취시키기 때문에 매우 중요한 공적 영역이다. 대표적인 예시로는 스마트 오피스 서비스에 대한 니즈를 가진 오피스 관리자, 공장 또는 연구·생산 시설 등이 있다. 셋째, 제3공간은 집 또는 회사 외의 공간 중에서 사람들이 자주 모이는 공간으로, 문화적 영역과 의미가 유사하다. 대표적으로 전시장, 카페, 소매점, 운동시설 및 경기장 등이 있다.

[고객 관계]

고객관계는 회원제 형태로 운영한다. 서비스 등급별 정액 서비스 이용 금액을 지불받는 방식이다. 계약 기간에 따라 설치비용에 대한 할인 혜택을 제공하고, 옵션별 정액 이용요금을 수취한다.

[채널]

첫째, 오프라인 채널은 인테리어, 시공, 감리, 그리고 사후관리 등을 위해 고객의 공간에 방문하는 것으로 운영한다. 둘째, 온라인 채널은 서비스 이용을 위한 통합 플랫폼으로 파트너와 고객 모두 접점을 가진다.

[핵심파트너]

스마트 스페이스 서비스의 핵심 파트너 유형은 총 다섯 가지이다. 첫째, 조명 제조업체는 LED 조명을 제작 및 유통하는 업체이다. 둘째, 통합센서 제조업체는 스마트 조명 서비스를 제공하는 데에 필요한 정보(적외선, 온도, 습도 등)를 수집하는 센서를 제조 및 유통하는 업체이다. 셋째, 인테리어 업체는 고객을 대상으로 인테리어 상담 및 조명 설계 서비스 제공 업체이다. 넷째, 조명 시공/관리 업체는 인테리어 설계 도면에 따른 조명 시공 및 유지보수 서비스 제공 업체이다. 마지막으로 감리업체는 인테리어 설계 도면에 따른 조명 시공이 적절하게 이루어졌는지, 법률적으로 저촉되는 요건은 없는지 확인하는 감리 서비스 제공한다.

[핵심 활동]

스마트 스페이스는 크게 조명 연출관리 서비스(STEP 1), 인간중심 조명 서비스(STEP 2), 사후관리 서비스(STEP 3)로 구성되어있다. 첫째, 조명연출관리 서비스에서는 소비자 맞춤형 조명 설계, 공간 최적화 인테리어, 시공, 서비스를 제공한다. 이 과정에서 복잡한 프로세스를 통합하여 제공함으로써 소비자 경험과 가치를 창출한다. 둘째, 인간중심 조명 서비스는 에너지 관리, 데이터 레포트, 생체리듬 관리를 진행하는 핵심 단계이다. 이 과정에서 에너지 제어 솔루션 탑재를 통해 기존 에너지 사용량 대비 60% 수준의 에너지 절감 가능하며, 기존 가전 및 전자기기들의 IoT화를 통해 통합 제어 및 가동 현황 파악이 가능하다. 또한 인체의 생체 리듬과 주변 환경에 따라 조명의 조도, 색온도, 색상 등을 조절하여 생물학적 기능을 최적화할 수 있는 인간 중심 조명 서비스 제공한다. 셋째, 사후관리 서비스는 전체적으로 사업에 문제가 없는지 점검하는 단계이다. 원격점검을 통해 고객 서비스를 상시 점검하고 조명 등 하드웨어에 문제가 발생할 경우 직접 방문하여 점검한다.

[핵심 자원]

스마트 스페이스 서비스 운영사의 핵심자원은 두 가지이다. 첫 번째는 데이터를 종합하고 분석하며, 관리하는 플랫폼이다. 두 번째는 사업 데이터 종합 관리 시스템의 유지보수 및 지속적 업데이트를 위한 인력이 핵심 자원에 속한다.

[비용 및 수익 구조]

스마트 스페이스 서비스를 운영하기 위한 주요 비용은 인테리어 시공, 감리 비용, 데이터 관리 비용, 서비스 보증 비용, 사업 운영비용 일체이다. 반면에 운영을 통한 주요 수익은 고객과 파트너사 간의 중개 수수료, 고객의 플랫폼 서비스 수수료, 계약 기간 종료 후 사후 관리 서비스 제공에 따른 수익이 포함된다.

Key Partnership
핵심파트너

- 조명 제조업체
- 통합센서 제조업체
- 인테리어 업체
- 조명 시공/관리 업체
- 감리 업체

Key Activity
핵심활동

- 조명연출 관리 서비스
  - 조명 설계
  - 공간 디자인 설계
  - 시공/감리
- 인간중심조명 서비스
  - 에너지 관리
  - 데이터 리포트
  - 생체리듬관리
- 사후관리 서비스
  - 원격점검
  - 방문점검
- 중개 서비스

Key Resource
핵심자원

- 데이터 종합 관리 시스템
- 데이터 관리 인력

Value Proposition
가치제안

- 인간중심조명을 통한 공간 거주환경 개선 및 거주자 삶의 질 향상
- 국내 조명 산업 생태계 활성화 및 글로벌 경쟁력 강화 기여
- 건축물 에너지 사용량 절감을 통한 세계적인 기후변화 대응에 기여

Customer Relation
고객관계

- 회원제

Channels
채널

- 오프라인 채널
- 온라인 채널

Customer Segment
고객 세그먼트

- 제1공간
  - Apartment
- 제2공간
  - Office
  - Industry
- 제3공간
  - Retail
  - Sports

Cost Structure
비용구조

- 인테리어/시공/감리 비용
- 데이터 관리
- 서비스 보증 비용
- 사업운영비

Revenue Streams
수익원

- 제품/서비스 중개 수수료
- 플랫폼 서비스 수수료(월정액)
- 계약기간 종료 후 A/S 서비스 제공에 따른 수익

Phase 3 비즈니스모델 전략 〉 Activity 10 비즈니스 모델 구축

Task 22 비즈니스 모델 구체화 Concretization of Business Model

실제 사업화를 추진한다면, 'Task 21. 비즈니스 모델 설계'에서 고안한 비용과 수익 구조 정도로는 자금의 흐름을 완전히 파악하기 어렵다. 따라서 비즈니스 모델을 구체화하고 보다 시각적으로 표현하기 위해 서비스 및 자금 흐름을 도식화할 수 있는 비즈니스 모델 구체화 단계를 진행하였다. 비즈니스 모델 구체화를 위해, 파트너와 고객 노드를 나열하였다. 파트너에는 5개의 업체(인테리어 업체, 시공업체, 감리업체, 센서 제조업체, 조명제조업체)가 들어가는데, 서비스의 흐름에 따라 고객과 가장 먼저 접점이 있을 파트너를 왼쪽부터 오른쪽으로 배치하였다.

다음으로 개체 간 서비스와 자금의 흐름을 다음과 같이 설계하였다. 먼저 사전 서비스인 조명 설계, 공간 디자인, 시공, 감리를 진행한다. 이때 실제 고객과 대변하는 파트너는 인테리어 업체, 시공 업체, 감리 업체이다. 고객은 사전 서비스 대금으로 인프라 설치 비용의 50%만을 지불한다. 왜냐하면 인간중심 조명 서비스는 인프라 설치비용이 매우 높기 때문에 고객이 비용을 100% 부담하기 어렵고 시장 확산이 더딜 것이라고 판단했기 때문이다. 따라서 인프라 설치 비용은 기본적으로 50 : 50으로 설정하되, 계약 기간에 따라 변경할 수 있도록 설계하였다. 구체적으로 아래와 같다.

계약 기간		5년(기본)	7년	10년
투자 비율 (%)	N-light	50	52.5	55
	고객	50	47.5 (기본 설치 투자비율의5% 할인)	45 (기본 설치 투자비율의10% 할인)

단, 상기 금액은 중개 수수료(15%)를 제외한 투자 비율이며, 서비스 계약 기간은 기본 5년으로 책정함

인프라 설치가 완료되면 본격적으로 인간중심 조명 서비스인 에너지 관리, 데이터 레포트, 생체리듬 관리를 제공한다. 이 서비스는 파트너가 제공하는 것이 아니라 조명 플랫폼과 제품을 통해 전달된다. 고객은 인간중심조명 서비스 대금으로 고정된 에너지 사용료를 납부한다. 이 가격은 사전 서비스에서 확정되는데, 설치 전 에너지 사용료 평균의 10%가 인하된 고정 가격을 받는다. 즉, 일반 조명 에너지 사용료의 90% 금액을 고정 납입하는 것이다(예: 평균 10만 원을 내던 고객은 9만 원을 고정 납입). 고객은 설치비용의 50%를 납입하고, 기존보다 저렴한 가격의 에너지 비용을 납부하여 이득이며, 해당 기업은 에너지 절감양 이상으로 비용을 수납하기 때문에 상호 이득인 과금체계라고 할 수 있다. 다만, 어떤 부가 서비스를 선택하느냐에 따라 과금체계는 Basic, Standard, Premieum 등으로 세분화된다.

마지막으로 사후 서비스는 원격 점검과 방문 점검이 있다. 계약 종료 후 고객은 기 설치된 인프라를 그대로 활용하여 지속적인 비용 절감 혜택을 누릴 수 있다. 단, 사후 A/S를 원할 경우에는 점검 건 별로 비용을 납입해야 한다. 또는 재계약 혹은 보증 기간 연장 등을 통해 지속적으로 서비스를 받을 수도 있다.

		Basic	Standard	Premieum
기본 서비스	조명연출관리 서비스 (조명설계,공간디자인설계, 시공, 감리)	○	○	○
	인간중심조명 서비스 (에너지관리, 데이터레포트, 생체리듬관리)	○	○	○
	사후관리 서비스 (원격점검, 방문점검)	○	○	○
부가 서비스 (기본 +a)	감성디자인조명 서비스 (업종별 솔루션)	X	○	○
	통합 대시보드 서비스 (스마트싱스, 에너지 모니터링)	X	X	○ (기기당 요금 부과)
사후관리	사후 기기 관리	건당 지급	건당 지급	건당 지급

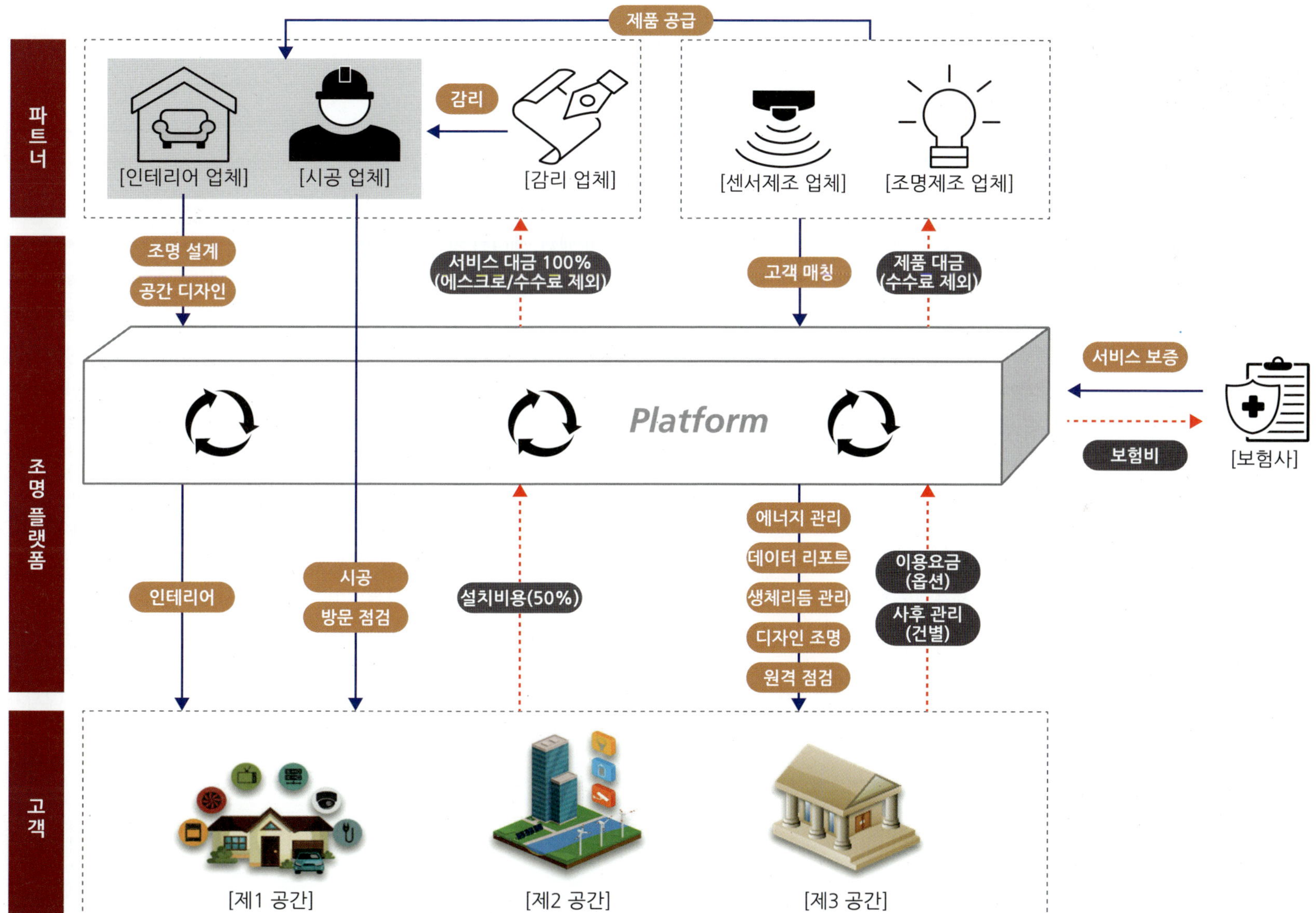
파트너
조명 플랫폼
고객
제품 공급
감리
[인테리어 업체]
[시공 업체]
[감리 업체]
[센서제조 업체]
[조명제조 업체]
조명 설계
공간 디자인
서비스 대금 100%
(에스크로/수수료 제외)
고객 매칭
제품 대금
(수수료 제외)
Platform
서비스 보증
보험비
[보험사]
인테리어
시공
방문 점검
설치비용(50%)
에너지 관리
데이터 리포트
생체리듬 관리
디자인 조명
원격 점검
이용요금
(옵션)
사후 관리
(건별)
[제1 공간]
[제2 공간]
[제3 공간]

Phase 3 비즈니스 모델 전략 〉 Activity 11 추진체계 구축

Task 23 성과 지표 설계 Performance Indicators Design

스마트 스페이스 서비스를 위한 미션은 '더 깨끗한 세상을 위한 똑똑한 빛을 만듭니다.', 비전은 'Creative Convergence, Redefining Light'로 설정하였다. 전략 목표로는 조명 융합 생태계 구축 및 서비스 제공 수준 설계, 내부 서비스 프로세스 혁신 및 고객 커뮤니케이션 강화, 환경 교육 프로그램 운영 및 에너지 기반 공유 가치 창출을 도출하였다. 성과 목표는 협력/상생, 창조/융합, 공유가치를 핵심 가치로 하여 생태계 관점 상호협력체계 구축, 창조적 융합을 통한 고객경험가치 창출으로 설정하였다. 다음으로 재무와 고객, 프로세스, 학습 및 성장의 관점에서 전략 및 성과 목표와의 연계성을 토대로 성과 지표를 작성하였다.

첫째, 재무 관점에서는 경영합리화와 재무 건전성 확보, 현금 유동성 확보, 영업이익 확대를 전략 목표로 설정하여 재무정보 적기 산출, 자본비용 최소화 및 재무구조 최적화, 기한 내 거래처 매출 청구, 이익 목표 달성을 성과 목표로 설정하였다.

둘째, 고객 관점에서는 대외적 신뢰도 제고, 고객 만족도 향상, 고객사 협력 강화, 플랫폼 서비스 관리를 전략 목표로 설정하여 공시 업무 정확도 향상, 신속한 고객 클레임 처리 및 고객 클레임 사례화 및 계량화, 고객사 관계 지속 및 개선, 에너지 절감액에 대한 고객 만족도를 성과 목표로 설정하였다.

셋째, 프로세스 관점에서는 업무 효율화, 사업 확대, 경영 성과 향상, 협업 신뢰도 제고를 전략 목표로 설정하여 업무 프로세스 개선, 프로젝트 선정, 정확한 매출추이 자료 확보, 신속한 업무 요청 응대를 성과 목표로 설정하였다. 또한 공급자 대상의 플랫폼 확장, 플랫폼 운영 적정성을 전략 목표로 설정하여 플랫폼 참여자 확대와 플랫폼 시스템 가동률 향상, 플랫폼 장애 복구 소요 시간 감축, 플랫폼 보안 조치 이행율, 플랫폼 시스템 응답속도 향상을 성과 목표로 설정하였다.

넷째, 학습 및 성장 관점에서는 전문성 강화 및 인재 육성을 전략 목표로 설정하여 인적자원 경쟁력 향상 및 인적자원 스킬 증대를 성과 목표로 설정하였다. 전략 목표와 성과 목표를 바탕으로 성과지표와 이를 담당할 부서에 대해서도 기재하였다. 성과 지표를 수립한 바에 대해 평가를 실시한 후 지표 정의서를 작성하여 각 성과 지표에 대한 정보를 구체적으로 기재하였다. 이 책에는 재무, 고객, 프로세스, 학습 및 성장마다 각 하나의 지표 작성 예시가 포함되어 있다.

미션 및 비전

Missoin	더 깨끗한 세상을 위한 똑똑한 빛을 만듭니다.
Vision	Creative Convergence, Redefining Light

Core Value	협력/상생	창조/융합	공유가치
Objective	생태계 관점 **상호협력체계 구축**	창조적 융합을 통한 **고객경험가치 창출**	더 나은 미래를 위한 **녹색경영 실현**
Strategy	조명 융합 생태계 구축	내부 서비스 프로세스 혁신	환경 교육 프로그램 운영
	서비스 제공 수준 설계	고객 커뮤니케이션 강화	에너지 기반 공유 가치 창출

관점	전략목표	성과목표	성과지표	담당부서
재무	경영합리화	재무정보 적기 산출	(기준 리드타임) / (실적 리드타임)	재무회계팀
	재무 건전성 확보	자본비용 최소화	가중평균자본비용	재무회계팀
		재무구조 최적화	단기 유동 부채 / 부채총액 × 100	재무회계팀
	현금 유동성 확보	기한내 거래처 매출 청구	매출청구 기한 초과 건수 / 매출청구 기한 목표 건수 × 100	경영지원팀
	영업이익 확대	이익 목표 달성	당해 년도 이익 실적 / 이익 목표 × 100	영업팀
고객	대외적 신뢰도 제고	공시 업무 정확도 향상	공시 누락건수 / 목표 건수 × 100	재무회계팀
	고객 만족도 향상	신속한 고객 클레임 처리	접수 후 처리 소요기간	경영지원팀
		고객 클레임 사례화 및 계량화	클레임 계량화 건수 / 클레임 계량화 목표 건수 × 100	경영지원팀
	고객사 협력 강화	고객사 관계 지속 및 개선	고객사 관리방안 실행 건수 / 고객사 관리방안 목표 건수 ×100	영업팀
	플랫폼 서비스 관리	에너지 절감액에 대한 고객 만족도	사용자 만족도 측정점수 / 사용자 만족도 측정점수 만점 × 100%	경영지원팀
프로세스	업무 효율화	업무 프로세스 개선	실행 건수 / 개선 제안 건수 × 100	재무회계팀
	사업 확대	프로젝트 선정	프로젝트 선정 횟수 / 제안서 제출 횟수 × 100	영업팀
	경영 성과 향상	정확한 매출추이 자료 확보	자료 오류 건수 / 자료오류 목표 건수 × 100	경영지원팀
	협업 신뢰도 제고	신속한 업무 요청 응대	요청 후 처리 소요기간	경영지원팀
	플랫폼 확장(공급자)	플랫폼 참여자 확대	(기말 플랫폼 참여자 수 – 기초 플랫폼 참여자 수) / 기초 플랫폼 참여자 × 100	영업팀
	플랫폼 운영 적정성	플랫폼 시스템 가동률 향상	{1–(장애시간/가동시간)}×100%	플랫폼팀
		플랫폼 장애 복구 소요 시간 감축	일별, 주간 별, 월별 평균 장애복구 소요 시간 측정	플랫폼팀
		플랫폼 보안 조치 이행률	홈페이지 공격 차단율 × 0.4 + 악성 코드 차단율 × 0.3 + 해킹메일차단율 × 0.2 + DDoS 차단율 × 0.1	플랫폼팀
		플랫폼 시스템 응답속도 향상	주요 시스템의 기능(트랜젝션)별 응답속도 측정	플랫폼팀
학습 및 성장	전문성 강화 및 인재 육성	인적자원 경쟁력 향상 및 인적자원 스킬 증대	직무교육실행건수	재무회계팀
			직무교육실행건수	경영지원팀
			직무교육실행건수	영업팀
			교육 수료율	인사총무팀

관점	재무	전략목표	경영합리화		성과목표	재무정보 적기 제공	
지표명	결산 주기 주수		담당 부서	재무회계	담당자	●●●	작성일	20.07.01
지표 구분	계량	측정단위	점수	측정주기		년		향상도	순방향

<table>
<tr><td>지표산식</td><td colspan="3">기준점수(80) + 성실 제출 점수(최대 20점) – 지연 제출 점수(최대 20점)</td></tr>
<tr><td rowspan="7">지표 설명</td><td rowspan="2">1. 지표 설명
• 경영합리화를 위해 재무정보를 얼마나 적기에 제공하였는지를 판단하는 지표
• 성실 제출 점수 산출식 : (기준 일자 대비 조기 제출 일수(최대 10일) / 최대 성실 인정 일수(10일))*20
• 지연 제출 점수 산출식 : (기준 일자 대비 지연 제출 일수(최대 5일) / 최대 허용 지연 일수(5일))*20</td><td>Y+1 목표</td><td>90점</td></tr>
<tr><td>당기목표</td><td>86점</td></tr>
<tr><td rowspan="2">2. 목표 설정 및 근거 (당기목표 86점, 기준선 80점, 하한선 60점 기준)
• 당기목표: 86점 (전년도 실적 대비 + 6점)
• 기준선: 80점 (전년도 실적)
• 하한선: 60점
• Y + 1: 90점</td><td>기준선</td><td>80점</td></tr>
<tr><td>하한선</td><td>60점</td></tr>
<tr><td rowspan="2">3. 전제조건
기타 부서들은 재무회계팀이 요구하는 자료를 요청 기일까지 성실 제출해야 함</td><td>Y-1 실적</td><td>80점</td></tr>
<tr><td>Y-2 실적</td><td>—</td></tr>
</table>

실행 과제	경영 합리화, 재무 투명성 확보				
데이터 소스	각종 재무 데이터	가중치	10	목표갱신주기	년

관점	고객	전략목표	서비스 관리			성과목표	에너지 절감액에 대한 고객 만족도		
지표명	서비스 만족도			담당 부서	경영지원	담당자	○○○	작성일	20.07.01
지표 구분	계량	측정단위	점수	측정주기		분기		향상도	순방향

<table>
<tr><th>지표산식</th><td colspan="5">사용자 만족도 측정점수 / 사용자 만족도 측정점수 만점 × 100%</td></tr>
<tr><th rowspan="6">지표 설명</th><td rowspan="2" colspan="3">1. 지표 설명
• 플랫폼 에너지 절감액에 대한 고객 만족도를 산출하여 서비스 적절성 측정
• 사용자 만족도 측정점수 / 사용자 만족도 측정점수 만점 × 100%
• 고객순추천(NPS)</td><th>Y+1 목표</th><td>90점</td></tr>
<tr><th>당기목표</th><td>80점</td></tr>
<tr><td rowspan="2" colspan="3">2. 목표 설정 및 근거 (당기목표 80점, 기준선 60점, 하한선 45점 기준)
• 당기목표: 80점 (전년 대비 20점 향상)
• 기준선: 60점 (전년도 실적)
• 하한선: 45점
• Y + 1: 90점</td><th>기준선</th><td>60점</td></tr>
<tr><th>하한선</th><td>45점</td></tr>
<tr><td rowspan="2" colspan="3">3. 전제조건
플랫폼팀에서 각 고객의 에너지 절감액 및 전기 사용료 데이터 정보를 받아 파악</td><th>Y-1 실적</th><td>00점</td></tr>
<tr><th>Y-2 실적</th><td>00점</td></tr>
<tr><th>실행 과제</th><td colspan="5">플랫폼 서비스의 고객 만족도와 사용 편의성 파악</td></tr>
<tr><th>데이터 소스</th><td>전기 사용료와 에너지 절감액</td><th>가중치</th><td>10</td><th>목표갱신주기</th><td>분기</td></tr>
</table>

<table>
<tr><td>관점</td><td>프로세스</td><td>전략목표</td><td colspan="3">플랫폼 운영 적정성</td><td>성과목표</td><td colspan="3">플랫폼 시스템 가동률 향상</td></tr>
<tr><td>지표명</td><td colspan="3">장애 처리</td><td>담당 부서</td><td>플랫폼</td><td>담당자</td><td>■■■</td><td>작성일</td><td>20.07.01</td></tr>
<tr><td>지표 구분</td><td>계량</td><td>측정단위</td><td>점수</td><td>측정주기</td><td></td><td>분기</td><td></td><td>향상도</td><td>순방향</td></tr>
</table>

<table>
<tr><td>지표산식</td><td colspan="5">{1 − (장애시간 / 가동시간)} × 100%</td></tr>
<tr><td rowspan="8">지표 설명</td><td colspan="3" rowspan="2">1. 지표 설명
• 플랫폼 운영 적정성을 위해 시스템 가동률 향상하였는지 판단하는 지표
• {1 − (장애시간 / 가동시간)} × 100%</td><td>Y+1 목표</td><td>80점</td></tr>
<tr><td>당기목표</td><td>70점</td></tr>
<tr><td colspan="3" rowspan="2">2. 목표 설정 및 근거 (당기목표 70점, 기준선 60점, 하한선 45점 기준)
• 당기목표: 80점 (전년 대비 20점 향상)
• 기준선: 60점 (전년도 실적)
• 하한선: 45점
• Y + 1: 80점</td><td>기준선</td><td>60점</td></tr>
<tr><td>하한선</td><td>45점</td></tr>
<tr><td colspan="3" rowspan="2">3. 전제조건
플랫폼팀-데이터 관리 부서에서 장애 시간 데이터 기록과 가동 시간 기록 데이터 베이스 보유</td><td>Y-1 실적</td><td>00점</td></tr>
<tr><td>Y-2 실적</td><td>00점</td></tr>
</table>

<table>
<tr><td>실행 과제</td><td colspan="5">플랫폼 시스템의 원활한 가동과 장애 복구 시간 단축 및 감소</td></tr>
<tr><td>데이터 소스</td><td>장애 발생 시간과 가동시간</td><td>가중치</td><td>10</td><td>목표갱신주기</td><td>분기</td></tr>
</table>

<table>
<tr><th>관점</th><td>학습 및 성장</td><th>전략목표</th><td colspan="3">전문성 강화 및 인재 육성</td><th>성과목표</th><td colspan="3">인적자원 경쟁력 향상 및 인적자원 스킬 증대</td></tr>
<tr><th>지표명</th><td colspan="3">인재 육성</td><th>담당 부서</th><td>인사총무팀</td><th>담당자</th><td>□□□</td><th>작성일</th><td>20.07.01</td></tr>
<tr><th>지표 구분</th><td>비계량</td><th>측정단위</th><td>점수</td><th>측정주기</th><td></td><td>년</td><td></td><th>향상도</th><td>순방향</td></tr>
</table>

<table>
<tr><th>지표산식</th><td colspan="5">(교육 수료율 × 0.6) + (교육 만족도 × 0.4)</td></tr>
<tr><th rowspan="7">지표 설명</th><td colspan="3" rowspan="2">1. 지표 설명
• 업무 파트별 전문성 강화 및 인재 육성을 위한 교육을 적절하게 실행하였는지에 관한 지표
• 교육 수료율 산식: (교육 수료자 수 / 교육 대상자 수) × 100
• 교육 만족도 산식: Σ(교육 수료자 대상 만족도 설문 평균 × 수강인원 가중치) / 교육 건수</td><th>Y+1 목표</th><td>80점</td></tr>
<tr><th>당기목표</th><td>70점</td></tr>
<tr><td colspan="3" rowspan="2">2. 목표 설정 및 근거 (당기목표 70점, 기준선 60점, 하한선 40점 기준)
• 당기목표: 70점
• 기준선: 60점
• 하한선: 40점
• Y + 1: 80점</td><th>기준선</th><td>60점</td></tr>
<tr><th>하한선</th><td>40점</td></tr>
<tr><td colspan="3" rowspan="2">3. 전제조건
설문 타당성에 관한 지속 검토 요망</td><th>Y-1 실적</th><td>60점</td></tr>
<tr><th>Y-2 실적</th><td>—</td></tr>
<tr></tr>
<tr><th>실행 과제</th><td colspan="5">각 분야별 교육 프로그램 제공 필요성, 교육 프로그램 성과</td></tr>
<tr><th>데이터 소스</th><td>인당 교육 이수시간, 교육 대상자 수</td><th>가중치</th><td>15</td><th>목표갱신주기</th><td>년</td></tr>
</table>

Phase 3 비즈니스 모델 전략 〉 Activity 11 추진체계 구축

Task 24 서비스 수준 설계 Service Level Design

파트너사인 조명제조업체와 조명센서업체, 조명인테리어업체, 플랫폼업체를 중심으로 서비스 수준 설계를 실시하였다. 각 업체의 서비스 기준을 도출하기 위해 고객, 산업, 파트너 관점에서 접근하였다.

첫째, 조명 제조업체는 고객이 감성적 효과 및 기능과 품질을 우선시 한다는 점을 고려하였다. 산업적으로 고품질 고효율 조명이 요구되며, 특히 교체 및 설치가 용이한 호환성이 높은 조명이 필요하다는 것에 주목하였다. 또한 파트너들은 조명이 제조업체가 자체생산한 제품으로써 안정적으로 공급이 가능할 것을 요구하였다. 이에 조명제조업체의 서비스 기준으로써 제품의 다양성, 제품 품질 보장, 제품 기능성, 제품 연동성, 제품 만족도를 선정하였다.

둘째, 조명 센서업체는 고객이 다양한 센서 기능을 요구하고 있으며, 자동 센싱을 통해 에너지 절감 및 삶의 질 향상을 원하고 있음에 주목하였다. 산업적으로는 다양한 조명 기기와 연동이 가능한 통합 센서 제품이 요구되고 있었으며, 파트너들은 센서의 품질 보장이 가능하고 지속적인 품질 업데이트가 가능할 것을 요구하였다. 이에 센서제조업체의 서비스 기준으로써 제품 품질 보장, 제품 기능성, 제품 설치 용이성, 제품 연동성, 제품 만족도를 선정하였다.

셋째, 인테리어 업체는 고객이 맞춤형 조명 디자인을 원하고 있으며, 전체 비용이 얼마나 필요한지 알고 싶어 한다는 점에 주목하였다. 또한 산업 적으로 시공과 감리 수행 시 필요한 기본적인 점수를 고려하였으며, 시공과정에서 파트너들과 원활한 협력이 가능해야 했다. 이에 인테리어 업체의 서비스 기준으로 조명 설계 만족도, 불만 해결도, 김리 평가 점수, 비용 만족도, 시공 만족도를 선정하였다.

넷째, 플랫폼 운영 업체는 고객이 데이터 보안에 민감하며, 에너지 소비 효율이 극대화되길 원한다는 점에 초점을 맞추었다. 따라서 데이터 보안 솔루션을 중요하게 고려하여 논의하였으며, 에너지 절감에 따라 고객에게 어떠한 합리적 보상을 지원할 것인지 구체적인 비율도 중요한 안건으로 제시되었다.. 또한 다양한 센서가 모은 데이터를 플랫폼이 모두 수집하여 원활하게 분석할 수 있으며, 데이터 전송 과정에서 에러가 없어야 한다는 의견이 제시되었다. 이에 플랫폼 업체의 서비스 기준으로 가동율, 장애 복구처리율, 정보보안, 에너지 절감 만족도, 생체리듬 관리 만족도, 데이터 레포트 만족도, 리워드 시스템 만족도를 선정하였다.

구분	서비스	지표	측정방법	가중치	측정주기
공통요건	사업관리 (*파트너)	일정 준수율	계획된 일정 준수를 통한 대내/대외적 원활한 업무 제공	50	분기별
		인력 변동율	안정적 운영을 위한 투입인력 변경 정도 평가	50	분기별
계				100	—
조명 제조 업체	제품관리	제품 다양성	소비자가 선택할 수 있는 제품의 수	10	분기별
		제품 품질 보장	국가 인증 수 전기 안전, 전자파, 효율 등급 (법정 강제) /KS, 고효율, 환경표지, 녹색 (법정 임의)	20	최초 등록 시
		제품 기능성	생체리듬에 따라 조도, 색온도를 조절할 수 있는 기능 일반 조명 기기 대비 에너지 절감 기능	30	분기별
		제품 연동성	다양한 기기와 안정적으로 연결하여 사용가능한 정도 평가	30	분기별
		제품 만족도	설치 후 조명 기기에 대한 소비자 만족도 점수	10	건별
계				100	—
통합센서 제조 업체	제품관리	제품 품질 보장	국가 인증 수	20	최초 등록 시
		제품 기능성	센서가 인식할 수 있는 요건의 수	25	분기별
		제품 설치 용이성	센서를 기존 조명에 부착하여 시공하기 용이한 정도	25	분기별
		제품 연동성	다양한 기기와 안정적으로 연결하여 사용가능한 정도 평가	20	분기별
		제품 만족도	설치 후 센서 동작에 대한 소비자 만족도 점수	10	건별
계				100	—

구분	서비스	지표	측정방법	가중치	측정주기
인테리어 업체	조명 / 공간 디자인 설계	조명 설계 만족도	조명 시스템에 대한 소비자 만족도 점수	30	건별
		불만 해결도	시공 과정에서 고객과의 컴플레인 비율과 해결 정도	20	—
		감리 평가 점수	시공 후 제3자가 평가한 감리 점수	20	—
		비용 만족도	설계 과정에서 발생하는 비용/편익에 대한 소비자 만족도 점수	20	건별
		시공 만족도	시공 후 고객의 만족도 점수	10	건별
계				100	—
통합센서 제조 업체	플랫폼 운영	가동률	서버, 네트워크, S/W의 정상적인 운영 정도 측정	5	월별
		장애 복구처리	플랫폼에 장애 발생 시 복구 시간 준수 및 조속한 업무 재개	5	월별
		정보보안 / 데이터 관리	플랫폼 내부 자료 유출 및 중요 데이터 손실	25	월별
	서비스 관리	에너지 절감 만족도	소비자의 에너지 사용량 절감량에 대한 만족도	25	월별
		생체리듬 관리 만족도	조명 시스템의 생체리듬 관리 만족도	25	—
		데이터 레포트 만족도	소비자의 에너지 사용량 절감 수준	10	월별
		리워드 시스템 만족도	에너지 절감량에 따른 보상 만족도	5	월별
계				100	—

Phase 3 비즈니스 모델 전략 〉 Activity 11 추진체계 구축

Task 25 로드맵 설계 Road map Design

비즈니스 로드맵은 사업의 목표와 세부 목표를 도출하였다. 비즈니스 목표는 '국내 스마트 조명 산업 생태계 활성화 및 글로벌 시장 경쟁력 제고'로 설정하고, 그에 대한 세부 목표를 단기, 중기, 장기로 구분하여 각각 '스마트 스페이스 인프라 구축', '스마트 스페이스 협력 생태계 구축', '국내 스마트 스페이스 산업 활성화' 등으로 수립하였다. 또한 수립한 세부 목표를 달성하기 위해 세부 추진 체계를 디자인하였다.

사업화 기반 조성 단계는 2020년부터 2021년까지로, 비즈니스 모델 설계와 비즈니스 고도화, 실증 서비스 진행 및 플랫폼 인프라 구축을 목표로 설정했다. 이러한 추진 체계는 기존에 없었던 스마트 스페이스라는 새로운 비즈니스의 기반을 다지는 단계로서, 스마트 스페이스 서비스의 실증 테스트를 통해 얻은 피드백을 바탕으로 서비스 고도화를 실시하고 비즈니스 모델에 대한 사업화 타당성 검증 등의 수행을 계획했다.

사업화 추진의 중기 단계는 2022년부터 2023년까지로, 협력 생태계 구축을 단계 내에서의 지상 과제로 설정하고, 베타 서비스의 운영과 동시에 사업화 데이터 및 실적을 바탕으로 파트너사를 모집하는 것을 주요 골자로 계획했다. 어느 정도 파트너사가 모집되면, 브랜드 런칭을 통해 온/오프라인 마케팅을 실시하고, 사업의 특성상 한 번에 모든 공간으로 확장하는 것은 무리가 있다고 판단되어 제1공간, 즉 스마트 홈 서비스를 중심으로 기존 렌탈 사업자와 통신 사업자 위주로 분할된 시장에 침투 전략을 취하는 것을 목표로 삼았다.

사업 범위 확장 단계는 2024년 이후로, 해당 단계의 목표는 스마트 스페이스 서비스의 저변 확대 및 산업 활성화이며, 스마트 홈 서비스를 기반으로 축적된 노하우를 바탕으로 제2공간과 제3공간으로 사업의 범위를 확장을 계획했다.

모든 기간에 걸쳐서 내부적으로 SLA 기반 서비스 최소 수준 협의를 통해 파트너 간 상호평가를 진행하고, 고객 요청을 수집하여 서비스 개선을 실시하여, 고객에게 보다 나은 서비스를 제공할 수 있도록 했다. 더불어, 외부적으로는 시스템 표준 인증체계를 확립하고, 부품/제품에 대한 표준 인증체계를 확립하여 외부 파트너의 협력 생태계에 진입을 용이하게 하여, 생태계의 확장성을 고려하였다. 마지막으로 도출한 로드맵은 내부 숙의를 통해 타당성 검증을 진행하였다.

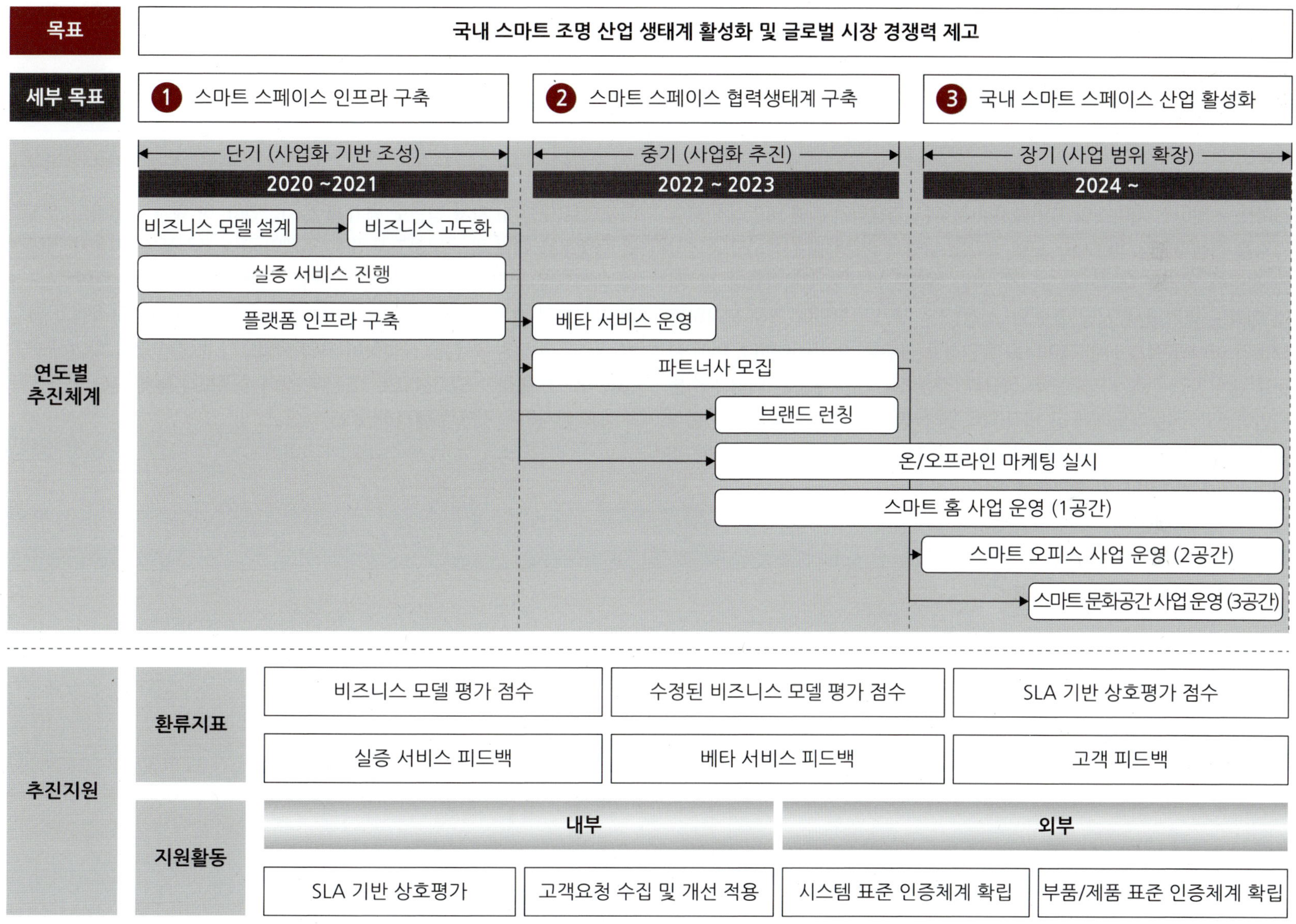
목표
국내 스마트 조명 산업 생태계 활성화 및 글로벌 시장 경쟁력 제고
세부 목표
1 스마트 스페이스 인프라 구축
2 스마트 스페이스 협력생태계 구축
3 국내 스마트 스페이스 산업 활성화
연도별 추진체계
단기 (사업화 기반 조성)
2020 ~2021
중기 (사업화 추진)
2022 ~ 2023
장기 (사업 범위 확장)
2024 ~
비즈니스 모델 설계
비즈니스 고도화
실증 서비스 진행
플랫폼 인프라 구축
베타 서비스 운영
파트너사 모집
브랜드 런칭
온/오프라인 마케팅 실시
스마트 홈 사업 운영 (1공간)
스마트 오피스 사업 운영 (2공간)
스마트 문화공간 사업 운영 (3공간)
추진지원
환류지표
비즈니스 모델 평가 점수
수정된 비즈니스 모델 평가 점수
SLA 기반 상호평가 점수
실증 서비스 피드백
베타 서비스 피드백
고객 피드백
지원활동
내부
외부
SLA 기반 상호평가
고객요청 수집 및 개선 적용
시스템 표준 인증체계 확립
부품/제품 표준 인증체계 확립

Task 26 비즈니스 모델 평가 Business Model Evaluation

스마트 스페이스 서비스의 사업화 여부를 의사결정하기 위해 비즈니스 모델 평가를 진행하였다. 비즈니스 모델 평가를 위해서 설문지를 작성하고 조명산업 전문가 10명을 대상으로 '1단계: 사업 매력도 평가'를 실시하였다. 단, 사업 매력도 평가에서 '시장 규모'와 '성장성'은 개인의 판단에 의해 평가하는 요소가 아니라 실제 산업 데이터를 확인하고 점수를 기입해야 한다. 이에 설문을 송부하기 전에 시장규모와 성장성, 경쟁력에 관한 부분은 미리 점수를 기입하였고, 전문가들에게 그 외의 다른 점수 평가를 의뢰하였다. 설문 분석결과 사업 매력도 평균 41.2로 기준점인 35점을 상회하여 스마트 스페이스 서비스의 사업 매력도가 충분함을 확인하였다.

다음으로 '2단계: 자사 적합도 평가'를 실시하였다. 이 평가는 스마트 스페이스 플랫폼을 개발 및 운영하고자 하는 주체인 국내 플랫폼 전문 회사 엔텔스를 대상으로 평가하였다. 엔텔스가 스마트 스페이스 서비스를 운영하는 것이 적합한지 평가하기 위해 전문가 평가를 실시하였다. 설문 분석결과 평균 46.3로 기준점인 35점을 상회하여 사업 적합도가 충분한 것을 확인하였다. 결과적으로 총점이 87.5점으로, 조건부 참여 수준보다 높게 나타나 플랫폼 구축을 실시하는 것으로 결정하였다.

구분	측정항목		배점	성과지표									
[1단계] 사업 매력도	시장규모	시장규모	5	4점									
		매출액 영업이익률	5	1점									
	성장성		10	10점									
	경쟁력	경쟁강도	4	2	2	2	3	3	1	3	1	2	4
		서비스 수명	3	2	2	2	2	3	3	2	1	3	3
		진입장벽	3	2	2	1	2	3	3	2	1	2	1
	리스크 분산		10	6	7	7	7	9	8	7	3	7	7
	업계 재구축		10	5	7	6	8	9	8	8	3	8	4
	사회적 우위성		10	5	7	7	5	7	8	5	3	7	9
	계		60	37	42	40	42	49	46	42	27	44	43
	평균		—	41.2									
[2단계] 자사 적합도	자금		10	8	8	7	9	8	7	9	8	7	7
	마케팅		10	7	9	8	9	8	8	9	8	8	7
	제조		10	7	7	5	6	6	5	7	8	5	8
	기술		10	8	9	9	8	7	7	9	8	7	7
	원자재 확보		10	4	8	4	7	6	8	9	8	8	8
	경영 지원	CEO 참여도	5	5	5	5	4	4	5	5	4	4	4
		강력한 사업 추진자	5	4	5	5	5	4	5	5	5	4	4
	계		60	43	51	43	48	43	45	53	49	43	45
	평균		—	46.3									
총계			120	87.5									

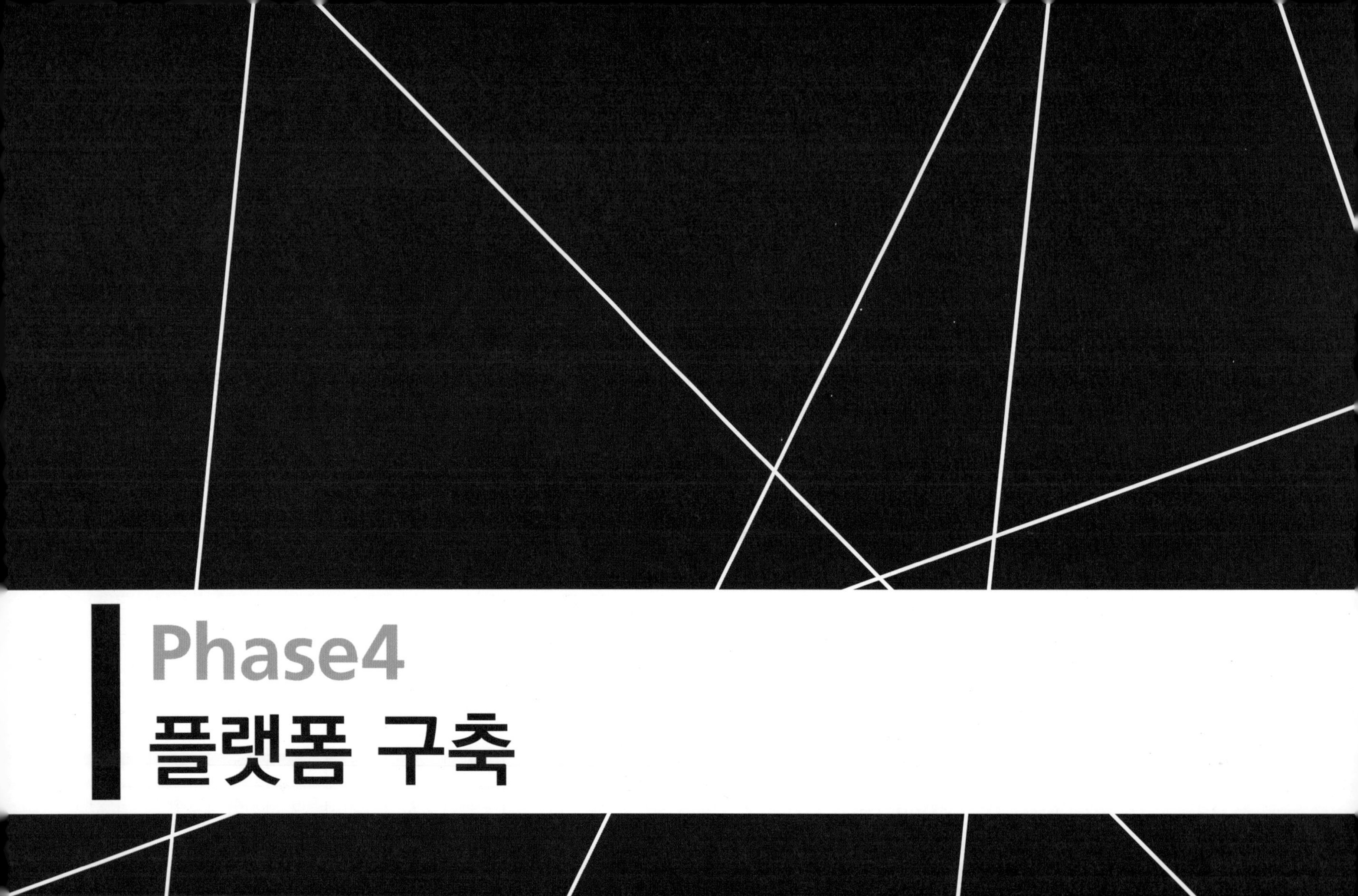

Phase4
플랫폼 구축

Phase 4 플랫폼 구축 〉 Activity 13 요구사항 정의 및 분석

Task 27 컨텍스트 분석 System Context Analysis

프로젝트의 요구사항 및 제약사항 등을 기초로 플랫폼을 개발하는데 필요한 활동, 작업 및 자원을 식별하기 위해 컨텍스트 분석을 실시하였다. 이를 위해 스마트 스페이스 서비스 참여 기관과 수차례의 회의를 진행하였다. 소프트웨어 요구사항을 기초로 작업산출물과 그 과정에서 필요한 자원을 결정하였다. 또한 일정 정의 및 프로젝트의 위험을 식별하고 분석하는 활동들을 진행하였다. 그 내용을 바탕으로 프로젝트 계획을 수립하고 계획서를 작성하였다.

구성	추진 내용
선행조건	프로젝트 소요 제기 및 프로젝트 관리자가 선임
입력물	제안 요청서, 계약서, 고객 요구사항 정의서, 프로젝트 생명주기 모델, 소프트웨어 개발 방법론 등 검토
수행활동	프로젝트 범위 정의 프로젝트 생명주기 정의 프로젝트 수행 가능성 평가 프로젝트 속성 견적 및 유지 프로젝트 활동 및 작업 정의 경험, 지식 및 스킬 요구사항 정의 프로젝트 자원 할당 및 추진일정 정의 프로젝트 인터페이스 식별 책임 할당 프로젝트 계획 수립
출력물	프로젝트 계획서, 프로젝트 활동도, 작업 분해 구조도, 일정 작성

Phase 4 플랫폼 구축 〉 Activity 13 요구사항 정의 및 분석

Task 28 요구사항 분석 Requirements Analysis

소프트웨어 구성요소에 대한 요구사항을 수립하기 위해 요구사항 분석을 실시하였다. 고객의 요구사항 중 소프트웨어에 할당된 요구사항을 분석하여 최종적으로 고객이 원하는 소프트웨어 제품을 설계하고자 하였다. 이에 소프트웨어 요구사항 분석을 통해 요구사항이 완전한지, 상충되는 점은 없는지 등을 평가하고, 그 내용을 문서화하였다.

(●: 주관, ○: 지원)

활동 \ 역할	요구사항 분석담당자	개발자	프로젝트 관리 책임자	고객
요구사항 명세	●	○		
운영환경에 대한 영향 결정	●	○		
테스트를 위한 기준 개발	○	○	●	○
일관성 보장	○		●	
요구사항 평가 및 갱신	○	○	●	○
요구사항 의사소통	○	○	●	○

Phase 4 플랫폼 구축 〉 Activity 13 요구사항 정의 및 분석

Task 29 SRS 작성 Create Software Requirement Specification

시스템의 소프트웨어 구성요소의 기능적 및 비기능적 요구사항과 그 인터페이스를 정의하고 우선 순위화하기 위해 앞선 내용을 문서화한다. 요구사항을 명세하는 과정에서 ISO/IEC 9126에서 제안한 기능성, 신뢰성, 사용성, 유지보수성, 효율성, 이식성 등의 소프트웨어 품질 특성을 상기하며 작성하였다.

대분류	중분류	세분류	요구사항 ID	명칭	유형	중요도	내용	출처	수용여부	상태	비고
실증서비스	사용자	대시보드	RFP 201	디바이스 현황	기능	상	● 공간 리스트가 보여진다. ● 공간을 선택하면, 디바이스 리스트가 보여진다.		수용	유지	
			RFP 202	디바이스 제어	기능	상	● 디바이스의 전원 On/Off, 테마 변경 제어를 할 수 있다.		수용	유지	
		공간 관리	RFP 203	공간 리스트	기능	상	● 각 구분에 따라 이용할 수 있는 공간이 구분되어 보여지고, 그 공간의 사용권한을 시스템관리자에게 요청할 수 있다 ● 사용권한이 승인 되기 전까지는 이용 공간은 disabled 표시 된다.		수용	유지	
			RFP 204	공간 제어 신청	기능	상	● 승인 알람 메시지가 전달 된 후 이용할 수 있는 공간이 선택이 가능해지고, 그 공간에 적용된 테마 나 전등을 조회하고 제어를 할 수 있게 된다.		수용	유지	
		디바이스	RFP 205	디바이스 리스트	기능	상	● 공간의 선택하면, 설치된 조명 리스트가 나타난다.		수용	유지	
			RFP 310	디바이스 추천 리스트	기능	상	● 디바이스 리스트 하단에 추천 디바이스를 나타낸다. - 화면 하단에 광고와 비슷한 형태로 1~3개의 디바이스를 노출시킴		수용	유지	
		테마 관리	RFP 206	테마 리스트	기능	상	● 개인 별 설정된 테마 리스트가 나타난다.		수용	유지	
			RFP 309	테마 추천 리스트	기능	상	● 테마 리스트 하단에 추천 테마를 나타낸다. - 화면 하단에 광고와 비슷한 형태로 1~3개의 테마를 노출시킴		수용	유지	
			RFP 207	테마 추가/수정	기능	상	● 기존 테마를 수정하거나 추가할 수 있다. - 밝기와 색 온도를 설정하여 테마를 관리할 수 있다.		수용	유지	
		시스템 설정	RFP 208	에러/경고	기능	상	● 사용 공간 승인, 사용자 공간 알림 메시지를 수신한다.		수용	유지	
			RFP 209	시스템	기능	상	● 데이터 수집 - 1분 간격으로 조명 상태 정보를 수집함		수용	유지	
		테마 관리	RFP 301	테마 관리 UI 개선	기능	상	● 테마 등록/수정/삭제에 대한 UI 신규 개발	업무 회의 (2021.04.07)	수용	유지	■ 광기술원 2차년도 성과 보고서 참조 - 조명 테마 선택과 관련된 UI 보고서에 포함되어 있음
			RFP 303	AI 추천 서비스 UI 개선	기능	상	● 테마 추천 - 사용자 UI에서 테마를 선택하는 화면 아래에 광고처럼 테마를 추천하는 기능	업무 회의 (2021.04.07)	수용	유지	
	관리자	대시보드	RFP 210	디바이스 현황	기능	중	● 등록된 장비 정보를 조회한다.		수용	유지	
			RFP 211	디바이스 제어	기능	중	● 조명 장비를 제어한다. - 전원 On/Off, 테마 변경		수용	유지	
		공간 관리	RFP 212	공간 리스트	기능	중	● 공간 정리를 조회한다. - 서비스 ID(한국광기술원, 고양시주택) 별 공간 정보를 조회함 - 공간 내의 조명을 그룹핑한 정보를 조회함		수용	유지	
			RFP 213	공간 생성	기능	중	● 공간 추가/수정 기능 - 권한이 있는 서비스 ID에 공간명과 공간 이미지를 등록함		수용	유지	
		디바이스 관리	RFP 214	디바이스 리스트	기능	중	● 등록된 디바이스 정보를 조회한다. - 서비스 ID >> 공간명 >> 그룹명 >> 디바이스 ID로 매핑됨		수용	유지	■ 조명 목록과 조명 위치를 Tab으로 구분하여 표시 (2021.05.03 추가) - 조명 목록에서 A/S 디바이스를 선택할 수 있음 - 조명 위치에서 비정상 상태의 디바이스를 아이콘으로 구분함
			RFP 215	디바이스 등록	기능	중	● 디바이스 추가/수정 - 등록할 그룹을 선택 후 추가해야 함 - 제조사는 필룩스, 선일일렉콤만 조회 가능		수용	유지	■ 3차년도에 10개 업체 정보가 추가될 예정임
			RFP 216	A/S 등록 관리	기능	중	● 디바이스 관리자는 회원 가입을 통해 시스템관리자에게 디바이스의 A/S권한을 요청하고 권한을 승인받으면 어드민에서 조명을 관리 할 수 있다 - A/S 등록 화면 추가(화면명 : 구역 Map 디바이스 현황 조회, 2021.05.03 추가)		수용	유지	■ 기능 안보임(2021.04.13, 확인중) - 추가 개발이 필요할 수도 있음 ■ 화면 기능 추가(2021.05.03) - 화면명 : 구역 Map 디바이스 현황 조회

⋮

Phase 4 플랫폼 구축 〉 Activity 14 아키텍처 설계

Task 30 아키텍처 설계 Architecture Design

소프트웨어 요구사항을 소프트웨어 아키텍처 설계로 변환하였다. 소프트웨어 아키텍처 설계는 상위 수준의 구조를 기술하고 주요 소프트웨어 구성요소를 식별한 것이다. 소프트웨어 요구시항을 기반으로 상위수준 소프트웨어를 설계하면서 구성요소를 정의하였다. 주요 소프트웨어 구성요소로 데이터베이스, 의사소통 절차와 수단, 비즈니스 로직 및 사용자 인터페이스를 포함하여 작성하였다.

소프트웨어 요구사항을 소프트웨어 아키텍처 설계로 변환할 때 사전에 정의된 기준에 따라 소프트웨어 아키텍처 대안들을 평가하였다. 현재의 소프트웨어 아키텍처가 선택된 논리를 기록하하였다. 평가 기준에는 품질 특성(모듈화, 유지 관리성, 확장성, 가변성, 신뢰성, 보안성 및 사용의 편리성) 및 개발-구매-재사용 분석의 결과가 포함되도록 작성하였다.

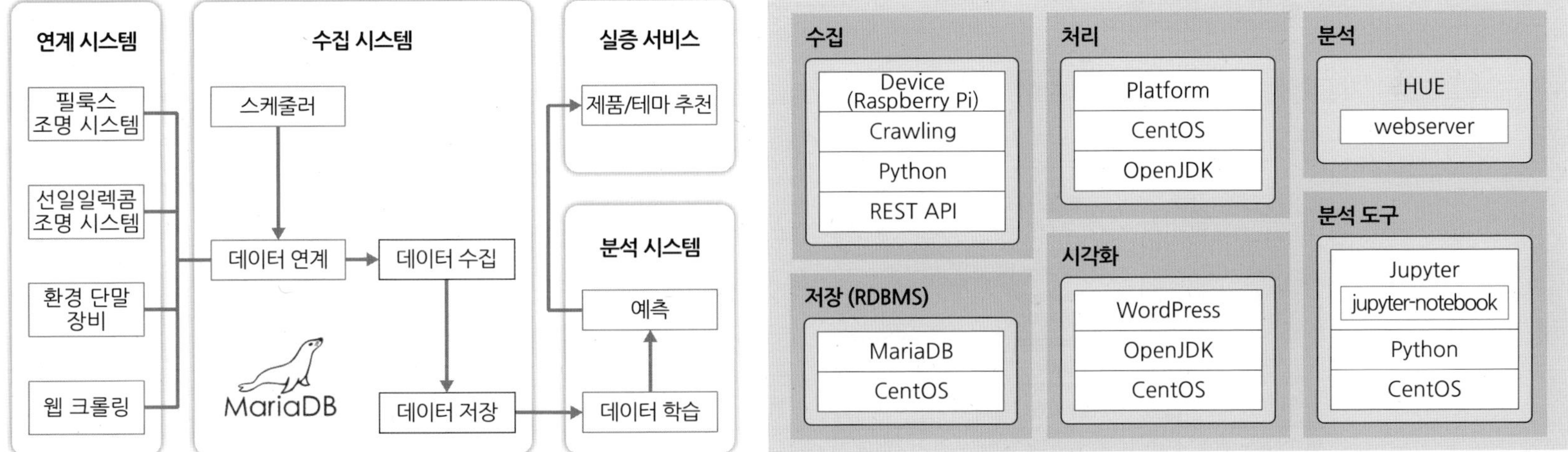

Phase 4 플랫폼 구축 〉 Activity 14 아키텍처 설계

Task 31 상세 설계 Software Detailed Design

요구사항을 구현하고 검증할 수 있는 소프트웨어 설계하기 위해 상세 설계를 진행하였다. 소프트웨어 요구사항을 충족할 수 있는 가능한 해결 방안(소프트웨어 아키텍처)을 찾고, 평가를 통해 최적의 방안을 선택하는 과정을 거쳤다. 소프트웨어 아키텍처 설계 내용을 기반으로 생성되어야 할 모든 소프트웨어 단위를 상세 설계로 분해하였다. 소프트웨어 단위 및 인터페이스를 소프트웨어 설계서로 문서화하였다. 소프트웨어 단위에 대해 구현자가 충분히 이해할 수 있을 정도로 상세하게 내용을 기술하였다.

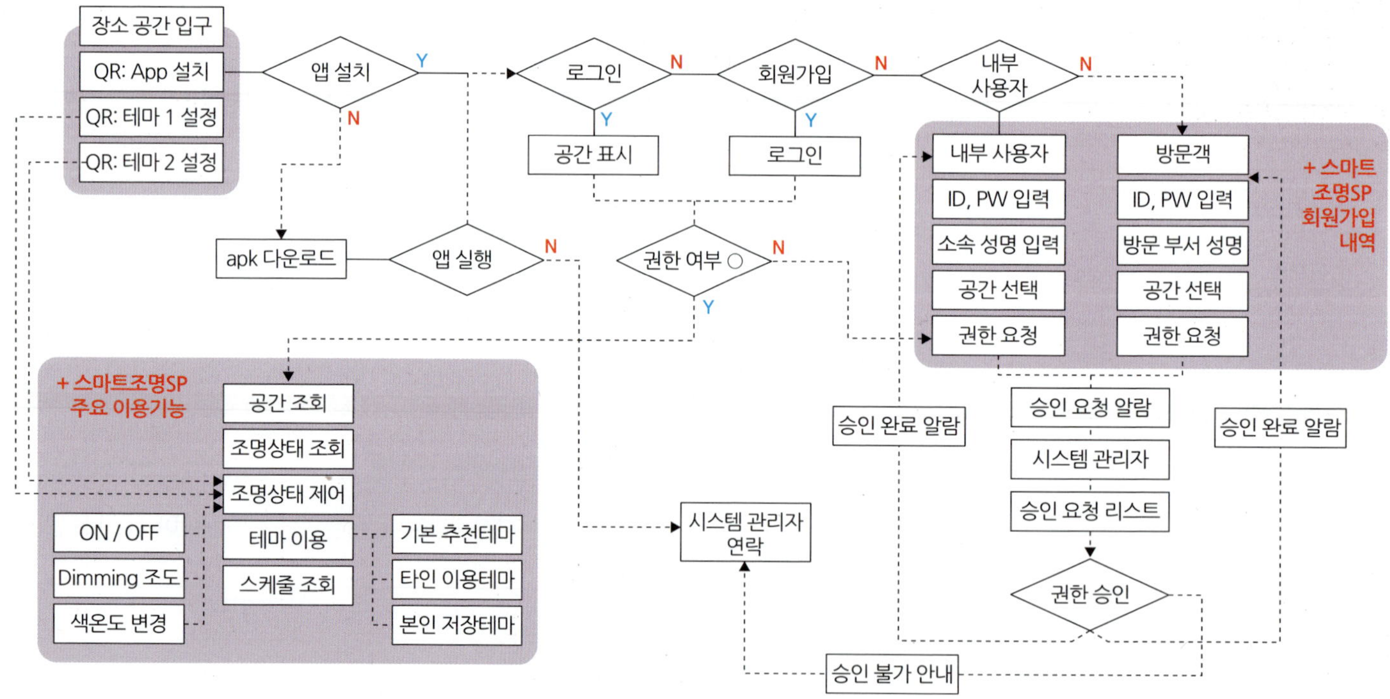

Phase 4 플랫폼 구축 〉 Activity 15 플랫폼 구현

Task 32 구현 Software Implementation

상세 설계 내용을 바탕으로 실제 플랫폼을 구현하였다. 상세 설계에 기반하여 소프트웨어 단위를 실행 가능한 소프트웨어 단위로 만들었다. 실제 개발 내용을 요약하면 다음과 같다.

1. 조명 장비 연동(필룩스/선일일렉콤 조명 장비)
   - Socket 통신을 통한 필룩스 장비 연동
   - AWS MqTT 통신을 통한 선일일렉콤 장비 연동
   - 환경센서 장비/BLE 통신 데이터 연동을 위한 API
   - 추천서비스(테마추천, 제품추천)을 위한 데이터 수집부
   - 추천 알고리즘 모델

2. 관리자 & 사용자 화면 UI

   2.1 관리자 화면
   - 조명 제어
   - DR 스케줄 등록을 통한 제어
   - QR 코드 생성을 통한 원격 조명 제어

   2.2 사용자 화면(모바일 웹) UI
   - 조명 제어
   - 테마 등록 / 변경

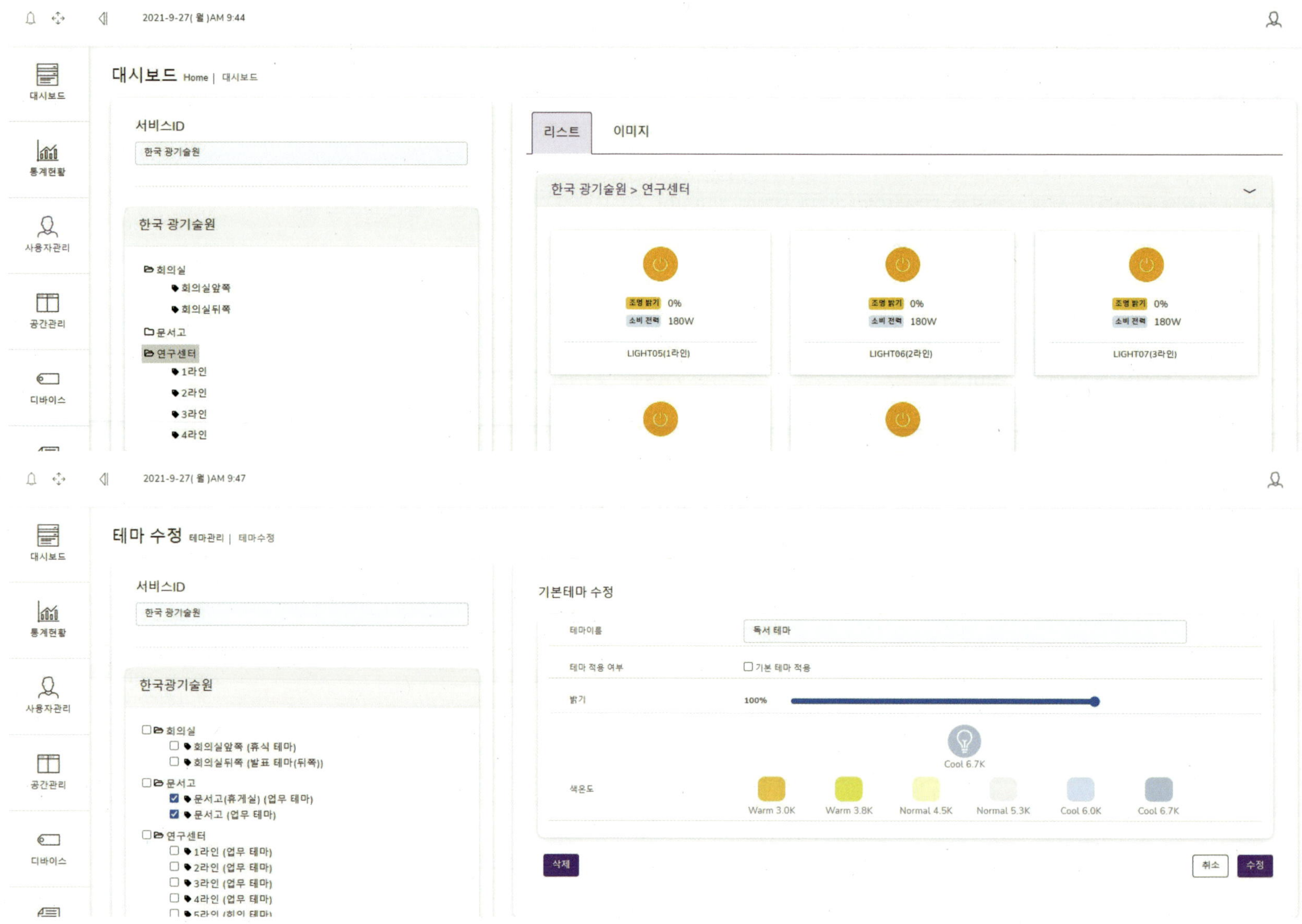
2021-9-27(월)AM 9:44
대시보드 Home | 대시보드
대시보드
통계현황
사용자관리
공간관리
디바이스
서비스ID
한국 광기술원
한국 광기술원
회의실
회의실앞쪽
회의실뒤쪽
문서고
연구센터
1라인
2라인
3라인
4라인
리스트
이미지
한국 광기술원 > 연구센터
조명 밝기 0%
소비 전력 180W
LIGHT05(1라인)
LIGHT06(2라인)
LIGHT07(3라인)
2021-9-27(월)AM 9:47
테마 수정 테마관리 | 테마수정
한국광기술원
회의실앞쪽 (휴식 테마)
회의실뒤쪽 (발표 테마(뒤쪽))
문서고(휴게실) (업무 테마)
문서고 (업무 테마)
1라인 (업무 테마)
2라인 (업무 테마)
3라인 (업무 테마)
4라인 (업무 테마)
기본테마 수정
테마이름
독서 테마
테마 적용 여부
기본 테마 적용
밝기
100%
Cool 6.7K
색온도
Warm 3.0K
Warm 3.8K
Normal 4.5K
Normal 5.3K
Cool 6.0K
Cool 6.7K
삭제
취소
수정

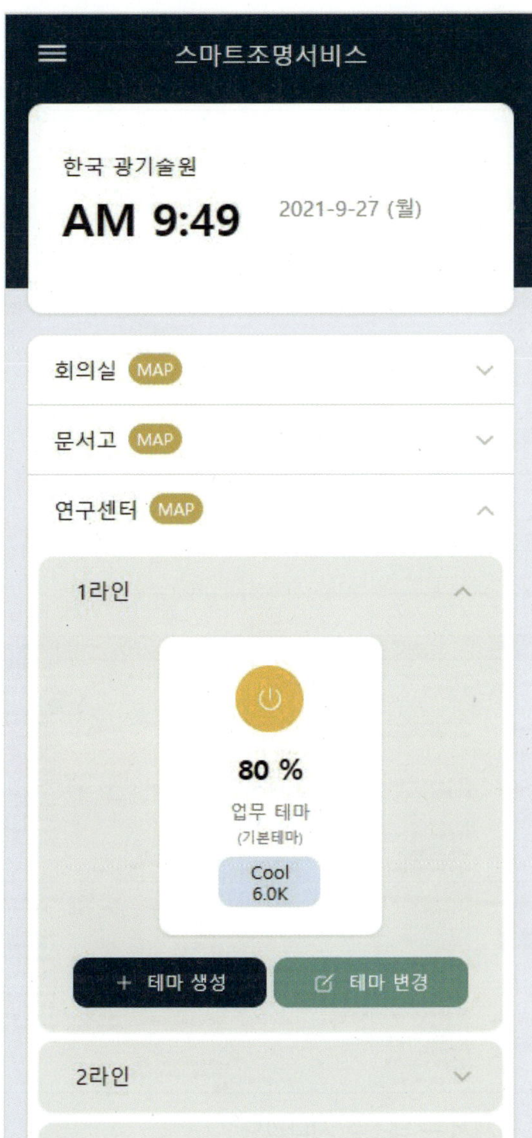
스마트조명서비스
한국 광기술원
AM 9:49
2021-9-27 (월)
회의실 MAP
문서고 MAP
연구센터 MAP
1라인
80 %
업무 테마
(기본테마)
Cool
6.0K
+ 테마 생성
테마 변경
2라인

나만의 테마
32%
테스트1
Cool
6.0K
100%
테스트
Warm
3.8K
추천 테마
1위
15%
추천테마1
Cool
6.7K
2위
60%
독서테마
Warm
3.0K
3위
100%
Normal 4.5K
Normal
4.5K
공간에 테마적용
테마 만들기
선택 테마 수정하기
선택 테마 삭제하기

Phase 4 플랫폼 구축 〉 Activity 16 플랫폼 검증

Task 33 테스팅 Software Testing

통합된 소프트웨어 제품이 정의된 요구사항을 만족시키는지 확인하기 위해 테스팅 과정을 거쳤다. 소프트웨어의 기능뿐 아니라 비기능까지 고려하여 개발 과정에서 오류 혹은 결함이 없었는지 확인하였다.

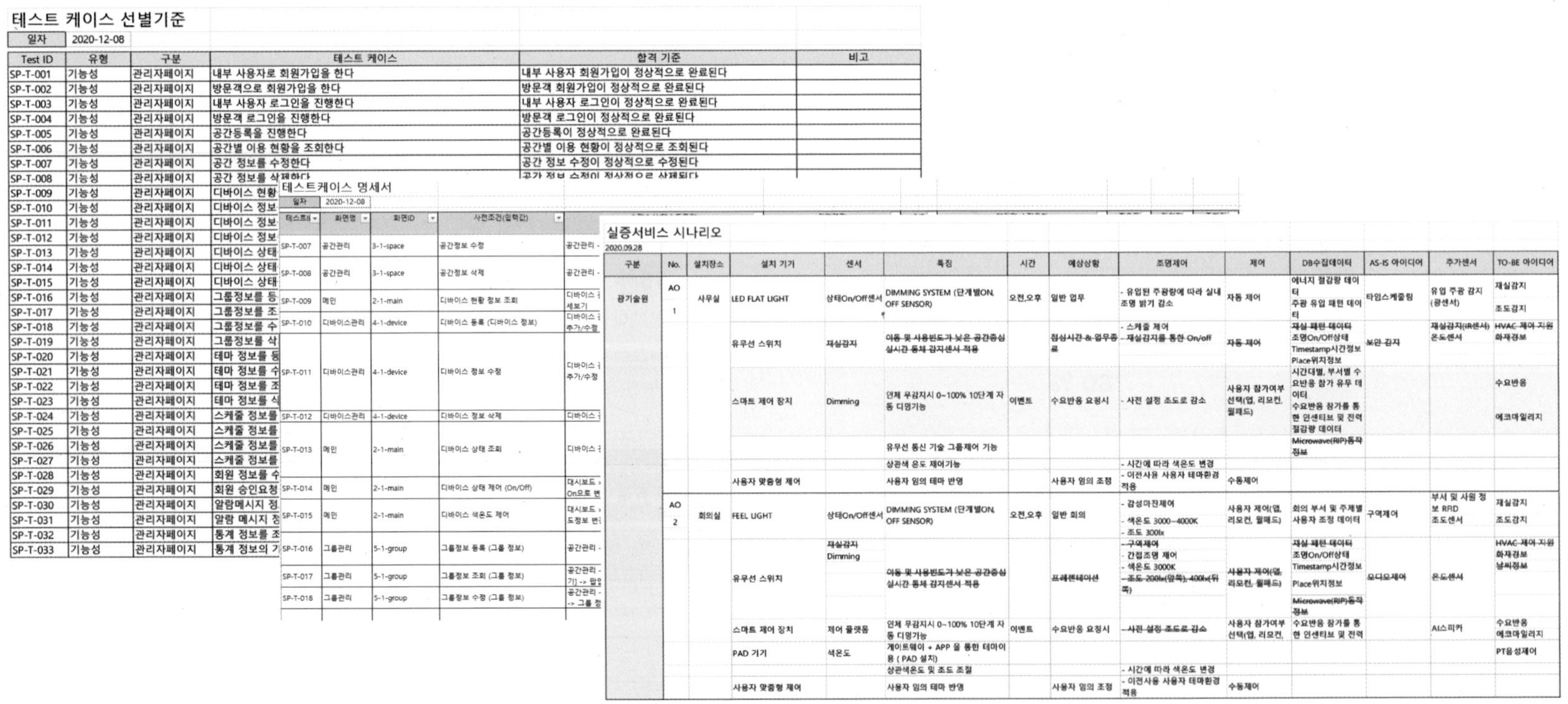

테스트 케이스 선별기준

일자	2020-12-08

Test ID	유형	구분	테스트 케이스	합격 기준	비고
SP-T-001	기능성	관리자페이지	내부 사용자로 회원가입을 한다	내부 사용자 회원가입이 정상적으로 완료된다	
SP-T-002	기능성	관리자페이지	방문객으로 회원가입을 한다	방문객 회원가입이 정상적으로 완료된다	
SP-T-003	기능성	관리자페이지	내부 사용자 로그인을 진행한다	내부 사용자 로그인이 정상적으로 완료된다	
SP-T-004	기능성	관리자페이지	방문객 로그인을 진행한다	방문객 로그인이 정상적으로 완료된다	
SP-T-005	기능성	관리자페이지	공간등록을 진행한다	공간등록이 정상적으로 완료된다	
SP-T-006	기능성	관리자페이지	공간별 이용 현황을 조회한다	공간별 이용 현황이 정상적으로 조회된다	
SP-T-007	기능성	관리자페이지	공간 정보를 수정한다	공간 정보 수정이 정상적으로 수정된다	
SP-T-008	기능성	관리자페이지	공간 정보를 삭제하다	공간 정보 수정이 정상적으로 삭제된다	
SP-T-009	기능성	관리자페이지	디바이스 현황		
SP-T-010	기능성	관리자페이지	디바이스 정보		
SP-T-011	기능성	관리자페이지	디바이스 정보		
SP-T-012	기능성	관리자페이지	디바이스 정보		
SP-T-013	기능성	관리자페이지	디바이스 상태		
SP-T-014	기능성	관리자페이지	디바이스 상태		
SP-T-015	기능성	관리자페이지	디바이스 상태		
SP-T-016	기능성	관리자페이지	그룹정보를 등		
SP-T-017	기능성	관리자페이지	그룹정보를 조		
SP-T-018	기능성	관리자페이지	그룹정보를 수		
SP-T-019	기능성	관리자페이지	그룹정보를 삭		
SP-T-020	기능성	관리자페이지	테마 정보를 등		
SP-T-021	기능성	관리자페이지	테마 정보를 수		
SP-T-022	기능성	관리자페이지	테마 정보를 조		
SP-T-023	기능성	관리자페이지	테마 정보를 삭		
SP-T-024	기능성	관리자페이지	스케줄 정보를		
SP-T-025	기능성	관리자페이지	스케줄 정보를		
SP-T-026	기능성	관리자페이지	스케줄 정보를		
SP-T-027	기능성	관리자페이지	스케줄 정보를		
SP-T-028	기능성	관리자페이지	회원 정보를 수		
SP-T-029	기능성	관리자페이지	회원 승인요청		
SP-T-030	기능성	관리자페이지	알람메시지 정		
SP-T-031	기능성	관리자페이지	알람 메시지 정		
SP-T-032	기능성	관리자페이지	통계 정보를 조		
SP-T-033	기능성	관리자페이지	통계 정보의 기		

테스트케이스 명세서

일자	2020-12-08

테스트I	화면명	화면ID	사전조건(입력값)	
SP-T-007	공간관리	3-1-space	공간정보 수정	공간관리 -
SP-T-008	공간관리	3-1-space	공간정보 삭제	공간관리 -
SP-T-009	메인	2-1-main	디바이스 현황 정보 조회	디바이스 세보기
SP-T-010	디바이스관리	4-1-device	디바이스 등록 (디바이스 정보)	디바이스 추가/수정
SP-T-011	디바이스관리	4-1-device	디바이스 정보 수정	디바이스 추가/수정
SP-T-012	디바이스관리	4-1-device	디바이스 정보 삭제	디바이스
SP-T-013	메인	2-1-main	디바이스 상태 조회	디바이스
SP-T-014	메인	2-1-main	디바이스 상태 제어 (On/Off)	대시보드 On으로 변
SP-T-015	메인	2-1-main	디바이스 색온도 제어	대시보드 도정보 변
SP-T-016	그룹관리	5-1-group	그룹정보 등록 (그룹 정보)	공간관리 -
SP-T-017	그룹관리	5-1-group	그룹정보 조회 (그룹 정보)	공간관리 - 기] -> 팝
SP-T-018	그룹관리	5-1-group	그룹정보 수정 (그룹 정보)	공간관리 - -> 그룹 정

실증서비스 시나리오

2020.09.28

구분	No.	설치장소	설치 기기	센서	특징	시간	예상상황	조명제어	제어	DB수집데이터	AS-IS 아이디어	추가센서	TO-BE 아이디어
광기술원	AO 1	사무실	LED FLAT LIGHT	상태On/Off센서	DIMMING SYSTEM (단계별ON, OFF SENSOR)	오전,오후	일반 업무	- 유입된 주광량에 따라 실내 조명 밝기 감소	자동 제어	에너지 절감량 데이터 주광 유입 패턴 데이터	타임스케줄링	유입 주광 감지 (광센서)	재실감지 조도감지
			유무선 스위치	재실감지	이동 및 사용빈도가 낮은 공간중심 실시간 통체 감지센서 적용		점심시간 & 업무종료	- 스케줄 제어 - 재실감지를 통한 On/off	자동 제어	재실 패턴 데이터 조명On/Off상태 Timestamp시간정보 Place위치정보	보안 감지	재실감지(IR센서) 온도센서	HVAC 제어 지원 화재경보
			스마트 제어 장치	Dimming	인체 무감지시 0~100% 10단계 자동 디밍기능	이벤트	수요반응 요청시	- 사전 설정 조도로 감소	사용자 참가여부 선택(앱, 리모컨, 월패드)	시간대별, 부서별 수요반응 참가 유무 데이터 수요반응 참가를 통한 인센티브 및 전력 절감량 데이터			수요반응 에코마일리지
					유무선 통신 기술 그룹제어 기능					Microwave(RIP)동작정보			
					상관색 온도 제어기능			- 시간에 따라 색온도 변경					
			사용자 맞춤형 제어		사용자 임의 테마 반영		사용자 임의 조정	- 이전사용 사용자 테마환경 적용	수동제어				
	AO 2	회의실	FEEL LIGHT	상태On/Off센서	DIMMING SYSTEM (단계별ON, OFF SENSOR)	오전,오후	일반 회의	- 감성마진제어 - 색온도 3000~4000K - 조도 300lx	사용자 제어(앱, 리모컨, 월패드)	회의 부서 및 주제별 사용자 조정 데이터	구역제어	부서 및 사원 정보 RFID 조도센서	재실감지 조도감지
			유무선 스위치	재실감지 Dimming	이동 및 사용빈도가 낮은 공간중심 실시간 통체 감지센서 적용		프레젠테이션	- 구역제어 - 간접조명 제어 - 색온도 3000K - 조도 200lx(앞쪽), 400lx(뒤쪽)	사용자 제어(앱, 리모컨, 월패드)	재실 패턴 데이터 조명On/Off상태 Timestamp시간정보 Place위치정보 Microwave(RIP)동작정보	오디오제어	온도센서	HVAC 제어 지원 화재경보 날씨정보
			스마트 제어 장치	제어 플랫폼	인체 무감지시 0~100% 10단계 자동 디밍기능	이벤트	수요반응 요청시	- 사전 설정 조도로 감소	사용자 참가여부 선택(앱, 리모컨,	수요반응 참가를 통한 인센티브 및 전력		AI스피커	수요반응 에코마일리지
			PAD 기기	색온도	게이트웨이 + APP 을 통한 테마이용 (PAD 설치)								PT음성제어
					상관색온도 및 조도 조절			- 시간에 따라 색온도 변경					
			사용자 맞춤형 제어		사용자 임의 테마 반영		사용자 임의 조정	- 이전사용 사용자 테마환경 적용	수동제어				

테스트 케이스 선발 → 테스트 케이스 명세서 → 테스트 시나리오

Phase 4 플랫폼 구축 〉 Activity 16 플랫폼 검증

Task 34 형상 관리 Software Configuration Management

프로젝트의 작업산출물/항목의 무결성을 확립하고, 유지하고, 관련 이해관계자들에게 활용 가능하도록 하기 위해 산출물과 개발 내용에 대한 형상관리를 진행하였다. 형상관리 프로세스는 프로젝트의 착수단계부터 완료단계까지의 프로젝트 생명주기 전 과정에 걸쳐 적용되었다. 이를 통해 형상 식별, 형상 통제, 형상 상태 보고, 형상 감사 등을 행하므로써 작업산출물의 무결성을 확보하였다.

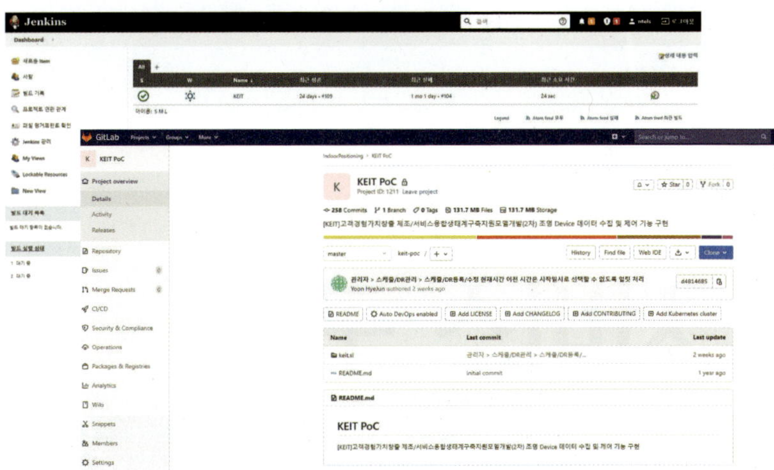

Phase5
서비스 구현

Phase 5 서비스 구현 〉 Activity 17 테스트베드 설계

Task 35 테스트베드 매뉴얼 Test Bed Manual

구분	내용
실증 기간	2021년 1월 1일 ~ 2021년 12월 31일
수행 목표	• 스마트 오피스 조명시스템 관련 수요기업 3개社 선정 및 실증 방안 협의 • 5가지 서비스 모델에 대한 리빙랩 기반 실증 수행 • 실증 데이터 기반 환류 연구를 통한 서비스 모델 고도화 및 제품 상용화 추진 • 수요기업 대상 실증 만족도 조사
실증 적용 공간	**스마트 오피스 실증 공간 구성** 1) 사무실(20인 규모) 2) 회의실(10인 규모) 3) 문서고/휴게실(4인 규모) 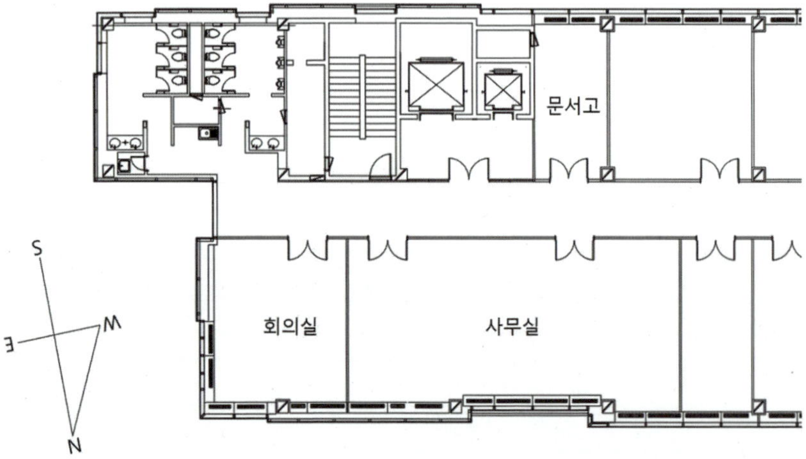 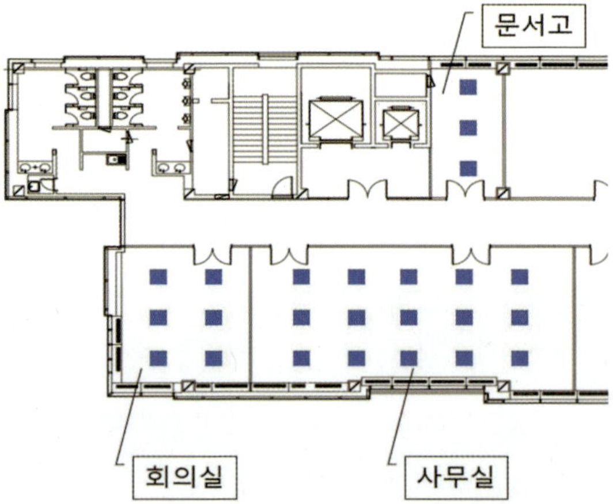 문서고 회의실 사무실 S W E N 문서고 회의실 사무실

사용 제품의 수량 및 종류	**1) 사무실** • 색온도 가변형 스마트 조명기구 15개 • 스마트 조명시스템 제어용 태블릿 2개 • 스마트 조명시스템 제어용 스위치 2개 • 스마트 조명기구 통신용 게이트웨이 1개 • IoT 복합 환경 센서 2개 〈사무실 사진〉  〈설치 조명기구 사진〉  **2) 회의실** • 색온도 가변형 스마트 조명기구 6개 • 스마트 조명시스템 제어용 태블릿 1개 • 스마트 조명시스템 제어용 스위치 1개 • 스마트 조명기구 통신용 게이트웨이 1개 〈회의실 사진〉  〈설치 조명시스템 통신 개요〉 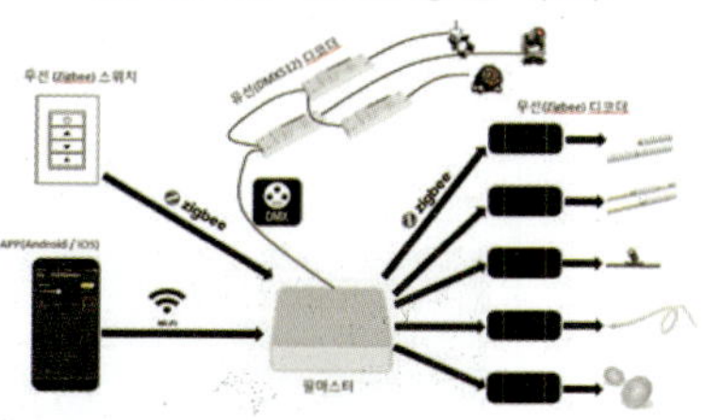 **3) 문서고** • 색온도 가변형 스마트 조명기구 3개 • 스마트 조명시스템 제어용 태블릿 1개 • 스마트 조명시스템 제어용 스위치 1개 • 스마트 조명기구 통신용 게이트웨이 1개 • IoT 복합 환경 센서 1개 〈문서고/휴게실 사진〉  〈IoT 복합 환경 센서 사진〉 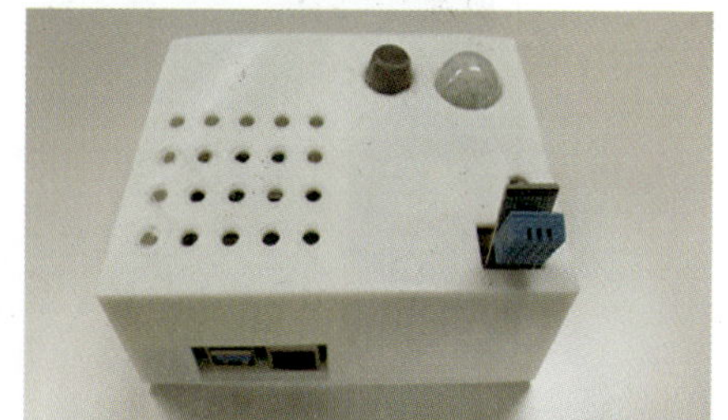

<table>
<tr>
<td>사용 제품의 수량 및 종류</td>
<td>
사전 협의
• 스마트 오피스 조명 관련 5가지 서비스 모델 도출 및 실증 계획 수립을 위해 사전 협의 회의를 수행하였으며 회의 참석기관은 수요기업 및 산학연 전문기관으로 구성하였다.
• 사전 협의 회의는 총 6회 진행되었으며 협의 내용은 아래와 같다.
- 조명산업 현황 분석
- 스마트 오피스 조명시스템 현황 및 최신 동향 분석
- 스마트 오피스 조명시스템 서비스 모델 도출 (약 10개)
- 산업 파급력을 고려하여 최종 서비스 모델 5개 선정
- 최종 선정된 5개 서비스 모델 실증 방안 협의 (범위, 기간, 장소, 적용 기술 등)

리빙랩 기반 실증 인프라 구축
• 실증 장소는 광주광역시 소재 한국광기술원 본부동 6층에 위치한 사무실, 회의실, 문서고로 선정하였다.
• 선정된 실증 장소는 실제 한국광기술원 임직원이 상시 근무하는 공간으로 리빙랩 기반 실증 데이터 확보가 가능하다.
• 기존 설치된 조명기구를 제거하고 서비스 모델 실증을 위한 색온도 가변형 스마트 조명기구 및 무선통신, 모니터링 장비를 설치하였다.

〈스마트 오피스 조명시스템 설치 공사 사진〉

〈스마트 오피스 조명시스템 설치 완료 사진〉

</td>
</tr>
</table>

실증 결과	**고객 경험 DB 구축 서비스 실증 결과** • 스마트 오피스 조명 서비스 이용 고객 DB 구축 • 조명 제어 이력 DB 구축 • 조명 시스템 관리 이력 DB 구축 • 조명 시스템 에너지 모니터링 DB 구축

<고객 경험 DB 구축 서비스 실증 결과 이미지>

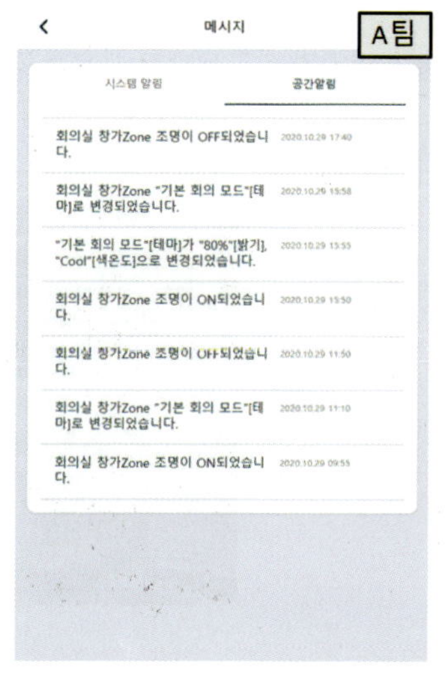

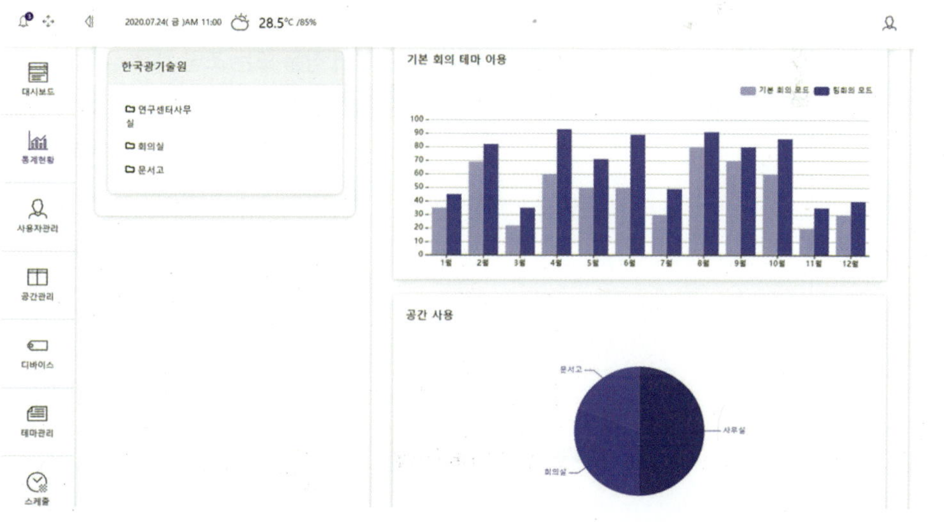

실증 결과

고객 맞춤형 조명환경 제공 서비스 실증 결과

- 사무실, 회의실, 문서고/휴게실별 업무형태(PC작업, 문서작업, 회의, 발표, 대화, 휴식 등)에 따른 최적 조명환경 제공
- 팀별 업무형태에 따른 조명제어 이력 구축
- 회의실과 같이 복수의 팀이 동일한 공간을 공용으로 사용할 경우 팀 조명제어 이력 데이터를 적용하여 팀 맞춤형 최적 조명환경 제공

〈고객 맞춤형 조명환경 제공 서비스 실증 결과 이미지〉

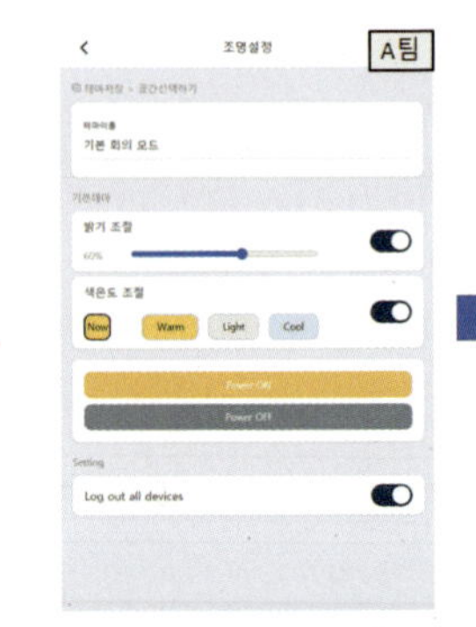

이상 상황 알림 서비스 실증 결과

- 사무실, 회의실, 문서고/휴게실 사용 스케줄 생성
- 각 공간별 미사용 시간대에 IoT 복합 환경센서 작동 또는 조명 사용 상태 감지시 관리자에게 이상 상황 알림 발송
- 이상 상황 알림 수신 후 관리자 방문을 통한 점검 또는 원격 제어를 통한 조명 소등 가능

〈이상 상황 알림 서비스 실증 결과 이미지〉

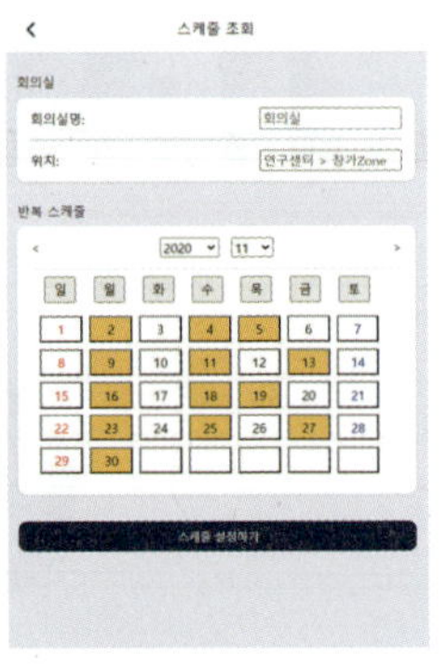

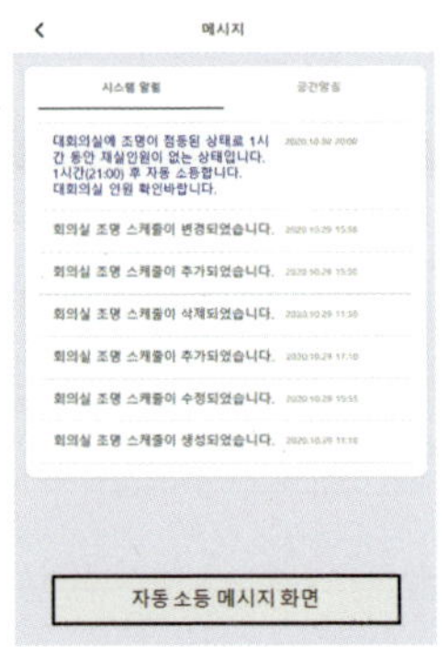

실증 결과

수요반응 연계 조명제어 서비스 실증 결과

- 수요반응 참여 시 공간별 타임 스케쥴에 따른 최소 조명 밝기 설정
- 수요반응 요구 시 참여 여부 확인 메시지 발송
- 수요반응 참여 확인 시 공간별 사전 설정된 최소 조명 밝기로 제어

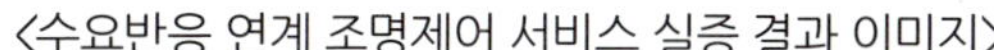
<수요반응 연계 조명제어 서비스 실증 결과 이미지>

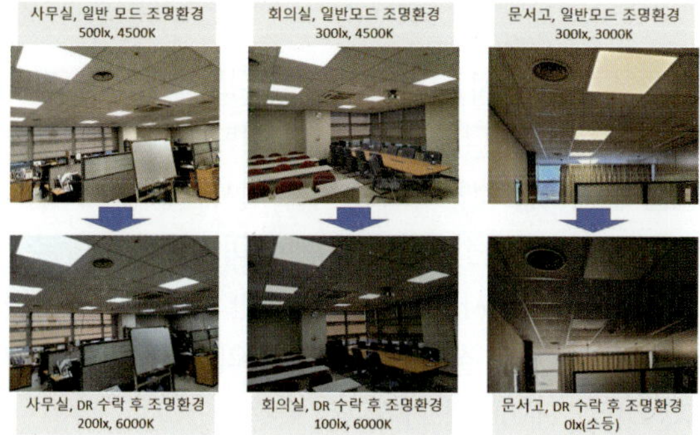

조명시스템 유지관리 O2O 서비스 실증 결과

- 공간별 스마트 오피스 조명기구 설치 제품 현황 게시
- 스마트 오피스 조명기구 고장시 관리자에게 고장 알림 메시지 전송
- 기존 설치된 스마트 오피스 조명기구 대채용 조명기구 비교/추천 서비스 제공

<조명시스템 유지관리 O2O 서비스 실증 결과>

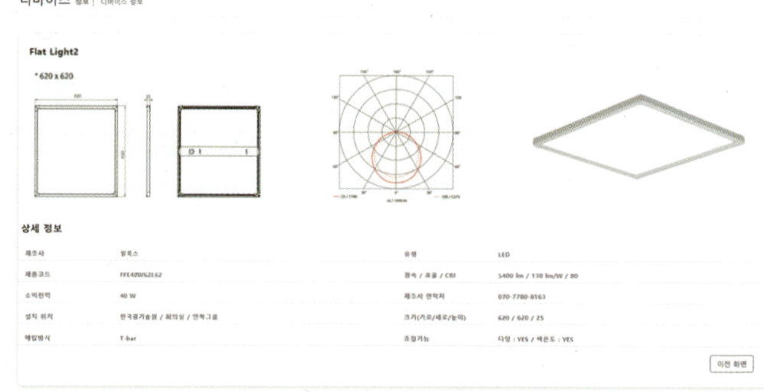

Phase 5 서비스 구현 〉 Activity 18 서비스 검증

Task 36 사업화 의사결정 Commercialization Decision

사업화 의사결정을 위해 먼저 사업의 타당성 검토를 실시하였다. 먼저, 향후 몇 년 내에 손익분기점에 다다를 수 있는지, 어느정도 수준의 순이익 규모를 달성해야 사업을 진행시킬 것인지 프로젝트 의사결정자 회의를 실시하였다. 내부 의견을 검토한 결과, 5년 후에는 순현가 이익을 창출할 수 있어야만 내부적으로 검토하고 있는 타 사업에 비해 타당한 사업이라 할 수 있다는 결론이 도출되었다. 따라서, 사업 실행 5년 후에 손익분기점 및 순현가 이익을 달성할 수 있을지 리빙랩 데이터를 기반으로 측정하였다.

먼저, 비용의 항목과 그 수준, 그리고 연차별 흐름을 파악하였다. 앞서 개발한 서비스인 '스마트 스페이스 솔루션'의 초기 투자 비용 규모는 약 20억 규모로 예상되었고, 대부분이 초기 플랫폼 구축 및 운영을 위한 준비에 소요될 것으로 전망했다. 사업의 영위에 있어 연차별로 소요되는 비용 항목은 임대료, 보험료, 인건비, 상하수도 · 전기 · 통신 요금, 감가상각비, 금융비용 등이 고정적으로 소요될 것으로 판단되었다. 변동비의 산정은 고객수와 고객별 서비스 이용 수준, 수준별 비용 계상을 실시해야 하며, 이를 위해 우선적으로 리빙랩 운영 데이터를 기반으로 1차년도 예상 고객수를 예상하였다. 단위별로 증가하는 비용 항목은 제품 대금, 시공 · 감리 비용, 회선당 통신요금 등으로 정의하였고, 예상 고객수는 CAGR에 비례해 증가한다는 가정으로 변동비를 산정하였다. 매출액은 연차별 예상 고객수와 고객별 예상 평균 객단가를 통해 산출하고, CAGR에 비례해 증가한다고 가정하여 연차별 매출액을 산정하였다.

매출액 원가율을 스마트홈, 빌딩 분야 평균 원가율인 75%, 보다 보수적 수치인 85% 연간 물가 상승률은 1.5%로 정의하여 비용 산출에 반영하였으며, 연차별로 산정된 비용과 수익을 합하고, 이를 2021년 5월 기준 5년 평균 국고채 평균 이자율인 1.65%로 할인하였다. 그 결과, 1, 2차년도는 음의 흐름을 유지하다가 3차년도부터 수익 수준으로 전환되고, 5차년도부터는 손익분기 달성 및 수익 창출이 가능한 것으로 전망되었다.

NPV의 도출이 보수적 수치를 적용하여 계산했다는 점에서, 실제 손익분기점 달성과 수익 창출은 조기에 이루어질 수 있을 것으로 전망되었다. 해당 데이터를 바탕으로 의사결정자 회의를 진행하였고, 산업 트렌드와 사업 확장성 방면에서 매력적인 사업이라는 의견이 중론이었다. 따라서, 본 과정을 통해 도출한 '스마트 스페이스 솔루션'은 본격적인 사업화 준비에 착수했다.

<table>
<tr><th colspan="2" rowspan="2">구분</th><th colspan="5">내용</th><th rowspan="2">계</th></tr>
<tr><th>1</th><th>2</th><th>3</th><th>4</th><th>5</th></tr>
<tr><td rowspan="3">현금 유입
(A)</td><td>매출</td><td>600,000</td><td>5,760,000</td><td>8,505,600</td><td>14,906,496</td><td>21,371,535</td><td>51,143,631</td></tr>
<tr><td>기타</td><td>—</td><td>—</td><td>—</td><td>—</td><td>—</td><td>—</td></tr>
<tr><td>계</td><td>600,000</td><td>5,760,000</td><td>8,505,600</td><td>14,906,496</td><td>21,371,535</td><td>51,143,631</td></tr>
<tr><td rowspan="3">현금 유출
(B)</td><td>변동비</td><td>510,000</td><td>4,896,000</td><td>7,229,760</td><td>12,670,521</td><td>18,165,805</td><td>43,472,086</td></tr>
<tr><td>고정비</td><td>1,000,000</td><td>1,000,000</td><td>1,000,000</td><td>1,000,000</td><td>1,000,000</td><td>5,000,000</td></tr>
<tr><td>계</td><td>1,510,000</td><td>5,896,000</td><td>8,229,760</td><td>13,670,521</td><td>19,165,805</td><td>48,472,086</td></tr>
<tr><td colspan="2">현금 흐름 계
(C = A − B)</td><td>−910,000</td><td>−136,000</td><td>275,840</td><td>1,235,974</td><td>2,205,730</td><td>2,671,544</td></tr>
<tr><td colspan="2">순현재가치
($D = C/(1+r)^t$)</td><td>−895,229</td><td>−131,621</td><td>262,624</td><td>1,157,657</td><td>2,032,429</td><td>2,425,862</td></tr>
<tr><td colspan="2">초기투자자본(E)</td><td colspan="6">2,000,000</td></tr>
<tr><td colspan="2">NPV
(F = sum(D1:Dt) − E)</td><td colspan="6">425,862</td></tr>
</table>

Phase 5 서비스 구현 〉 Activity 18 서비스 검증

Task 37 산출물 만족도 Output Satisfaction

지금까지 인간중심조명 서비스 모델을 에코사이언스 방법론을 기반으로 정리하였다. 마지막으로 서비스 모델을 설계하고 모든 산출물에 대한 만족도를 평가할 차례이다. 서비스 모델 개발 과정과 결과에 대해 실무진의 의견을 수렴하여 성과를 자체적으로 진단하고, 개선사항이 있다면 수정을 진행하기로 하였다.

먼저 조사계획을 수립하였다. Phase별 내용을 평가할 수 있는 폐쇄형 및 주관식 설문을 설계하고, 조사 일정을 확정하였다. 조사 대상자는 프로젝트 수행 실무자 전원으로 설정하였으다. 해당 계획에 맞추어 설문지 작성을 진행하였다. 설문지는 인구통계학적 정보를 수집하는 명목척도와 만족도를 측정하는 리커트 5점 척도(1: 매우 그렇지 않다 ~ 5: 매우 그렇다)로 구성하였고, 설문내용은 크게 운영과정, 담당자, 기대효과로 구분하여 작성하였다. 또한 초반부에 조사 목적과 개요에 대해 설명하고 비밀보장 내용과 담당자의 연락처를 기재하였다.

다음으로 자료수집 및 분석을 위해 이메일E-mail을 통해 설문 대상자에게 자료를 배포하였다. 총 15부의 설문지를 수거하였으며, Excel을 활용하여 평균을 분석하였다. 분석 결과 전반적인 항목에서 만족도가 높게 나타났으며, 앞선 단계로의 피보팅이 필요하지 않은 것으로 판단하였다. 이로써 에코사이언스 기반의 인간중심조명 서비스 개발 프로젝트를 마쳤다.

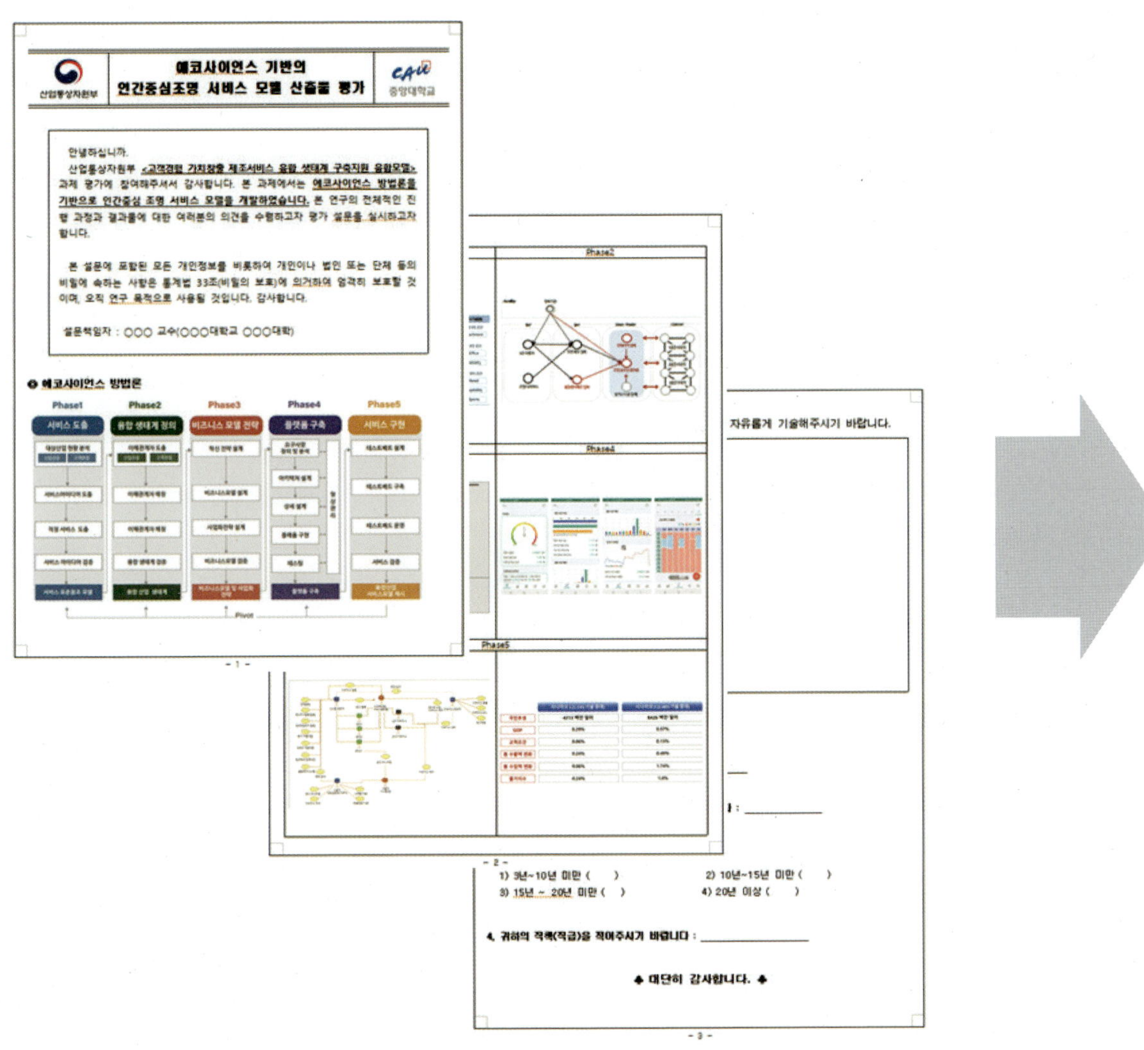

에코사이언스 기반의 인간중심조명 서비스 모델 산출물 평가

산업통상자원부 · 중앙대학교

안녕하십니까.

산업통상자원부 <고객경험 가치창출 제조서비스 융합 생태계 구축지원 융합모델> 과제 평가에 참여해주셔서 감사합니다. 본 과제에서는 에코사이언스 방법론을 기반으로 인간중심 조명 서비스 모델을 개발하였습니다. 본 연구의 전체적인 진행 과정과 결과물에 대한 여러분의 의견을 수렴하고자 평가 설문을 실시하고자 합니다.

본 설문에 포함된 모든 개인정보를 비롯하여 개인이나 법인 또는 단체 등의 비밀에 속하는 사항은 통계법 33조(비밀의 보호)에 의거하여 엄격히 보호할 것이며, 오직 연구 목적으로 사용될 것입니다. 감사합니다.

설문책임자 : OOO 교수(OOO대학교 OOO대학)

● 에코사이언스 방법론

Phase1 서비스 도출 · Phase2 융합 생태계 정의 · Phase3 비즈니스 모델 전략 · Phase4 플랫폼 구축 · Phase5 서비스 구현

- 1 -

Phase2 · Phase4 · Phase5

- 2 -

자유롭게 기술해주시기 바랍니다.

1) 5년~10년 미만 (　　)　2) 10년~15년 미만 (　　)
3) 15년 ~ 20년 미만 (　　)　4) 20년 이상 (　　)

4. 귀하의 직책(직급)을 적어주시기 바랍니다 : ____________

♣ 대단히 감사합니다. ♣

- 3 -

구분	평균
[Phase 1] 서비스 평가	4.4
[Phase 2] 생태계 평가	4.1
[Phase 3] 비즈니스 전략 평가	4.5
[Phase 4] 플랫폼 평가	4.3
[Phase 5] 서비스 구현 평가	4.1
기대효과 평가	4.0

PART 4
에코사이언스를 활용한 온라인 커머스 서비스 혁신

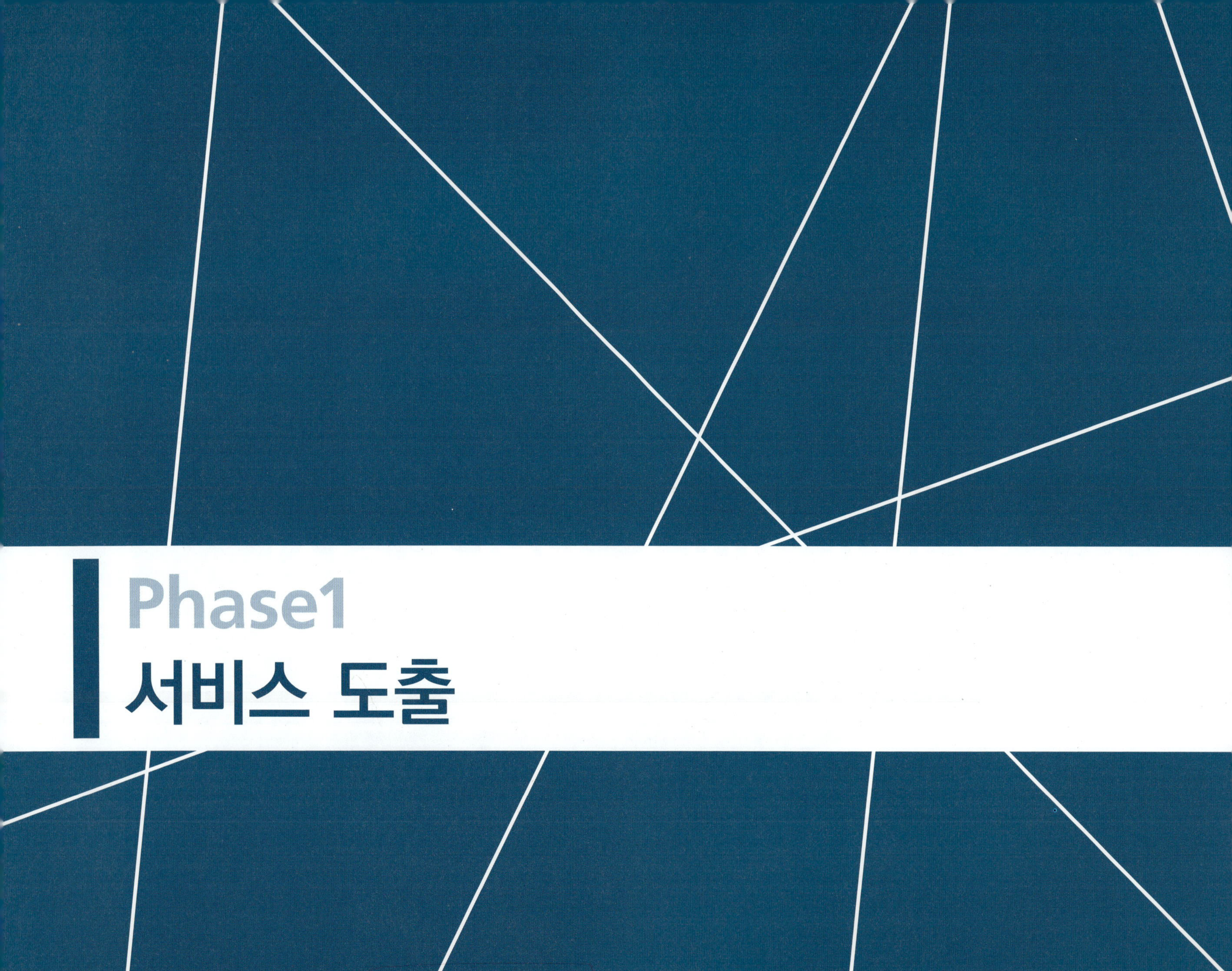

Phase1
서비스 도출

Phase 1 서비스 도출 〉 Activity 01 대상 산업 현황 분석

Task 01 거시환경분석 Political, Economic, Social and Technological analysis

국내외 온라인 커머스 및 AI 관련 거시환경을 분석을 실시하였다. 정책적으로는 중소벤처기업부의 지원, 관련 국내외 법적 사례 및 특허청의 동향을 살폈으며, 대규모 온라인 커머스 기업의 사례와 기업 동향 자료를 통해 관련 산업 규모 및 논쟁의 여지가 있는 사회적 문제를 정리했다. 마지막으로 직간접적으로 요구되는 기술들의 개발 동향을 살펴본 서비스와 관련된 기술적 이슈를 파악했다.

[정책적 분석]

국가적으로 온라인 커머스의 확장성을 인식하고 해외로의 진출을 지원하고자 하는 적합하지 않은 규제의 완화와 새로운 규칙을 마련하고 국가인증 브랜드를 출시하는 등의 지원을 적극적으로 추진하는 중이다. 소비자에게는 간편 결제에 대한 한도를 확대시키고 공인인증서 제도를 폐지하여 서비스 활용에 편의를 제공하는 제도적 지원이 제공되었다. 온라인 시장의 확대에 대한 거래의 안정성 및 보안을 위해서는 금융보안원의 사이버 위협에 대한 대응 강화 방안을 강구하고, 혁신적인 개인인증제도를 다양화하고 있으며, 특허청의 경우, 온라인 상의 지재권 보호를 위해 국내 주요 온라인 사업자들과의 업무 협약을 체결했다.

[경제적 분석]

전 세계 모바일 결제 시장은 2016~2022년 사이에 33.4%의 성장을 보일 것으로 전망된다. 온라인 커머스의 보조 수단으로 활용될 수 있는 OTT, AR/VR 산업 또한 급속히 성장하고 있어, 중국 시장에서 전년대비 114%의 성장을 기록한 라이브커머스 산업의 규모 또한 확대될 것으로 기대된다. 국내 또한 간편 결제 시스템의 이용 규모가 유통, 제조, 정보통신 분야에서 40% 이상의 성장을 기록했으며, 이에 따른 국내 온라인 쇼핑몰의 거래액이 전년대비 11.8% 증가했다. 하지만 온라인 거래 규모의 성장과 함께 위조상품의 유통 규모도 확장되고 있으며, 위조상품의 약 40%에 해당하는 의류와 신발의 거래로 막대한 세수 손실 또한 발생하고 있다.

거시환경분석을 통하여 수행 기업에 영향을 미치는 정치, 경제, 사회, 기술적 외부요인을 식별하여 시사점을 도출하였다. 결과적으로 전자상거래 양의 급속한 증가에 따라 혁신적인 IT 기술을 활용하여 온라인 커머스 산업의 서비스 편의성과 안정성을 및 체험성을 개선할 수 있는 새로운 비즈니스 모델의 필요성을 발견하였다.

[사회적 분석]

전 세계의 물리적 이동을 마비시킨 COVID-19가 창궐하여 온라인 거래가 급속하게 확대되었으며, 이에 따른 온라인 커머스 기업의 서비스 편의성 향상에 대한 수요 또한 다양화되었다. 온라인에서의 새로운 경험을 요구하는 MZ 세대의 등장과 가족의 분절화 현상이 심화되면서 오프라인 매장에서 상품을 체험하고 온라인 매장에서 구매를 하는 '쇼루밍족'이 나타났으며, 고객의 취향에 맞게 온라인에서도 상품을 추천받는 큐레이션 서비스가 주목을 받기 시작했다. 또한 대형 매체가 아닌 SNS 채널을 통해 상품을 소개하는 인플루언서들의 영향력이 커짐에 따라 온라인 구매의 채널도 다양화되어 위조상품 유통의 위험은 증가하고 있으나 상품 및 고객의 DB를 수집하는데 어려움이 있다.

[기술적 분석]

AI, 빅데이터**Big Data**를 활용한 머신러닝**Machine Learning** 기술이 다양한 온라인 서비스에 활용되고 있으며, 온라인 커머스에 유사 상품을 검색하는 비주얼 인식 기술 또한 상용화되어 소비자의 검색 편의성 향상을 위해 다양하게 적용되고 있다. 더불어 영상 콘텐츠의 실감화를 위해 활용된 AR/VR 기술이 상품의 착장에도 활용이 되는 등 전자상거래의 실재감 부재의 문제를 부분적으로 해결하고 있다. 반면 위조상품의 유통에 대한 통제 기술은 모든 판매자의 상품에 대해 정품 여부를 확인하고 판매를 허용하는 것이 현실적으로는 어려워 소비자들의 신고나 개별적 모니터링을 통해 처리하고 있는 실정이다. 이에 대해 나노입자 활용, 위조기술 패치 개발 등의 다양한 기술적 방안이 강구되고 있다.

구분	내용
Political (정치)	• 금융위, 핀테크 기업이 은행과 제휴하지 않고 직접 계좌를 개설할 수 있게 하는 종합지급 결제업 도입 • 전자금융거래법상 간편 결제 선불 충전 및 이용한도의 확대 (200만원 → 300~500만원) • 플랫폼 비즈니스에 대한 투명성과 책임성 확보를 위한 영업행위 규칙 마련 • 금융보안원의 역할 및 업무범위를 확대하여 신기술 리스크, 사이버 위협 등에 대한 대응 강화 • 해외 전자상거래 활성화를 위한 전자서명법 개정안 통과로21년 만에 공인 인증서 제도 폐지 • 전자 상거래에 필요한 개인인증제도를 생체 정보 및 분산신원 등의 인증 서비스로 개선 건의 증가 • 온라인 커머스의 위조상품 유통 루트와 위조 방법이 날로 진화하고, 사후 차단방식 때문에 진압이 어려워 재범률이 높음
Economic (경제)	• 전 세계 모바일결제 시장이 2016년부터 2022년까지 연평균 33.4%의 성장을 보일 것으로 전망됨 • 국내 간편결제 시스템 이용 규모는 전년 대비 유통 제조기업은 43.3%, 정보통신기업은47% 증가함 • 라이브커머스 시장은 2016년 중국에서부터 본격화되었고, 매출 규모는 전년 대비 114% 증가함 • 거대 플랫폼 기업의 커머스 사업 분야 확장과 온라인 커머스는 정보채널이자 검색채널로 부상 • IDC, 2019~2023년에 전세계 AR/VR 시장이 상업(산업)용 수요의 증가로 77% 연평균 성장세를 보임 • 통계청, 2020년 1분기 국내 온라인 쇼핑몰의 거래액 규모는 전년 대비 11.8% 증가하였고, 온라인쇼핑 거래액 중 모바일쇼핑은 19.2% 증가함 • 중국발 국외 온라인 커머스의 위조상품 유통으로 인한 피해 규모도 막대하게 나타남

시사점
국가적으로 전자 상거래량의 증가를 인식하고 규제 완화 진행
국내 e-커머스의 해외 진출을 위한 정책적, 법적 지원책의 확대
e-커머스의 사용 편의성과 신뢰성을 확보하기 위한 법적 보호 체계 마련 및 협력 구축
국내 소상공인의 e-커머스 환경 적응을 위한 제도적, 인적, 물적 지원의 증가
국내 e-커머스 산업의 모바일 선점을 위한 새로운 양방향성 서비스 출시
e-커머스의 위조 상품 유통으로 인한 피해 규모 증가
전자상거래량의 증가와 함께 간편결제시스템의 수요 증가
콘텐츠 상품의 증가와 온라인 커머스의 역할 다양화

구분	내용		시사점
Social (사회)	• 코로나19로 인한 언택트 소비현상의 확대로 비대면 물품주문 및 배송서비스의 수요가 증가 • 공유경제 개념과 새로운 경험과 가치에 대한 소비를 하는 밀레니엄 세대의 소비현상 확산 • 오프라인 매장에서 '아이쇼핑' 후 구매는 온라인에서 하는 '쇼루밍족'이 등장함에 따라 온라인, 모바일 플랫폼을 강화하며 시장변화에 대응 • 온라인 커머스의 경쟁력을 갖추기 위해 고객 맞춤형 큐레이션 서비스가 중요한 항목으로 평가 • 위조상품 판매 및 소비 근절을 위한 노력이 있으나, 사후조치 수준에만 머물러 있음	▶	언택트 소비현상의 확대로 비대면 소비에 대한 수요에 따른 온라인 플랫폼 강화와 시장변화 대응의 필요성 증가 온라인 커머스 시장의 경쟁과열로 인해 자사의 경쟁력을 갖추기 위한 고객 맞춤 큐레이션 서비스의 필요성 증가 위조상품의 품목과 유통 증가에 따라 위조상품 선별 방안 및 관련 법 제도 강화의 필요성 증대
Technological (기술)	• 글로벌 유통기업의 상당수가 인공지능(AI)을 활용한 이미지처리 분석 기술의 발전 및 보편화 • 증강현실(AR), 사물인터넷(IoT) 등 혁신 IT기술이 도입되면서 편리한 전자상거래에 대한 고객 경험 증가 • 모든 개인 판매자의 물품에 대해 정품 여부를 확인하고 판매를 허용하는 것이 현실적으로는 어려워, 소비자들이 신고하는 판매자나 개별 모니터링을 통해 걸러내고 있음 • 나노입자를 활용한 위조방지 기술 개발 • 복잡한 해킹과정 없이 이미지 조작이 가능한 위조기술 패치 개발	▶	기존에 구축된 DB를 활용하는 빅데이터 활용기술과 AI이미지분석기술, 위조방지기술 대두 증강현실(AR), 가상현실(VR), 사물인터넷(IoT)등의 혁신적인 IT기술이 온라인 커머스에 도입 유통채널 및 플랫폼의 역할에서 e-커머스가 편의성을 갖춘 정보채널과 검색채널로 발전함

Phase 1 서비스 도출 〉 Activity 01 대상 산업 현황 분석

Task 02 전문가 인터뷰 Expert Interview

전문가 인터뷰 수행을 위해 온라인 커머스 및 유통 산업에서 10년 이상 재직한 산·학·연 전문가 5명을 리스팅하였다. 인터뷰에 앞서 내부 토의를 통해 서비스 편의성과 거래 안정성을 위한 경험과 서비스의 현황 및 향후 개발 방향에 대한 인터뷰 질문지를 구성하고 1:1 심층인터뷰를 진행하였다.

해당 산업의 확장 추세에 대해서는 업계 전문가들은 코로나바이러스의 창궐로 인한 온라인 커머스를 통한 전자상거래량은 급속하게 증가하고 있으며, 그에 따라 온라인 커머스 산업에서도 소비자들에 대한 맞춤형 상품 제안 및 상품 체험에 대한 다양한 방안을 마련하고 있다는 점을 밝혔다. 위조상품 이슈는 주로 의류 및 신발에서의 고가품에 대해 발생하는 경우가 있으며, 판매자가 플랫폼에 제출하는 QA품질 보증 서류에서 위조가 나타나는 사례가 있었다고 전했다. 하지만 상품의 생산 및 유통의 채널이 워낙 다양하기 때문에 이러한 사고를 사전에 예방하는 방안 마련이 쉽지 않은 현실이 있다고 했다. 이에 대한 플랫폼 차원에서의 현재 방안은 엄격한 서류 심사와 산업 내에서 비공식적으로 공유되는 정보를 참고하는 정도에 그친다는 점에서 아쉬움을 나타냈다. 현재는 IT 기술과 온라인 커머스 서비스의 융합이 활발해지면서 고객의 소비에 따른 맞춤형 상품을 큐레이션하는 서비스는 서서히 나타나는 추세임에는 이견이 없었다. 하지만 상품 거래의 안정성을 담보하는 시스템을 개발하기 위해서는 상품 생산의 모든 생태계가 협력해야 하기 때문에 효용성 있는 서비스 개발 가능 여부에는 의문을 가졌다.

인터뷰를 통해 수집한 전문가 의견에서 도출한 온라인 커머스의 문제점과 시사점은 다음과 같았다. 현재 온라인 커머스 산업은 갑작스러운 코로나 바이러스의 창궐로 인해 엄청난 산업 차원의 성장과 서비스 편의를 위한 기술 개발의 시급성을 동시에 겪고 있다. 오프라인에서 상품을 체험하고 온라인에서 구매를 하던 소비자들이 상품에 대한 다양한 체험을 온라인에서도 경험하고자 하는 니즈가 발생하고 있다. 하지만 각종 매체에서 나타나는 위조상품과 거래 안전성 이슈로 인해 전자상거래의 신뢰가 완벽히 뒷받침되고 있지 못하는 실정이다. 이러한 문제를 효율적으로 개선하기 위해서는 먼저 다양한 상품의 정보를 수집하여 충실한 정보를 소비자에게 전달할 수 있어야 한다. 또한, 상품 생산의 가치 사슬이 서로를 인증하고 그 정보를 체계적으로 공유할 수 있는 시스템 개발이 필요하다.

<table>
<tr><td>인터뷰 명</td><td colspan="4">온라인 커머스 서비스 개발</td></tr>
<tr><td rowspan="2">전문가</td><td>성명</td><td colspan="3">○○○</td></tr>
<tr><td>분야</td><td>B2B 소형 전문몰</td><td>직업 / 직위</td><td>◆◆◆ / 이사</td></tr>
<tr><td>담당자</td><td>이름 / 역할</td><td>●●● / 인터뷰 진행</td><td>이름 / 역할</td><td>□□□ / 인터뷰 보조</td></tr>
<tr><td>인터뷰 정보</td><td>일정</td><td>2020년 8월 3일</td><td>장소</td><td>중앙대학교</td></tr>
<tr><td>질문 리스트</td><td colspan="4">내용</td></tr>
<tr><td>온라인 커머스 위조상품 관련 경험 여부</td><td colspan="4">지금 회사는 말고 다른 업체에 있을 때 관련 경험이 있습니다. 기획 마케팅부서의 경우 MD가 상품을 소싱해옵니다. MD가 각 카테고리별 업체와 접촉하는데 그 과정에서 병행수입형태의 상품에서 문제가 발생한 경우들이 있습니다. 예를 들어 스타일이라는 이름을 붙여 구찌st같이 진행된 경우가 있습니다. 전문몰이나 종합몰은 전부 벤더를 통해 상품을 구매하는데, 벤더를 통해 받은 자료(QA서류)가 위조인 경우가 있었습니다. 이러한 경우는 상품정보표기 관련한 이슈로 볼 수 있을 것 같습니다.</td></tr>
<tr><td>상품 이미지 DB를 통해 정품 여부를 확인하는 서비스의 효용에 대한 의견</td><td colspan="4">사업체적으로는 의미가 있을 것 같은데, 이미지 선별이 되는 것에 대해서 확신을 가질 수 있는지가 중요할 것 같습니다. 이미지를 통해 증빙을 하기가 힘들 것 같습니다. 해외(프랑스) 정식매장에서 구매한 물건도 진품, 가품 논란이 존재하는데 단순한 이미지 식별을 통해 위조품을 감별하는 것은 어려울 것 같다는 생각이 듭니다. 라벨, 생산공장 등 모든 DB를 가지고 진품이 확실하다는 스토리라인을 가지지 않는 이상 쉽지 않을 것으로 생각됩니다. 현재 명품의 경우 사람이 직접 촉감을 이용해 진품을 감별하고, 병행수입을 비롯해 매우 많은 유통경로가 존재하는데 이러한 것들을 직접 가서 이미지화하고 스토리를 만드는 것이 있으면 업체 입장에서는 좋을 것 같습니다. 하지만 실현 가능성에 있어서는 의문이 듭니다. 그리고 인터파크라는 업체의 특성상 대행업체의 특성을가지고 누구나 다 입점이 가능한 형태기 때문에 굳이 인터파크에서 개런티를 진행할 이유는 없어 보입니다. 실제로 위조상품을 방지하는 개념보다는 고객들에게 ‘인터파크는 QA가 정확하게 검증된 정품을 취급합니다’ 정도의 신뢰를 주는 방향으로만 설정이 가능할 것 같습니다.</td></tr>
<tr><td>데이터베이스화 서비스의 경우 실행 가능 여부</td><td colspan="4">DB의 입력이나 이러한 것들을 누가 하느냐가 중요할 것 같습니다. 항목의 데이터를 한국업체가 올리느냐 외국업체가 올리느냐가 다를 것 같습니다. 사실 중요한 것은 증빙자료를 올리는 것이 문제가 아니라 증빙자료에 대한 신뢰가 문제입니다. 위조상품의 원점을 어디서부터 추적해 나가느냐가 가장 중요합니다. 구찌 가방을 예로 들면 DB에 정식으로 등록된 총 가방의 수는 300개인데 시중에 등록된 가방의 수가 10,000개가 등록된다면 위험을 알리는 정도로는 사용이 가능할 것 같습니다. AI 이미지에 있어 사진의 이미지 퀄리티를 어느 정도로 할 것이냐의 기준설정이 확실해야 할 것 같습니다. 실제 명품 감별의 경우 전문가가 돋보기를 통해 감정을 하기 때문에 이미지 기반의 분석이 가능할지 의문입니다.</td></tr>
<tr><td>시사점</td><td colspan="4">• 현 시스템으로 위조 상품에 대한 사전 예방 방안은 존재하지 않음
• 명품을 전문으로 취급하는 소형몰의 경우 상품 이미지를 통해 정품 여부를 확인하는 서비스에 대한 니즈가 존재할 것으로 보이지만, 이미지 기준 설정 및 신뢰성 확보가 중요함</td></tr>
</table>

Phase 1 서비스 도출 〉 Activity 01 대상 산업 현황 분석

Task 03 고객 인터뷰 Customer Interview

온라인 커머스 고객의 의견을 수집하기 위해 전자상거래를 가장 활발하게 이용하는 20~30대 남, 여 소비자 6명을 대상으로 표적 집단 인터뷰Focus Group Interview(FGI)를 실시하였다. 인터뷰를 통해 해당 소비자들의 온라인 커머스 이용 빈도, 주 활용 서비스 및 구매 상품 등의 전반적인 이용 현황과 서비스 사용 중 경험한 불편사항PainPoint과 해당 서비스에 대한 기대사항GainPoint을 질문하였다.

인터뷰 대상자들이 이용하는 서비스는 관심 상품 분류에 따라 다양하게 사용하는 것으로 나타났으나 공통적으로 네이버스토어는 이용한다고 밝혔다. 혹은 네이버를 통해 검색하고 연결되는 사이트로 이동해 구매를 진행하는 경우도 빈번한 것으로 나타났다. 네이버를 검색 엔진으로 많이 활용하기 때문이라는 이유도 있었으나, 플랫폼 간의 가격 비교 및 브랜드별 검색이 용이하다는 평가가 있었다. 고가품의 경우, 온라인의 거래 안정성을 신뢰하지 못해 백화점에서 상품을 확인하고 온라인으로 구매를 진행하는 사례가 많았다. 브랜드마다 치수가 다른 의류 및 악세사리의 경우, 치수별로 다양한 구매자들의 후기가 있는 경우에는 구매가 더욱 용이하다는 점이 나타났다. 여성 구매자들은 크리에이터의 광고 상품을 구매한 경험이 있었으며, 상품 시착 영상을 송출하고 실시간으로 질의응답이 이루어진다는 점에서 장점이 있다고 했다. 특정 온라인 커머스에서는 기업의 MD 또는 스타들이 정기적으로 상품을 추천하고 있으며, 이에 대한 소비자들의 관심이 높다고 밝혔다. 위조상품을 구매에 대해서는 위조임을 인지하고 구매한 경험이 있었으며, 대부분의 대상자들은 고가품의 경우에는 신뢰성을 문제로 온라인에서 구매하지 않는 경우가 많았다. 또한 온라인 커머스에서도 위조품에 대한 신고 제도가 있는 것은 인지하고 있으나 이에 대해 신뢰성이 높지 않고 복잡하다는 인식을 갖고 있는 경향이 있다. 중저가 상품 판매 플랫폼에서는 유명 플랫폼의 자체 정품 검증 시스템을 신뢰하여 걱정을 하지 않는다는 의견도 있었다.

위의 고객 인터뷰를 통해 서비스 설계에 반영될 8가지의 편안함GainPoint과 12가지의 불편함PainPoint을 도출하였다. 본 과정을 통해 거시환경분석에서 나타난 문제들을 소비자들도 인식하고 있으나 기업 차원에서의 효율적인 방안이 마련되지 않아 고가품의 거래가 온라인에서 이루어지는 것에는 한계가 있다고 판단했다. 또한 고객들이 판매자가 제공하는 정보 이외의 개인적 의문사항을 풀어줄 수 있는 추가적인 정보가 있을 시 구매 의도가 높아질 수 있다는 점을 도출했다.

<table>
<tr><td>인터뷰 명</td><td colspan="4">온라인 커머스 이용현황 인터뷰</td></tr>
<tr><td rowspan="2">인터뷰 방식</td><td>진행방식</td><td>대면 인터뷰</td><td>기록방식</td><td>녹음, 전사</td></tr>
<tr><td>인터뷰 시간</td><td>60분</td><td>담당자</td><td>○○○</td></tr>
<tr><td>대상자 정보</td><td>대상자 수</td><td>6명</td><td>대상자 구분</td><td>학생(4), 자영업(1), 회사원(1)</td></tr>
</table>

<table>
<tr><th colspan="2">GainPoint</th></tr>
<tr><th colspan="2">내용</th></tr>
<tr><td>적립 포인트, 가격 비교, 콘텐츠, 고객 후기</td><td>적립 포인트, 구매 편리성, 간편 결제</td></tr>
<tr><td>상품 카테고리의 세분화로 인한 검색 편리성</td><td>모바일 결제시스템의 높은 편리성</td></tr>
<tr><td>개인 맞춤형 상품검색 및 추천 서비스에 대한 신뢰성 및 높은 만족도</td><td>빠른 제품 수령 선호</td></tr>
<tr><td>이용빈도가 높은 제품에 대한 정기배송 편리성</td><td>유명 인플루언서의 영향력 증대</td></tr>
</table>

<table>
<tr><th colspan="2">PainPoint</th></tr>
<tr><th colspan="2">내용</th></tr>
<tr><td>검색기능, 보안, 상품 신뢰도, 위조 상품 보상</td><td>검색 기능, 상품 신뢰도, 상품 상세정보</td></tr>
<tr><td>저 품질의 위조상품 구매에 대한 걱정</td><td>개인의 상황 및 취향에 맞는 적절한 상품 추천 서비스 부재</td></tr>
<tr><td>저 품질 상품에 대한 우려</td><td>상품에 대한 상세정보 부족</td></tr>
<tr><td>TV 등의 영상 속 상품에 대한 궁금증 해소에 어려움</td><td>위조 상품에 대한 피해보상 서비스 부재</td></tr>
<tr><td>상품 검색 서비스의 부 적확성 문제</td><td>온라인 커머스에 대한 과다 정보로 초래한 혼란</td></tr>
<tr><td>결제 시스템의 보안문제 불신</td><td>흥미유발 콘텐츠 부재</td></tr>
</table>

Phase 1 서비스 도출 〉 Activity 01 대상 산업 현황 분석

Task 04 문제 정의 Problem Definition

'Task 01. 거시환경분석'과 'Task 02. 전문가 인터뷰', 그리고 'Task 03. 고객 인터뷰'의 과정을 통해 도출한 내용을 바탕으로 문제 정의를 실시했다. 거시환경분석과 전문가 인터뷰 분석 자료를 바탕으로 도출한 산업 내의 문제점을 고객 관점에서의 문제점과 비교하여 산업차원에서 해결해야 할 문제점을 정의했다.

현재 온라인 커머스 산업이 다루는 상품군이 다양해지고 서비스의 차별화가 심화되어 각종 온라인 커머스에서 해시태그 검색 기능 및 상품 추천 서비스를 제공하고 있다. 하지만 이러한 기능들이 고객의 취향을 정확히 반영하지 못하고 기존 검색 키워드에 상품 속성 군이 부족하게 나타난다는 고객의 문제 제기가 있었다. 따라서 '상품 검색 속성의 부족함과 검색 기능의 부정확성'이 첫 번째 문제로 정의되었다. 더불어 온라인 상에서도 상품에 대한 다각적인 정보를 제공하고자 다양한 기술과 온라인 커머스 산업의 융합이 이루어지고 있다. 하지만 고객은 여전히 판매자 중심의 상품 정보로 부족함을 느끼며, 고가품에 대한 위조 상품을 보증하는 체계나 구체적인 보상 방안에 대해 신뢰를 하지 못하고 있다. 따라서 '거래에 대한 상품 정보의 낮은 신뢰도'가 두 번째 문제로 정의되었다. 또한, 온라인 커머스 산업의 위조상품에 대한 선별 체계는 대부분 사후조치의 형태로 존재한다. 하지만 소비자의 차원에서는 신고 및 보상 절차가 복잡하게 인식되어 활용범위가 크지 않으며, 고객이 사전에 위조상품을 구별할 수 있는 서비스는 부재하다. 따라서 '위조상품에 대한 사전방지 및 사후조치 부재'가 세 번째 문제로 정의되었다. 마지막으로, 온라인 커머스 산업의 치열해짐에 따라 관련 무차별적 광고와 자체 플랫폼에 팝업되는 광고로 인해 소비자들이 피로를 느끼고 있다. 서비스의 차별성을 위해 소비자들의 접속시간을 늘릴 수 있는 판매 상품 관련 콘텐츠의 개발이 필요하다. 따라서 '흥미유발 콘텐츠 부재'가 마지막 문제점으로 정의되었다.

이 과정을 통해 온라인 커머스 산업이 가진 문제점을 파악하고, 그에 대한 네 가지 원인을 해결 문제로 정의했다. 이후 단계에서는 이러한 문제를 해결할 수 있는 여러 가지 아이디어를 도출하고 구체화하였다.

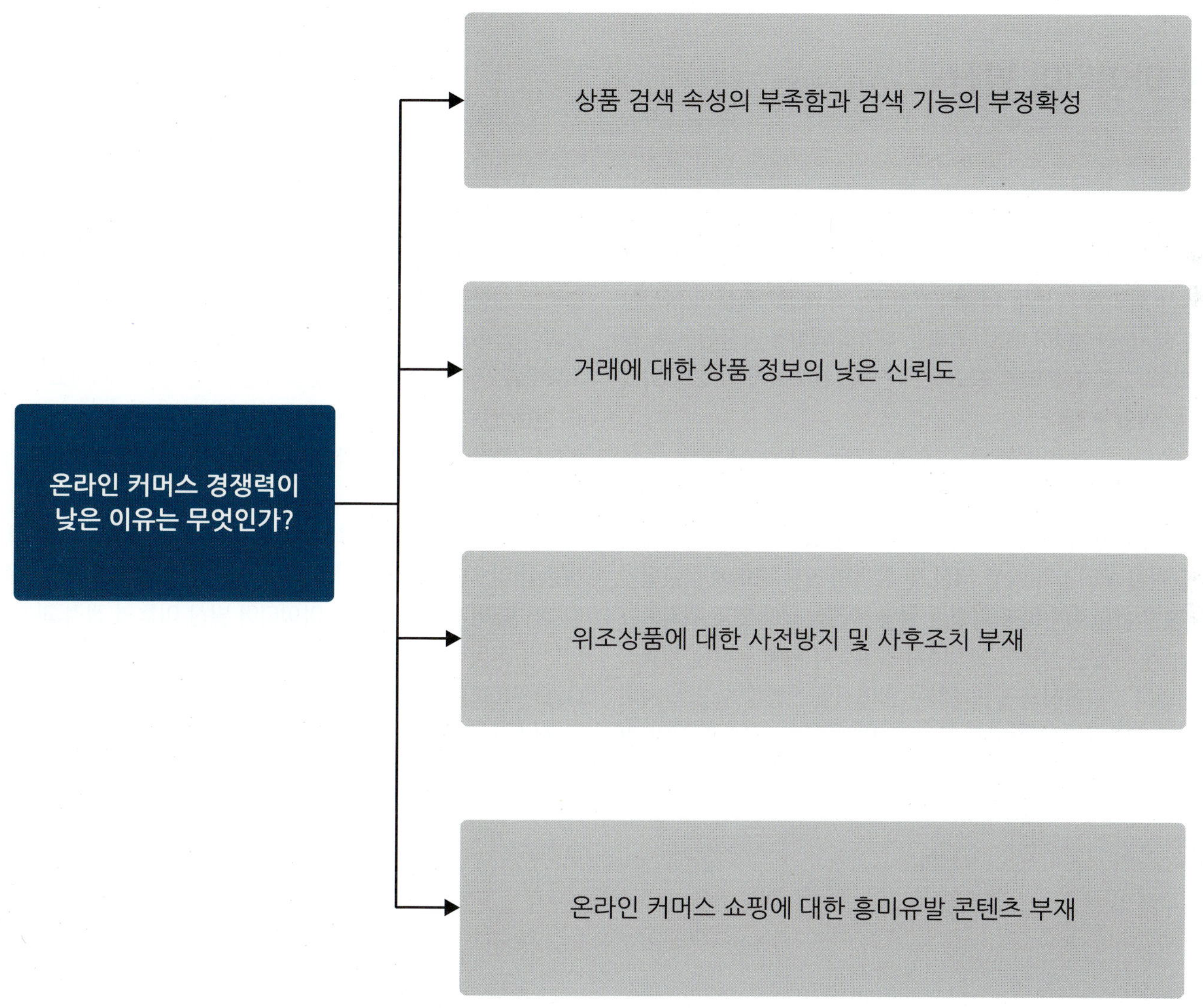
온라인 커머스 경쟁력이 낮은 이유는 무엇인가?
상품 검색 속성의 부족함과 검색 기능의 부정확성
거래에 대한 상품 정보의 낮은 신뢰도
위조상품에 대한 사전방지 및 사후조치 부재
온라인 커머스 쇼핑에 대한 흥미유발 콘텐츠 부재

Phase 1 서비스 도출 〉 Activity 02 서비스 아이디어 도출

Task 05 아이디어 발산 Idea Diffusion

아이디어 발산을 위해 6명의 연구팀이 퍼실리테이터, 기록자, 참가자의 역할로 구분하여 정의된 온라인 커머스 산업의 문제점을 해결할 수 있는 방안에 대한 아이디어 발산 회의를 거쳤다. 퍼실리테이터는 회의 참가자들이 적절한 질문에 대한 기준 제시, 아이디어 배치, 키워드 설명의 역할을 담당했으며, 참가자는 퍼실리테이터의 유도에 따른 창의적 의견 제시, 기록자는 모든 회의 기록을 문서화하는 역할을 했다.

먼저 위조상품 관련 이슈에 기반하여 나타날 수 있는 사회적 문제와 소비자들의 피해를 방지하기 위한 위조상품 판별 서비스가 필요하다는 의견이 제시되었다. 위조상품 판별 서비스가 상품 생산 및 유통의 모든 경로에 접근되기 위해 DRM 기술에 기반한 워터마크 기술을 활용 의견이 더해졌다. 워터마크를 통해 정품 여부가 구별된 상품이 고객에게 전달되기 위해 온라인 커머스 플랫폼이 이를 판별하고 위조상품을 판매하는 판매자를 선별할 수 있는 서비스가 고안되었다. 다음으로 직관적이지 못하고, 비효율적인 기존 온라인 커머스의 검색 기능을 개선하기 위해 직접 소비자가 발견한 상품의 이미지를 검색 대상으로 활용하는 방안이 제시되었다. 이를 중심으로 온라인 상의 이미지, 영상 시청에서 나타나는 상품 이미지를 검색하여 직관적으로 소비자가 원하는 상품을 검색하는 서비스를 고안했다. 더불어 오프라인에서 소비자가 발견한 상품을 카메라로 촬영하여 검색할 수 있는 아이디어가 제안되었다. 마지막으로 온라인 커머스 플랫폼의 상품 정보가 부족하고 고객들의 접속 시간과 방문 빈도를 높일 수 있는 문제를 해결하기 위해 트렌드에 따른 전문가의 스타일 큐레이션 서비스와 리뷰 영상 추천 서비스가 아이디어로 제안되었다.

아이디어 발산 과정을 통해 온라인 커머스의 상품의 정품 여부 판별, 검색의 직관성 및 정확성 개선, 상품 정보의 부족 및 콘텐츠 개발의 문제에 대한 8가지 아이디어가 도출되었다. 아이디어 발산 이후의 점검 과정에서 8가지 아이디어가 공통적인 속성에 따라 통합될 수 있다는 의견이 제시되어, 그에 따라 O2O 이미지 연계 서비스, 카메라 애플리케이션 서비스, 스타일링 어시스턴트 서비스, 워터마크 기반 위조상품 판별 서비스로 정리했다.

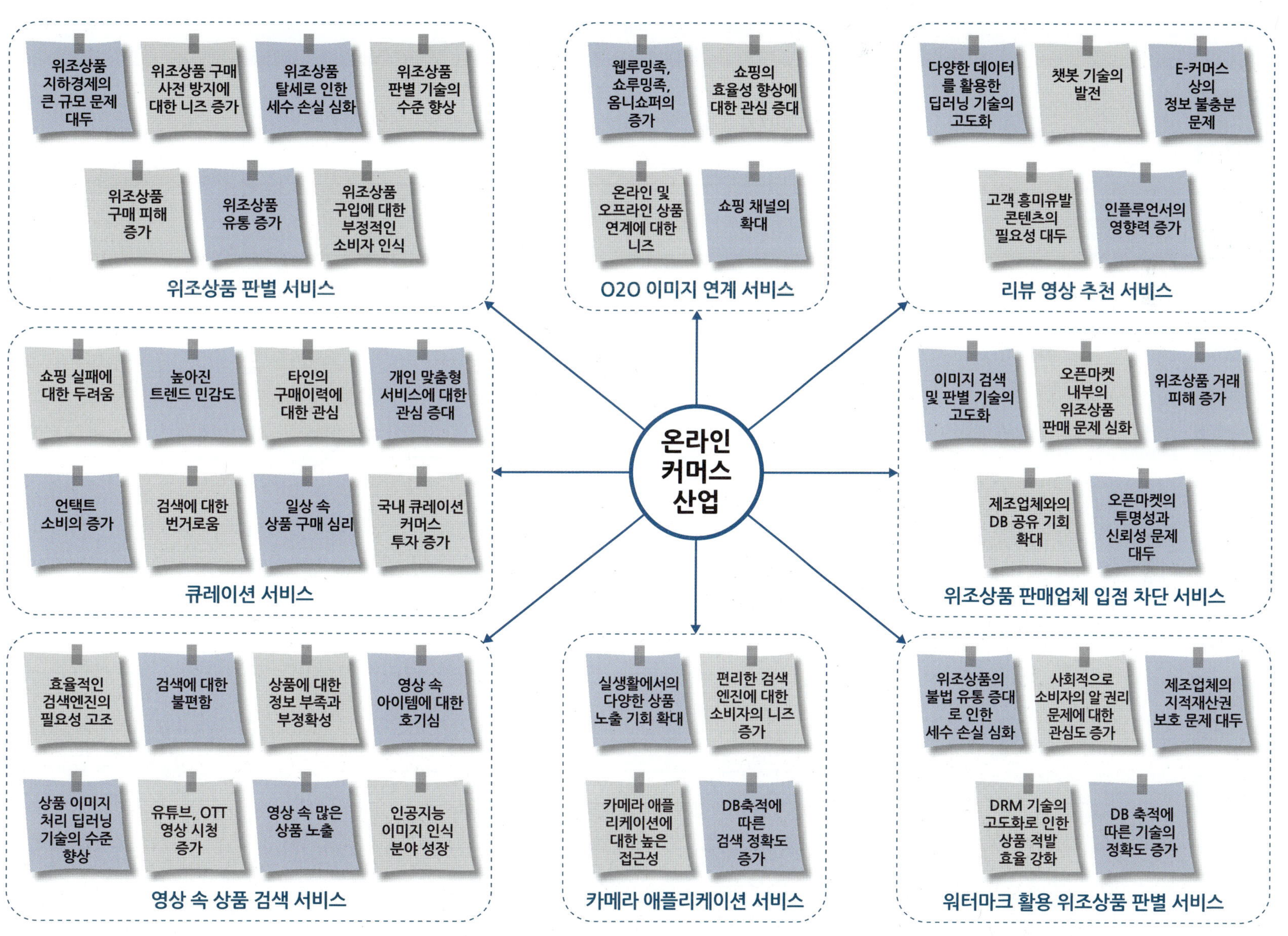
온라인 커머스 산업
위조상품 지하경제의 큰 규모 문제 대두
위조상품 구매 사전 방지에 대한 니즈 증가
위조상품 탈세로 인한 세수 손실 심화
위조상품 판별 기술의 수준 향상
위조상품 구매 피해 증가
위조상품 유통 증가
위조상품 구입에 대한 부정적인 소비자 인식
위조상품 판별 서비스
웹루밍족, 쇼루밍족, 옴니쇼퍼의 증가
쇼핑의 효율성 향상에 대한 관심 증대
온라인 및 오프라인 상품 연계에 대한 니즈
쇼핑 채널의 확대
O2O 이미지 연계 서비스
다양한 데이터를 활용한 딥러닝 기술의 고도화
챗봇 기술의 발전
E-커머스 상의 정보 불충분 문제
고객 흥미유발 콘텐츠의 필요성 대두
인플루언서의 영향력 증가
리뷰 영상 추천 서비스
쇼핑 실패에 대한 두려움
높아진 트렌드 민감도
타인의 구매이력에 대한 관심
개인 맞춤형 서비스에 대한 관심 증대
언택트 소비의 증가
검색에 대한 번거로움
일상 속 상품 구매 심리
국내 큐레이션 커머스 투자 증가
큐레이션 서비스
이미지 검색 및 판별 기술의 고도화
오픈마켓 내부의 위조상품 판매 문제 심화
위조상품 거래 피해 증가
제조업체와의 DB 공유 기회 확대
오픈마켓의 투명성과 신뢰성 문제 대두
위조상품 판매업체 입점 차단 서비스
효율적인 검색엔진의 필요성 고조
검색에 대한 불편함
상품에 대한 정보 부족과 부정확성
영상 속 아이템에 대한 호기심
상품 이미지 처리 딥러닝 기술의 수준 향상
유튜브, OTT 영상 시청 증가
영상 속 많은 상품 노출
인공지능 이미지 인식 분야 성장
영상 속 상품 검색 서비스
실생활에서의 다양한 상품 노출 기회 확대
편리한 검색 엔진에 대한 소비자의 니즈 증가
카메라 애플리케이션에 대한 높은 접근성
DB축적에 따른 검색 정확도 증가
카메라 애플리케이션 서비스
위조상품의 불법 유통 증대로 인한 세수 손실 심화
사회적으로 소비자의 알 권리 문제에 대한 관심도 증가
제조업체의 지적재산권 보호 문제 대두
DRM 기술의 고도화로 인한 상품 적발 효율 강화
DB 축적에 따른 기술의 정확도 증가
워터마크 활용 위조상품 판별 서비스

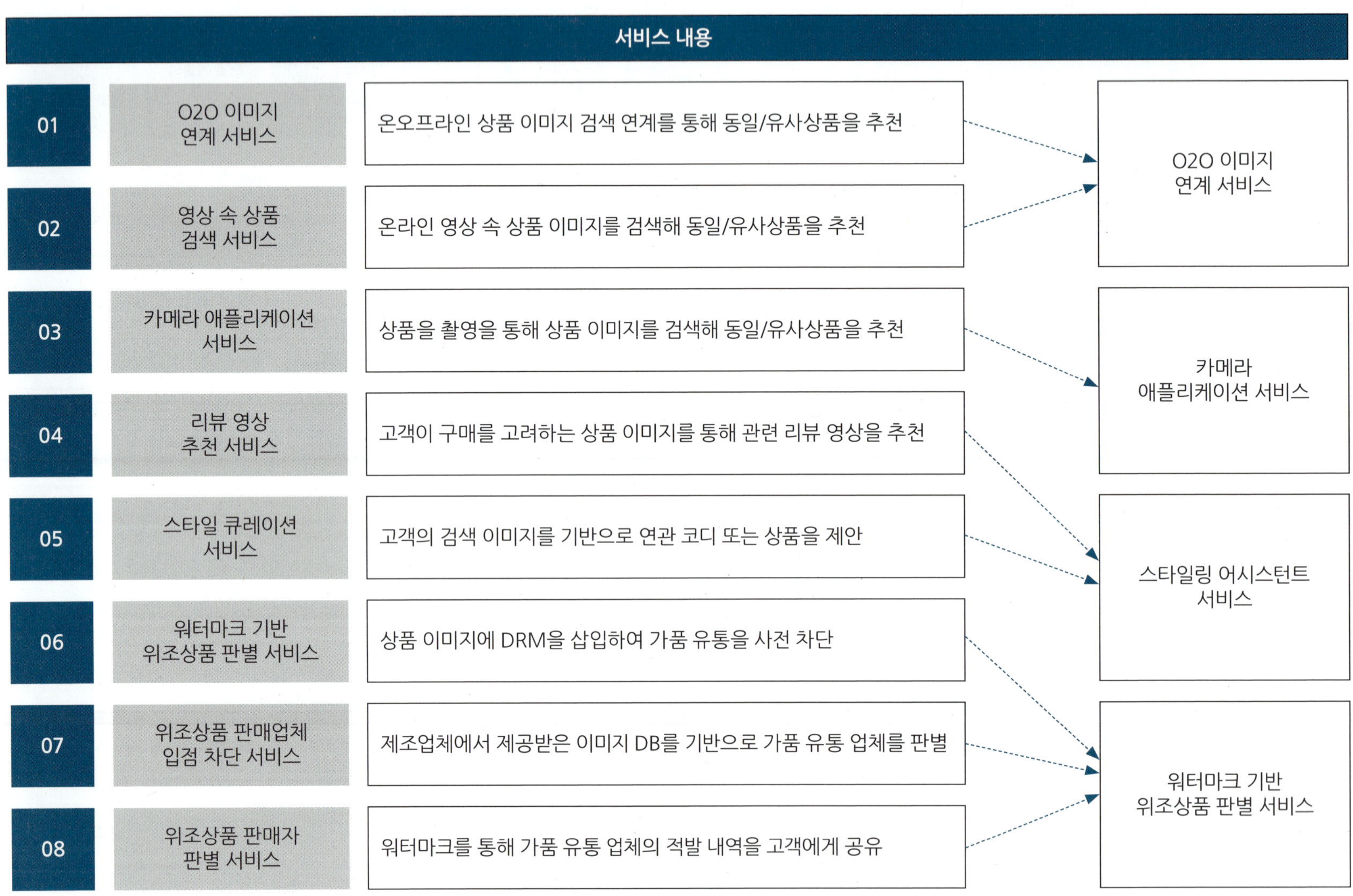
서비스 내용
01
O2O 이미지 연계 서비스
온오프라인 상품 이미지 검색 연계를 통해 동일/유사상품을 추천
02
영상 속 상품 검색 서비스
온라인 영상 속 상품 이미지를 검색해 동일/유사상품을 추천
03
카메라 애플리케이션 서비스
상품을 촬영을 통해 상품 이미지를 검색해 동일/유사상품을 추천
04
리뷰 영상 추천 서비스
고객이 구매를 고려하는 상품 이미지를 통해 관련 리뷰 영상을 추천
05
스타일 큐레이션 서비스
고객의 검색 이미지를 기반으로 연관 코디 또는 상품을 제안
06
워터마크 기반 위조상품 판별 서비스
상품 이미지에 DRM을 삽입하여 가품 유통을 사전 차단
07
위조상품 판매업체 입점 차단 서비스
제조업체에서 제공받은 이미지 DB를 기반으로 가품 유통 업체를 판별
08
위조상품 판매자 판별 서비스
워터마크를 통해 가품 유통 업체의 적발 내역을 고객에게 공유
O2O 이미지 연계 서비스
카메라 애플리케이션 서비스
스타일링 어시스턴트 서비스
워터마크 기반 위조상품 판별 서비스

Phase 1 서비스 도출 〉 Activity 02 서비스 아이디어 도출

Task 06 아이디어 촉진 Idea Promote

아이디어 발산을 과정을 통해 도출된 4가지 아이디어에 대해 다각적인 관점에서 바라보고 점검하고자 여섯 색깔 사고모자 방법을 활용한 아이디어 촉진 과정을 거쳤다. 아이디어 촉진 과정에 앞서 아이디어 발산 과정에서 나눴던 논의를 복기하고, 아이디어별로 관점에 따라 자유로운 토론을 진행했다.

이미지 인식 기술을 중심으로 도출된 O2O 이미지 연계 서비스와 카메라 애플리케이션 서비스의 경우, 해당 기술의 성능과 소비자가 보유한 디바이스 성능에 대한 이슈가 중요하다는 의견이 제시되었다. 그러나 O2O 이미지 연계 서비스의 경우, 과도한 서비스 제시 또는 만족스럽지 않은 결과를 통해 소비자가 실망하는 사례가 많이 발생하지 않도록 주의해야 한다는 의견이 지배적이었다. 그럼에도 불구하고 다양한 채널에서 소비자를 유입시킬 수 있고, 상품을 기반으로 콘텐츠를 기획하고 구매와 연계하는 창의적 서비스가 나타날 수 있다는 점에서는 긍정적인 측면이 엿보였다. 카메라 애플리케이션 서비스의 경우, 온오프라인 매장에서 나타날 수 있는 이슈를 서비스 제공자 차원에서 미리 파악하고 해결해야 한다는 의견이 있었다. 해당 서비스 또한 수집되는 DB의 다양한 활용 방안과 소비자의 구매 촉진 효과로 긍정적인 측면이 발견되었다. 스타일링 어시스턴트 서비스의 경우, 상품과 관련된 리뷰 영상을 보유한 주체의 확보가 우선적이며, 큐레이션에 시기별 유행이 반영될 수 있어야 한다는 의견이 있었다. 반면 리뷰 영상의 유무에 따라 상품 소비량이 양극화될 수 있다는 점과 스타마케팅을 진행할 경우 비용이 발생할 수 있다는 비판적 의견도 제시되었다. 창조적 관점에서는 상품 리뷰 콘텐츠 제작과 큐레이션에 소비자들이 참여하여 보상 체계를 제공함으로써 상호적 온라인 커머스의 환경을 만들자는 의견이 있었다. 마지막으로 워터마크 기반의 위조상품 판별 서비스는 워터마크 생산과 보안을 책임지는 기술사의 협력이 필수적이고, 온라인 커머스 업체는 제조업체와의 협업을 위한 영업력이 필요하다고 의견이 모아졌다. 이러한 체계가 활성화된다면, 위조상품 감시 기관과의 협력 관계를 기대할 수 있다는 의견도 있었다.

이와 같이 아이디어 촉진 과정에서 4개의 아이디어에 대해 각각의 6개 관점에서 의견이 제시되었고, 보다 다양한 측면에서 서비스를 개관함으로써 서비스의 장단점과 경쟁력 요소, 보완할 점들을 파악할 수 있었다.

		O2O 이미지 연계 서비스	카메라 애플리케이션 서비스	스타일링 어시스턴트 서비스	워터마크 기반 위조상품 판별 서비스
	중립적	• 온라인상에 나타나는 이미지 또는 영상을 검색하기 위한 이미지 인식 기술이 필요함	• 고객의 스마트폰 기종에 따라 서비스의 결괏값이 다르게 나타날 수 있음	• 상품에 대한 리뷰 영상을 제공하기 위한 영상 콘텐츠 제공 주체가 필요함	• 워터마크 생산 및 보안에 대한 기술이 절대적으로 필요함 • 위조상품 유통 표시에 대한 체계 마련이 요구됨
	감정적	• 온라인상에 서비스 유도를 위한 과도한 메시지를 띄우면 되려 소비자의 거부감을 일으킬 수 있음	• 오프라인 매장에서 해당 서비스를 사용하는 고객이 눈치 보일 수 있음	• AI를 기반으로 스타일링을 제안할 때 구매시기의 유행 요소가 반영되어야 함	• 정품 유통사가 가품을 유통하는 경우에 온라인 커머스에서 취할 수 있는 조치가 마련되어야 함
	비판적	• 소비자가 원하는 상품이 온라인 커머스에 없을 시에 기술이 아닌 서비스에 대한 실망감이 발생할 수 있음	• 오프라인 상품 이미지를 촬영함으로써 상품 디자인 저작권 침해 사고가 발생할 수 있음	• 리뷰 영상의 여부에 따라 상품 판매의 양극화가 우려됨 • 스타마케팅 활용시 추가적인 비용이 발생할 수 있음	• 워터마크 활용에 대한 명품 제조업체의 협업 가능성이 낮음 • 가품 판매자 정보 공유가 온라인 커머스에 부정적 영향을 줄 수 있음
	긍정적	• 커머스 홈페이지가 아닌 다양한 채널에서 고객을 유입시킬 수 있는 채널이 생김	• 해당 서비스를 통해 쇼루밍족의 구매 주기를 줄여줄 수 있음	• 상품 정보의 부족 또는 결정에 어려움을 겪는 소비자에게 정보를 제공함으로써 구매를 독려할 수 있음	• 온라인 커머스 상품 판매에 대한 신뢰도를 향상시킬 수 있음 • 위조상품 사전 차단 방안으로 활용 가능함
	창조적	온라인 커머스 주력 상품을 활용한 콘텐츠 기획을 통해 흥미있는 구매 경험을 제공할 수 있음	• 소비자들이 검색한 상품 DB와 구입 DB를 분석하여 맞춤화된 취향 데이터를 수집할 수 있음	• 상품 리뷰 콘텐츠 제작 또는 큐레이션 정보에 소비자가 참여하여 더욱 풍부한 정보를 보유할 수 있음	• 위조상품 유통정보를 유관부서와 협력하여 처벌 강화에 협조할 수 있음
	이성적	• 성능 좋은 이미지 인식 기술을 기반으로 기존의 이미지 태깅 서비스와의 차별점을 확보해야함	• 고성능의 이미지 인식 기술을 확보하여 고객 간의 서비스 격차가 나타나지 않도록 조정이 필요함	• 상품 관련 리뷰 영상 제공 주체의 확보 및 소비자 참여 공간 마련을 통해 객관적, 주관적 정보를 제공해야 함	• 워터마크 생산 및 보안 기술 개발을 통한 서비스 개발과 효과성 입증을 통한 협상력 향상이 필요함

Phase 1 서비스 도출 〉 Activity 02 서비스 아이디어 도출

Task 07 서비스 리스팅 Service Listing

아이디어들의 정제 과정에 앞서, 도출된 서비스들이 어떠한 체계로 작동하고 왜 필요하며, 그것이 실현되었을 때 어떤 기대효과가 있는지 정의하는 과정이 필요했다. 따라서, 서비스에 대한 간략한 소개와 함께 해당 서비스의 필요성과 목적, 기대효과를 기술했다. 그리고 서비스의 개요에 대해 도식화하고 해당 서비스의 구현을 위한 협력 이해관계자와 그들의 역할을 작성했다.

전반적인 아이디에이션 과정을 통해 본 연구팀은 이미지를 기반으로 상품 검색의 편의성 향상 관점에서 'O2O 이미지 연계 서비스'와 '카메라 애플리케이션 서비스'를 개발했다. 또한 이미지와 소비자 데이터를 통해 AI를 기반으로 소비자 혼란을 경감시키는 '스타일링 어시스턴트 서비스'와 워터마크 기술을 기반으로 위조상품을 선별하고 해당 유통업체를 차단하며 소비자에게 정보를 공유하는 '워터마크 기반 위조상품 판별 서비스'를 개발했다. 각각 서비스의 간단한 정의는 'Task 05. 아이디어 발산'에서 작성된 내용에 기반하여 작성했다. 먼저 서비스명과 소개를 간단하게 작성한 뒤, 서비스 아이디어에 관한 이해가 없는 이들이 서비스를 한 눈에 이해할 수 있도록 개념을 도식화하였다. 도출했던 서비스 아이디어들이 앞선 과정에서 완전히 구체화된 아이디어가 아니었기에, 개념도의 작성을 위해서는 이 서비스의 가치 제안은 무엇이며 어떤 파트너의 협조가 필요하고 누구를 대상으로 사업을 수행할 것인지 대략적으로나마 정의할 필요가 있었다. 본 과정에서 특히 이미지 분석을 위한 기술 협력자가 우선적으로 필요하다는 판단 하에 서비스별로 필수적인 요소 기술이 어떤 것인지 파악하고 서비스 별로 작성하는데 중점을 뒀다.

서비스 리스팅 과정의 논의를 통해 4개의 함축된 서비스 표준참조모델이 작성되었다. 아이디어 발산으로 도출된 아이디어를 비교적 명확하게 개념화하여 이해관계자 및 전문가와의 협력 과정에서 정보의 공유 및 수정의 편의성이 개선될 수 있다.

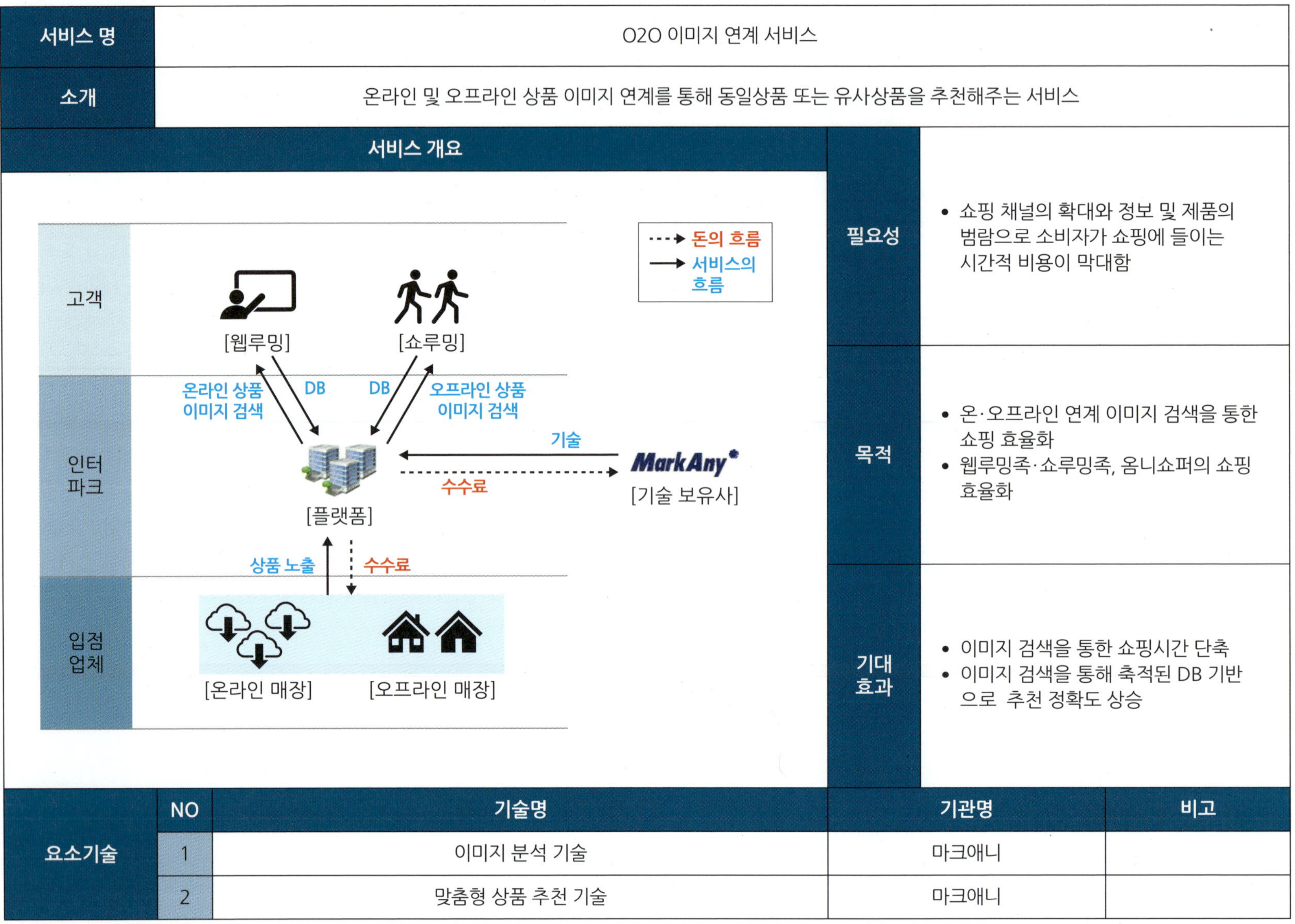

서비스 명	O2O 이미지 연계 서비스			
소개	온라인 및 오프라인 상품 이미지 연계를 통해 동일상품 또는 유사상품을 추천해주는 서비스			
서비스 개요	(diagram)	필요성	• 쇼핑 채널의 확대와 정보 및 제품의 범람으로 소비자가 쇼핑에 들이는 시간적 비용이 막대함	
		목적	• 온·오프라인 연계 이미지 검색을 통한 쇼핑 효율화 • 웹루밍족·쇼루밍족, 옴니쇼퍼의 쇼핑 효율화	
		기대효과	• 이미지 검색을 통한 쇼핑시간 단축 • 이미지 검색을 통해 축적된 DB 기반으로 추천 정확도 상승	
요소기술	NO	기술명	기관명	비고
	1	이미지 분석 기술	마크애니	
	2	맞춤형 상품 추천 기술	마크애니	

서비스 명	카메라 애플리케이션 서비스
소개	맞춤형 상품 검색 및 상품 이미지 촬영 목적의 카메라 기능 탑재

서비스 개요

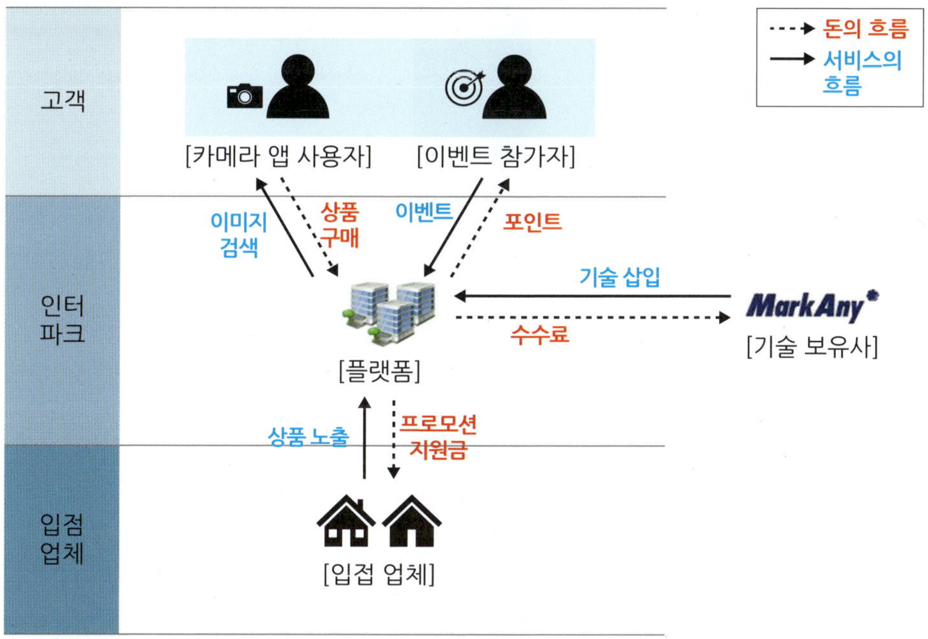

고객
[카메라 앱 사용자]
[이벤트 참가자]
인터 파크
이미지 검색
상품 구매
이벤트
포인트
[플랫폼]
기술 삽입
수수료
MarkAny
[기술 보유사]
상품 노출
프로모션 지원금
입점 업체
[입접 업체]
돈의 흐름
서비스의 흐름

구분	내용
필요성	• 소비자의 검색 편의성을 위해 카메라 애플리케이션을 통한 편리한 상품 검색의 필요성 증대
목적	• 이미지 검색에 최적화된 카메라 앱 제공 • 카메라 어플과 쇼핑몰을 연계할 수 있는 상품 이미지 DB 확보
기대 효과	• 애플리케이션 사용자들의 촬영 및 업로드 DB를 통한 검색의 정확도 상승 • 애플리케이션 이용자 수 증가 및 활성화

요소기술	NO	기술명	기관명	비고
	1	카메라 애플리케이션 개발 기술	××××	
	2	상품 이미지 검색 기술	◇◇◇	

서비스 명	스타일 어시스턴트 서비스
소개	소비자 맞춤형 코디 추천 및 코디 체험 제공 서비스

구분	내용
필요성	• 자동화된 코디 추천 서비스와 AR코디 체험 서비스가 전무한 상황이며 소비자의 욕구 충족을 위한 새로운 서비스를 제공할 필요성이 존재함
목적	• AI 기반의 상품 이미지 분석을 통한 연관 코디 추천 • AR 기반의 추천 상품 코디 체험
기대효과	• 신기술 활용 코디 제안 및 체험 서비스로 인한 애플리케이션 이용자 및 구매율 향상

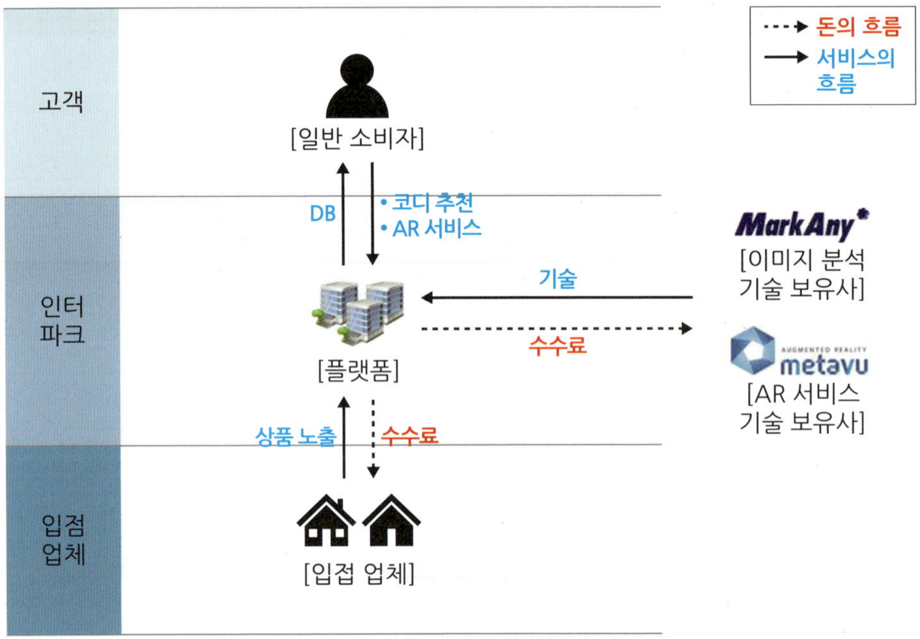

요소기술	NO	기술명	기관명	비고
	1	이미지 분석 기술	마크애니	
	2	AR 코디 체험 기술	METAVU	제휴

서비스 명	워터마크 활용 위조상품 판별 서비스
소개	이미지 DRM 기반 불법유통 적발 및 소비자 구매 상품 유통경로 제공 플랫폼

서비스 개요

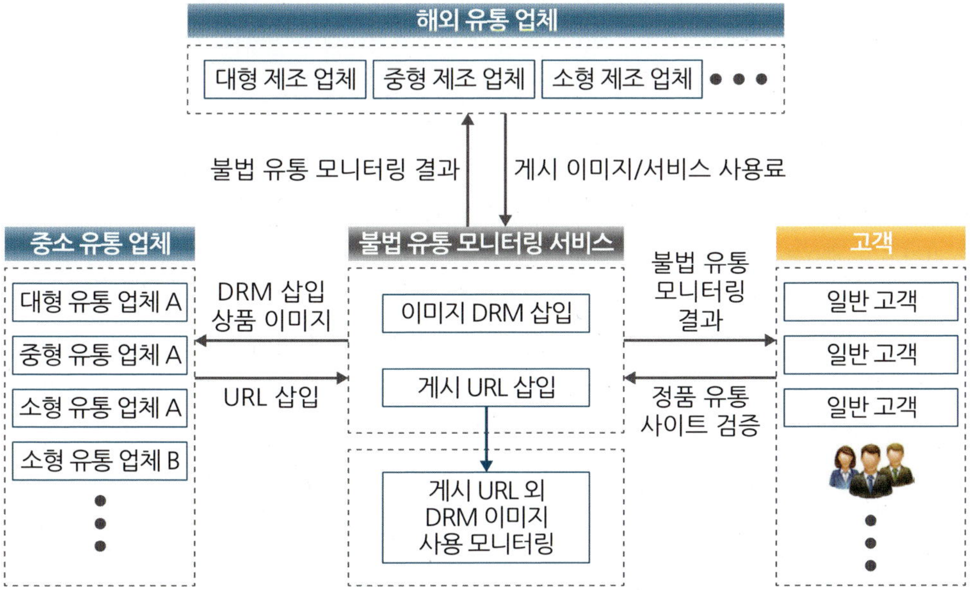

해외 유통 업체: 대형 제조 업체 / 중형 제조 업체 / 소형 제조 업체 • • •

불법 유통 모니터링 결과 ↑ / ↓ 게시 이미지/서비스 사용료

중소 유통 업체: 대형 유통 업체 A / 중형 유통 업체 A / 소형 유통 업체 A / 소형 유통 업체 B / •••

불법 유통 모니터링 서비스: 이미지 DRM 삽입 / 게시 URL 삽입 → 게시 URL 외 DRM 이미지 사용 모니터링

DRM 삽입 상품 이미지 (불법 유통 모니터링 서비스 → 중소 유통 업체)

URL 삽입 (중소 유통 업체 → 불법 유통 모니터링 서비스)

불법 유통 모니터링 결과 (불법 유통 모니터링 서비스 → 고객)

정품 유통 사이트 검증 (고객 → 불법 유통 모니터링 서비스)

고객: 일반 고객 / 일반 고객 / 일반 고객 / •••

구분	내용
필요성	• 불법유통의 감시 및 적발, 소비자 알 권리 충족을 위해 이미지 DRM 기반의 기술과 플랫폼이 필요함
목적	• 불법유통 모니터링 및 적발 • 제조업체 지적재산권 보호 • 일반 고객 진품확인 서비스 제공
기대 효과	• DRM 삽입을 통한 진품/가품 구별 및 불법유통 상품 적발 효율화 • 소비자 상품 이미지 검색 DB 확보를 통한 기술 정확도 향상

요소기술	NO	기술명	기관명	비고
	1	워터마크 삽입 기술	마크애니	
	2	상품 이미지 검색 기술	METAVU	제휴

Phase 1 서비스 도출 〉 Activity 03 적정 서비스 도출

Task 08 서비스 정제 Service Refining

도출된 서비스의 시급성과 중요도에 따른 정제를 위해 온라인 커머스 및 비즈니스 컨설팅 분야에서 8년 이상의 경력을 가진 전문가 11명을 대상으로 설문을 진행했다. 설문지는 '서비스 리스팅' 과정에서 정의했던 결과물들을 배치하고, 해당 결과물에 대한 중요도와 시급성을 표시할 수 있도록 제시했다. 설문은 약 2주에 걸쳐 회수하였으며, 설문 결과를 종합해 분석한 결과는 다음과 같았다.

먼저, 사분면을 구분하는 중요도와 시급성의 X, Y축의 값은 각각 5.2, 4.9로 나타났다. 이후 각각의 서비스를 사분면에 해당하는 위치에 배치한 결과, 시급성과 중요도가 둘 다 높은 1사분면에 'O2O 이미지 연계 서비스', '카메라 애플리케이션 서비스', '워터마크 기반 위조상품 판별 서비스'가 위치했다. 중요도가 낮으나 시급성이 높게 나타난 2사분면과 중요도가 높으나 시급성이 낮은 3사분면에는 해당되는 서비스가 없었다. 마지막으로 중요도와 시급성이 모두 낮은 4사분면에는 '스타일링 어시스턴트 서비스'가 위치했다.

설문을 응답한 전문가의 보충 의견에 따르면, 현재 온라인 커머스의 서비스는 오프라인 매장의 온라인화 또는 온라인 매장의 오프라인화의 경쟁으로 번지고 있어 이미지를 통해 온오프라인을 연결하는 각종 서비스들은 산업에 다양하게 활용되기 위해 개발이 시급하며 기술을 확보한 기업이 시장에서 유리한 위치를 점할 수 있다. 하지만, 스타일링 어시스턴트 서비스와 같은 고객 서비스 편의성 개선의 경우, 이미 챗봇, 큐레이션, 팝업스토어 등의 서비스가 다양하게 진행되고 있어, 해당 서비스의 개발을 통해 경쟁우위를 갖는 것은 어렵다고 덧붙였다.

본 연구팀은 분석 결과와 전문가의 의견을 바탕으로 내부 회의를 거쳐, 1사분면에 해당하는 3개의 서비스를 중점적으로 개발하는 것이 적합하다고 판단했다. 최종적으로 개발하게 된 3개의 서비스에 공통적인 이미지 분석 기술을 보유하고 있는 기술사와 협력하여 서비스 개발의 일정을 계획했다.

구분	서비스 명	중요도	시급성
1	O2O 이미지 연계 서비스	5.5	6.0
2	카메라 애플리케이션 서비스	5.7	5.3
3	스타일링 어시스턴트 서비스	3.5	2.8
4	워터마크 기반 위조상품 판별 서비스	6.2	5.5

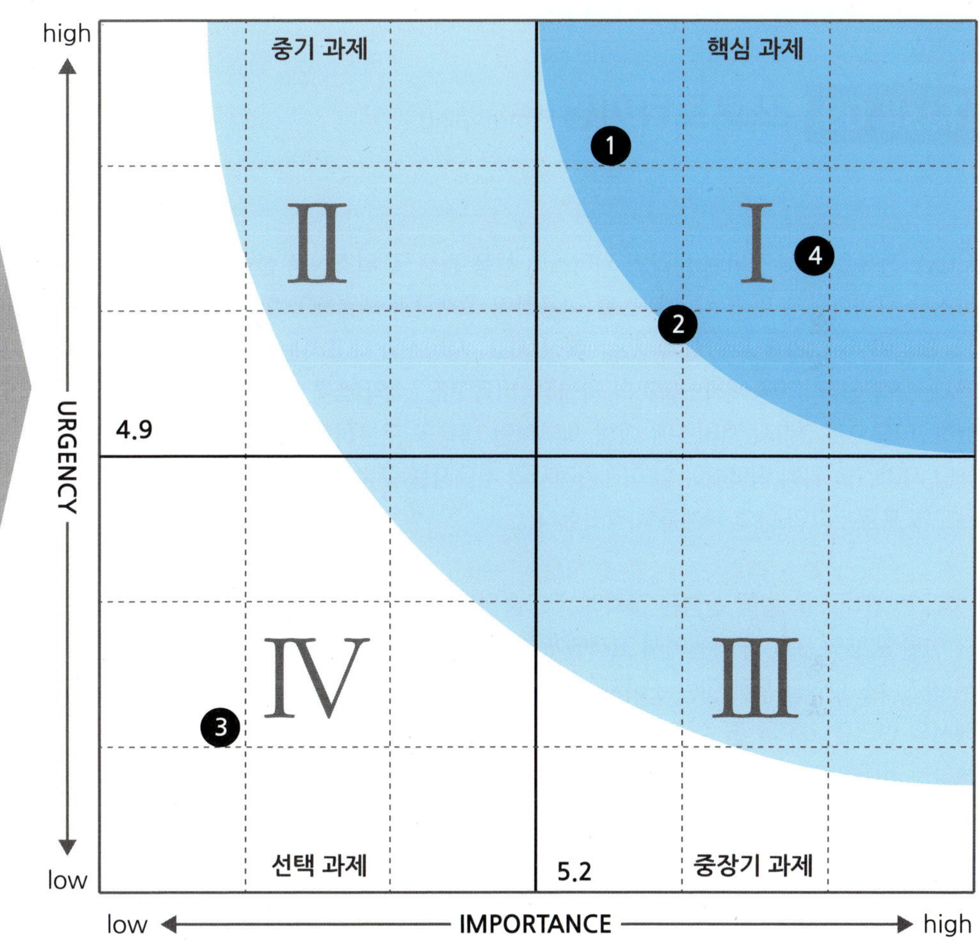

Phase 1 서비스 도출 〉 Activity 03 적정 서비스 도출

Task 09 프로토타이핑 Prototyping

서비스 정제를 통해 정리된 온라인 커머스의 상품 검색 및 위조상품 선별 서비스를 구체화하기 위해 린 캔버스를 이용하여 고객군과 해결해야 할 문제점, 해결방안, 성과를 확인할 수 있는 핵심 지표, 서비스가 내포하는 고유한 가치, 고객 접점, 다른 서비스들과의 차별점, 비용구조, 수익 흐름 등을 정의했다. 다음으로 3가지 서비스에 대해 세부적인 내용을 구분하여 정리하고, 해당 서비스를 위해 협력해야 할 이해관계자와 수요자를 구분하여 본 비즈니스모델 프로토타입 상의 관계를 시각화했다.

먼저, 린 캔버스를 통해 선행된 절차에서 도출된 문제점과 해결책을 작성하고 이를 B2B와 B2C의 차원에서 고객에게 제안할 수 있는 가치를 작성했다. 본 비즈니스 모델을 통해 일반 소비자에게는 검색, 정보 획득, 신뢰도 보장 등에서의 편의를 가져다 줄 수 있으며, 기업에게는 상품의 불만족으로 인해 발생하는 비용의 감소, 경쟁자 대비 신뢰도 보장 효과를 통한 판매 증가 등의 효과가 있을 것으로 예상되었다. 본 비즈니스 모델의 구축을 위해서는 이미지 인식 기술 및 워터마크 생산 기술 개발 비용과 적합한 플랫폼을 개발하는 일체의 비용 및 운영비용이 필요하다. 이에 대한 수익으로는 기술사용 수수료, DB 활용 수수료 등의 방안을 고안했다.

이어서, 비즈니스 모델 중심의 관계를 파악하기 위한 이해관계자를 정리했다. 협력자로 커머스 산업의 이해관계자, 기술 협력 이해관계자, 위조 상품 유통 관리 공공 기관이 제시되었다. 또한 B2C 사업의 수요자로는 온라인 커머스에 직간접적으로 유입되는 고객들과 오프라인 상의 고객을 제시하고, B2B 수요자로는 본 서비스를 활용할 수 있는 온라인 커머스 범주 내의 소셜 커머스, 오픈 마켓, 포털 사이트 기업 등을 제시했다. 이해관계자들 간의 서비스 및 비용의 흐름을 정리한 결과, 상품의 가치사슬에 있는 제조, 유통, 판매 주체들은 본 서비스를 이용하는 고객이자 협력하는 생태계의 역할을 할 수 있고, 기술협력사들은 기술 개발과 그에 따른 수수료로 관계가 정립된다. 반면, 법적 협력 기관은 금전적 관계가 아닌 정보 공유를 통한 공공의 이익을 목적으로 존재하는 것으로 정의했다. 마지막으로 서비스를 이용한 온라인 커머스 기업들은 수수료를 지급하되 일반 소비자들의 구매 증가로 인해 비용을 상쇄시킬 수 있다.

프로토타이핑을 통해 앞서 제안된 아이디어를 하나의 비즈니스 모델로 빠르게 정리하고, 비즈니스 모델을 중심으로 이루어지는 서비스와 재정의 흐름을 간략히 시각화했다. 하지만 본 과정의 결과물은 비즈니스 모델의 윤곽만을 그린 것이기 때문에 팀원들간의 서비스 흐름에 대한 문제점을 파악하고 전문가 의견을 반영함으로써 지속적인 개선 작업을 실시해야 한다.

Problem

- 상품 검색 속성의 부족함과 검색 기능의 부정확성
- 거래에 대한 상품 정보의 낮은 신뢰도
- 흥미유발 콘텐츠의 부재

Solution

- 상품 검색의 편의성과 정확성을 향상시킬 수 있는 이미지 분석 기반 검색 및 큐레이션 서비스
- 상품의 신뢰도를 보증하는 시스템과 체계 구축
- 소비자 흥미를 유발할 수 있는 콘텐츠의 개발 또는 유입

Key Metrics

- 이미지 분석 기술의 정확도
- 큐레이션으로 연계된 상품 구매량
- 상품을보증할 수 있는 워터마크 기술의 활용도
- 워터마크 기술의 도용 위험성
- 상품 리뷰 영상의 조회수
- 상품 리뷰의 링크를 통해 판매된 내역

Unique Value Proposition

- 소비자 측면
  - 관심 상품의 사진 촬영을 통한 검색 편의성의 향상
  - 콘텐츠에 등장하는 상품에 대한 정보 획득의 편의성
  - 온라인 판매 상품에 대한 충실한 정보 획득
  - 상품 구매 과정에서의 흥미있는 콘텐츠 시청
  - 온라인 판매 상품에 대한 신뢰도 보장
- 커머스 기업 측면
  - 커머스 UI 개선
  - 상품 정보 수준 향상으로 인한 상품 교환 및 환불 건 감소
  - 커머스 유입 증가로 인한 가치 상승
  - 타 커머스 기업 대비 높은 신뢰도 보장을 통한 고급 상품 판매 증가

Unfair Advantage

- 영상 및 이미지 분석 기술
- 워터마크 기술을 통한 신뢰도 보장

Channels

- B2B 영역
  - 통합관리 시스템
- B2C 영역
  - 커머스 플랫폼(웹/어플)
  - OTT 서비스
  - 영상 스트리밍 플랫폼

Customer Segments

- B2B 영역
  1. 상품 유통사
  2. E-커머스 기업
- B2C 영역
  1. E-커머스 소비자
  2. 기타 콘텐츠 시청자

Cost Structure

- B2B 영역
  1. DB통합관리 시스템 구축 및 운영비
  2. 프로그램 개발비
  3. 기술 개발비
- B2C 영역
  1. DB통합관리 시스템 구축 및 운영비
  2. 영상 서비스 이용 수수료

Revenue Streams

- B2B / B2C 영역
  1. 기술사용 수수료
  2. DB 활용 수수료

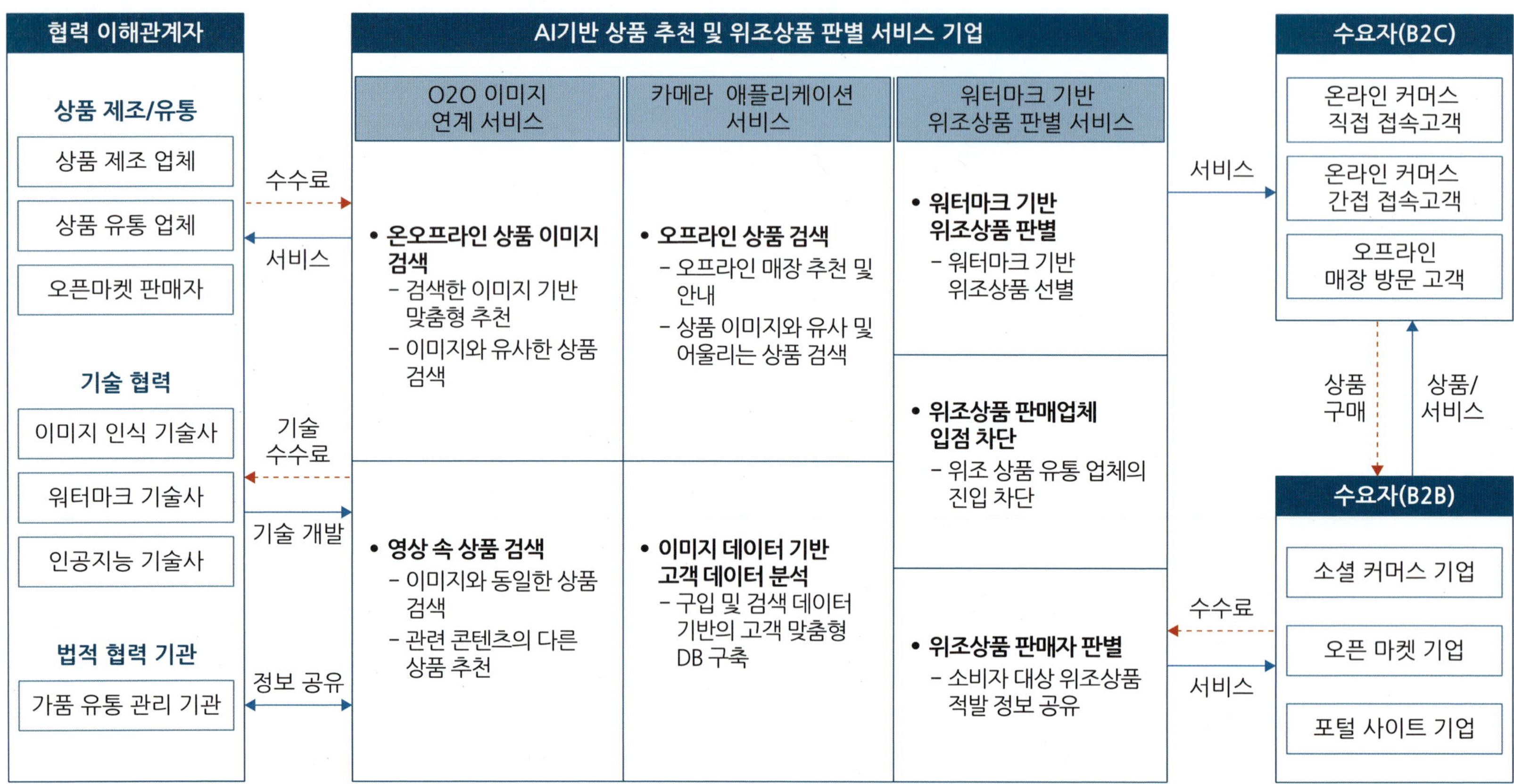
협력 이해관계자
상품 제조/유통
상품 제조 업체
상품 유통 업체
오픈마켓 판매자
기술 협력
이미지 인식 기술사
워터마크 기술사
인공지능 기술사
법적 협력 기관
가품 유통 관리 기관
수수료
서비스
기술 수수료
기술 개발
정보 공유
AI기반 상품 추천 및 위조상품 판별 서비스 기업
O2O 이미지 연계 서비스
카메라 애플리케이션 서비스
워터마크 기반 위조상품 판별 서비스
• 온오프라인 상품 이미지 검색
- 검색한 이미지 기반 맞춤형 추천
- 이미지와 유사한 상품 검색
• 오프라인 상품 검색
- 오프라인 매장 추천 및 안내
- 상품 이미지와 유사 및 어울리는 상품 검색
• 워터마크 기반 위조상품 판별
- 워터마크 기반 위조상품 선별
• 위조상품 판매업체 입점 차단
- 위조 상품 유통 업체의 진입 차단
• 영상 속 상품 검색
- 이미지와 동일한 상품 검색
- 관련 콘텐츠의 다른 상품 추천
• 이미지 데이터 기반 고객 데이터 분석
- 구입 및 검색 데이터 기반의 고객 맞춤형 DB 구축
• 위조상품 판매자 판별
- 소비자 대상 위조상품 적발 정보 공유
서비스
수수료
서비스
수요자(B2C)
온라인 커머스 직접 접속고객
온라인 커머스 간접 접속고객
오프라인 매장 방문 고객
상품 구매
상품/서비스
수요자(B2B)
소셜 커머스 기업
오픈 마켓 기업
포털 사이트 기업

Phase 1 서비스 도출 〉 Activity 04 서비스 아이디어 검증

Task 10 서비스 검토 Service Feedback

본 연구팀에서 도출 서비스를 대상으로 구성한 비즈니스 모델 프로토타입의 실현가능성 및 혁신성을 검증하기 위해 온라인 커머스 산업의 전문가 5인을 대상으로 피드백을 진행했다. 전문가 대상의 프로토타입 피드백은 'Task 09. 프로토타이핑'과 9가지 빈 칸에 해당하는 내용을 기술했고, 이에 대해 온라인 커머스 소비자의 문제점 및 해결책의 적절성, 본 프로토타입의 경쟁우위에 대한 보완점, 비용 및 수익구조의 적합성을 질문으로 구성하여 개방형으로 의견을 요청했다.

소비자의 문제점 및 해결책의 적절성 측면에서, 전문가들은 온라인 커머스 소비자에게 키워드 검색 이상의 직관적 서비스 개발과 위조상품에 대한 전반적인 해결책 마련의 필요성에는 공감했지만, 타 기업에서의 이미지 기반 서비스가 소비자들에게 적극적으로 활용된 사례가 부족하다는 점에서 시장성 검토가 필요하다는 의견을 제안했다. 더불어 상품의 진품 여부 확인을 위한 워터마크 활용 서비스의 효용을 고객에게 전달할 수 있는 확실한 방안이 필요하다고 덧붙였다. 본 프로토타입의 경쟁우위와 관련해서 이미지 검색 기능이 아마존, 구글 등의 IT 플랫폼 기업에서 막대한 자본으로 개발 중에 있는데 이에 대해 경쟁우위를 갖기 힘들 수 있다는 의견이 있었다. 비용 및 수익구조의 적합성에 대해서는 비용 구조가 높은 반면 수익구조가 상대적으로 부족한 점이 지적되었다. 비용에 대해서는 이미지 분석 기술에 대한 R&D 투자 비용과 해외의 기술을 사용하는 로열티 비용을 비교해봐야 한다는 의견이 제시되었고, B2C 서비스 비용에 대한 수익구조가 측면에서는 프리미엄**Freemium** 전략을 통한 수익 발생 지점의 확장에 대한 의견이 나왔다.

이에 대해 연구팀은 도출된 상품 이미지 검색 서비스에 대해서는 시장성에 대한 구체적인 검토와 관련 서비스 사례 분석을 통해 차별적 방안에 대해 더욱 고민해봐야 한다는 의견에 도달했다. 더불어 상품 이미지를 분석하는 R&D 기술 협력사와 함께 본 기술에 대한 기술적, 비용적 경쟁우위에 대한 심층적 논의와 타사의 개발 현황 분석이 보완되어야 하며, 워터마크 활용 위조상품 선별에 대한 체계의 설득력 등이 필요하다고 결론을 내렸다.

■ 프로토타입

AI 기반 상품 추천 및 위조상품 판별 서비스 프로토타입

■ 질문 내용

질문 내용
1. 온라인 커머스 소비자의 문제점 및 해결책의 적절성
2. 본 프로토타입의 경쟁우위에 대한 보완점
3. 비용 및 수익구조의 적합성

■ 데이터화

응답 내용	인사이트
1. 타 기업에서의 이미지 기반 서비스가 소비자에게 적극적으로 활용된 사례가 부족하다는 점에서 시장성 검토가 필요함.	위조상품 선별에 대한 체계와 기술 효용성을 홍보하여 고객 대상의 설득 방안이 필요함.
2. 상품의 진품 여부 확인을 위한 워터마크 활용의 효율성을 고객에게 전달할 구체적 방안이 강구되어야 함.	상품 이미지를 분석하는 R&D 기술 협력사와 함께 본 기술에 대한 기술적, 비용적 경쟁우위에 대한 심층적 논의와 타사의 개발 현황 분석이 보완이 필요함.
3. 이미지 검색 기능이 아마존, 구글 등의 IT 플랫폼 기업에서 막대한 자본으로 개발 중에 있는데 이에 대해 경쟁우위를 갖기 힘들 수 있음.	이미지 검색 서비스에 대해서는 시장성에 대한 구체적인 검토와 관련 서비스 사례 분석을 통해 차별적 방안에 대해 더욱 고민해 보아야 함.
4. 서비스 구축 비용이 높은 반면 수익구조가 상대적으로 부족함. 비용에 대해서는 이미지 분석 기술에 대한 R&D 투자 비용과 해외의 기술을 사용하는 로열티 비용을 비교해 보아야 함.	고객에게도 수익을 창출할 수 있는 서비스를 제공함으로써 Freemium 전략을 활용할 방안을 모색해야 함.

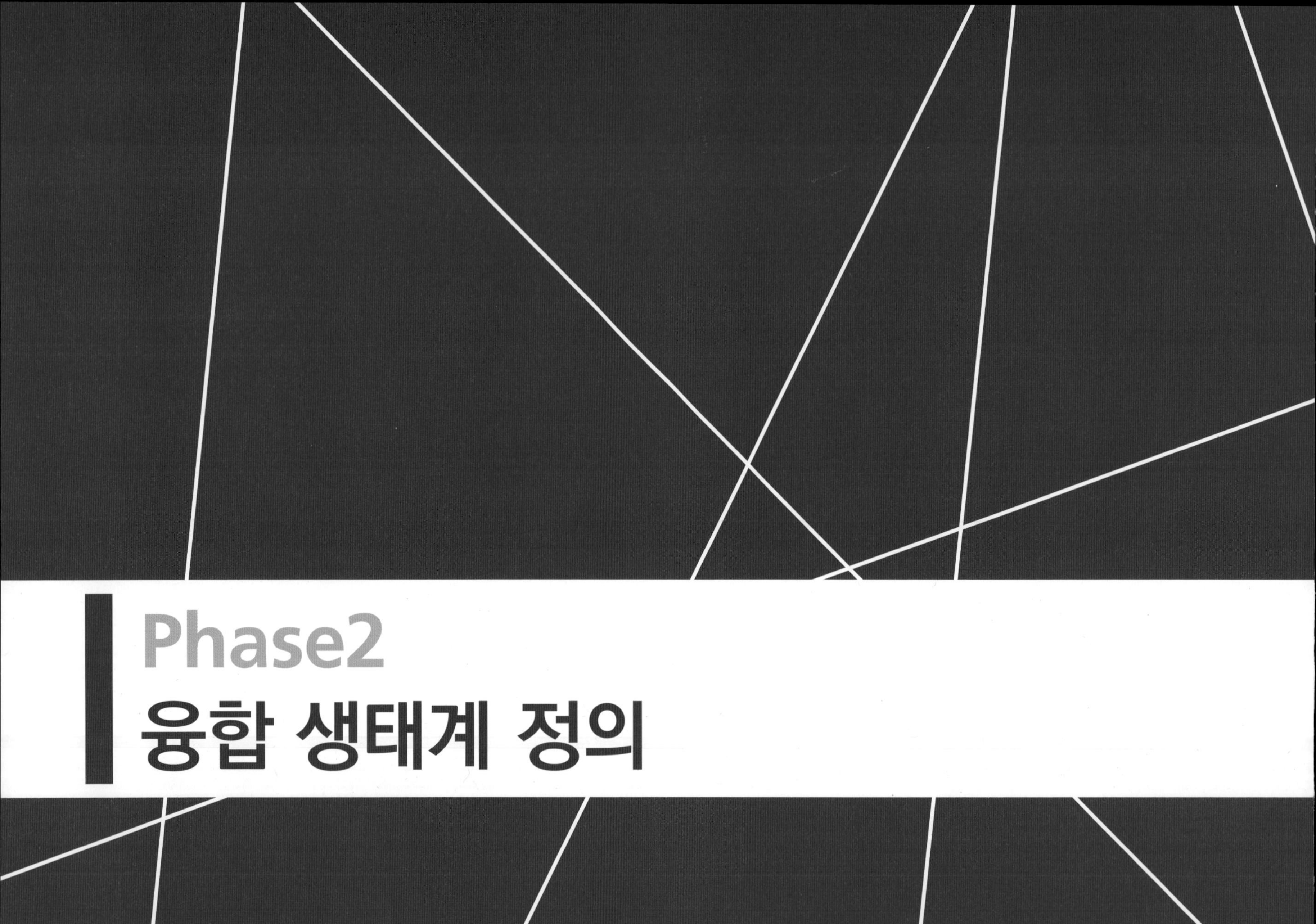

Phase2
융합 생태계 정의

Phase 2 융합 생태계 정의 〉 Activity 05 이해관계자 도출

Task 13 협력사 도출 Derive Partners

온라인 커머스를 위한 AI기반 상품 추천 및 위조상품 판별 BM의 협력사 도출을 위해 서비스 제공의 기능적 프로세스를 작성하였다. 주기능은 서비스 제공을 위한 절차에 따라 기술 개발, 서비스 개발, 플랫폼 개발, 서비스 운영으로 나누었다. 기술 협력사와의 논의를 거쳐 프로세스는 이미지 검색 기술 개발, 인증 씰 기술 개발, AI기반 상품 추천 서비스 개발, 위조판별 서비스 개발, 영상 검색/추천 서비스 개발, 플랫폼 설계 및 디자인, 수요 기업 대상 서비스 운영, 위조상품 정보 제공으로 구분하였다. 구분된 프로세스 중 서비스 개발과 운영에 해당하는 영역은 서비스 운영에 필요한 데이터 구축과 운영상에 다양한 협력 기관들이 필요하다고 판단되어 붉은 박스로 표시하였다.

서비스 개발과 운영에 대해 온라인 커머스에 상품을 제공하고 판매하는 가치 사슬 내의 모든 주체들과 관련 유관 기관 및 SNS 플랫폼의 협력이 필요하다. 먼저, 고가품을 판매하는 다양한 정품을 제조하는 브랜드는 서비스 운영 측면에서 유명 브랜드들의 저작권 보호, 위조 상품 판매 방지, 정품 판매 경로 확대 등을 목적으로 해당 BM과의 연계를 기대할 수 있다. 또한 위조품을 검열하는 관련 공공 기관들은 서비스 이상의 규제를 제공할 수 있다는 점에서 서비스 운영에 협력하여 신뢰성을 제공하는 역할을 할 수 있다. 그리고 영상 플랫폼 및 SNS 기업들은 서비스 기획 단계에서 협약을 통해 리뷰 영상 등의 상품 정보 데이터를 제공하고, 서비스 운영 시, 상품 구매 링크와 같은 수익 모델 확장을 기대할 수 있다. 온라인 커머스 기업과 그들의 플랫폼에 참여하는 유통업체들은 본 BM의 수요자이자 협력자로, 정교한 서비스 제공을 위한 데이터 구축과 시행 역할을 담당한다.

협력자 리스팅에 이어 본 BM을 구축하는데 있어 상호 간의 이해관계가 맞다고 판단되는 핵심 협력자들을 심층적으로 분석하여 파트너십 카드를 작성하였다. 대표적 예시로 온라인 커머스 기업 중 (주)인터파크가 제시되었으며, 해당 기업이 문화콘텐츠에 특화되어 있고, AI기반 이미지 검색 서비스를 일부 활용하고 있다는 점에서 국내외 고객을 타켓팅할 수 있고, 서비스 편의성에 대한 뚜렷한 차별성이 없다는 점에서 협력할 가능성이 있다고 판단하였다. 분석 결과, 본 BM을 통해 (주)인터파크는 문화콘텐츠 기반의 상품 연계 서비스, 위조상품 판별 서비스, 이미지 분석 기능 범위의 확대 등의 협력을 통해 상호보완적 관계를 맺을 수 있을 것으로 제시하였다.

온라인 커머스의 AI기반 상품 추천 및 위조상품 판별 융합 생태계를 구성하는 협력자 도출을 통해 본 BM을 실현하기 위해서는 온라인 커머스 가치 사슬 상의 많은 기업 및 기관들이 협력해야 한다는 점을 파악하였다. 더불어 본 BM의 구축 프로세스에 따라 협력 주체들과의 협력 가이드라인 수립의 기반을 잡았다.

Functional Process

업무 기능: 주 기능(Function) / 프로세스(Process) / 협업이 필요한 영역

기술 개발	서비스 개발	플랫폼 개발	서비스 운영
이미지 검색 기술 개발	**AI기반 상품 추천 서비스 개발**	**플랫폼 설계 및 디자인**	**수요 기업 대상 서비스 운영**
• 상품 데이터셋 취합 • 관련 상품 이미지 머신러닝 • 분류-발견-임베딩-훈련	• 서비스 기획 • 상품 추천 알고리즘 개발 • 상품 트렌드 추천	• 플랫폼 설계 및 구축 • 플랫폼 UI/UX 디자인 • 플랫폼 데이터 관리 • 플랫폼 보안	• 이커머스 분야 수요 기업 • 정품 제조 브랜드 기업 • 이커머스 입점 희망 유통업체
인증 씰 기술 개발	**인증 씰 기술 개발**		**위조상품 정보 제공**
• 씰 생성 기술 개발 • 씰 데이터베이스 구축 • 씰 판별 기술 개발	• 서비스 기획 • 위조 상품 데이터 관리 • 위조 상품 데이터 보안		• 위조품 관련 공공 기관 • 정품 제조 브랜드 기업 • 이커머스 분야 수요 기업
	인증 씰 기술 개발		
	• 영상 플랫폼 / SNS 와의 협력 • 이미지 분석 및 활용 권리 협약		

협력사 리스팅		
유형	업체	신규 서비스 모델 연계성
정품 제조 브랜드 기업	LOUIS VUITTON Cartier GUCCI BURBERRY LONDON	• 자체 상품 저작권 보호 • 위조 상품 판매 방지 • 자체 상품 정품 판매 경로 확대
위조품 관련 공공 기관	특허청 관세청 경찰청 사이버안전국 CYBER BUREAU	• 위조 상품 판매 범죄의 예방 • 상품 저작권 보호의 용이함
영상 플랫폼 / SNS	Instagram NAVER 블로그 facebook YouTube	• SNS를 통한 상품 구매 링크 연계 • 실용적인 상품 후기 제공을 위한 리뷰 영상 추천
온라인 커머스 분야 수요 기업	INTERPARK SSG.COM TMON coupang	• 서비스 이용자 대상 상품 신뢰성 확보 • 서비스 이용에 대한 새로운 경험 가치 제공 • 서비스 이용자 데이터 구축
온라인 커머스 입점 희망 유통 업체	이커머스 소규모 유통업체	• 소비자 대상 상품 신뢰성 확보 • 상품 관련 정보의 확대로 인한 상품 만족도 향상 및 반품 건수 하락

<table>
<tr><th colspan="3">파트너십 카드: 인터파크</th></tr>
<tr><th>제품/서비스</th><th>타깃 영역</th><th>특징</th></tr>
<tr><td>제품
• 가전 / 패션 / 식품 / 도서 등
• 공연, 전시 및 영화
• 항공, 숙박, 여행 패키지
서비스
• 인터파크 TV (라이브커머스)
• 상품 추천 서비스
• 스타일링 제안
• 자동 번역 서비스</td><td>• (타깃 소비자) 국내외 불특정 다수의 전자 상거래 고객 대상
• (타깃 영역) 쇼핑, 도서, 여행, 문화에 이르는 최신 라이프스타일에 대한 모든 유형의 상품과 서비스를 제공</td><td>• 자사에 서비스 편의성 기술을 개발하는 Next Commerce Lab을 운영하여 타사 대비 경쟁우위를 갖기 위한 노력을 진행하고 있음
• 인터넷 서점과 티켓 예약 서비스를 국내에서 1997년에 시작하여 많은 부분을 점유하고 있으며, 블루스퀘어 공연장을 2011년부터 운영하고 있음
• 인터파크 홀딩스를 중심으로 온라인 커머스 플랫폼, 산업재 유통, 공연사업, 의료유통, 중소기업몰 등의 사업을 추진 중에 있어 전자상거래의 다양한 분야에 진출해 있음</td></tr>
<tr><th colspan="2">강점</th><th>약점</th></tr>
<tr><td colspan="2">• 다수의 판매 영역 뿐만 아니라 상품 이미지 검색 결과에 따른 다양한 상품에 노출되어 쇼핑 품목의 다양성을 확보하고 있음
• 사이트 이용 접근성이 우수하고, 간편결제 서비스 도입을 통해 일반 소비자들의 서비스 편의성을 향상시키고 있음</td><td>• 코로나로 인해 공연문화사업이 위축되면서 매출의 상당량을 차지하고 있는 문화산업 분야가 약화되고 있으며, 카카오의 동종 분야 진출로 인해 외부의 거대한 경쟁자가 나타났음
• 다양한 분야의 채널을 갖고 있는 자사의 장점이 온라인 커머스라는 레드 오션에서 독보적인 서비스 구축이 미흡함</td></tr>
<tr><th colspan="3">협업 목표 및 방향성</th></tr>
<tr><td colspan="3">• 공연 티켓팅 및 홍보에 특화된 협력사의 특성을 통해 라이브커머스와 문화콘텐츠의 결합을 시도해 볼 수 있음
• 협력사의 오랜 기간에 걸친 역사와 뛰어난 영업력을 기반으로 온라인 커머스 가치 사슬에 워터마크를 부여하고, 위조상품에 대한 데이터베이스를 쌓아 신뢰성 있는 상품을 판매하고 이에 대한 소비자들의 참여를 독려하는 서비스 차별성을 구축할 수 있음
• 협력사의 카메라를 통해 촬영한 이미지를 기반으로 상품을 추천하고 검색하는 기술과 본 BM의 기술협력사의 이미지 분석 서비스 관련 기술을 융합하여 온오프라인 상의 이미지 검색 범위를 확대하는 등의 서비스 품질 개선을 시도할 수 있음</td></tr>
</table>

Phase 2 융합 생태계 정의 〉 Activity 05 이해관계자 도출

Task 14 경쟁사 도출 Derive Competitors

본 과정에서는 온라인 커머스의 서비스 편의성을 위해 이미지 분석 기술 또는 기타 솔루션을 제공하는 경쟁사들을 분석하였다. 온라인 커머스 플랫폼을 운영하는 카카오와 페이스북은 이미지를 통한 검색 기능과 함께 온라인 상에서 유통되는 유해 이미지들을 필터링하는데 이미지 분석 기술을 활용하고 있다. 또한 어반베이스는 가구 온라인 커머스 기업으로서 이미지 분석 기술을 통한 공간 분석 서비스와 VR 홈퍼니싱 서비스를 제공하며, 구글과 핀터레스트는 고객의 검색 기록을 통해 맞춤형 피드를 추천하는 서비스를 제공한다.

그리고 패션에 특화된 온라인 커머스 기업인 크리마핏, 트렌비, 나노브릭은 고객의 이미지를 통해 맞춤 사이즈, 가격비교, 정품 인증 서비스를 제공한다. 마지막으로 네이버, 이베이, 엔트러피Entrupy, 옴니어스는 이미지를 통한 맞춤형 상품 추천과 동시에 AI기반 음성인식 기술 등을 결합하는 서비스를 제공하거나 실제 위조상품 판별 서비스를 개발하는 과정 중에 있어 본 연구에서 제시한 BM과 가장 유사한 서비스를 제공하고 있는 핵심 경쟁자로 분류되었다.

하지만 본 BM에서 제시한 3가지의 서비스를 동시에 제공하고 있는 기업이 없고, 이미지 분석 기술을 활용한 온라인 커머스 기업 중에 뚜렷한 선도 기업이 없다는 점에서는 성장 기회가 있다고 분석된다.

유형에 따른 경쟁자 분석에 이어 핵심 경쟁자에 대한 자세한 분석을 실시하기 위해, 조사 내용을 바탕으로 기업별 경쟁 배틀카드를 작성하였다. 제품/서비스와 타겟 영역에는 앞서 언급한 내용들을 더욱 자세하게 기재하였으며, 경쟁사의 특징 영역에는 해당 경쟁사의 산업 내 포지셔닝과 성장세, 전략적 정책 등을 기록하여 상대적인 강점과 약점을 도출할 수 있는 객관적 자료들을 보충하였다. 이를 통해 예시로 제시된 이베이 코리아의 경우, 해외 직구 상품까지 확장된 큐레이션 서비스의 범위와 카드 뉴스 형식의 콘텐츠 제공 등이 강점으로 도출되었으나, 정확한 상품 이미지 검색을 위한 데이터베이스 구축이 미흡하다는 점과 서비스 간 제휴가 부족해 복잡한 저작권 문제가 발생할 수 있는 여지가 있다는 점에서 약점이 도출되었다.

경쟁사 리스팅과 경쟁 배틀카드를 종합하여 도출된 경쟁사 분석을 통해 자사가 갖추어야 할 점/향후의 자사의 방향성으로는 다양한 유통업체와의 협력을 통한 DB 구축 및 판로 확보뿐만 아니라 리뷰 전문가 또는 인플루언서와의 파트너십 구축 및 상품군의 특징별 분류체계의 구체화 작업 등을 통해 서비스 편의성과 함께 정교성, 친밀성, 다양성을 보완해야 한다는 시사점이 제시되었다.

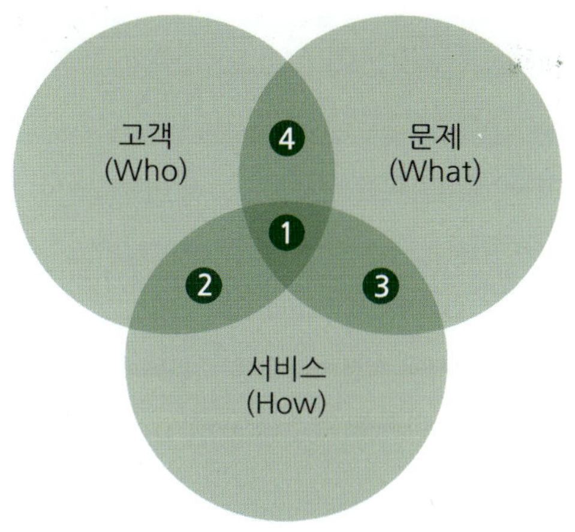

❶ **같은 고객, 같은 문제, 같은 서비스**
온라인 커머스 패션고객의 큐레이션 및 위조상품 문제 해결을 위한 이미지 분석 서비스

❷ **같은 고객, 다른 문제, 같은 서비스**
온라인 커머스 패션고객의 큐레이션 및 기타 문제 해결을 위한 이미지 분석 서비스

❸ **다른 고객, 같은 문제, 같은 서비스**
기타 고객의 큐레이션 및 위조상품 문제 해결을 위한 이미지 분석 서비스

❹ **같은 고객, 같은 문제, 다른 서비스**
온라인 커머스 패션고객의 큐레이션 및 위조상품 문제 해결을 위한 기타 서비스

유형	경쟁사 리스트업	사업 분야/영역	주력 제품/서비스
1	네이버 스마트 스토어	온라인 커머스/패션	• 맞춤형 상품추천 • AI 이미지 검색 기술 • AI 음성인식기술 • 가격비교 서비스
	이베이 코리아	온라인 커머스/패션	• 맞춤형 상품추천 • AI 이미지 검색 기술
	엔트러피	온라인 커머스/패션	• 위조상품 판별 서비스
	옴니어스	온라인 커머스/패션	• 이미지 분석을 통한 자동DB입력 및 큐레이션 서비스
2	카카오	온라인 커머스/공통	• 이미지 검색 서비스
	페이스북 - 샵스	온라인 커머스/패션	• AI 유해 이미지 인식 알고리즘 • SNS 연동 서비스
3	어반베이스	온라인 커머스/가구	• 이미지 공간분석 기술 • 공간 유형 및 스타일에 맞춤형 추천 • VR 홈퍼니싱 서비스
	구글 - 킨(Keen)	소셜네트워크서비스/공통	• 맞춤형추천화면(피드)제공 • AI 이미지 검색 • 핀터레스트와 유사
	핀터레스트	소셜네트워크서비스/공통	• 맞춤형추천화면(피드)제공 • AI 이미지 검색
4	크리마핏	온라인 커머스/패션	• 맞춤사이즈 추천 • 타 구매이력 사이즈 비교
	트렌비	온라인 커머스/패션	• 트렌봇 스캐너: 자체 검색엔진을 통해 정보 수집 • 트렌봇 AI: 가격비교 서비스
	나노브릭	온라인 커머스/패션	• 정품인증패키징솔루션(M-PAC), 자성문구보드 (M-PAPER), 자성표장제(M-SKIN) 등

핵심 경쟁사			
네이버 스토어	이베이	옴니어스	엔트러피

<table>
<tr><th colspan="3">경쟁 배틀카드: 이베이 코리아</th></tr>
<tr><th>제품/서비스</th><th>타깃 영역</th><th>경쟁사 특징</th></tr>
<tr><td>• 개인맞춤형 상품추천 서비스
• 프리미엄 큐레이션 서비스
• AI 기반 쇼핑 도움 서비스(AI 음성 인식 스피커, AI 이미지 검색 등)
• 스마일클럽 서비스(프리미엄 유료 멤버십, 간편결제 시스템, 익일 묶음 배송, 무인 택배함)
• AR 뷰어 서비스(가구, 쇼룸 등)</td><td>• (타깃 소비자) 국내 G마켓, 옥션, G9 사용자의 고객
• (타깃 소비자) 해외 직구 사용자
• (타깃 소비자) 온라인 커머스 쇼핑 이용자
• (타깃 영역) 전자상거래 오픈마켓 시장</td><td>• 쇼핑몰 분야, 브랜드 차별화 전략 및 마케팅으로 시장을 선점한 업계 유일의 흑자 기업임
• 객단가(1인당 평균 매입액)가 3년 전과 비교해 318% 성장(2018년 기준)하여 지속적인 성장세를 보이고 있음
• 무할인율, 무배송비, 무옵션가 등 3무 정책을 시행하고 있음
• 기업의 프리미엄 이미지에 맞춰 모바일 페이지 및 애플리케이션을 전면 개편함(2018년 기준)
• 6개 대형 유통업체의 750여 개 브랜드 상품을 다룸</td></tr>
<tr><th colspan="2">강점</th><th>약점</th></tr>
<tr><td colspan="2">• 백화점 등 브랜드 상품과 해외 직구 상품의 큐레이션 서비스를 강화하고, 쇼핑 편의를 위한 검색 기능의 수준이 높임
• 카드뉴스 형식으로 제작된 가벼운 콘텐츠를 제공하고, 연관 상품 노출 및 큐레이션 서비스 제공으로 고객의 편리한 쇼핑을 도움
• 상품 품질 향상을 위해 현지에 거주하는 셀러가 직접 소싱하는 현지 매장 상품만을 고집하여 제공함
• 빠른 직구 서비스를 제공하고, 간편 결제 서비스 제공을 통해 쇼핑의 편의성을 증진시킴
• 멤버십 서비스를 통해 고객혜택을 최대화 함</td><td>• 소비자에 대한 축적된 데이터 베이스가 충분하지 않아 호불호가 없는 상품노출이나 서비스 제공의 획일화가 조장되었다는 약점이 있음
• 축적된 데이터 베이스가 충분하지 않아 정확한 상품 이미지 검색이 어려운 경우가 발생함
• 서비스 간 큐레이션 제휴나 저작권 모니터링 시스템이 미흡하여 복잡한 저작권 문제도 있음</td></tr>
<tr><th colspan="3">경쟁사 분석을 통해 수행 기업이 갖추어야 할 점 / 향후의 자사의 방향성</th></tr>
<tr><td colspan="3">• 다양한 유통업체와의 협력을 통해 다수 브랜드 상품의 데이터 베이스 및 판로 확보가 필요함
• 소비자의 검색 편리성 증진을 위해 이미지 분석 기반의 검색엔진 기술 및 서비스 고도화가 필요함
• 차별화된 큐레이션 서비스 제공을 위해 각 상품 군 별 특징을 살린 분류체계의 구축이 필요하고, 큐레이션 전문가와의 파트너십 체결이 필요함</td></tr>
</table>

Phase 2 융합 생태계 정의 〉 Activity 05 이해관계자 도출

Task 15 수요자 도출 Derive Customers

수요자 도출을 위해 경쟁사의 주요 고객을 리스트한 결과, 크게 상품 구매를 위해 온라인 커머스에 진입하는 B2C 일반 소비자와 상품 판매를 위해 온라인 커머스와 파트너십 관계를 맺는 B2B 판매업체로 소비자를 구분할 수 있었다. 수요자의 구체적인 불편함PainPoint 도출을 위해 온라인 커머스 서비스 이용자의 고객여정지도 기반의 분석을 실시하였다.

우선 서비스 이용자(B2C)가 온라인 커머스를 활용하는 단계는 크게 상품 탐색과 구입 및 수령의 단계로 구분되었다. 상품 탐색 단계에서 이용자는 상품에 대한 광고를 통해 구매 니즈를 갖게 되고, 각종 온라인 커머스의 가격과 상품을 비교하게 된다. 그 후, 적합한 상품을 찾으면 상품을 구입 결정 및 수령하게 되고, 실제 상품을 점검하며 상품의 상태와 위조상품 여부를 체크한다. 혹시 위조상품 또는 상품의 하자가 있는 경우, 온라인 커머스 기업 또는 유관 공공기관에 신고를 접수한다. 이러한 일련의 과정은 SNS, 포탈 사이트, 온라인 커머스의 웹페이지 또는 애플리케이션 그리고 유관 공공기관과의 접촉 가운데 발생한다.

서비스 이용자의 고객여정지도를 분석하고, 이에 대한 현재 서비스에 대한 고객의 반응을 통해 불편함을 도출하고자 하였다. 결과적으로, 상품 노출의 미흡성, 온라인 속 상품의 불신, 정보의 과잉, 위조상품에 대한 우려 등이 고객여정 속에서 나타나는 것을 발견하였다.

또다른 수요자인 온라인 커머스 플랫폼(B2B)의 고객여정지도는 크게 업체 입점, 등록 및 판매, 사후 조치로 구분되었다. 업체 입점 단계에서는 판매자들의 입점 신청이 접수되면 심사와 승인을 거쳐 협력사로 등록하고 전자계약을 진행하는 방식으로 진행되었다. 그리고 등록 및 판매 단계에서 판매자 시스템이 오픈되면 판매자가 상품을 업로드하고 각종 홍보 및 마케팅 서비스를 활용하여 판매를 진행한다. 마지막으로 사후 조치 단계에서 온라인 커머스 기업에 위조상품 의심신고가 접수되면 해당 판매자의 광고를 삭제 또는 판매 중지 조치를 취하고 유관 기관에 신고된다. 그리고 판매 정산 수수료가 유보되며 해당 판매자는 회원자격 박탈 및 입점이 차단된다. 온라인 커머스 기업의 서비스 프로세스는 온라인 커머스의 관계자용 웹페이지에서 주고받는 서류와 고객 대상의 웹페이지 및 애플리케이션 그리고 유관 공공기관과의 접촉으로 구성된다.

온라인 커머스 기업의 고객여정지도 중에서는 심사 과정에서 업체에 대한 DB 부족 및 미흡한 정품 보장 서류로 인해 부도덕적인 판매자 선정 과정에서 불편함이 발생하는 것을 발견했다. 더불어 위조상품에 대한 사전조치가 부재해 신고가 발생하게 되면 서비스 전체의 이미지가 타격을 입고, 판매자와 고객을 중재하는 과정에서 경제적인 손실을 입게 된다.

B2C 온라인 커머스 서비스 이용자

Step	상품 탐색		구입 및 수령	
Action	01	상품 판촉 광고 시청	05	상품 구입
	02	구매니즈 발생	06	상품 수령
	03	온라인 커머스 비교	07	위조상품 구매 의심
	04	상품 비교	08	온라인 커머스 기업 및 유관 공공기관에 신고 접수
Touch Point	SNS	온라인 커머스 웹페이지	유관 공공기관	
	포탈 사이트	온라인 커머스 애플리케이션		

Emotion								
Good		02			05	06		
Normal	01							
Bad			03	04			07	08

PainPoint	01	PainPoint	03 04	PainPoint	07 08
미흡한 상품 노출 방식		정보의 과잉으로 인한 혼란 발생		위조상품 구입 우려 발생	
가상 공간 속 상품에 대한 불신		유사 정보로 인한 혼란 발생		위조상품 감식 방법 부재	

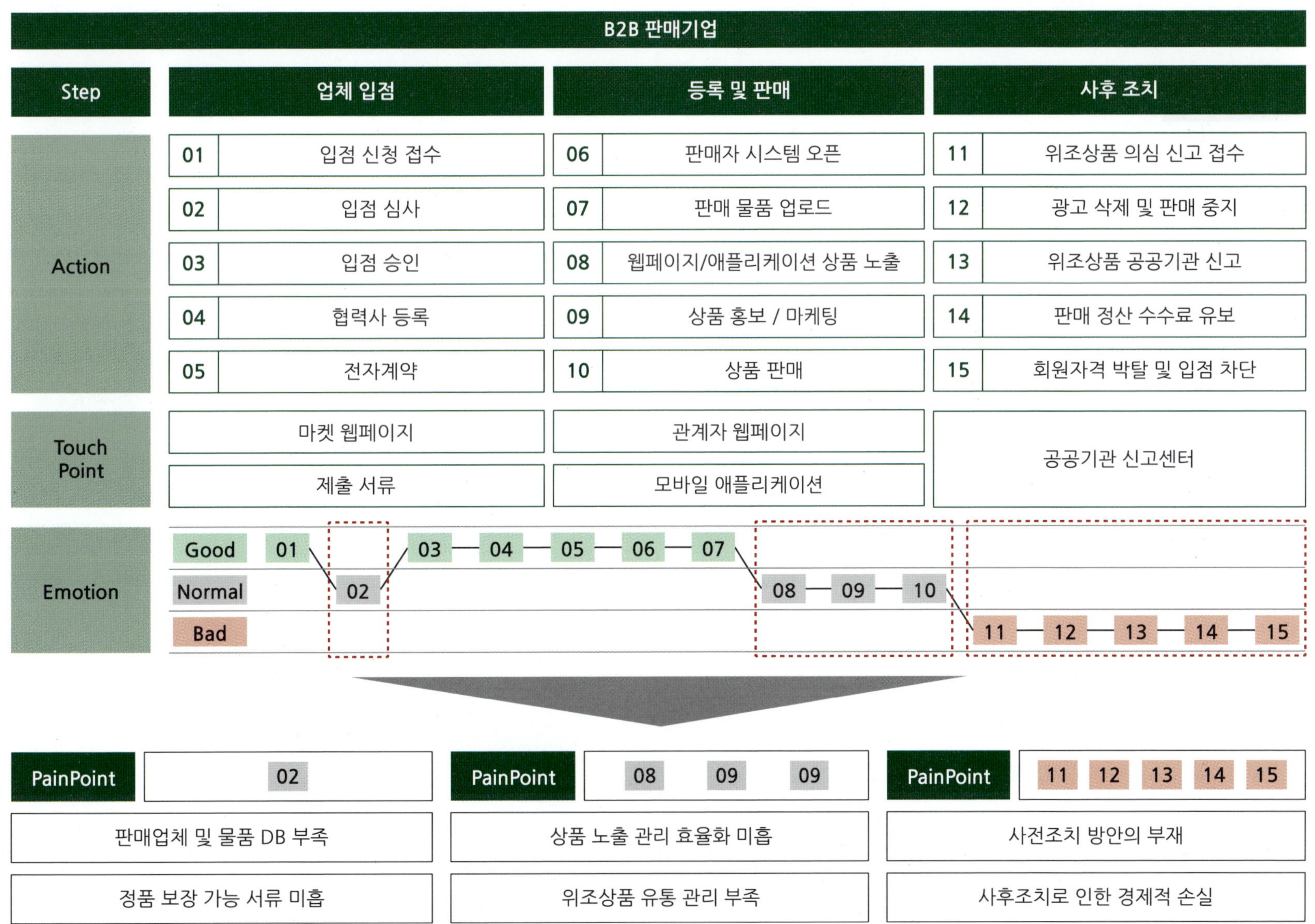
B2B 판매기업
Step
업체 입점
등록 및 판매
사후 조치
Action
01 입점 신청 접수
02 입점 심사
03 입점 승인
04 협력사 등록
05 전자계약
06 판매자 시스템 오픈
07 판매 물품 업로드
08 웹페이지/애플리케이션 상품 노출
09 상품 홍보 / 마케팅
10 상품 판매
11 위조상품 의심 신고 접수
12 광고 삭제 및 판매 중지
13 위조상품 공공기관 신고
14 판매 정산 수수료 유보
15 회원자격 박탈 및 입점 차단
Touch Point
마켓 웹페이지
제출 서류
관계자 웹페이지
모바일 애플리케이션
공공기관 신고센터
Emotion
Good
Normal
Bad
01
02
03 — 04 — 05 — 06 — 07
08 — 09 — 10
11 — 12 — 13 — 14 — 15
PainPoint
02
판매업체 및 물품 DB 부족
정품 보장 가능 서류 미흡
PainPoint
08 09 09
상품 노출 관리 효율화 미흡
위조상품 유통 관리 부족
PainPoint
11 12 13 14 15
사전조치 방안의 부재
사후조치로 인한 경제적 손실

Phase 2 융합 생태계 정의 〉 Activity 06 이해관계자 매칭

Task 16 서비스 매칭 Service Matching

Phase 1의 서비스 도출과 Phase 2에서의 이해관계자 도출을 바탕으로 AI기반 이미지 분석을 통한 상품 추천 및 위조상품 판별 서비스 매칭을 진행하였다. 본 BM을 실현하는 사업자는 이미지 분석 기술 기반의 통합 서비스를 구축하기 위해 핵심 파트너로 온라인 커머스 입점 유통업체, 정품 제조 브랜드 업체, 온라인 커머스 관련 공공기관, SNS 플랫폼과의 협력 관계가 필요하다.

본 BM의 사업자는 온라인 커머스에 입점하고자 하는 유통업체와 정품 제조 브랜드와 파트너십을 통해 상품 추천 및 위조상품 판별을 위한 상품 정보를 공유받아야 한다. 또한 온라인 커머스 산업의 유관 공공기관 또한 파트너십의 관계를 통해 위조상품 정보 공유 기반의 협력 체계를 구축해야 한다. 마지막으로 SNS 플랫폼과는 SNS 또는 영상 플랫폼의 API를 연동하여 고객 진입의 채널 다양화하기 위한 제휴를 실시해야 한다.

본 BM의 B2C 수요자인 온라인 커머스 소비자 대상으로는 위조상품으로 판별된 업체와 품목을 공시하는 정보 제공 서비스와 이미지 분석 기반의 상품 추천 및 검색 서비스를 제공함으로써 향상된 온라인 커머스의 편의와 신뢰의 가치를 제공할 수 있다. 또한 온라인 커머스 기업을 대상으로는 상품 이미지 DB 축적과 더불어 위조상품을 사전에 판별할 수 있는 서비스를 제공함으로써 타사 대비 서비스 경쟁력을 강화할 수 있는 가치를 제공할 수 있다.

다음과 같은 서비스 매칭 단계를 통해 경쟁사 대비 우위를 점할 수 있는 이해관계자와의 관계 및 제공 서비스를 도식화하였다. 이를 기반으로 본 BM의 사업자가 구축해야 할 핵심 파트너와의 구체적인 관계 설정과 수요자를 대상으로 제안할 수 있는 가치와 서비스의 개념을 정리하였다.

※ PART 4에서는 'Task 17. 제도혁신'은 생략한다.

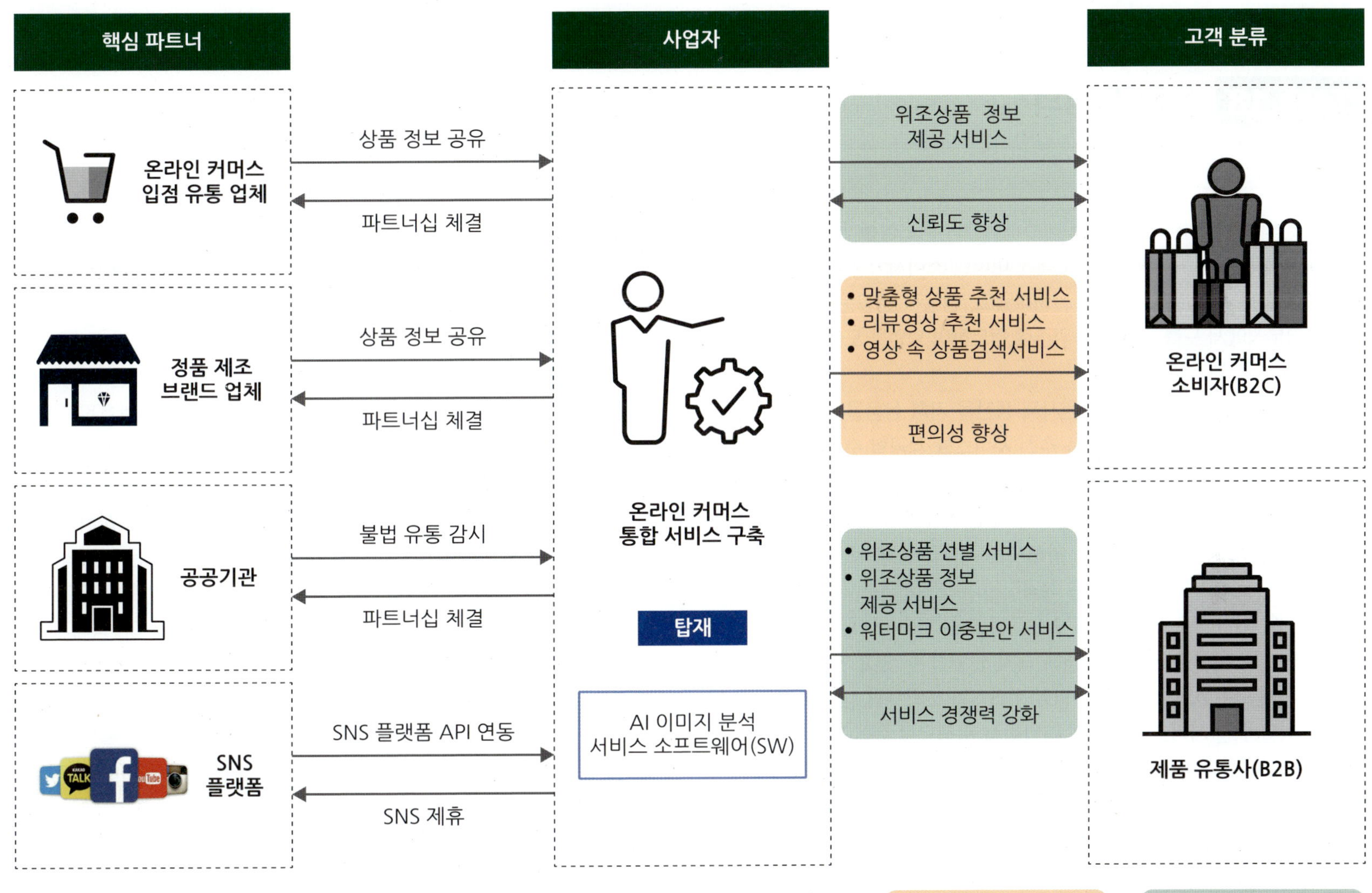
핵심 파트너
사업자
고객 분류
온라인 커머스
입점 유통 업체
상품 정보 공유
파트너십 체결
정품 제조
브랜드 업체
상품 정보 공유
파트너십 체결
공공기관
불법 유통 감시
파트너십 체결
SNS
플랫폼
SNS 플랫폼 API 연동
SNS 제휴
온라인 커머스
통합 서비스 구축
탑재
AI 이미지 분석
서비스 소프트웨어(SW)
위조상품 정보
제공 서비스
신뢰도 향상
• 맞춤형 상품 추천 서비스
• 리뷰영상 추천 서비스
• 영상 속 상품검색서비스
편의성 향상
• 위조상품 선별 서비스
• 위조상품 정보
제공 서비스
• 워터마크 이중보안 서비스
서비스 경쟁력 강화
온라인 커머스
소비자(B2C)
제품 유통사(B2B)
상품 추천 서비스
위조상품 판별 서비스

Phase 2 융합 생태계 정의 〉 Activity 07 융합 생태계 도식화

Task 18 생태계 정의 Defining Ecosystem

생태계 정의를 위해 온라인 커머스의 큐레이션과 위조상품 판별 서비스에 대한 As-Is 생태계와 To-Be 생태계 내에 어떠한 소비자와 서비스 제공자, 지원자가 포함될 수 있는지 토의를 진행하였고, 상황적 영향은 앞서 진행했던 거시환경분석에서 도출한 내용을 위주로 검토하여 요인을 도출하였다.

먼저, 큐레이션 As-Is 생태계는 원자재 생산을 거쳐 상품을 제조 및 유통함과 동시에 데이터를 분석하여 상품 추천 서비스를 제공할 수 있도록 하는 주체들로 구성된 서비스 지원자들로 구성되어 있다. 서비스의 보조적 역할로는 전자상거래에 대한 공정위, 산업부 등의 정부 부처가 관련 법규와 일자리 창출 등을 위해 자금을 지원하고, 통신사는 제휴를 통해 서비스를 확산하였다. 실질적으로 고객에게 서비스를 제공하는 온라인커머스 기업은 상품과 서비스 지원을 기반으로 소비자들에게 상품을 추천하여 판매를 촉진시켰다. 하지만 소비자의 활동을 기업의 운영에 즉각 반영할 수 있고 맞춤화된 서비스를 제공하게 되는 AI 데이터 활용 범위의 확대와 소비자의 상품 체험성 및 편의성 향상을 위한 서비스 제공자의 다양화를 목적으로 큐레이션 서비스의 생태계를 혁신하였다. 따라서 큐레이션 To-Be 생태계에는 기존 생태계의 서비스 제공자에 AI기반 서비스 지원 플랫폼 기업과 영상 플랫폼 기업을 추가하여 온라인 커머스 이미지 분석 기술 기반 맞춤형 큐레이션 및 영상 정보를 즉각적으로 제공하도록 수정하였다. 더불어 기존 온라인 커머스 사이트 이외의 고객들도 접근할 수 있는 채널을 형성함으로써 커머스 비이용 소비자까지 새로운 소비자군으로 추가하였다.

또한, 위조상품 판별 As-Is 생태계에서는 원자재 업체의 생산을 거쳐 정품 또는 가품이 제조 및 유통되고, 가품 유통에 대해서는 지재권보호원이 단속 활동을 지원하고 관세청, 특허청, 검찰청, 경찰청 등이 단속을 실시하였다. 이에 서비스 제공 주체인 온라인 커머스 기업은 사후 조치를 통한 보호 장치를 마련하여 소비자에게 최대한 정품만을 유통하고자 노력했다. 하지만 온라인 거래가 급속하게 증가하고 소비자의 권익이 한층 더 강화된 산업의 환경과 이미지 분석 기술의 고도화로 인한 상용화의 기회를 기반으로 위조상품 판별 서비스 생태계를 혁신하였다. 따라서 위조상품 판별 To-Be 생태계에는 서비스 제공자로 AI기반 서비스 지원 플랫폼 기업이 온라인 커머스에 대한 사전 조치 서비스 제공과 함께 소비자들의 신고 및 위조상품 판별 참여의 역할을 하도록 추가되었다. 더불어 위조상품을 유통한 주체의 정보를 공유하고 실질적으로 단속할 수 있도록 연계하는 공정거래위원회를 추가하여 판별과 단속이 일련적으로 진행될 수 있도록 수정하였다.

<table>
<tr><th colspan="6">이미지 분석 기술을 통한 큐레이션 서비스 생태계 정의</th></tr>
<tr><th colspan="2">구분</th><th colspan="2">As-Is</th><th colspan="2">To-Be</th></tr>
<tr><td rowspan="8">지원자</td><td rowspan="3">제1 결합
(Tier1)</td><td>정품 제조 업체</td><td>인증된 브랜드의 상품을 제조하여 납품함</td><td>정품 제조 업체</td><td>인증된 브랜드의 상품을 제조하여 납품함</td></tr>
<tr><td>상품 유통 업체</td><td>브랜드의 상품을 고객에게 판매하고자 온라인 커머스에 입점하여 유통함</td><td rowspan="2">상품 유통 업체</td><td rowspan="2">브랜드의 상품을 공급받아 고객에게 판매하고자 온라인 커머스에 입점하여 유통함</td></tr>
<tr><td>AI 및 데이터 분석 업체</td><td>상품 큐레이션에 필요한 인공지능 및 데이터 분석 기술을 개발</td></tr>
<tr><td>제2 결합
(Tier2)</td><td>원자재 제공 업체</td><td>제품을 생산하기 위한 원자재를 제공함</td><td>원자재 제공 업체</td><td>제품을 생산하기 위한 원자재를 제공함</td></tr>
<tr><td rowspan="3">보조
(Auxiliary)</td><td>공정거래위원회</td><td>전자상거래상에서 소비자를 보호하기 위한 법률을 시행하는 정부 부처</td><td>공정거래위원회</td><td>전자상거래상에서 소비자를 보호하기 위한 법률을 시행하는 정부 부처</td></tr>
<tr><td>산업통상자원부</td><td>전자상거래의 인프라 구축, 인력 양성, 제도 지원 및 자금 지원을 통해 산업 진흥을 목적으로 하는 정부 부처</td><td>산업통상자원부</td><td>전자상거래의 인프라 구축, 인력 양성, 제도 지원 및 자금 지원을 통해 산업 진흥을 목적으로 하는 정부 부처</td></tr>
<tr><td>통신사</td><td>소비자에게 큐레이션을 하기 위해 통신사에 저장된 고객데이터를 분석하고, 커머스와 제휴를 맺어 더 나은 할인 및 혜택을 제공함</td><td>통신사</td><td>소비자에게 큐레이션을 하기 위해 통신사에 저장된 고객기반데이터를 분석하고, 커머스 사이트와 제휴를 맺어 더 나은 할인 및 혜택을 제공함</td></tr>
<tr><td colspan="2" rowspan="2">소비자</td><td rowspan="2">커머스 이용 소비자</td><td rowspan="2">구매하고자 하는 상품을 염두에 두고 커머스 사이트를 방문하여 상품을 소비함</td><td>커머스 이용 소비자</td><td>구매하고자 하는 상품을 염두에 두고 커머스 사이트를 방문하여 상품을 소비함</td></tr>
<tr><td>커머스 비이용 소비자</td><td>커머스 사이트 이외의 사이트 사용 중 관련 정보 및 링크를 통해 커머스 사이트에 방문함</td></tr>
<tr><td colspan="2" rowspan="3">서비스 제공자
(Service provider)</td><td rowspan="3">온라인 커머스</td><td rowspan="3">고객의 소비 데이터 및 판매량에 따라 넓은 고객 분류에 따라 상품을 큐레이션하고 판매함</td><td>온라인 커머스</td><td>고객의 소비 데이터 및 판매량에 따라 넓은 고객 분류에 따라 상품을 큐레이션하고 판매함</td></tr>
<tr><td>AI기반 서비스 지원 플랫폼</td><td>AI 이미지 분석 / 빅데이터 분석 기술을 통해 커머스 고객의 쇼핑 편의성 향상 솔루션을 제공하는 주체</td></tr>
<tr><td>동영상 플랫폼</td><td>상품이 등장하거나 상품에 관련된 영상을 제공하는 온라인 영상 플랫폼</td></tr>
<tr><td colspan="2">As-Is 대비 수정사항</td><td colspan="4">• (AI 데이터 분석 업체의 활동 범위 확대) 온라인 커머스에 기술 이전에 국한된 해당 주체가 직접 소비자들에게 서비스를 제공하는 형태로 확장됨
• (서비스 제공자의 다양화) 기존 온라인 커머스의 상품 체험성 및 편의성 향상을 위해 더욱 다양한 주체들이 온라인 커머스 생태계에 진입함</td></tr>
</table>

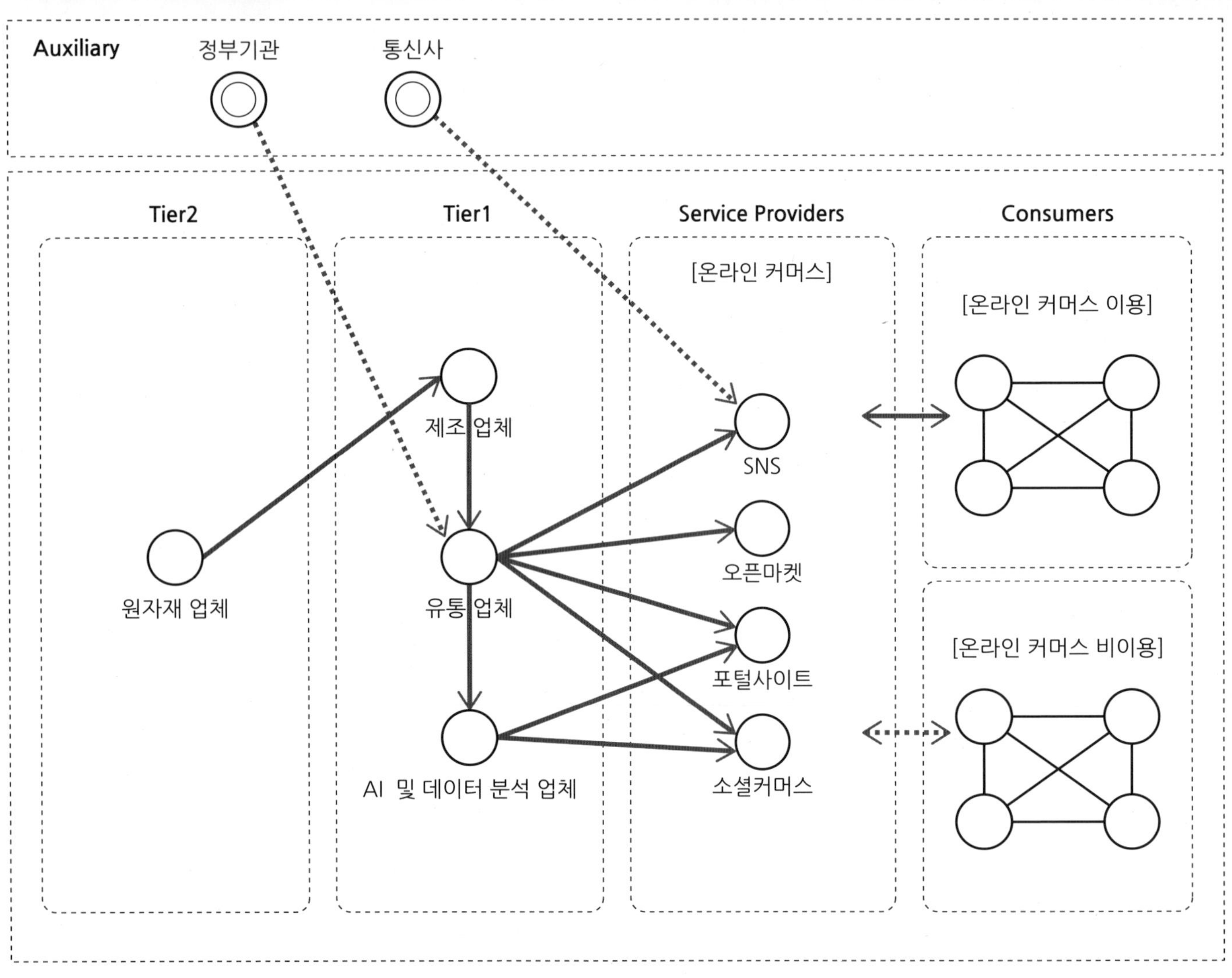
큐레이션 서비스 생태계 As-Is
Auxiliary
정부기관
통신사
Tier2
Tier1
Service Providers
Consumers
[온라인 커머스]
[온라인 커머스 이용]
제조 업체
SNS
원자재 업체
오픈마켓
유통 업체
포털사이트
[온라인 커머스 비이용]
AI 및 데이터 분석 업체
소셜커머스
직접적인 관계
간접적인 관계
서비스 지원자
보조적 지원

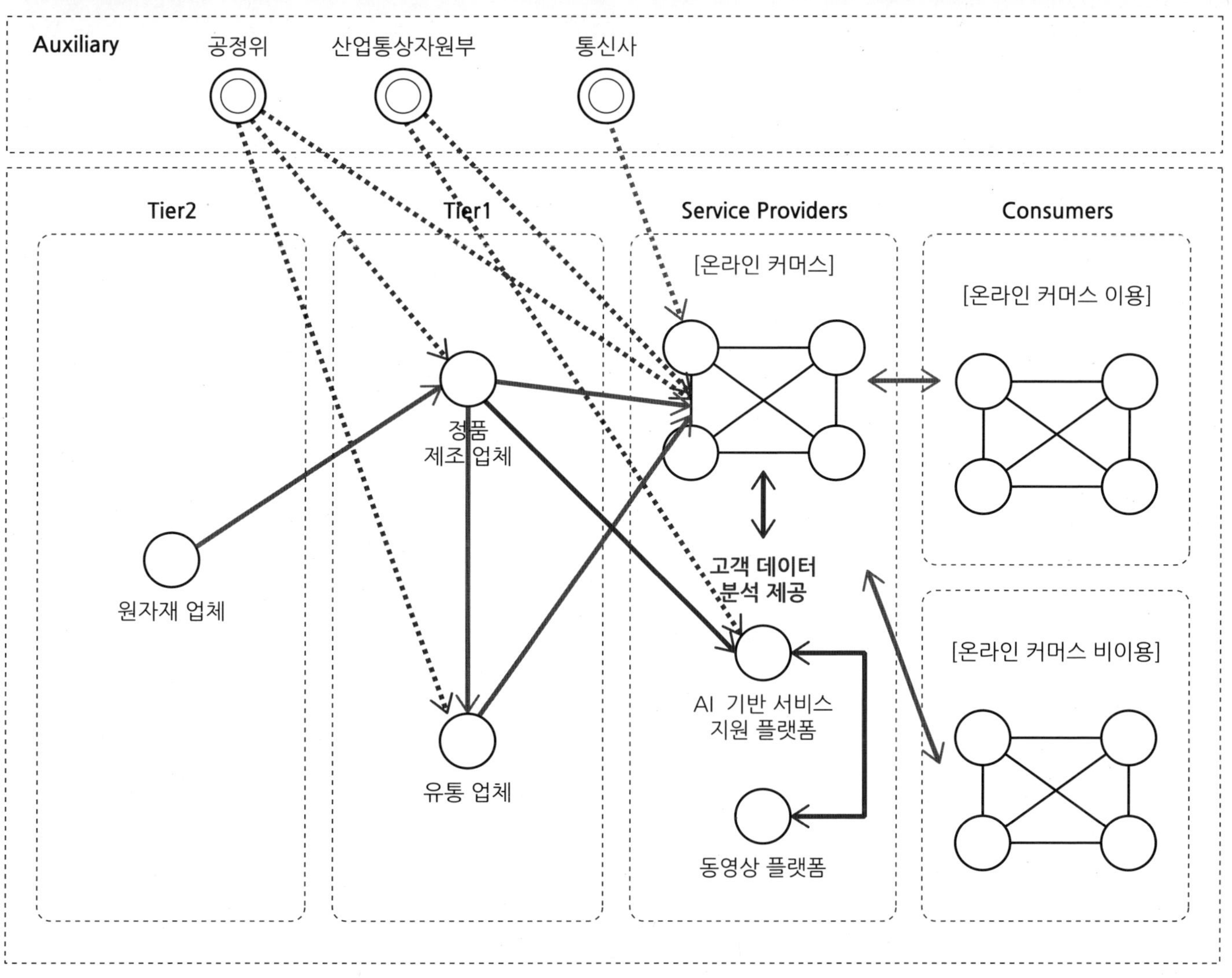
큐레이션 서비스 생태계 To-Be
Auxiliary
공정위
산업통상자원부
통신사
직접적인 관계
간접적인 관계
서비스 지원자
보조적 지원
Tier2
Tier1
Service Providers
Consumers
[온라인 커머스]
[온라인 커머스 이용]
정품
제조 업체
원자재 업체
유통 업체
고객 데이터
분석 제공
AI 기반 서비스
지원 플랫폼
동영상 플랫폼
[온라인 커머스 비이용]

이미지 분석 기술을 통한 위조상품 판별 서비스 생태계 정의					
구분		As-Is		To-Be	
지원자	제1 결합 (Tier1)	가품 제조업체	유명 브랜드의 디자인이나 상표를 무단 도용하여 불법적인 유사 모조품을 만드는 업체	가품 제조업체	유명 브랜드의 디자인이나 상표를 무단 도용하여 불법적인 유사 모조품을 만드는 업체
		가품 유통업체	모조품을 불법적으로 유통하는 업체	가품 유통업체	모조품을 불법적으로 유통하는 업체
		진품 제조업체	자체 아이디어를 통해 고품질 상품을 만드는 업체	진품 제조업체	자체 아이디어를 통해 고품질 상품을 만드는 업체
		진품 유통업체	고품질의 진품을 법적 절차에 따라 유통하는 업체	진품 유통업체	고품질의 진품을 법적 절차에 따라 유통하는 업체
	제2 결합 (Tier2)	원자재 업체	상품 제조 업체가 제품을 생산할 수 있도록 원자재 및 부품을 제공하는 업체	원자재 업체	상품 제조 업체의 생산을 위한 원자재 및 부품을 제공하는 업체
	보조 (Auxiliary)	관세청/특허청	정품 브랜드에 대한 독점권을 인정하고 가품의 수출입 경로를 단속하여 보호하는 국가 기관	관세청/특허청	정품 브랜드에 대한 독점권을 인정하고 가품의 수출입 경로를 단속하여 보호하는 국가 기관
		검찰청/경찰청	위조상품의 유통을 범죄행위로 정하여 소비자의 신고를 통해 해당 업체 및 개인을 처벌하는 국가 기관	검찰청/경찰청	위조상품의 유통을 범죄행위로 정하여 소비자의 신고를 통해 해당 업체 및 개인을 처벌하는 국가 기관
		지재권보호원	지적재산권을 보호하기 위해 온오프라인으로 위조상품 단속 및 홍보 활동을 지원하는 국가 기관	지재권 보호원	지적재산권을 보호하기 위해 온오프라인으로 위조상품 단속 및 홍보 활동을 지원하는 국가 기관
				공정거래 위원회	**가품으로 인한 실태조사 및 소비자 보호 관련 방안의 점검과 관련 데이터를 공유하는 국가 기관**
소비자		소비자	정품과 가품을 인식하고 원하는 제품을 구입한 소비자 (인지)와 구매하는 위조상품을 인지하지 못하고, 가품을 구입한 소비자 (미인지)	소비자	정품과 가품을 인식하고 원하는 제품을 구입한 소비자 (인지)와 구매하는 위조상품을 인지하지 못하고, 가품을 구입한 소비자 (미인지)
서비스 제공자 (Service provider)		온라인 커머스	소비자의 쇼핑 안정성을 위해 위조상품 판별 서비스를 제공하고자 하는 온라인 커머스(B2B)	온라인 커머스	소비자의 쇼핑 안정성을 위해 위조상품 판별 서비스를 제공하고자 하는 온라인 커머스(B2B)
				AI기반 서비스 지원 플랫폼	**AI 기반 이미지 분석 기술을 통해 각 온라인 커머스별로 필요한 사전예방의 위조상품 판별 서비스를 지원하는 플랫폼**
As-Is 대비 수정사항		• (소비자 권익의 향상) 데이터 기반의 위조상품 유통으로 인한 소비자 권익 보호를 위해 공정거래위원회와 같은 추가적인 기관의 설치 • (위조상품 판별 기술의 향상) 이미지 분석 기술의 개발을 통해 인공지능 기술을 활용한 위조상품 판별 지원 서비스가 등장함			

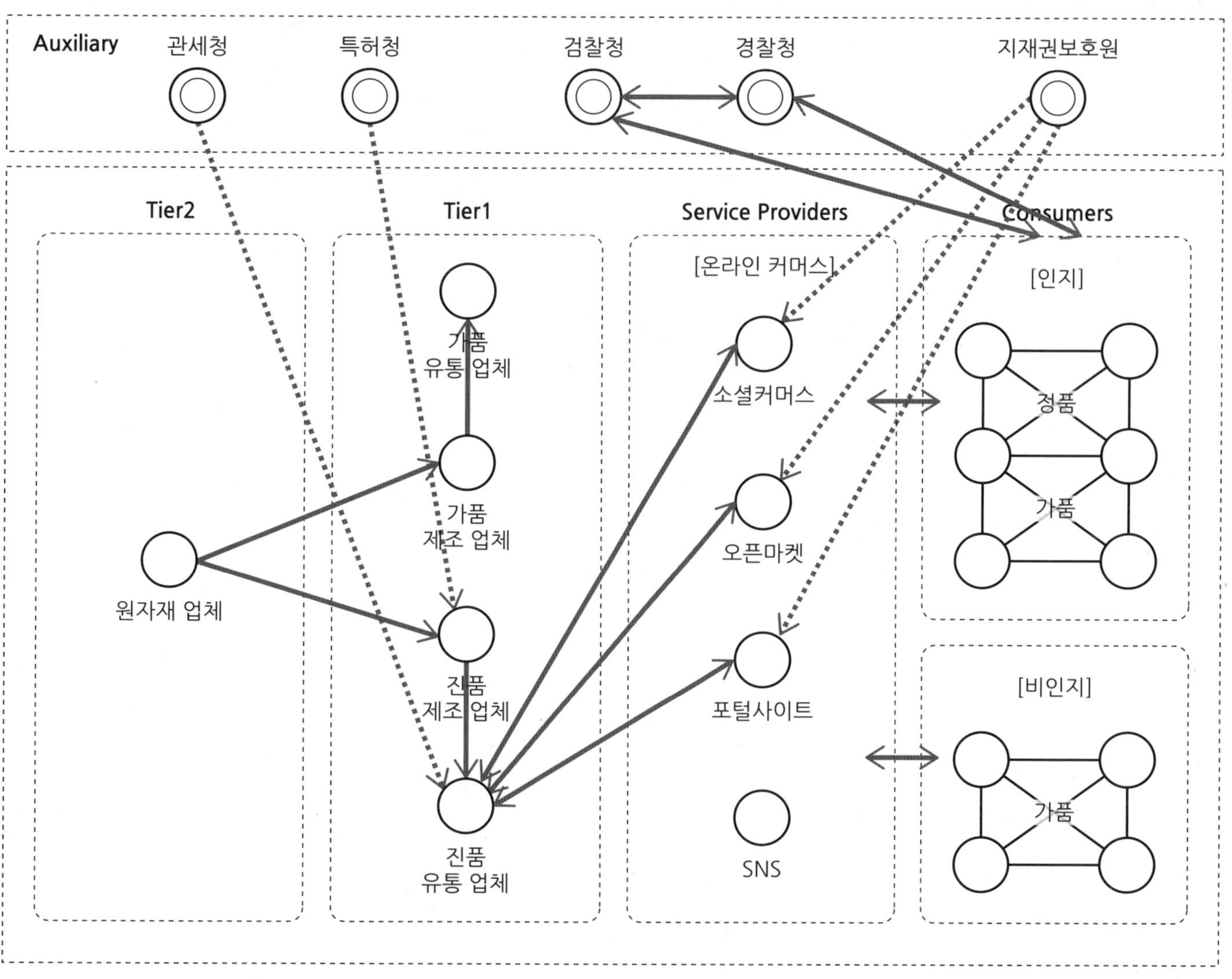
위조상품 판별 서비스 생태계 As-Is
Auxiliary
관세청
특허청
검찰청
경찰청
지재권보호원
Tier2
Tier1
Service Providers
Consumers
원자재 업체
가품
유통 업체
가품
제조 업체
진품
제조 업체
진품
유통 업체
[온라인 커머스]
소셜커머스
오픈마켓
포털사이트
SNS
[인지]
정품
가품
[비인지]
가품
직접적인 관계
간접적인 관계
서비스 지원자
보조적 지원

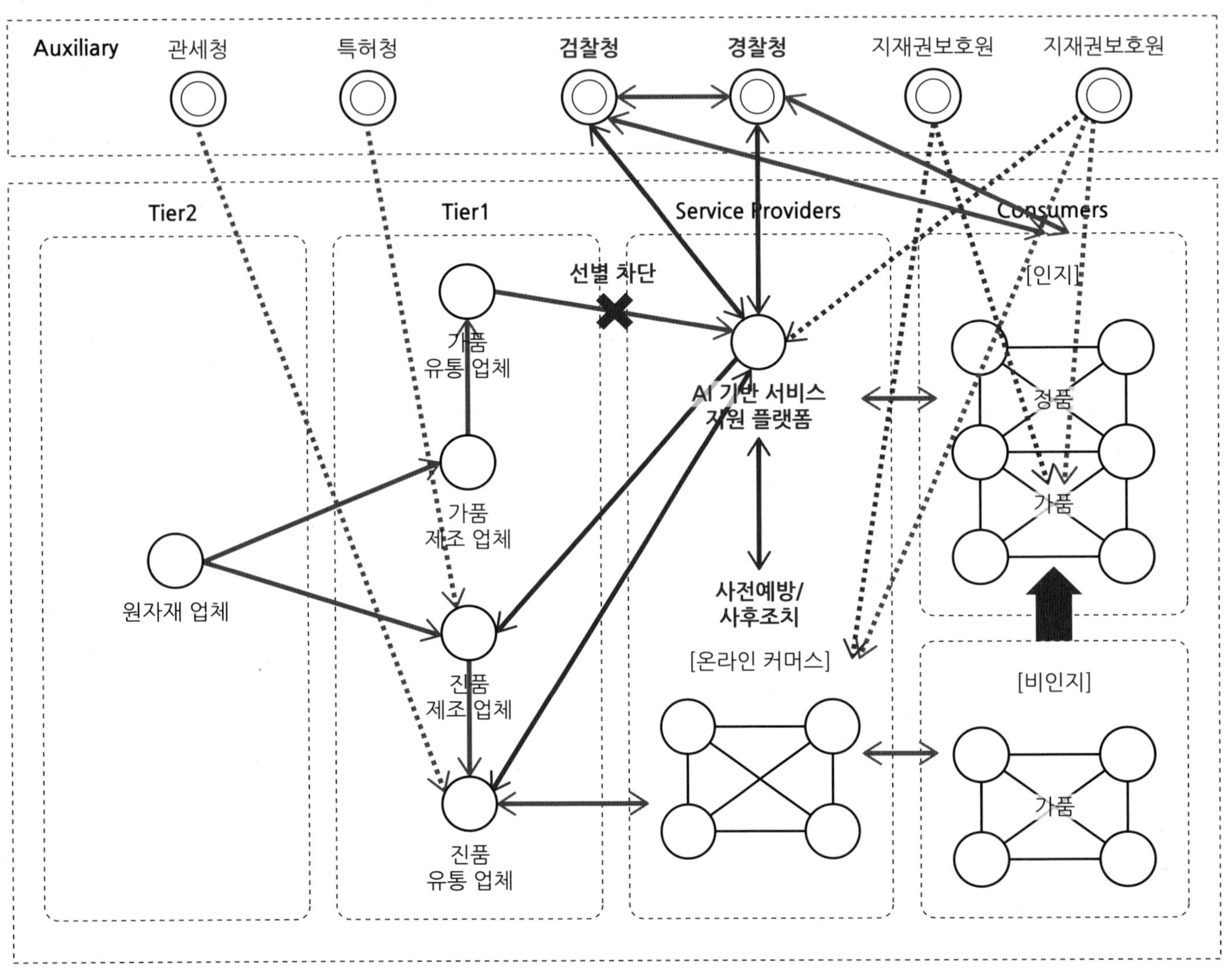
위조상품 판별 서비스 생태계 To-Be
Auxiliary
관세청
특허청
검찰청
경찰청
지재권보호원
지재권보호원
직접적인 관계
간접적인 관계
서비스 지원자
보조적 지원
Tier2
Tier1
Service Providers
Consumers
선별 차단
가품 유통 업체
가품 제조 업체
원자재 업체
진품 제조 업체
진품 유통 업체
AI 기반 서비스 지원 플랫폼
사전예방/ 사후조치
[온라인 커머스]
[인지]
정품
가품
[비인지]
가품

Phase 2 융합 생태계 정의 〉 Activity 08 융합 생태계 검증

Task 19 생태계 모형 검토 Ecosystem Feedback

앞서 도출한 2가지의 생태계 모델에 대한 타당성을 검증하고자 산업 전문가를 대상으로 설문을 실시하였다. 설문지는 As-Is 생태계와 To-Be 생태계의 이해관계자가 각 생태계 내에서 수행하는 역할(활동)에 대해 응답자가 이해할 수 있는 수준으로 간단하게 표현하였으며, 생태계의 현실성 및 타당성 그리고 전반적인 피드백을 질문하였다.

먼저 큐레이션 생태계에 대해서는 As-Is, To-Be 생태계 모델이 넓은 범위에서 합의되었다. 전자상거래 서비스를 제공하는 주체가 기존의 온라인 커머스 이외에도 다양해지면서 더욱 세분화되어야 한다는 의견이 제시되었으나, 현재 국내의 온라인 커머스 산업을 개관하는 목적에 있어서는 이해관계자의 범위가 크게 벗어나지 않는다고 판단하였다. 구체적인 큐레이션 생태계 모델에 대한 피드백으로는 온라인 커머스 서비스를 제공하는 주체들의 성격이 다름에 따라 서비스 제공자의 세분화가 필요하다는 의견이 있었다. 또한 이미지 분석을 통한 상품 추천에 대한 저작권의 문제 해소를 위한 제도적 검토와 동영상 플랫폼과의 관계 설정 및 포지셔닝에 대한 방안이 필요하다는 분석이 있었다. 추가적으로 온라인 커머스 소비자의 역할이 확대됨에 따라 AI 기반 서비스 지원 플랫폼에서 분석된 정보가 서비스 지원자들에게까지 공유되는 흐름이 추가되어야 한다는 의견이 있었다.

다음 위조상품 판별 생태계 또한 As-Is, To-Be 생태계 모델이 큰 맥락 속에서 적절히 포함되었다고 평가받았다. 하지만 큐레이션 생태계와 마찬가지로 온라인 커머스의 기능을 침범하는 각종 SNS 서비스들과 중고거래 플랫폼의 경계를 구체적으로 정의할 필요가 있다는 의견이 있었다. 더불어 생태계 모델로는 쉽게 확인되지 않는 위조상품 판별 프로세스가 다양한 상품 유입의 경로에 따라 어떻게 적용되는지에 대한 기술도 필요하다고 덧붙였다. 구체적인 위조상품 생태계 모델에 대한 피드백으로는 큐레이션 생태계와 같이 판매방식에 따른 서비스 제공자의 분류 구체화가 필요하다는 의견이 있었다. 또한 워터마크(씰)의 이미지를 통해 정품 여부 진단 및 가품에 정품의 워터마크를 도용하는 등의 사황에 대처하는 이해관계자가 주요하게 다루어져야 한다는 의견이 제시되었다.

전반적인 전문가 의견은 긍정적이었으나, 다변화된 온라인 커머스 시장의 구체적인 부분이 보완되어야 한다는 의견이 있었다. 따라서 본 비즈니스 모델의 주된 수요자를 오픈마켓으로 운용되는 온라인 커머스 전문 기업 및 포털사이트로 한정하여 해당 생태계를 수정 보완하였다.

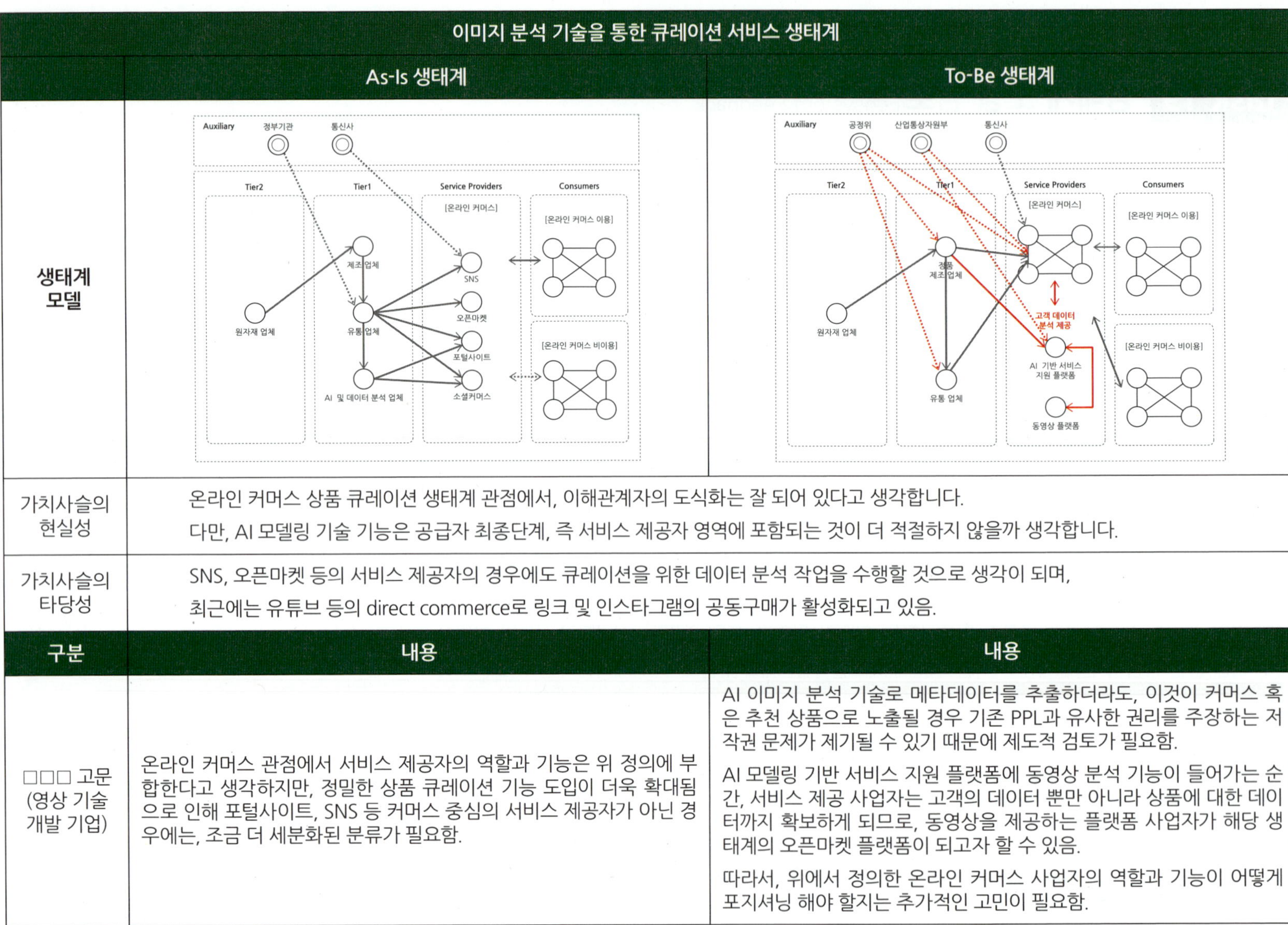

이미지 분석 기술을 통한 큐레이션 서비스 생태계		
	As-Is 생태계	To-Be 생태계
생태계 모델		
가치사슬의 현실성	온라인 커머스 상품 큐레이션 생태계 관점에서, 이해관계자의 도식화는 잘 되어 있다고 생각합니다. 다만, AI 모델링 기술 기능은 공급자 최종단계, 즉 서비스 제공자 영역에 포함되는 것이 더 적절하지 않을까 생각합니다.	
가치사슬의 타당성	SNS, 오픈마켓 등의 서비스 제공자의 경우에도 큐레이션을 위한 데이터 분석 작업을 수행할 것으로 생각이 되며, 최근에는 유튜브 등의 direct commerce로 링크 및 인스타그램의 공동구매가 활성화되고 있음.	
구분	**내용**	**내용**
□□□ 고문 (영상 기술 개발 기업)	온라인 커머스 관점에서 서비스 제공자의 역할과 기능은 위 정의에 부합한다고 생각하지만, 정밀한 상품 큐레이션 기능 도입이 더욱 확대됨으로 인해 포털사이트, SNS 등 커머스 중심의 서비스 제공자가 아닌 경우에는, 조금 더 세분화된 분류가 필요함.	AI 이미지 분석 기술로 메타데이터를 추출하더라도, 이것이 커머스 혹은 추천 상품으로 노출될 경우 기존 PPL과 유사한 권리를 주장하는 저작권 문제가 제기될 수 있기 때문에 제도적 검토가 필요함. AI 모델링 기반 서비스 지원 플랫폼에 동영상 분석 기능이 들어가는 순간, 서비스 제공 사업자는 고객의 데이터 뿐만 아니라 상품에 대한 데이터까지 확보하게 되므로, 동영상을 제공하는 플랫폼 사업자가 해당 생태계의 오픈마켓 플랫폼이 되고자 할 수 있음. 따라서, 위에서 정의한 온라인 커머스 사업자의 역할과 기능이 어떻게 포지셔닝 해야 할지는 추가적인 고민이 필요함.

이미지 분석 기술을 통한 위조상품 판별 서비스 생태계		
	As-Is 생태계	To-Be 생태계
생태계 모델	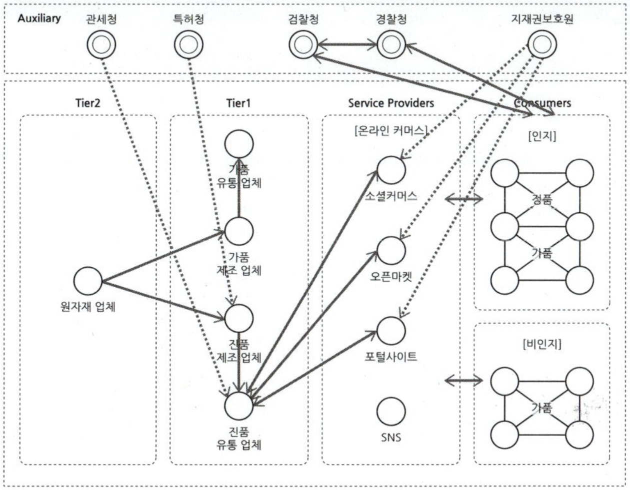	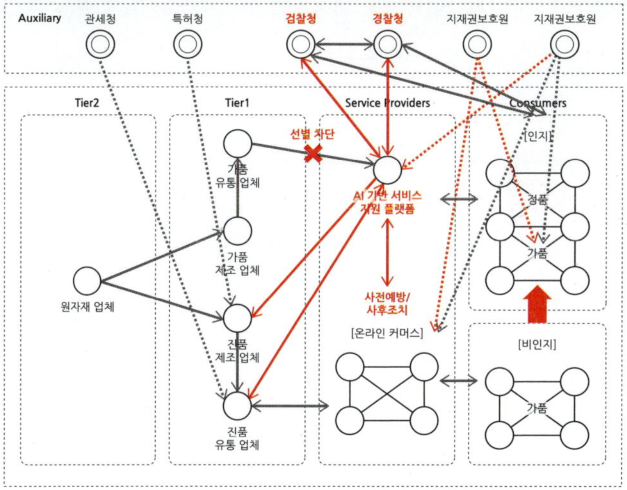
가치사슬의 현실성	대략적인 큰 맥락 속에서는 생태계가 적절히 포함되었으나 SNS와 같은 혼재된 성격의 주체가 서비스 제공자 측면에 포함되어 있는 것이 적절한지 의문이고, 플랫폼 성격을 갖고 있는 중고거래 서비스들도 포함되어야 한다고 생각함.	
가치사슬의 타당성	온라인에서 유통되고 있는 경우 공식 브랜드 이미지를 활용하지 않는 경우가 더러 있으며, 상품의 병행수입 및 직수입의 경우, 업체별로 촬영한 사진을 구분하고 판별하는 프로세스가 더욱 구체적으로 제시되어야 함.	
구분	내용	내용
○○○ 팀장 (온라인 커머스 기업)	구분 부분에서 다른 이해관계자는 다 기재되었지만 서비스 제공자는 '온라인 커머스'만 기재되어 있음. 온라인 커머스의 판매 방식이 다각화됨에 따라 온라인 커머스의 상세 카테고리와 그들의 역할을 기재하는 것을 제안함.	제공되어 부착된 씰 이미지의 조작 여부를 진단하는 프로세스를 담당하는 사람(또는 기관이나 기술)을 이해관계자 추가가 필요함. 씰이 부착된 제품 이미지만 정품인 상태에서 실제로는 다른 상품의 배송이 진행될 경우, 이에 대한 처리를 담당할 지원이 필요할 것으로 판단되어 의도적인 판매자의 사기를 사전에 막거나 차후에라도 보증할 수 있는 역할담당자의 역할이 중요하다고 생각됨.

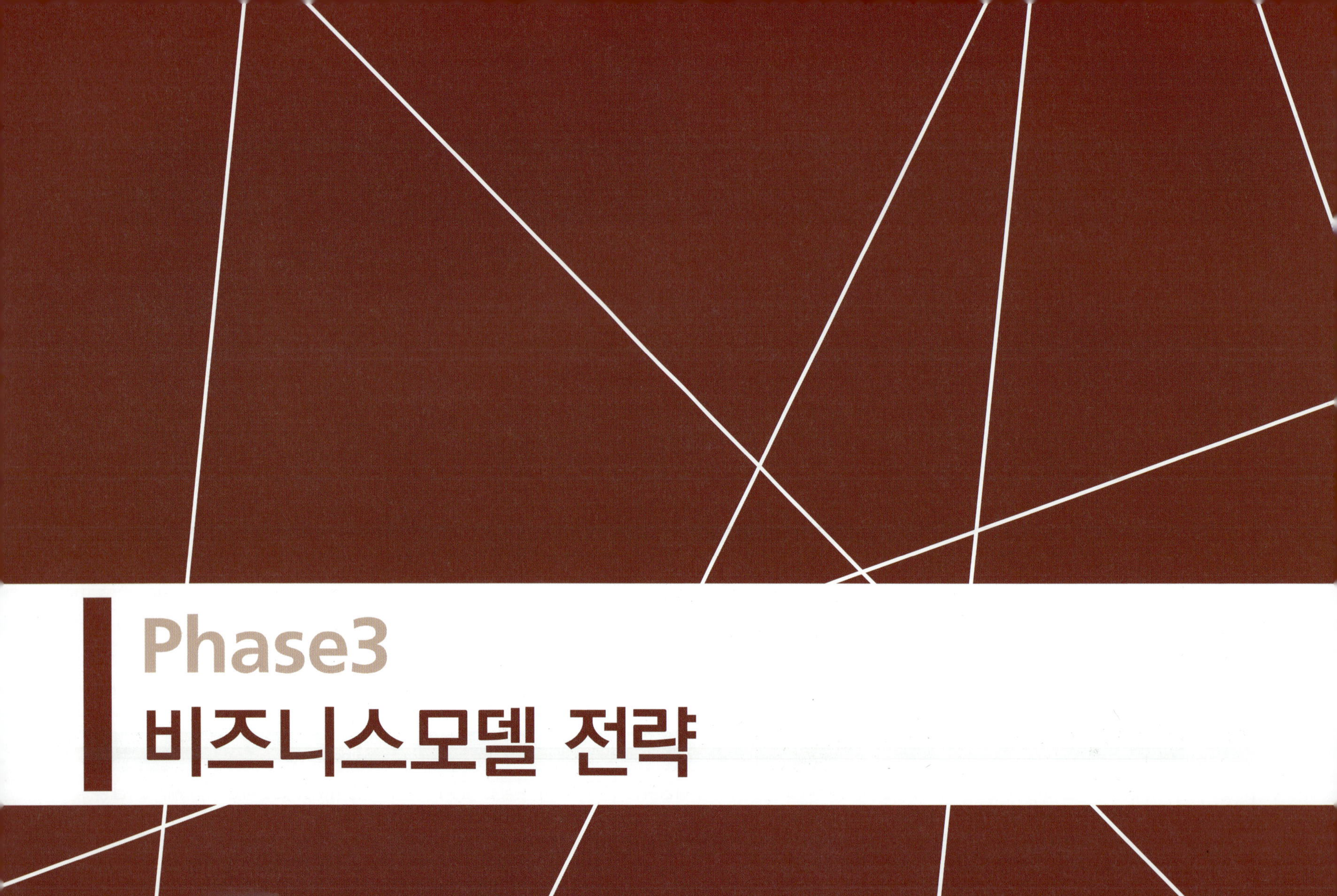

Phase3
비즈니스모델 전략

Phase 3 비즈니스모델 전략 〉 Activity 09 차별화 전략 구축

Task 20 혁신 전략 Innovation Strategy

앞서 도출한 AI기반의 이미지 분석을 통한 큐레이션 및 위조상품 판별 서비스 모델이 기존 온라인 커머스 시장에서 무엇을 혁신하였으며 어떠한 차별점이 있는지 파악하고자 혁신전략을 분석하였다. 분석에 앞서 도출된 서비스 모델이 어떤 부분을 중심으로 혁신이 이루어지는지 논의하고, 추가적으로 더욱 차별화된 비즈니스 모델로 발전되기 위해 갖춰야 할 혁신요소에 대해 분석하고자 했다.

따라서 혁신 유형의 10가지 요인별로 경쟁사의 서비스 전략을 파악하고, 해당 유형의 요소를 추가, 수정 또는 유지하기 위한 전략을 수립했다. 첫째로, 비즈니스 시스템 구조 혁신 측면에서는 광고에 의존하던 수익모델에 새롭게 도출한 큐레이션, 위조상품 판별 서비스를 판매한 라이센싱 비용 기반의 수익구조를 추가하였고, 기업 간의 계약으로 맺어진 네트워크는 일정 부분 전략적 제휴로 수정하여 느슨하지만 유기적인 생태계 네트워크로 구축하는 방향이 옳다고 판단하였다. 기업의 프로세스는 온라인 커머스 자체에서만 활용되던 데이터 분석 기술을 표준화를 통해 모든 가치사슬에 공유할 수 있도록 추가하였다.

둘째, 제품과 플랫폼 혁신에서는 데이터를 기반의 고객 맞춤화 서비스를 통한 정보를 모든 가치 사슬에 공유하여 고객 취향에 더욱 적합한 상품을 생산 및 유통하고 더불어 워터마크 기술을 활용하여 위조상품에 대한 사전 보증 서비스까지 진행하여 서비스 성능 차원에서 확실한 차별점을 갖추었다. 반면 서비스 시스템은 기존의 플랫폼에 대한 과도한 혁신이 가져올 혼란을 방지하기 위해 최대한 유지하여 제공하고자 했다.

마지막으로, 비즈니스 과정 혁신에서 브랜드 전략에 대해서는 타사와의 차별점을 구축하지 않았다. 하지만 서비스에서 기존의 개인화된 서비스에 이미지 분석 기술을 접목하여 다양한 채널에서 찾은 상품들을 직관적으로 검색하고 그에 대한 추가적인 정보까지 제안하여 서비스 품질을 고도화했다. 또한 위조상품 선별을 사전에 실시하여 고객의 가품 구매에 대한 불안감을 낮춰 타사 대비 높은 상품 신뢰도를 제고하였다. 채널 전략으로는 자동 광고를 기반으로 고객을 유도하던 기존 방식은 영상 플랫폼, 기타 사이트 등을 통해 진입할 수 있도록 채널을 다양화하여 차별성을 구축하였다. 고객 참여 전략으로는 타 사용자의 코디를 추천하여 소비자 간의 커뮤니티 형성을 촉진하고, 위조상품 선별 정보를 공유함으로써 소비자 간의 정보 공유망을 형성할 수 있도록 하여 참여도를 향상시켰다.

전반적으로 이미지 분석 기술을 접목한 서비스의 혁신을 중심으로 수익모델을 강화하고, 가치사슬 간의 정보 공유를 통해 소비자 맞춤화된 상품과 서비스를 제공할 수 있는 생태계 네트워크를 구축하였으며, 고객 유입 및 참여 기회를 확대하여 충성도를 높일 수 있는 전략으로 차별점을 구축하였다.

비즈니스 시스템과 내부 구조 혁신
제품과 플랫폼 혁신
비즈니스 과정 혁신
수익모델
네트워크
구조
프로세스
서비스 성능
서비스 시스템
서비스
채널
브랜드
고객참여
기존 이커머스 서비스 영역
애드 서포티드
일반 계약
IT 통합
데이터 예측 분석
고객 맞춤화
제품·서비스 플랫폼
개인화 서비스
자동 광고 기반 유도
댓글 참여 / 상품 신고
애드 서포티드
전략적 제휴
IT 통합
프로세스 표준화
고객 맞춤화
제품·서비스 플랫폼
상품추천
고객 채널 다양화
타 사용자 상품 추천
라이센싱
데이터 예측 분석
상품 보증
위조 선별
위조상품 신고 공유
AI 이미지 분석 기술 기반 이커머스 혁신 영역
범례
수정
추가
유지

전환	비즈니스 모델	목표	영역 변경	산업	온라인 커머스

전술

수익모델: 애드 서포티드	수익모델: 라이선싱	네트워크: 전략적 제휴
고객에게 직접 수수료를 받지 않으며, 입점업체에게 상품 노출 수수료를 청구함	위조상품 선별 기술을 통해 구축한 정품 DB를 정품 브랜드 및 타 커머스 업체에 판매함	AI 기술 보유사, 입점업체, SNS 플랫폼과의 전략적 제휴를 통한 네트워크를 구성함
구조: 이미지 분석 기반 IT 통합	**프로세스: 프로세스 표준화**	**프로세스: 데이터 예측 분석**
기존 플랫폼에 AI 이미지 분석 기술을 결합한 스마트 커머스 플랫폼으로 수정 구축함	위조상품 선별을 위한 별도의 관리자 페이지를 개설하여 다양한 커머스 주체가 사용할 수 있게 표준화함	고객 정보와 고객의 검색 기록을 이미지로 분석하여 관련 상품을 예측함
서비스 성능: 고객 맞춤화	**서비스 성능: 상품 보증**	**서비스 시스템: 제품·서비스 플랫폼**
고객 맞춤형 상품 추천 기능 및 위조상품 선별 및 유통 기능을 새롭게 도입함	사후처리 수준인 위조상품 관련 서비스 기능 전환을 위해 위조상품 선별 기술을 도입함	입점 업체 판매 제품-소비자 맞춤형 서비스를 연결하는 통합 시스템을 개발함
서비스: 상품추천	**서비스: 위조선별**	**채널: 고객 채널 다양화**
고객 특성 및 구매 DB를 활용하여 개인 맞춤형 상품 정보를 제공함	위조상품 선별 기술을 활용하여 고객이 위조상품을 구매하는 것을 사전에 방지함	OTT, SNS를 통한 고객 유입 경로 확장 및 타 플랫폼을 활용하여 상품 관련 추가 정보를 제공함

고객참여: 타 사용자 상품 추천	고객참여: 위조상품 신고 공유
소비자 간의 상품 코디 추천을 통해 플랫폼에 대한 충성도를 향상시킴	위조상품에 발견에 대한 고객 신고 창구를 운영하여 정보 공유 및 고객 참여 유인책을 마련함

Phase 3 비즈니스 모델 전략 〉 Activity 10 비즈니스 모델 구축

Task 21 비즈니스 모델 설계 Business Model Design

비즈니스 모델을 설계와 시각화를 위해 비즈니스 모델 캔버스인 9 Bulilding Blocks을 활용하였다. 먼저 AI기반 이미지 분석 기술을 통한 큐레이션 및 위조상품 선별 서비스가 고객에게 제안하는 가치를 일반 고객B2C과 기업 고객B2B으로 구분하여 정리하였다. B2C 차원의 제안 가치는 고객의 쇼핑 편의성 향상, 최적화된 상품 노출 효과, 더 많은 상품 정보의 획득, 진입 채널의 다양화를 제시하였다. B2B 차원의 제안 가치로는 위조상품 유통의 근절, 서비스 신뢰도 향상, 유통 생태계의 건전성 촉진을 제시하였다.

고객에 대한 이해에 대한 캔버스 우측에 대해서는 고객 세그먼트는 Phase 2에서 도출한 B2B/B2C 고객을 작성하였다. B2B 고객으로는 온라인 커머스 서비스를 제공하는 기업, B2C 고객으로는 온라인 커머스의 일반 소비자, SNS 및 영상 플랫폼의 사용자를 설정하였다. 다음으로, 고객과의 접점인 채널은 B2B 고객과는 최종 설계될 통합 관리 시스템을 통해 상호작용되며, B2C 고객과는 애플리케이션 및 웹페이지 형태의 온라인 커머스 플랫폼, SNS, 영상 플랫폼을 통해 서비스 제공 및 데이터 수취하는 형태로 설계하였다. 마지막으로 고객 관계는 B2B 영역의 경우, 회원제 형태를 차용하였고, B2C 영역의 경우 각 플랫폼의 회원가입을 통해 이루어지는 것으로 설정하였다.

이어서 서비스를 운영하기 위해 필요한 좌측의 블록군에 대해 논의하였다. 핵심 자원은 B2B 영역에서는 데이터 분석 기술, 위조상품 판별기술, 워터마크 기술이 필요하고, B2C 영역에서는 온라인 커머스 플랫폼과 고객의 소비 패턴, 이미지 분석 기술을 기반으로 한 맞춤형 상품 추천 기술과 영상 분석 기술이 요구된다. 핵심 활동으로는 구축된 관리 플랫폼의 운영과 입점업체의 QA품질보증서 수집 및 관리, 위조상품 선별 및 데이터 관리 서비스가 B2B 영역에서 제공되어야 하며, B2C 영역에서 고객 소비패턴 DB를 수집, 관리 및 분석하고 최적화 상품의 노출, 영속 속 상품 정보 제공, 관심상품에 대한 맞춤형 영상 추천 및 고객 맞춤형 상품 추천 서비스를 제공된다. 마지막으로, 앞선 핵심활동을 실행하기 위한 핵심 파트너는 B2B 영역에서 위조상품 유통업체의 법적 처분에 협력할 공공기관과 정품 이미지를 공급할 수 있는 진품 제조 브랜드를 설정하였다. 더불어 B2C 영역에서는 SNS 기업과 영상 플랫폼 기업을 기재하였다.

마지막으로 사업화를 추진할 때 소요되는 비용과 수익원을 작성하였다. 비용 구조로는 B2B 영역에서 시스템을 구축 및 운영하기 위한 비용이 소요되며, B2C 영역에서는 SNS와 영상 플랫폼에서 진행되는 마케팅 비용과 플랫폼 유지보수비용 및 고객 DB 관리 비용이 필요하다. 이에 대한 수익원은 위조상품 선별 서비스에 대한 수수료와 서비스 라이선스에 대한 로열티가 수익으로 계상될 수 있다.

Key Partnership
핵심파트너

- **B2B 영역**
  1. 공공기관
  2. 진품 제조 브랜드
- **B2C 영역**
  1. SNS 기업
  2. 영상플랫폼 기업

Key Activity
핵심활동

- **B2B 영역**
  1. 관리 플랫폼구축 및 운영
  2. 입점 업체 QA 수집 및 관리
  3. AI 기반 위조상품 선별 및 관리
- **B2C 영역**
  1. 고객 소비패턴 DB 수집 및 관리
  2. AI 알고리즘 기반의 고객 DB 분석
  3. 최적화 상품 노출(검색)
  4. 영상 속 상품 정보 제공
  5. 관심상품 맞춤형 리뷰 영상추천
  6. 고객 맞춤형 상품추천

Key Resource
핵심자원

- **B2B 영역**
  1. 데이터분석기술
  2. 위조상품 판별기술
  3. 워터마크기술
- **B2C 영역**
  1. 커머스 플랫폼(웹/어플)
  2. 고객소비패턴DB
  3. 맞춤형 상품추천 기술
  4. 이미지분석기술
  5. 영상분석기술

Value Proposition
가치제안

- **B2B 영역**
  1. 위조상품 선별을 통한 상표 및 디자인 도용 상품 유통 근절
  2. 데이터 복호화를 통한 온라인 커머스 신뢰도 향상
  3. 위조상품 유통 정보 수집을 통한 건강한 유통 생태계 촉진
- **B2C 영역**
  1. 맞춤형 상품 추천을 통한 고객 쇼핑 편의성 향상
  2. 최적화 상품 노출을 통한 온라인 커머스 경쟁력 강화
  3. 상품에 대한 손쉬운 정보 획득으로 구매 편리성 증진
  4. 상품채널에 대한 다양화

Customer Relation
고객관계

- **B2B 영역**
  1. 회원제 (입점업체 회원)
- **B2C 영역**
  1. 회원제(인터파크)
  2. 회원제(SNS 유저)
  3. 회원제(영상플랫폼)

Channels
채널

- **B2B 영역**
  1. 통합관리 시스템
- **B2C 영역**
  1. 커머스 플랫폼 (웹/앱)
  2. SNS
  3. 영상플랫폼

Customer Segment
고객 세그먼트

- **B2B 영역**
  1. 온라인 커머스 기업
- **B2C 영역**
  1. 온라인 커머스 일반 소비자
  2. SNS 유저
  3. 영상플랫폼 유저

Cost Structure
비용구조

- **B2B 영역**
  1. DB통합관리 시스템 구축 및 운영비
- **B2C 영역**
  1. SNS 마케팅 수수료
  2. 영상플랫폼 마케팅 수수료
  3. 홈페이지 유지 및 보수비
  4. 고객 DB 관리비

Revenue Streams
수익원

1. 위조상품 선별 서비스 수수료
2. 서비스 라이선스 로열티

Phase 3 비즈니스모델 전략 〉 Activity 10 비즈니스 모델 구축

Task 22 비즈니스 모델 구체화 Concretization of Business Model

실제 사업화를 추진한다면, 9 Bulilding Blocks의 비용구조와 수익원을 작성하는 정도로는 이해관계자 간의 서비스 및 비용의 흐름을 완전히 파악하기 어려우므로 비즈니스 모델을 구체적으로 도식화하였다. 온라인 커머스 상품 유통과 위조상품 선별과 사후 관리에 대한 주체를 나열하고, 서비스 및 제품의 전달은 붉은선으로, 자금의 흐름은 푸른선으로 터치포인트를 표현하였다.

앞서 작성한 9 Builiding Blocks를 기반으로 비즈니스 모델 구체화를 위해 개념도를 도식화한 결과, B2B 영역에 해당하는 상품의 제작과 유통 주체를 정품과 가품을 제조하고 유통하는 업체로 구분하여 표시하였다. 사업의 주체가 생성한 워터마크(씰)를 활용하여 제조 업체는 정품 이미지와 상품을 적법한 유통업체에 로열티와 함께 판매한다. 그리고 유통업체가 온라인 커머스 기업에 입점하고자 할 때 이를 통해 입점 허가를 취득하게 된다. 반면, 가품 제조업체는 이러한 워터마크를 보유하지 않으므로 가품 유통업체가 온라인 커머스에 입점하기 위해 요구하는 조건에 부합하지 않아 입점이 차단되게 된다. 입점이 차단된 업체의 정보는 즉시 가품 관리 유관 공공기관에 공유되고, 공공기관은 해당 브랜드의 제조업체에 대해 신고 접수의 사실을 제공하고, 가품 제조·유통 업체에는 법적 규제를 가한다.

더불어, B2C에 해당하는 온라인 커머스 소비자의 접점 영역에서는 사업의 주체가 온라인 커머스 기업에 AI 기반의 이미지 분석 기술을 활용한 소비자 편의 및 위조상품 선별 서비스를 제공하고 기술 사용 수수료를 지급받는다. 그리고 온라인 커머스 기업은 자사의 플랫폼 방문 고객에게 AI 기반의 이미지 분석 기술을 활용한 맞춤형 큐레이션과 리뷰 영상을 추천하는 서비스를 제공하며, 위조 상품을 구매한 고객이 직접 신고를 할 경우, 정보가 직접 유관 공공기관에 전달되고, 신고 포상금을 제공한다. 영상 플랫폼 기업은 사업 주체와의 전략적 제휴를 통해 이미지 분석 기술을 자사 플랫폼에 적용하여 온라인 커머스 이용자들에게 관련 상품 리뷰 영상을 제공하고, 영상 속 상품 검색 서비스를 통해 온라인 커머스 플랫폼으로 유도한다.

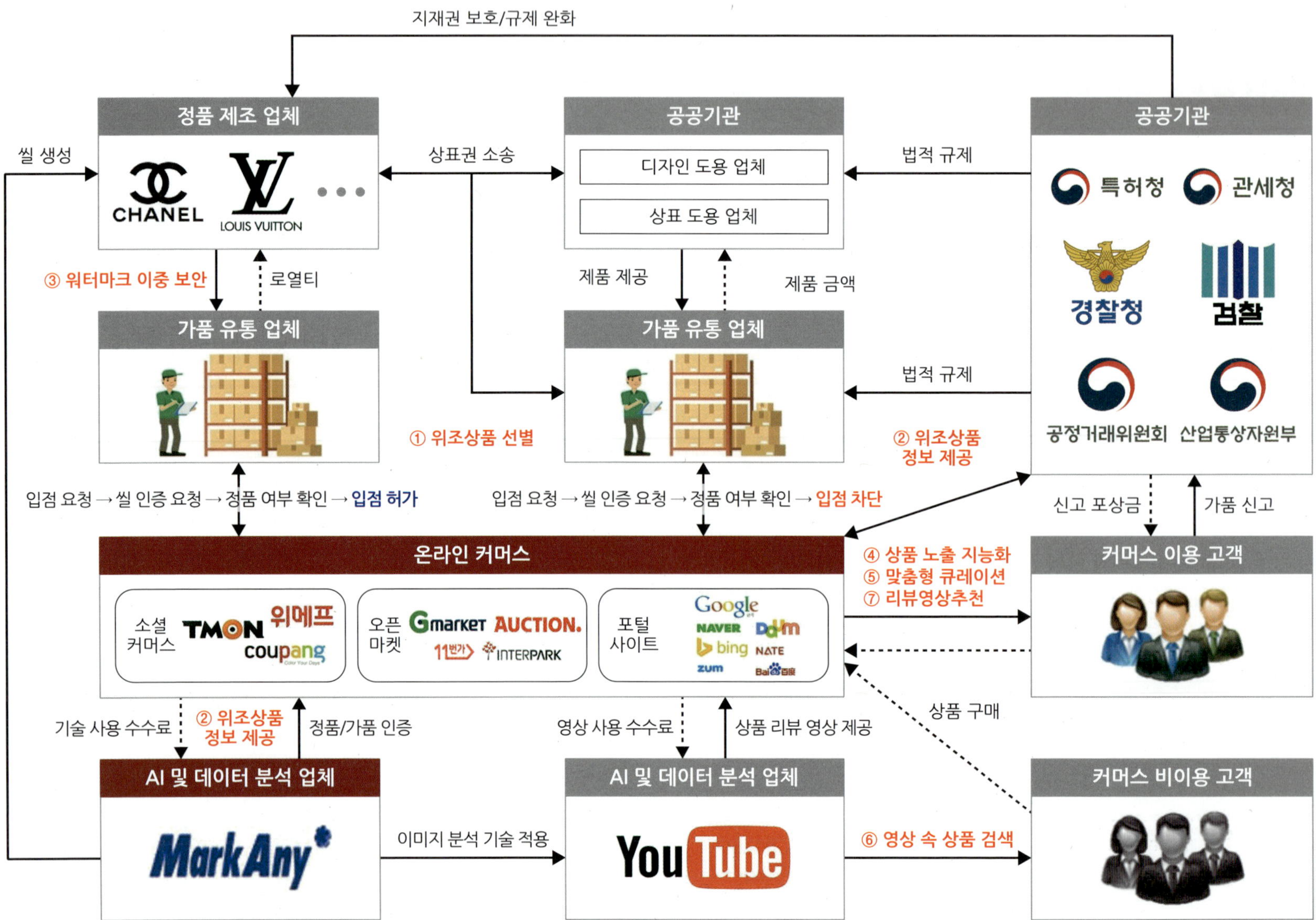
지재권 보호/규제 완화
정품 제조 업체
CHANEL
LOUIS VUITTON
씰 생성
상표권 소송
공공기관
디자인 도용 업체
상표 도용 업체
법적 규제
공공기관
특허청
관세청
경찰청
검찰
공정거래위원회
산업통상자원부
③ 워터마크 이중 보안
로열티
제품 제공
제품 금액
가품 유통 업체
가품 유통 업체
법적 규제
① 위조상품 선별
② 위조상품 정보 제공
입점 요청 → 씰 인증 요청 → 정품 여부 확인 → 입점 허가
입점 요청 → 씰 인증 요청 → 정품 여부 확인 → 입점 차단
신고 포상금
가품 신고
온라인 커머스
④ 상품 노출 지능화
⑤ 맞춤형 큐레이션
⑦ 리뷰영상추천
커머스 이용 고객
소셜 커머스
TMON
위메프
coupang
오픈 마켓
Gmarket
AUCTION.
11번가
INTERPARK
포털 사이트
Google
NAVER
Daum
bing
NATE
zum
Baidu
상품 구매
기술 사용 수수료
② 위조상품 정보 제공
정품/가품 인증
영상 사용 수수료
상품 리뷰 영상 제공
AI 및 데이터 분석 업체
AI 및 데이터 분석 업체
커머스 비이용 고객
MarkAny
이미지 분석 기술 적용
YouTube
⑥ 영상 속 상품 검색

Phase 3 비즈니스 모델 전략 〉 Activity 11 추진체계 구축

Task 24 서비스 수준 설계 Service Level Design

본 비즈니스 모델을 위한 협력자인 정품 제조업체, 정품 유통업체, 온라인 커머스 기업, 영상 플랫폼 기업과 사업 주체인 AI 및 데이터 분석 기술 보유 사업자를 중심으로 'Task 24. 서비스 수준 설계'를 실시하였다. 우선 Phase 1에서 실시한 고객인터뷰, 대상 산업 현황 분석, 전문가 인터뷰, 파트너 회의를 요구사항의 고려 기준으로 설정하였다. 이를 바탕으로 고객과 전문가, 파트너의 요구사항을 파악하여 서비스를 추출하였다. 서비스는 키워드로 정리하여 서비스 측정 항목 유형으로 활용하였고 요구사항에 해당하는 부분과 연결하여 도식화하였다.

서비스 측정 항목을 바탕으로 서비스 수준 설계를 작성하였는데, 업체를 구분 기분으로 설정하여 서비스와 지표, 측정방법, 가중치, 측정주기에 대해 작성하였다. 모든 협력자에게 공통적으로 적용되는 서비스는 사업관리이며, 이에 대한 지표는 일정 준수율과 인력 변동율로 설정하였다. 정품 제조업체에 해당하는 서비스는 제품 생산, 지표는 상품 품질 보장, 상품 보안성, 상품 다양성, 브랜드 만족도로 설정하였다. 또한 정품 유통업체에 해당하는 서비스는 제품 유통 및 판매, 지표는 상품 안정성, 상품 정보성, 유통경로 안정성, 서비스 만족도로 설정하였다. 온라인 커머스 기업은 서비스를 서비스 제공으로 설정하였고, 지표는 상품 정보의 신뢰성, 상품추천의 정확도, 고객 불만 해결도, 종합 서비스 만족도로 설정하였다. 영상 플랫폼은 서비스 관리를 서비스로 설정하였고, 이에 대해 가동의 안정성, 정보 보안 및 데이터 관리, 검색 용이성, 상품리뷰 영상의 신뢰성, 서비스 만족도를 지표로 설정하였다. 마지막으로 사업의 주체인 AI 및 데이터 분석 기술 업체는 이미지 분석 기술 개발 및 적용의 서비스를 위해 큐레이션 정확성, 디지털 워터마크 신뢰성, 서비스 만족도를 지표로 설정하였다. 측정방법은 협력사와의 협의를 통해 설정한 바를 작성하였고 가중치, 측정주기에 대해서도 기재하였다.

서비스 수준 설계를 종합 정리하여 서비스 수준 유지를 위한 협업 결속력 강화를 주요 목표로 각 협력자들의 지표와 측정방법, 가중치, 측정주기를 정리하였다. 더불어 파트너 지향의 내부 서비스 수준에 대해 파트너 공통 요건으로 정리하여 이에 해당하는 지표에 대해 작성하였다.

구분	서비스	지표	측정방법	가중치	측정주기
공통요건	사업관리 (*파트너)	일정 준수율	계획될 일정 준수를 통한 대내/대외적 원활한 업무 제공	50	분기별
		인력 변동률	안정적 운영을 위한 투입 인력 변경 정도 평가	50	분기별
계				100	—
정품 제조 업체	제품 생산	상품 품질 보장	국제 공인된 전문 기관 대상의 일반품질 유해물질 기능성 시험	30	건별
		상품 보안성	제품 개런티 카드 여부, 일련번호 및 브랜드별 정품 판별 체계의 보안성 평가	20	건별
		상품 다양성	소비자가 선택할 수 있는 상품의 수	20	분기별
		브랜드 만족도	해당 브랜드에 대한 소비자의 만족도 점수, 어패럴 브랜드 순위	30	연별
계				100	—
정품 유통 업체	제품 유통 및 판매	상품 안정성	해당 업체와 협력하는 정품 인증 기업의 평가와 기술 평가	30	최초 등록 시
		상품 정보성	소비자가 인지하는 상품 정보의 충분성, 정확성, 상품평 및 판매자 정보 공시의 정도	20	분기별
		유통경로 안정성	유통경로의 경제력, 통제력, 적응력을 평가	20	연별
		서비스 만족도	상품 구매 후, 해당 유통업체에서 구매한 상품 및 서비스의 신뢰도 및 만족도 평가	30	월별
계				100	—

구분	서비스	지표	측정방법	가중치	측정주기
AI 및 데이터 분석 기술 업체	이미지 분석 기술 개발 및 적용	큐레이션 정확성	이미지 분류 정확도, 상품 추천 정확도 평가 (85% 기준 이상)	40	월별
		디지털 워터마크 신뢰성	디지털 씰의 비가시성, 강직성, 해킹 저항성, 신뢰성, 재개가능성 평가	40	월별
		서비스 만족도	관련 서비스 대상 종합 소비자 만족도 평가 (적합성, 정확성, 다양성 등)	20	월별
계				100	—
온라인 커머스	서비스 제공	상품정보의 신뢰성	위조상품 선별 시스템의 소비자 신뢰도 조사, 고객 보상 제도 만족도 조사	20	분기별
		상품추천의 정확도	추천 상품이 조회/구매되는 비율 조사, 커머스 추천에 대한 사용자 만족도 평가	30	월별
		고객 불만 해결도	기간별 접수된 고객 불만건수 조사, 소비자 불만 처리 만족도 평가	20	월별
		종합 서비스 만족도	종합 매출 평가 및 온라인 커머스 소비자 만족도 평가 (서비스 품질, 상품 특성, 호감도)	30	분기별
계				100	—
영상 플랫폼	서비스 관리	가동의 안정성	서버, 네트워크, 플랫폼의 정상적인 운영 정도 측정	20	월별
		정보 보안/데이터 관리	플랫폼 내부 자료 유출 및 중요 데이터 손실 정도 평가	25	분기별
		검색 용이성	소비자 검색 용이성 평가, 플랫폼 평균 응답 시간 평가	15	분기별
		상품리뷰 영상의 신뢰성	추천 영상의 조회 수 및 구매 전환 비율 조사, 추천 영상에 대한 사용자 만족도 평가	25	월별
		서비스 만족도	동영상 플랫폼 소비자 만족도 평가 (콘텐츠 다양성, 편의성, 유용성, 비용)	15	분기별
계				100	—

Phase 3 비즈니스 모델 전략 〉 Activity 11 추진체계 구축

Task 25 로드맵 설계 Road map Design

앞서 도출하고 정리한 비즈니스 모델의 중장기적 범위 확장 계획을 수립하기 위해 비즈니스 로드맵을 설계하였다. 로드맵 설계에 앞서 'Task 23. 성과 지표 설계'에서 도출한 미션과 비전을 팀원들과 공유하고, 이를 달성하기 위한 세부 목표를 수립하기 위한 토의를 실시하였다. 토의 결과, 비즈니스 목표를 'AI 기반 상품 이미지 분석을 통한 상품 추천 및 위조상품 선별 기술 기반의 온라인 커머스 시장 활성화'로 설정하고, 그에 대한 세부 목표를 단기, 중기, 장기로 구분하여 각각 'AI 기반 이미지 분석 플랫폼 구축', 'AI 이미지 기술 구현을 위한 협력 생태계 구축', '국내외 온라인 커머스로의 사업 확장' 등으로 설정하였다.

첫 번째 세부 목표를 달성하기 위해 2020년부터 2021년을 사업화 기반 조성기로 정의하고, 혁신적 서비스를 기반으로 한 비즈니스 모델 설계 및 비즈니스 고도화와 이를 기반으로 실증 서비스를 진행하여 플랫폼 인프라을 하는 것을 목표로 설정했다. 이러한 추진 체계는 AI기반의 이미지 분석 기술을 기반으로 한 서비스 플랫폼을 구축하기 위한 초기 단계로서, 비즈니스 모델 개발과 실증 테스트를 통해 얻은 피드백을 바탕으로 실질적인 사업 활동을 하기 위한 전반적인 설계 및 구축 작업을 실시하는 단계다.

사업화 추진의 중기 단계는 2022년부터 2023년까지로, 협력 생태계 구축을 단계 내에서의 지상 과제로 설정하고, 베타 서비스의 운영과 동시에 비즈니스 모델 설계 과정의 협력자로 선정된 파트너사를 모집하게 된다. 협력 생태계를 구축할 수 있는 파트너사가 모집되면, 브랜딩과 온/오프라인 마케팅을 실시하고, 국내 오픈마켓 서비스를 제공하고 있는 온라인 커머스 기업을 대상으로 사업 침투 전략을 진행한다.

2024년부터는 사업 범위를 확장하기 위한 장기 목표 단계로, 사업 범위 확장에 따른 비즈니스 모델 수정과 그에 따른 파트너사의 관리 및 새로운 파트너사의 유치를 지속해야 하며, 국내 포털사이트, SNS로의 수평적 사업 확장과 함께 해외 오픈마켓 기업에도 서비스를 수출하여 글로벌 시장을 공략하는 전략을 실시해야 한다.

로드맵의 단계를 진행함과 동시에 내부적으로 SLA 기반 서비스 최소 수준 협의를 통해 파트너 간 상호평가를 진행하고, 고객의 피드백을 수렴하여 서비스 개선을 실시하는 환류 작업이 요구된다. 더불어, 외부적으로는 브랜드 기업과의 위조상품에 대한 데이터 협력을 확장하고, 새로운 서비스 개발을 위한 전자상거래 제도의 완화가 필요하다.

목표	AI 기반 상품 이미지 분석을 통한 상품 추천 및 위조상품 선별 기술 기반의 온라인 커머스 시장 활성화		
세부 목표	① AI기반 이미지 분석 플랫폼 구축	② AI 이미지 기술 구현을 위한 협력생태계 구축	③ 국내외 온라인 커머스로의 사업 확장
연도별 추진체계	단기 (사업화 기반 조성) 2020 ~2021	중기 (사업화 추진) 2022 ~ 2023	장기 (사업 범위 확장) 2024 ~
	비즈니스 모델 설계 → 비즈니스 고도화		
	실증 서비스 진행		
	플랫폼 인프라 구축 →	베타 서비스 운영	
		파트너사 및 고객사 모집	파트너사 및 고객사 모집
		온/오프라인 마케팅 실시	온/오프라인 마케팅 실시
		국내 오픈마켓 서비스 사업 진행 (국내 시장 진출)	국내 오픈마켓 서비스 사업 진행 (국내 시장 진출)
			국외 오픈마켓 서비스 사업 진행 (해외 시장 진출)

추진지원					
환류지표	비즈니스 모델 평가 점수		수정된 비즈니스 모델 평가 점수		SLA 기반 상호평가 점수
	실증 서비스 피드백		베타 서비스 피드백		고객 피드백
지원활동	내부		외부		
	SLA 기반 상호평가	고객요청 수집 및 개선 적용	위조상품에 대한 데이터 협력	전자상거래 제도 완화	

Task 26 비즈니스 모델 평가 Business Model Evaluation

비즈니스 모델 평가는 실제 사업 수행 전 마지막으로 타당성을 판단하고, 이후 단계에서의 비용을 절감하기 위한 마지막 절차다. 비즈니스 모델 평가는 총 2단계에 걸쳐 진행되었으며, 1단계에서 본 사업과 무관한 전문가를 대상으로 비즈니스 모델 내에 포함된 서비스가 사업화를 위한 타당성을 검증하며, 2단계에서는 실제 사업 주체의 근로자들을 대상으로 해당 비즈니스 모델 운영에 대한 자사 적합도를 검증하였다.

1단계의 조사에 앞서 시장의 규모와 성장성에 대한 조사를 실시하여, 온라인 커머스 시장의 2023년 규모가 약 243조원에 달하고, 재무제표를 근거로 매출액 대비 영업이익률이 11.76%로 나타나 두 항목에서 5점과 4점을 획득하였다. 더불어 해당 시장의 CAGR은 COVID-19의 영향으로 5년간 연평균 20%의 성장을 기록하고 있어 10점을 획득하였다. 비즈니스 모델의 도출 과정에서 고려되는 경쟁력, 리스크 분산, 업계 재구축, 사회적 우위성의 차원에서 12명의 산·학·연 전문가를 대상으로 모든 서비스가 40점 이상을 득점하여 기준점인 35점을 상회하는 것으로 나타났다.

2단계 조사에서는 자사 근로자 10명을 직군에 따라 균등하게 선발하여 자금력, 마케팅력, 제조력, 기술력, 원자재 확보력, 경영지원의 차원에 대한 자사 적합성 설문을 실시하였다. 모든 근로자들의 평가는 40점 이상의 결과로 나타나 1단계 획득 점수 평균인 48.07과 2단계의 획득 점수 평균인 51.40을 합하여 총점 99.47을 득점하였다.

1단계와 2단계의 합이 최소 80점을 넘으면 제시된 비즈니스 모델이 사업성이 있다고 판단된다. 본 비즈니스 모델의 평가 결과, 기준보다 훨씬 상회하는 결과로 나타나 해당 사업체는 설계된 서비스와 협력 생태계를 구성하여 사업을 실시하는 것이 타당하다는 결과가 나타났다.

측정항목		B2B			B2C			
		위조상품 선별	위조상품 정보 제공	워터마크 이중보안	상품 노출 지능화	맞춤형 큐레이션	영상 속 상품 검색	리뷰영상 추천
시장규모	시장규모	5점						
	매출액 영업이익률	4점						
성장성		10점						
경쟁력	경쟁강도	2.4	2.6	2.9	2.6	2.5	3.1	3.1
	서비스 수명	2.3	2.3	2.3	2.2	2.1	2.4	2.4
	진입장벽	2.3	2.3	2.1	2.2	2.1	2.3	2.4
리스크 분산		7.2	7.3	7.2	6.9	7.3	8.2	7.8
업계 재구축		6.8	7.3	6.8	5.9	6.0	7.9	7.4
사회적 우위성		7.8	7.8	7.5	7.2	7.5	7.4	7.4
계		**47.8**	**48.6**	**47.8**	**46**	**46.5**	**50.3**	**49.5**
A/R		A	A	A	A	A	A	A

측정항목		김○○	정□□	전◇◇	박■■	이◆◆	김△△	장××	이●●	김☆☆	김▦▦
자금력		9	6	10	7	7	9	8	9	9	10
마케팅력		8	7	10	8	10	9	8	8	9	9
제조력		10	7	9	7	8	10	8	8	9	9
기술력		10	7	10	7	9	10	8	7	10	10
원자재 확보력		8	7	10	8	9	10	8	6	9	9
경영지원	CEO 참여도	5	3	5	4	4	5	4	5	4	5
	추진자 유무	5	3	4	4	4	5	4	4	5	5
계		**55**	**40**	**58**	**45**	**51**	**58**	**48**	**47**	**55**	**57**
평균		51.4									
BMO 1단계/2단계 종합		**(1단계) 48.07 / (2단계) 51.40 / 합계 99.47**									

저자소개

대표저자인 **권혁인** 교수는 중앙대학교 경영경제대학 경영학부 교수로 재직 중이며, 일반대학원 문화예술경영학과장을 맡고 있다. 권혁인 교수는 학·석·박 학위취득 과정에서 정보통신기술에 대한 심도 있는 지식을 학습하였으며, 플랫폼의 발전에 따라 이종 산업 간 융합이 활발해질 것이라는 점에 착안하여 경영학과 컴퓨터 및 통신공학을 연계하여 융합학문을 연구해왔다. 그 과정에서 생태계, 플랫폼, 서비스, 전략을 주요 키워드로 삼은 에코사이언스 방법론을 개발하고, 해당 방법론을 한국의 각종 산업(조명, 문화도시, 온라인 커머스, 게임, 등 다수)에 적용하여 비즈니스 모델 혁신 프로젝트를 수행하고 있다.

- 주요 수행 프로젝트

- 고객경험 가치창출 제조 서비스 융합 생태계 구축지원 융합모델 개발(산업통상자원부, 2019~2021)
- AI 기반의 상품 이미지 분석을 통한 맞춤형 상품추천 및 위조상품 판별 기술 개발(산업통상자원부, 2019~2020)
- AI 기반의 수요반응형 주거용 스마트 에너지 관리 지원 시스템 개발(산업통상자원부, 2018~2019)
- 마이크로 라이센싱 기반의 3D 프린팅 디지털 저작물 보호 및 관리 기술 개발(과학기술정보통신부, 2017~2018)
- 제4차 산업혁명에 대비한 에너지기술개발 혁신방안 연구(산업통상자원부, 2016~2017)
- BK21 문화예술산업혁신연구단장(교육부, 2009~2013)
- 한국게임사관학교 공동책임자(산업통상자원부, 2004~2009)
- 디지털 콘텐츠 유통지원센터 센터장(산업통상자원부, 2001~2004)

백보현 연구원은 중앙대학교에서 문학사와 문화예술경영학 석사 학위를 취득하였고, 동대학원에서 문화예술경영학 공연경영 전공으로 박사과정을 수료하였다. 주요 관심 분야는 공연예술 생태계 활성화 전략 연구이며, 현재 서비스 디자인, 비즈니스 생태계, 융합 산업 개발 전략 등에 대한 연구를 수행하고 있다.

김주호 연구원은 중앙대학교 일반대학원 문화예술경영학과에서 콘텐츠 경영 석사 학위를 취득하였고, 동대학원에서 박사과정에 재학 중이다. 주요 연구 분야는 문화예술 기반의 도시재생과 로컬산업 등의 문화예술을 활용한 지역 발전 전략이며, 현재 지역 개발, 비즈니스 생태계, 융합 산업 개발 전략 등에 대한 연구를 수행하고 있다.

전용수 연구원은 중앙대학교 일반대학원 문화예술경영학과에서 콘텐츠 경영 석사 학위를 취득하였고, 동대학원에서 박사과정에 재학 중이다. 주요 연구 분야는 비즈니스 모델링과 서비스 디자인, 그리고 디지털 콘텐츠 마케팅 등이 있다.